Riane Eisler
Von der Herrschaft
zur Partnerschaft

Riane Eisler

Von der Herrschaft zur Partnerschaft

Weibliches und männliches Prinzip in der Geschichte

C. Bertelsmann

Die amerikanische Originalausgabe ist 1987
unter dem Titel »The Chalice and the Blade«
bei Harper & Row, San Francisco, erschienen.

Aus dem Amerikanischen von Christel Rost

1. Auflage

Satz: IBV Satz- und Datentechnik GmbH, Berlin
Lektor: Dr. Christoph Wegener
Printed in Germany · Mohndruck/Gütersloh
ISBN 3-570-02126-2

Für David Loye,
meinen Lebens- und Arbeitspartner

Inhalt

Danksagung

Das Entstehen dieses Buches ist in vielerlei Hinsicht einer Kooperative zu verdanken, zumal es sich auf die Werke und Visionen zahlloser Frauen und Männer bezieht, die überwiegend in den Anmerkungen aufgeführt sind. Darüber hinaus waren aber auch viele andere Menschen beteiligt, deren kritische Bemerkungen und Vorschläge, deren Hilfe bei der Manuskripterstellung und Drucklegung, vor allem aber: deren Unterstützung und Ermutigung in den vergangenen zehn Jahren von unschätzbarem Wert für mich waren.

Was allein David Loye, dem ich das Buch gewidmet habe, zu dessen Entstehung beigetragen hat, ist so umfangreich, daß ich keine Möglichkeit sehe, meine Dankbarkeit dafür auch nur halbwegs angemessen auszudrücken. Wenn ich behaupte, daß dieses Buch ohne die viele Jahre währende, reife und tatkräftige Partnerschaft mit diesem großartigen Mann und Menschen nicht hätte geschrieben werden können, so ist das keineswegs übertrieben. Wie viele Male hat er nicht seine eigenen so wichtigen sozialwissenschaftlichen Forschungen vernachlässigt, um mir sein Wissen, seine Gedanken und Vorstellungen, seine Erfahrungen bei der Erstellung eines Buchmanuskripts zugute kommen zu lassen! Vor allem aber schenkte er mir ein selbstloses, hingebendes Verständnis und eine Geduld, die normale menschliche Grenzen bei weitem übersteigt.

Daß zu diesem Buch auch zahlreiche Frauen ihren Beitrag geleistet haben, versteht sich von selbst. Besonderen Dank schulde ich meiner Freundin und Kollegin Annette Ehrlich, die trotz ihrer enormen beruflichen Anspannung als Psychologieprofessorin und wissenschaftliche Beraterin von Verlagen und Herausgebern stets die Zeit fand, die von Mal zu Mal umfangreicheren Manuskripte zu lesen, aus denen *Von der Herrschaft zur Partnerschaft* schließlich entstand. Ihre freimütige lektorische Kritik und ihre unerschütterliche Aufmunterung meines mitunter recht lahmen Engagements waren ungemein hilfreich für mich. Überaus dankbar bin ich auch Carole Anderson, Fran Hosken, Mara Keller, Rebecca McCann, Isolina Ricci und der verstorbenen Wilma Scott Heide. Sie alle haben mein Manuskript in seinen verschiedenen Stadien der Vollendung ganz oder größtenteils aufmerksam gelesen, wichtige Verbesserungsvorschläge gemacht und mir hilf- und liebreich zur Seite gestanden. Großen Dank schulden das Buch und ich auch Ashley Montagu, der die Vollendung zweier seiner eigenen Bücher aufschob, um *Von der Herrschaft zur Partnerschaft* Satz für Satz und Zeile für Zeile durchzugehen. Von allen Beweisen des Glaubens an meine Arbeit war dieser eine – von einem Mann, der den Großteil seines langen und außerordentlich produktiven Lebens dem Ziel verschrieben hat, die Menschheit zu bessern – ungemein hilfreich und ermutigend für mich.

Um wirklich allen, die auf ihre Art Wichtiges zu diesem Buch beigetragen haben, meinen angemessenen Dank abzustatten, bedürfte es beinahe eines weiteren Buches. Ich bedanke mich für die Hilfe und Unterstützung meiner Töchter Andrea und Loren Eisler, meiner Agentin Ellen Levine sowie bei den vielen anderen, die sich meines Buches in seiner letzten Herstellungsphase mit großer Sachkenntnis angenommen haben.

Zu all jenen, die Teile des Buches noch im Entstehungsstadium aus professioneller Berufenheit gelesen und mit wertvollen Kommentaren versehen haben, zählen die Archäologen Marija Gimbutas und Nicolas Platon, die Soziologinnen Jessie Bernard und Joan Rockwell, die Psychologin Jean Baker Miller, die Kultur- und Kunsthistorikerinnen Elinor Gadon und Merlin Stone, die Literaturwissenschaftlerin Gloria Orenstein, der Biologe Vilmos Csanyi, die Theoretiker des »Chaos« und der »sich selbst organisierenden Systeme«, Ervin Laszlo und Ralph Abraham, der Physiker Fritjof Capra, die Futurologen Hazel Henderson und Robert Jungk und die Theologin Carol Christ. Teile des Manuskriptes wurden gelesen, wichtige Anregungen, Informationen, Ermutigung und Unterstützung wurden – in alphabetischer Reihenfolge – auch beigetragen von Andra Akers, Lettie Bennett, Maier Greif, Mary Hardy, Helen Helmer, Allie Hixson, Elizabeth Holm, Barbara Honegger, Al Ikof, Ed Jarvis, Abida Khanum, Samson Knoll, Pat Lala, Susan Mehra, Mary und Lloyd Morain, Hilkka Pietila und Cosette Thomson. Es gäbe noch viele Namen hinzuzufügen, doch kann ich allein aus Platzmangel nicht jedefrau und jedermann erwähnen. Ich bitte dafür ebenso um Entschuldigung wie für jede eventuelle Gedächtnislücke meinerseits, denn ich würde mich überaus gerne bei allen, wirklich allen, die mir in den vielen Jahren meiner Forschungen, Recherchen und Manuskriptniederschrift mit intellektueller Anregung und emotioneller Ermutigung zur Seite standen, ausdrücklich bedanken.

Einführung: Die Zukunft der Großen Göttin

Dieses Buch öffnet eine Tür. Den Schlüssel dazu schmiedeten viele Menschen und Bücher. Es wird weiterer Menschen und Bücher bedürfen, um das Panorama, das sich vor unseren Augen auftut, in all seinen Einzelheiten zu erforschen. Doch selbst, wenn wir die Tür nur einen Spalt breit öffnen können, erschließen sich uns faszinierende neue Erkenntnisse über unsere Vergangenheit und unsere potentielle Zukunft.

Diese Tür zu finden, war zeit meines Lebens mein Ziel. Schon früh erkannte ich, daß das, was die Menschen als gegeben hinnehmen – »weil es nun mal so ist« –, längst nicht in allen Kulturkreisen identisch ist. Ebenso früh entwickelte ich eine leidenschaftliche Anteilnahme am Schicksal der Menschheit. Die scheinbar sichere Welt meiner Kindheit wurde durch den Einmarsch der Nazis in Österreich in ihren Grundfesten erschüttert. Ich war dabei, als mein Vater von der Gestapo verschleppt wurde. Nachdem es meiner Mutter wie durch ein Wunder gelang, seine Freilassung zu erreichen, mußten wir dennoch sofort fliehen, um unsere Haut zu retten. Es verschlug uns zunächst nach Kuba, dann in die Vereinigten Staaten. Ich lernte auf diese Weise drei verschiedene Kulturen kennen, von denen jede einzelne ihre eigenen, unverbrüchlichen Wahrheiten besaß. Und ich begann, viele Fragen zu stellen – Fragen, die für mich weder damals abstrakt waren und noch jemals abstrakt sein werden.

Warum jagen und verfolgen die Menschen einander? Woher kommt die oftmals infame Unmenschlichkeit und Brutalität der Menschen im Umgang mit ihren männlichen und weiblichen Artgenossen? Welche Kräfte stecken dahinter, wenn immer wieder die Grausamkeit über die Güte, der Krieg über den Frieden, die Destruktion über die konstruktive Umsetzung unserer Ideen siegt?

Von allen Lebewesen auf diesem Planeten sind wir es, die säen und ernten, Gedichte schreiben und Melodien komponieren können. Nur wir kennen die Suche nach Wahrheit und Gerechtigkeit, können unseren Kindern Lesen und Schreiben beibringen, sind imstande zu lachen und zu weinen. Dank unserer einzigartigen Fähigkeit, neue Realitäten gedanklich vorwegzunehmen und sie mit Hilfe immer ausgefeilterer Technologien auch zu verwirklichen, gestalten wir unsere Evolution buchstäblich selber mit. Und dennoch sieht es zur Zeit so aus, als wolle diese seltsame Spezies Mensch nicht nur ihrer eigenen Evolution ein Ende setzen, sondern durch kastastrophalen ökologischen Raubbau und nuklearen Overkill allem Leben auf diesem Planeten den Garaus machen.

Ich studierte, hatte Kinder und konzentrierte mich in meinen Forschungsarbeiten und Publikationen zunehmend auf die Zukunft. Meine Besorgnis wuchs. Wie viele andere gelangte ich zu der Überzeugung, daß sich die Menschheit einem Wendepunkt nähert, an dem sie sich entscheiden muß, welche Richtung sie einschlagen will. Es ist eine Entscheidung von großer Tragweite, und wir müssen uns fragen: Welchen Kurs wählen wir?

Sozialisten und Kommunisten behaupten, die Wurzel allen Übels sei der Kapitalismus. Kapitalisten beharren darauf, es sei der Kommunismus, der uns ruiniert. Nicht wenige meinen, all unsere Probleme auf das »industrielle Paradigma«, unser »wissenschaftliches Weltbild« zurückführen zu müssen. Andere wiederum suchen die Schuld bei Humanismus und Feminismus, beklagen die wachsende Säkularisierung der Welt und fordern vehement die Rückkehr zu einer »guten alten Zeit«, in der die Welt einfacher, übersichtlicher und religiöser war.

Doch wenn wir uns selbst betrachten – wozu uns schon das Fernsehen und das unerbittliche allmorgendliche Ritual der Zeitungslektüre beim Frühstück zwingen –, erkennen wir rasch die Verstrickung aller Nationen in den Rüstungswettlauf und andere irrationale Zwänge, die uns und unsere Umwelt bedrohen. Kapitalistische, sozialistische und kommunistische Länder sind gleichermaßen betroffen. Und ein Blick in die Vergangenheit genügt, um uns klarzumachen, daß in den »übersichtlicheren«, vorindustriellen und vorwissenschaftlichen Gesellschaften noch mehr Gewalt und Ungerechtigkeit herrschte als heute: Bei den Hunnen, Römern, Wikingern und Assyrern waren furchtbare Massaker an der Tagesordnung; die Grausamkeit der Kreuzzüge und der Inquisition ist hinreichend bekannt.

Unsere Vergangenheit kann nicht unsere Zukunft sein, soviel ist klar. Aber in welcher Richtung soll es weitergehen? Viel wurde und wird geschrieben über *New Age*, ein »neues Zeitalter«, eine umfassende, bislang beispiellose kulturelle Transformation.[1] Doch was ist darunter in der Praxis zu verstehen? Eine Transformation von woher nach wohin? Wie ändert sich unser Alltagsleben, wie der Kurs unserer Evolution? Welche Möglichkeiten für Veränderungen tun sich auf? Ist die Abkehr von einem System, das in regelmäßigen Abständen Kriege, soziale Ungerechtigkeit und ökologisches Ungleichgewicht produziert, überhaupt realisierbar? Kann es wirklich ersetzt werden durch eine friedliche Gesellschaft, in der soziale Gerechtigkeit herrscht und das ökologische Gleichgewicht gewahrt bleibt? Vor allem aber: Welche Veränderungen innerhalb der Gesellschaft sind die Voraussetzungen für eine solche Transformation?

Die Suche nach Antworten auf all diese Fragen veranlaßte mich zu einer intensiven Wiederaufnahme der Beschäftigung mit Geschichte, Gegenwart und Zukunft der Menschheit. Das vorliegende Buch ist ein Teilergebnis meiner Studien, die sich von den meisten früheren Untersuchungen auf diesem Gebiet insofern unterscheiden, als sie nicht nur die *gesamte* Menschheitsgeschichte (einschließlich der Vor- und Frühgeschichte) berücksichtigen, sondern auch die Menschheit *in ihrer Gesamtheit*, das heißt: sowohl ihre weibliche als auch ihre männliche Hälfte.

Eine Fülle von Belegen aus Archäologie und Kunst, Religion und Gesellschaftswissenschaften, Geschichte und vielen anderen Forschungsbereichen wurde zu neuen Mustern verwoben, die den verfügbaren Daten gerechter werden, als das bisher der Fall war. So erzählt das vorliegende Buch die Geschichte unserer kulturellen Ursprünge aus einer neuen Sicht. Dabei wird deutlich, daß weder Gott noch die Biologie uns dazu bestimmt haben, einen Krieg nach dem anderen zu führen und uns im permanenten »Kampf der Geschlechter« zu zermürben. Wir werden erkennen, daß eine bessere Zukunft möglich ist und daß diese ihre Wurzeln in den traumatischen Begebenheiten unserer Vergangenheit besitzt.

Die Möglichkeiten des Menschen: zwei Alternativen

Wir alle kennen die Legenden über eine längst vergangene Zeit der Harmonie und des Friedens. Die Bibel berichtet von einem Garten, in dem Frau und Mann mit sich und der Natur in Eintracht lebten – bis ein männlicher Gott verfügte, die Frau habe fortan dem Manne untertan zu sein. Das chinesische *Tao-te-ching* beschreibt eine Zeit, da das *Yin*, das weibliche Prinzip, noch nicht vom männlichen *Yang* beherrscht wurde, eine Zeit, in der die Weisheit der Mutter noch geachtet und vor allem befolgt wurde. Der altgriechische Dichter Hesiod spricht von einer »goldenen Rasse«, die »friedlich und heiter« die Erde pflügte, bevor eine »mindere Rasse« ihren Kriegsgott einführte. Doch wenngleich sich die Wissenschaft darin einig ist, daß die genannten Werke in vielen Einzelheiten auf tatsächlichen Ereignissen beruhen, gibt es eine lange Tradition, alle Verweise auf eine Zeit, da Frauen und Männer in Partnerschaft lebten, als bloße Phantasie abzutun.

Als die Archäologie noch in den Kinderschuhen steckte, waren es die Ausgrabungen von Heinrich und Sophia Schliemann, die bewiesen, daß das Homersche Troja tatsächlich existiert hat. In unserer Zeit enthüllen neue Grabungen und wissenschaftlich fundierte Neuinterpretationen älterer Funde, daß Geschichten wie die der Vertreibung aus dem Garten Eden ebenfalls von realen Ereignissen in der Vergangenheit abgeleitet sind: von Volksüberlieferungen aus der Zeit der frühesten agrarischen (oder neolithischen) Gesellschaften, die die ersten Gärten auf dieser Erde anlegten. Ebenso könnte (wie der griechische Archäologe Spyridon Marinatos schon vor beinahe fünfzig Jahren vermutete) die Legende vom Untergang des sagenhaften Atlantis ein verstümmelter Bericht über die minoische Kultur auf Kreta sein, von der man heute annimmt, daß sie durch Erdbeben und gewaltige Springfluten zerstört wurde.[2]

Ebenso wie zu Zeiten des Kolumbus die Entdeckung, daß die Erde keine flache Scheibe ist, den Zugang zu einer faszinierenden neuen Welt eröffnete, so eröffnen uns heute neue archäologische Entdeckungen – der britische Archäologe James Mellaart spricht von einer »veritablen archäologischen Revolution« – die faszinierende Welt unserer versunkenen Vergangenheit.[3] Sie legen Zeugnis ab von einer langwährenden Ära des Friedens und Wohlstands, in der die soziale, technologische und kulturelle Evolution große Fortschritte machte: viele Jahrtausende, in denen die Grundtechniken unserer Zivilisation entwickelt wurden – und dies in Gesellschaften, die keine Männerherrschaft, keine Hierarchien und kaum Gewalt kannten.

Weitere Indizien dafür, daß es in der Frühzeit des Menschen Formen des Zusammenlebens gab, deren Organisation sich grundlegend von der unseren unterschied, sind die vielen, anders gar nicht zu erklärenden Darstellungen einer weiblichen Gottheit in der antiken Kunst und Mythologie, ja sogar in der Geschichtsschreibung. Die Vorstellung vom Universum als allesspendende Mutter hat sich – wenngleich in modifizierter Form – bis in unsere Zeit erhalten. In China werden die weiblichen Gottheiten Ma Tsu und Kuan Yin noch immer als wohltätige und mitfühlende Göttinnen verehrt. Der Anthropologe P. S. Sangren meint sogar, daß »Kuan Yin unbestreitbar die populärste der chinesischen Gottheiten ist«.[4] Gleichermaßen weit verbreitet ist auch die Verehrung Mariens, der Mutter Gottes. Obwohl die katholische Theologie sie zur Nicht-Gottheit degradiert, wird ihre Göttlichkeit indirekt anerkannt – und zwar sowohl durch die Anrufung als Muttergottes als auch durch die Millionen von Gebeten, die täglich Schutz und Trost von ihr erflehen. Darüber hinaus weist die Geschichte von Jesu Geburt, Tod und Auferstehung Ähnlichkeiten mit früheren »Mysterienkulten« auf, in deren Mittelpunkt eine göttliche Mutter und ihr Sohn (oder, wie bei der Verehrung von Demeter und Kore, ihre Tochter) stehen.

Es ist durchaus plausibel, daß die früheste Darstellung göttlicher Macht in menschlicher Gestalt eher weiblichen als männlichen Geschlechts gewesen ist. Als unsere Vorfahren anfingen, die uralten Fragen zu stellen – Wo sind wir vor unserer Geburt? Was wird aus uns, wenn wir gestorben sind? – muß ihnen aufgefallen sein, daß das Leben aus dem Körper der Frau hervorgeht. Es wäre für sie nur natürlich gewesen, sich das Universum als allesspendende Mutter vorzustellen, aus deren Leib jegliches Leben entspringt und in den, den Vegetationszyklen gleich, nach dem Tode alles zurückkehrt, um von neuem geboren zu werden. Ebenso plausibel ist es anzunehmen, daß Gesellschaften mit einer solchen Vorstellung von den Mächten, die die Welt regieren, eine ganz andere Sozialstruktur gehabt haben als jene, die einen göttlichen Vater anbeten, der Donnerkeile schleudert und/oder das Schwert schwingt. Logisch erscheint auch die Annahme, daß Frauen in Gesellschaften, die die das Universum beherrschenden Mächte in weiblicher Gestalt verkörpert sahen, nicht als untergeordnete Dienerinnen galten und daß »weibliche« Eigenschaften wie Fürsorge, Mitleid und Gewaltlosigkeit dort einen hohen Stellenwert besaßen. Der Umkehrschluß, daß Frauen in Gesellschaften, in denen sie nicht von den Männern beherrscht wurden, ihrerseits Herrschaft über die Männer ausgeübt haben müssen, macht (dagegen) keinen Sinn.

Als im neunzehnten Jahrhundert bei Ausgrabungen die ersten Belege für die Existenz solcher Gesellschaften zutage gefördert wurden, war man nichtsdestoweniger sehr schnell mit dem Schluß bei der Hand, es müsse sich um »Matriarchate« gehandelt haben. Später, als die Beweislage eine solche Folgerung nicht mehr zuließ, setzte sich von neuem die These durch, die menschliche Gesellschaft sei von jeher männerbeherrscht, und daran werde sich bis in alle Ewigkeit nichts ändern. Doch wenn wir uns von den vorherrschenden Realitätsvorstellungen lösen, erkennen wir eine andere logische Alternative. Es kann durchaus Gesellschaftsformen geben, in denen Verschiedensein nicht zwangsläufig gleichgesetzt wird mit Unter- oder Überlegenheit.

Zu den Ergebnissen meiner Studien über die menschliche Gesellschaft aus holistischer, geschlechtsübergreifender Sicht gehörte eine Theorie der kulturellen Evolution, die ich *kulturelle Transformationstheorie* genannt habe. Sie geht davon aus, daß trotz gewaltiger Unterschiede an der Oberfläche allen Formen menschlichen Zusammenlebens zwei gesellschaftliche Basismodelle zugrunde liegen.

Das erste – ich nenne es das *dominatorische* oder *Herrschafts-Modell* – wird gemeinhin als Patriarchat oder Matriarchat bezeichnet. Ich verstehe darunter die *Überordnung* einer Hälfte der Menschheit über die andere. Das zweite Modell, in dem soziale Beziehungen primär auf dem Prinzip der *Verbindlichkeit* oder des *Konsenses* und nicht auf Rangordnungen beruhen, dürfte am besten mit der Bezeichnung *Partnerschaftsmodell* umschrieben sein. Es setzt Verschiedenheit nicht mit Unter- oder Überlegenheit gleich, obwohl es die Unterschiede zwischen männlich und weiblich und ihre grundlegende Bedeutung für die Spezies Mensch anerkennt.[5]

Die *Kulturelle Transformationstheorie* geht außerdem davon aus, daß Partnerschaftlichkeit ursprünglich Hauptziel unserer kulturellen Evolution war, daß es jedoch nach einer langen Periode des Chaos und der Unruhe, die einen nahezu vollständigen kulturellen Niedergang zur Folge hatte, zu einem entscheidenden gesellschaftlichen Umbruch kam. Der in westlichen Gesellschaften relativ einfache Zugang zu Datenmaterial (den man der ethnozentrischen Sichtweise der westlichen Gesellschaftswissenschaften verdankt) erleichtert uns die Analyse dieses Umbruchs am Beispiel der kulturellen Evolution des Abendlandes; es gibt allerdings auch Indizien dafür, daß der Wandel von der partnerschaftlich orientierten zur dominatorischen Gesellschaft in anderen Teilen der Welt ungefähr parallel verlief.[6]

Jenes umwälzende Ereignis in der Frühgeschichte der abendländischen Zivilisation, das einen totalen Richtungswandel im Verlauf unserer kulturellen Evolution bedeutete, blockierte zugleich die Fortentwicklung jener Gesellschaften, die die lebenspendenden und -erhaltenden Mächte des Universums verehrten, und deren Symbol bis in unsere Zeit der Kelch oder Gral ist. Invasoren aus den Randbereichen der damals bekannten Welt tauchten am prähistorischen Horizont auf und etablierten eine ganz andere Form sozialer Organisation. Sie verehrten – in den Worten von Marija Gimbutas, Archäologin an der University of California – »die tödliche Macht des Schwerts«[7], das heißt die Macht, die Leben nimmt, anstatt Leben zu geben, und schufen damit die letztlich entscheidende Voraussetzung zur Errichtung und Festigung einer dominatorischen Herrschaft.

Evolution am Scheideweg

Wir stehen heute vor einer möglicherweise für die Menschheit grundlegenden Entscheidung. Zu einer Zeit, da die tödliche Macht des Schwertes droht, millionenfach verstärkt durch Megatonnen von Atomsprengköpfen, jeder Form menschlicher Kultur auf Erden ein Ende zu setzen, sind die neuen Erkenntnisse, von denen dieses Buch berichtet, nicht nur ein Fortsetzungskapitel in der Geschichte unserer Vergangenheit. Von entscheidender Bedeutung ist vielmehr, was sie uns über unsere Gegenwart und potentielle Zukunft sagen.

Jahrtausende hindurch haben Männer Krieg geführt, und das

Schwert war das Symbol der Männlichkeit schlechthin. Damit soll nun keineswegs gesagt werden, daß Männer von Natur gewalttätig und kriegerisch wären.[8] Es hat in historischer Zeit stets auch friedfertige, gewaltlose Männer gegeben. Und natürlich gab es in den prähistorischen Gesellschaften, in denen – symbolisiert durch den Kelch – die lebenspendende und -erhaltende Macht höchste Verehrung genoß, nicht nur Frauen. Nicht das Geschlecht der Männer ist das Grundproblem, sondern ein soziales System, welches die Macht des Schwertes zum Ideal erhebt – ein System, in dem sowohl Männern als auch Frauen beigebracht wird, echte Männlichkeit mit Gewalt und Herrschaft gleichzusetzen und Männer, die diesem Ideal nicht entsprechen, als »zu weich« oder »weibisch« anzusehen.

Allein die Vorstellung, es könne eine Gesellschaft geben, die grundlegend anders strukturiert ist, fällt vielen Menschen schwer, ganz zu schweigen von dem Gedanken, unsere Zukunft könne in irgendeiner Weise entscheidend von Frauen oder weiblichen Eigenschaften geprägt sein. Ein Grund hierfür liegt darin, daß in männerbeherrschten Gesellschaften alles, was mit Frauen und Weiblichkeit zusammenhängt, automatisch als sekundär oder als »Frauenproblem« abgetan wird und – wenn überhaupt – erst dann auf die Tagesordnung kommt, wenn die »wichtigeren Probleme« gelöst sind. Eine andere Ursache dafür ist, daß wir bisher einfach nicht die nötigen Informationen besaßen. Obwohl die Menschheit, wie allgemein ersichtlich, aus zwei Hälften besteht (aus Frauen und Männern), war und ist nach wie vor in den meisten gesellschaftswissenschaftlichen Beiträgen der Mann der Hauptprotagonist – ja, häufig sogar der einzig Agierende.

Aufgrund dieser Art Anthropologie – für die die Definition »Wissenschaft vom Mann« allemal zutreffender wäre als »Wissenschaft vom Menschen« – stand den meisten Sozialwissenschaftlern und -wissenschaftlerinnen nur unvollständiges und einseitiges Datenmaterial zur Verfügung, das in jedem anderen Kontext sofort als völlig unzureichend entlarvt worden wäre. Bis heute bleiben Informationen über Frauen vorrangig auf das intellektuelle Ghetto der »Frauenforschung« beschränkt; zudem haben sich die Untersuchungen der Feministinnen – infolge ihrer unmittelbaren (wenngleich lange geleugneten) Bedeutung für das Leben der Frauen durchaus verständlich – überwiegend auf die Frage konzentriert, welche Auswirkungen das Studium von Frauenthemen auf Frauen hat.

Dieses Buch geht insofern einen anderen Weg, als es sich zunächst darauf konzentriert, wie wir die Beziehungen zwischen den beiden Hälften der Menschheit so organisieren können, daß die Gesellschaft *in ihrer Gesamtheit* davon profitiert. Es ist offenkundig, daß die Struktur dieser Beziehungen das Leben der Männer ebenso wie das der Frauen, ihr Rollenverhalten im Alltag und ihre Lebensoptionen, entscheidend beeinflußt. Nicht minder bedeutsam, wenngleich gemeinhin übersehen, ist ein Problem, dessen Tragweite erkennbar wird, sobald es erst einmal beim Namen genannt ist: Wie können wir die fundamentalste aller menschlichen Beziehungen (ohne die die Spezies Mensch nicht überleben kann) gestalten und strukturieren? Die Art und Weise, wie Frau und Mann miteinander umgehen, hat weitreichende Auswirkungen auf all unsere Institutionen, Wertvorstellungen und – wie die folgenden Seiten zeigen werden – auf die Zielrichtung unserer kulturellen Evolution; insbesondere bestimmt sie darüber mit, ob letztere einen friedfertigen oder einen kriegerischen Verlauf nimmt.

Wenn wir hier innehalten und ein wenig nachdenken, entdecken wir, daß es nur zwei Grundmöglichkeiten für die Gestaltung der Beziehungen zwischen der weiblichen und der männlichen Hälfte der Menschheit gibt. Alle Gesellschaften orientieren sich entweder am dominatorischen Modell – in dem menschliche Hierarchien letztlich durch Gewalt oder durch Androhung von Gewalt aufrechterhalten werden – oder am Partnerschaftsmodell. Daneben kommen diverse Zwischenformen vor. Eine neue Betrachtungsweise, die Männer *und* Frauen berücksichtigt, führt uns zu der Erkenntnis, daß es sowohl für die dominatorisch als auch für die partnerschaftlich orientierte soziale Organisation typische Strukturen gibt. Um ein Beispiel zu geben:

Vom konventionellen Standpunkt aus betrachtet, haben Hitlers Deutschland, Khomeinis Iran, das Japan der Samurai und das Aztekenreich Mittelamerikas nichts miteinander gemein. Sie sind durch ihre ethnische Herkunft, den Stand ihrer technologischen Entwicklung und durch ihre geographische Lage voneinander getrennt. Unter der neuen Perspektive der kulturellen Transformationstheorie, welche die Sozialstruktur starrer Männerherrschaften deutlich macht, erkennen wir dagegen erstaunliche Gemeinsamkeiten. Alle vier Gesellschaftsformen sind nicht nur von starrer männlicher Vorherrschaft geprägt, sondern zeichnen sich auch durch eine allgemein hierarchische und autoritäre Sozialstruktur sowie einen hohen Grad gesellschaftlicher Gewalt und durch ständige Kriegsbereitschaft aus.[9]

Umgekehrt lassen sich beeindruckende Parallelen hinsichtlich der sexuellen Gleichberechtigung zwischen ansonsten extrem unterschiedlichen Gesellschaften feststellen. Typisch für solche eher am Partnerschaftsmodell orientierten Gesellschaften ist, daß sie nicht nur weitaus friedlicher sind, sondern auch weit weniger hierarchisch und autoritär strukturiert. Belegt wird dies unter anderem durch anthropologische Forschungen (zum Beispiel über die BaMbuti und die !Kung), durch neuere Studien über die Trends in modernen Gesellschaften mit einem höheren Grad an sexueller Gleichberechtigung (zum Beispiel in Schweden und anderen skandinavischen Ländern) und durch prähistorische und historische Materialien, von denen auf den folgenden Seiten noch detailliert die Rede sein wird.[10]

Die Anwendung des Herrschafts- beziehungsweise Partnerschaftsmodells auf die Analyse unserer Gegenwart und unserer potentiellen Zukunft ermöglicht es uns, die konventionelle Polarisierung zwischen Rechts und Links, Kapitalismus und Kommunismus, Religion und Säkularismus, ja, sogar die zwischen Männlichkeitswahn und Feminismus schrittweise zu überwinden. Bei genauerem Hinsehen stellt sich heraus, daß alle neuzeitlichen Bewegungen, die in der Folge der Aufklärung für soziale Gerechtigkeit eintraten – seien sie nun religiös oder atheistisch motiviert –, ebenso wie in jüngerer Zeit auch der Feminismus, die Friedens- und die Umweltbewegung, Teil einer Gesamtströmung sind, die auf die Transformation vom dominatorischen zum partnerschaftlichen System zustrebt. In einer Zeit wie der unseren, die wie keine Epoche zuvor von ungemein machtvollen Technologien geprägt ist, kann man all diese Bewegungen darüber hinaus als evolutionär bedingte Überlebensstrategie der Spezies Mensch ansehen.

Betrachten wir die Entwicklung unserer Kultur aus der Sicht der kulturellen Transformationstheorie, dann erkennen wir, daß die Wurzeln der globalen Krisen unserer Zeit weit zurückreichen – bis zu jener fundamentalen Umwälzung in der Frühgeschichte, die nicht nur die Sozialstruktur, sondern auch die technische Entwicklung entscheidend veränderte. Danach traten lebenserhaltende und -fördernde Techniken in den Hintergrund und wichen jenen, die durch das Schwert symbolisiert werden und die darauf abzielten, zu zerstören und zu beherrschen. Diese Ausrichtung blieb den größten Teil unserer dokumentierten Geschichte hindurch erhalten. Und sie ist es auch – viel mehr als die Technik an sich –, die heute alles Leben auf unserer Erde zu vernichten droht.[11]

Nun wird zweifellos der Einwand erhoben werden, daß der frühgeschichtliche Wandel vom Partnerschafts- zum Herrschaftssystem Ergebnis einer evolutionären Anpassung gewesen sein muß. Dem kann freilich entgegengehalten werden, daß nicht jedes evolutionäre Geschehen unbedingt als Folge einer Anpassung zu erklären ist – wie das Aussterben der Dinosaurier höchst anschaulich beweist. Außerdem ist, gemessen an den Maßstäben der Evolution, die kulturelle Entwicklung des Menschen noch viel zu jung, um ein derartiges Urteil zu fällen. Am ehesten muß wohl gesagt werden, daß ein dominatorisches Modell beim gegenwärtigen hohen Stand der technologischen Entwicklung nicht mehr imstande ist, sich anzupassen.

Das Herrschaftsmodell scheint mittlerweile seine logischen Grenzen erreicht zu haben, weshalb viele Männer und Frauen heutzutage althergebrachte Prinzipien der gesellschaftlichen Organisation, einschließlich ihrer stereotypen Geschlechterrollen, ablehnen. Viele andere sehen in den stattfindenden Veränderungen lediglich Anzeichen für den Zusammenbruch des bestehenden Systems, für Chaos und Niedergang, denen um jeden Preis Einhalt geboten werden müsse. Doch gerade weil die Welt, wie wir sie kennen, einem so raschen Wandel unterworfen ist, sehen immer mehr Menschen, daß es durchaus Alternativen gibt.

Von der Herrschaft zur Partnerschaft erkundet diese Alternativen. Doch wenn im folgenden aufgezeigt wird, daß eine bessere Zukunft möglich ist, so folgt daraus noch lange nicht (wie uns manche glauben machen wollen), daß die Evolution zielsicher den drohenden nuklearen oder ökologischen Holocaust umgeht und uns unvermeidlich in ein neues und besseres Zeitalter führt. Die Entscheidung liegt letztlich bei uns.

Chaos oder Transformation

Eine Untersuchung wie die vorliegende nennt die Sozialwissenschaft *action research*.[12] Diese Fachrichtung beschäftigt sich nicht nur mit der Erforschung dessen, was war, was ist oder was sein könnte, sondern versucht darüber hinaus die Frage zu beantworten, wie wir selbst effektiver in unsere eigene kulturelle Entwicklung eingreifen können. Der Rest dieses einleitenden Kapitels soll all jenen, die sich speziell für den wissenschaftlichen Aspekt interessieren, einen genaueren Einblick geben. Leserinnen und Leser, die es vorziehen, gleich bei Kapitel 1 anzufangen, kommen vielleicht später noch einmal auf diese Zeilen zurück.

Bis dato haben sich die meisten Forschungen zur kulturellen Evolution vor allem mit dem Fortschritt von einfachen zu komplizierteren Stadien der technologischen und sozialen Entwicklung befaßt.[13] Das besondere Augenmerk galt dabei den Epochen umfassenden technologischen Wandels, also z. B. jener Zeit, in der sich der Ackerbau entwickelte, der industriellen Revolution und neuerdings auch dem Übergang ins postindustrielle, elektronische oder atomare Zeitalter.[14] Es handelt sich hierbei um eine Entwicklung, deren soziale und ökonomische Auswirkungen zweifellos enorm waren – die aber eben nur einen Teilaspekt der Menschheitsgeschichte darstellt.

Der andere Teil betrifft eine andere Art von Bewegung: die sozialen Veränderungen, die zur Entwicklung entweder dominatorischer oder partnerschaftlich orientierter Formen der gesellschaftlichen Organisation führten. Wie bereits erwähnt, besagt die zentrale These der kulturellen Transformationstheorie, daß es in der kulturellen Evolution zwei grundlegend verschiedene Entwicklungslinien gibt, je nachdem, ob sich ein Herrschafts- oder ein Partnerschaftsmodell herausbildet.

Die Theorie basiert zum Teil auf einer wichtigen Differenzierung, die sich allerdings noch längst nicht überall durchgesetzt hat. Gemeint ist der Doppelsinn des Begriffs *Evolution*. Im wissenschaftlichen Sprachgebrauch umschreibt Evolution die biologische und – weitergefaßt – auch kulturelle Geschichte und Entwicklung der Lebewesen. Daneben ist *Evolution* aber auch ein normativer Begriff, der häufig sogar als Synonym von *Fortschritt* verwendt wird und die Progression von niedrigeren zu höheren Entwicklungsstufen bezeichnet.

In Wirklichkeit war nicht einmal die technologische Evolution eine gradlinige Entwicklung von niedrigeren zu höheren Stufen, sondern ein Prozeß, der immer wieder von massiven Rückschlägen – wie etwa dem »Dunklen Zeitalter« der griechischen Geschichte und dem europäischen Mittelalter – unterbrochen wurde.[15] All diesen retardierenden Momenten zum Trotz scheint jedoch eine nie ganz versiegende Tiefenströmung zu existieren, die zu ständig höherer technologischer und gesellschaftlicher Komplexität führt. Parallel dazu gibt es offenkundig ein allgemeinmenschliches Streben nach höheren Zielen – nach Wahrheit, Schönheit und Gerechtigkeit. Doch wie Brutalität, Unterdrückung und Kriegslüsternheit, die wie ein roter Faden die Menschheitsgeschichte durchziehen, nur allzu augenfällig beweisen, kann auch hier von Gradlinigkeit keine Rede sein;

statt dessen gibt es auch hier, wie die in diesem Buch untersuchten Fakten belegen werden, massive Rückschläge.

Beim Sammeln und Sichten des Materials, von dem ich mir Aufschluß über die Dynamik dieser gesellschaftlichen Prozesse erwartete, habe ich Forschungsergebnisse und Theorien aus vielen sozial- und naturwissenschaftlichen Fachgebieten zusammengetragen. Zwei Quellen erwiesen sich dabei als besonders ergiebig: die neue Frauenforschung und neue wissenschaftliche Erkenntnisse über die Dynamik des Wandels.

Arbeiten wie die des Nobelpreisträgers Ilya Prigogine und Isabelle Stengers auf dem Gebiet der Chemie und der Systemanalyse, die physikalischen Untersuchungen Robert Shaws und Marshall Feigenbaums sowie Humberto Maturanas und Francisco Varelas Forschungen auf dem Gebiet der Biologie haben Eingang in zahlreiche andere Disziplinen gefunden und mit dazu beigetragen, daß die Frage, wie Systeme sich bilden, sich erhalten und sich verändern, neu bewertet wird.[16] Das daraus entstehende Konglomerat aus Theorie und Fakten wird zuweilen mit der »neuen Physik« gleichgesetzt, die durch Fritjof Capras *Tao of Physics* und *The Turning Point* weite Kreise der Bevölkerung erreicht hat.[17] Auch der Begriff »Chaos-Theorie« findet sich gelegentlich, denn zum erstenmal in ihrer Geschichte wendet sich die Wissenschaft hier der Erforschung plötzlicher, fundamentaler Veränderungen zu – einer Form des Wandels, die heutzutage immer häufiger zu beobachten ist.

Von besonderem Interesse sind in diesem Zusammenhang auch die neueren Arbeiten von Biologen und Paläontologen wie Vilmos Csanyi, Niles Eldredge und Stephen Jay Gould, die sich mit der Untersuchung evolutionären Wandels befassen, oder auch von Forschern wie Erich Jantsch, Ervin Laszlo und David Loye, die über die Bedeutung der »Chaos-Theorie« für die kulturelle Evolution und die Gesellschaftswissenschaften gearbeitet haben.[18] Damit soll nun keineswegs gesagt werden, die kulturelle Evolution des Menschen und die biologische Evolution seien ein und dasselbe. Daß es zwischen beiden aber gerade in puncto Systemwandel und Selbstorganisation eine Reihe auffälliger Ähnlichkeiten gibt, ist bei allen grundlegenden Unterschieden zwischen Natur- und Gesellschaftswissenschaften und selbst bei Berücksichtigung der Tatsache, daß ein mechanistischer Reduktionismus beim Studium sozialer Systeme völlig fehl am Platze ist, nicht von der Hand zu weisen. Alle Systeme werden aufrechterhalten durch sich gegenseitig verstärkende Interaktionen kritischer Bestandteile des Systems. Dementsprechend lassen sich auch zwischen der in diesem Buch vorgelegten »kulturellen Transformationstheorie« und der von Naturwissenschaftlern und Systemanalytikern entwickelten »Chaos-Theorie« einige verblüffende Ähnlichkeiten feststellen. Beide sagen sie uns, was sich an kritischen Verzweigungen einst ereignete (und sich heute jederzeit wieder ereignen kann).[19]

So vertreten zum Beispiel Eldredge und Gould die Ansicht, daß die Evolution keine graduelle, stetige Aufwärtsbewegung darstellt, sondern sich eher aus langen Perioden des Gleichgewichts (oder des Mangels an großen Veränderungen) zusammensetzt, die dann, wenn am Rande des Lebensraumes einer Eltern-Spezies neue Arten entstehen, von evolutionären Verzweigungen unterbrochen werden.[20] Und obwohl es, wie wir noch sehen werden, deutliche Unterschiede zwischen der Abspaltung neuer Arten und dem Wandel von einem Gesellschaftstyp zum anderen gibt, gibt es eben auch wichtige Gemeinsamkeiten zwischen Goulds und Eldredges Modell der »peripheren Isolate« als auch den Konzepten anderer »Chaos«-Theoretiker mit jenen Ereignissen im Laufe unserer kulturellen Evolution, die sich jetzt durchaus wiederholen können.

Der Beitrag feministischer Wissenschaftlerinnen zur holistischen Erforschung der kulturellen Evolution – einer Untersuchung, die die Geschichte der Menschheit von den Anfängen bis zur Gegenwart ebenso umfaßt wie *beide* Hälften der Menschheit – ist wesentlich klarer umrissen: Er liefert jene Fakten und Daten, die in konventionellen Quellen nicht zu finden sind. In der Tat wäre die Neubewertung unserer Vergangenheit, Gegenwart und Zukunft, wie sie in diesem Buch vorgelegt wird, nicht möglich gewesen ohne die Werke von Wissenschaftlerinnen wie Simone de Beauvoir, Jessie Bernard, Ester Boserup, Gita Sen, Mary Daly, Dale Spender, Florence Howe, Nancy Chodorow, Adrienne Rich, Kate Millett, Barbara Gelpi, Alice Schlegel, Annette Kuhn, Charlotte Bunche, Carol Christ, Judith Plaskow, Catharine Stimpson, Rosemary Radford-Ruether, Charlene Spretnak, Catharine MacKinnon, Wilma Scott Heide, Jean Baker Miller und Carol Gilligan – um nur einige zu nennen.[21] Das von den Feministinnen zusammengetragene Datenmaterial und die daraus gewonnenen Erkenntnisse, die bis auf Aphra Behn im 17. Jahrhundert und zum Teil sogar auf noch frühere Quellen zurückgehen, eröffnet der Wissenschaft ebenso wie die »Chaos«-Theorie neue Horizonte.

Obwohl vom Ansatz her diametral entgegengesetzt – hier der traditionell männliche Standpunkt, dort die radikal unterschiedlichen feministischen Erfahrungen und Überzeugungen –, haben feministische Theorien und die »Chaos«-Theorie eine Reihe von Gemeinsamkeiten. Im konventionellen Wissenschaftsbetrieb gelten beide nach wie vor als mehr oder minder mysteriöse Beschäftigungen hart am Rande der abgesegneten wissenschaftlichen Seriosität (und manchmal jenseits derselben). Beide Denkrichtungen befassen sich intensiv mit Wandlungsprozessen *(Transformation)*, und in beiden setzt sich mehr und mehr die Einsicht durch, daß unser gegenwärtiges System vor dem Kollaps steht und daß wir Wege in eine von Grund auf anders strukturierte Zukunft suchen müssen.

Die folgenden Kapitel beschäftigen sich mit den Ursprüngen dieser Zukunft und erforschen die Wege dorthin. Sie berichten von Ereignissen, die sich Jahrtausende vor Beginn der offiziellen Geschichtsschreibung zugetragen haben. Sie erzählen, wie unsere ursprünglich auf Partnerschaft basierende abendländische Kultur plötzlich eine Kehrtwendung vollzog und einen blutigen, von Herrschaftsdenken geprägten, fünftausend Jahre währenden Umweg machte. Sie zeigen, daß die wachsenden Probleme unserer Welt größtenteils nur die logischen Folgen einer nach dem Herrschaftsmodell gestalteten und dem gegenwärtigen Stand der technologischen Entwicklung entsprechenden sozialen Organisation sind, weshalb sie *nicht* innerhalb des Systems gelöst werden können. Und sie demonstrieren, daß es noch einen anderen Kurs gibt, den zu wählen uns, die wir unsere eigene Evolution mitgestalten, nach wie vor offensteht. Die Alternative heißt also *Aufbruch* zu neuen Ufern statt *Zusammenbruch:* Wenn wir bei der Gestaltung unserer Politik, Wirtschaft, Wissenschaft und im geistigen Bereich neue Wege beschreiten, steht uns ein neues Zeitalter der Partnerschaft bevor.

Kapitel 1

Reise in eine versunkene Welt: Die Anfänge der Zivilisation

Eine weibliche Figur, über 20000 Jahre konserviert in einem Höhlenheiligtum, gibt Hinweise im Hinblick auf das Denken unserer frühen Vorfahren. Sie ist klein und aus behauenem Stein: eine jener sogenannten »Venus-Statuetten«, wie sie sich in allen prähistorischen Grabungsstätten Europas finden.

Die Statuetten, deren Fundorte sich geographisch über ein weites Gebiet erstrecken – östlich vom Balkan bis zum Baikal-See in Sibirien, westlich von Willendorf bei Wien bis zur Grotte du Pappe in Frankreich –, wurden und werden von manchen Wissenschaftlern als Ausdruck männlichen Erotizismus interpretiert: sozusagen als antikes Pendant zum heutigen *Playboy*-Magazin. Andere Wissenschaftler deuten sie als Objekte, die in primitiven Fruchtbarkeitsriten Anwendung fanden.

Welche Bedeutung hatten diese alten Skulpturen aber wirklich? Können sie tatsächlich als »Produkte der sündigen männlichen Imagination« abgetan werden?[1] Ist der Begriff *Venus* bei der Beschreibung dieser breithüftigen, mitunter schwangeren, stark stilisierten und oftmals gesichtslosen Figuren überhaupt schon angemessen? Oder sagen sie nicht vielmehr etwas Wichtiges über uns selbst aus, darüber, wie Frauen *und* Männer dereinst die *Leben* spendenden Mächte des Universums verehrten?

Das Paläolithikum

Die weiblichen Statuetten der Völker des Paläolithikums sind, zusammen mit ihren Felsmalereien, ihren Höhlenheiligtümern und Begräbnisstätten, wichtige Zeugnisse des geistigen und psychischen Lebens ihrer Zeit. Sie beweisen die Ehrfurcht unserer Vorfahren vor dem Mysterium des Lebens und dem des Todes. Sie belegen, daß der menschliche Lebenswille seinen Ausdruck und seine Bestätigung schon sehr frühzeitig in verschiedenen Ritualen und Mythen fand, verbunden mit dem – noch heute weit verbreiteten – Glauben, daß die Toten durch Wiedergeburt ins Leben zurückkehren können.

»In einem großen Höhlenheiligtum wie demjenigen von Les Trois Frères, Niaux, Font du Gaume oder Lascaux«, schreibt der Religionshistoriker E. O. James, »müssen die Kulthandlungen ein organisierter Versuch seitens der damaligen Menschen gewesen sein, ... die Kräfte und Vorgänge in der Natur mit Hilfe auf das Gemeinwohl gerichteter, übernatürlicher Mittel unter Kontrolle zu bekommen. Die sakrale Tradition, sei sie nun in Zusammenhang mit der Nahrungsversorgung, mit den Mysterien von Geburt und Fortpflanzung oder Tod, entstand und funktionierte, wie es scheint, als Ausdruck des Willens, das Leben nach dem Tode fortzusetzen.«[2]

Diese sakrale Tradition spiegelte sich in der bemerkenswerten Kunst der Menschen des Paläolithikums, und einer ihrer integralen Bestandteile war die Verbindung der Leben und Tod regierenden Mächte mit der Frau.

Auf die Verbindung des Weiblichen mit der lebenspendenden Kraft deuten auch die Entdeckungen in altsteinzeitlichen Begräbnisstätten. So fand man zum Beispiel in der Felsenhöhle Cro-Magnon in Les Eyzies, Frankreich (wo Forscher 1868 auf die ersten erhaltenen Skelette unserer Vorfahren aus der Jüngeren Altsteinzeit stießen), auf den Leichen und um sie herum sorgfältig arrangierte Kauri-Muscheln. Die Muscheln, die in ihrer Form, wie es James dezent nennt, »dem Portal, durch das ein

Kind die Welt betritt«, gleichen, scheinen mit einer Art früher Verehrung einer weiblichen Gottheit assoziiert gewesen zu sein. Laut James war die Kauri-Muschel ein lebenspendendes Symbol. Desgleichen gilt für den Roten Ocker, der in späteren Traditionen das lebenspendende Blut oder das Menstruationsblut der Frau symbolisierte.[3]

Die Frau wurde allem Anschein nach hauptsächlich mit dem Gebären und der Erhaltung des Lebens assoziiert. Gleichzeitig scheint aber auch der Tod – oder, genauer gesagt, die Wiederauferstehung – ein zentrales religiöses Thema gewesen zu sein. Sowohl die ritualisierte Anordnung der vaginaförmigen Kauri-Muscheln auf den Toten und um sie herum als auch die Praxis, diese Muscheln und/oder die Toten mit Rotem Ocker – als Symbol für die belebende Kraft des Blutes – zu färben, gehörten offensichtlich zu einem Begräbnisritual, dessen Ziel es war, die Verstorbenen durch Wiedergeburt ins Leben zurückzurufen. »Sie weisen«, wie James schreibt, »auf Sterberituale eines seiner Natur nach lebenspendenden Kultes hin, der eng mit den weiblichen Statuetten und anderen Symbolen des Göttinnen-Kults zusammenhängt.«[4]

Zusätzlich zu diesen archäologischen Belegen steinzeitlicher Begräbniskulte lassen sich auch Riten nachweisen, deren Aufgabe es anscheinend war, die Fruchtbarkeit wilder Tiere und Pflanzen zu fördern, welche unseren Vorfahren als Nahrung dienten. So finden sich beispielsweise in der Galerie der unzugänglichen Höhle Tuc d'Audoubert in Ariège auf dem weichen Lehmboden unterhalb einer Wandmalerei, die zwei Büffel darstellt (ein Weibchen, gefolgt von einem Männchen), Abdrücke menschlicher Füße, von denen angenommen wird, sie seien bei rituellen Tänzen entstanden. Diese Beobachtung erinnert an eine Darstellung in dem Abri (Felsüberhang) von Cogul in Katalonien: Frauen – wahrscheinlich Priesterinnen –, die eine kleinere, nackte männliche Figur umtanzen, vermutlich bei einer religiösen Zeremonie.

All diese Höhlenheiligtümer, Idole, Bestattungen und Kulthandlungen scheinen mit der Vorstellung zusammenzuhängen, daß die Quelle, der das menschliche Leben entspringt, auch der Ursprung allen pflanzlichen und tierischen Lebens sei – dem Glauben an die große Muttergöttin oder Allesspenderin, den wir in späteren Perioden der europäischen Zivilisation wiederfinden. Sie sind Zeugnisse für die Erkenntnis unserer Ahnen, daß wir und unsere natürliche Umwelt voneinander abhängige Bestandteile des großen Mysteriums von Leben und Tod sind und daher die Natur in ihrer Gesamtheit mit Achtung zu behandeln haben. Dieses Bewußtsein kommt später noch deutlicher dadurch zum Ausdruck, daß die Gestalt der Göttin entweder mit natürlichen Symbolen wie Tieren, Wasser und Bäumen umgeben oder selbst teilweise als Tier dargestellt ist. Hier treffen wir offenbar auf die zentrale Thematik unseres verlorengegangenen Erbes. Eine kaum weniger zentrale Rolle innerhalb der Glaubenswelt in prähistorischer Zeit nehmen die offenkundige Ehrfurcht und das Staunen über das Wunder der Menschwerdung ein – das Wunder der Geburt, inkarniert durch den Leib der Frau. Die hier vorgetragenen Argumente und Schlußfolgerungen entsprechen im übrigen keineswegs der bis heute vorherrschenden Lehrmeinung und haben daher bislang auch noch kaum Eingang in Seminare über die Ursprünge der Zivilisation gefunden. Fast überall dominieren – wie auch in den meisten populärwissenschaftlichen Veröffentlichungen – die Vorurteile früherer Gelehrter, die die Kunst der Steinzeit im Sinne der konventionell-stereotypen Vorstellung von »primitiven Völkern« interpretieren: Für sie waren unsere Vorfahren blutrünstige, kriegslüsterne Jäger – Menschen also, die mit den Jäger- und Sammler-Gesellschaften der Gegenwart kaum etwas gemein haben.[5]

Aus dem fragmentarischen Quellenmaterial wurden Theorien von männerbeherrschten Steinzeitgesellschaften konstruiert und alle neuen Entdeckungen und Erkenntnisse so interpretiert, daß sie sich nahtlos in die alten theoretischen Konzepte einfügten.

Bis heute postulieren Wissenschaftler unter anderem, daß für die Kunst der Altsteinzeit ausschließlich der prähistorische

Mann verantwortlich gewesen sei. Auch hierfür gibt es keinerlei handfeste Beweise; die Behauptung ist vielmehr das Resultat gelehrter Vorurteile, die im krassen Widerspruch zu Forschungsergebnissen stehen wie etwa der Entdeckung, daß bei den heutigen Vedda in Sri Lanka Wandmalereien von den Frauen und nicht von den Männern geschaffen werden.[6]

Hintergrund derartiger Vorurteile war – wie es John Pfeiffer in *The Emergence of Man* ausdrückte – der Gedanke, daß »die Jagd die Aufmerksamkeit und Vorstellungskraft des prähistorischen Mannes dominierte« und daß er, »wenn er dem modernen Mann auch nur entfernt ähnelte, bei zahllosen Gelegenheiten Rituale veranstaltete, die seine Kraft und seine Macht wiederherstellen und erhöhen sollten«.[7] Im Einklang mit diesem Vorurteil wurden Wandmalereien aus dem Paläolithikum als Jagdszenen interpretiert, selbst wenn sie tanzende Frauen darstellten, während Belege für eine weiblich zentrierte, anthropomorphe Form der Anbetung entweder völlig ignoriert oder als bloße männliche Sexualobjekte abgetan wurden: als dickleibige, erotische »Venus-Statuetten« oder als »barbarische Vorstellungen von Schönheit«.[8]

Das Evolutionsmodell vom Mann als Jäger und Krieger hat, mit wenigen Ausnahmen, alle Interpretationen paläolithischer Kunst beeinflußt. Erst im ausgehenden zwanzigsten Jahrhundert kam es nach Ausgrabungen in Ost- und Westeuropa sowie in Sibirien allmählich zu einem Wandel bei der Interpretation älterer und neuerer Funde. In den Forschungsteams befanden sich auch Frauen, denen die Darstellung des weiblichen Genitals auffiel und die dazu neigten, die Kunst des Paläolithikums eher mit komplexen religiösen Riten als mit »Jagdzauber« zu erklären.[9] Und da die meisten Forscher weltliche Wissenschaftler waren und keine Priester wie Abbé Breuil (von dessen »moralischen« Interpretationen religiöser Praktiken die Erforschung des Paläolithikums im 19. und frühen 20. Jahrhundert stark beeinflußt war), begannen nun auch einige Männer, die nie hinterfragten Dogmen des wissenschaftlichen Establishments in Zweifel zu ziehen.

Ein interessantes Beispiel für diese neue kritische Haltung bieten die Fischgrätenmuster, die an die Wände paläolithischer Höhlen gemalt und in Knochen- und Steinobjekte eingeritzt wurden. Viele Forscher gingen wie selbstverständlich davon aus, daß es sich dabei um Waffendarstellungen handeln müsse: um Pfeile, Widerhaken, Speere und Harpunen. Doch wie Alexander Marshack in *The Roots of Civilization* schreibt – einem der ersten Werke, die frontal gegen diese Standard-Interpretation zu Felde zogen –, könnte es sich ebensogut um Pflanzen, Bäume, Äste, Schilfgräser und Blätter handeln.[10]

Diese neue Interpretation erspart uns auch die Antwort auf eine ansonsten unvermeidbare Frage: Warum haben Menschen, welche – wie die Jäger- und Sammler-Gesellschaften der Gegenwart – in ihrer Ernährung weitgehend von der natürlichen Vegetation abhängig waren, keinerlei Darstellung von Pflanzen hinterlassen?

Auch Peter Ucko und André Rosenfeld äußerten in ihrem Buch *Palaeolithic Cave Art* bereits Verwunderung über das auffällige Fehlen jeglicher Vegetation in der steinzeitlichen Kunst. Darüber hinaus notierten sie noch eine weitere Ungereimtheit: Das verfügbare Material zeigte, daß eine bestimmte Harpunenart, die »zweiseitig« genannt wird, nicht vor dem Spätpaläolithikum beziehungsweise dem Magdalénien aufgekommen ist – dennoch »entdeckten« Wissenschaftler häufig entsprechende Fischgrätenmuster auf Jahrtausende vorher entstandenen Höhlenmalereien. Und weshalb eigentlich sollten die Künstler und Künstlerinnen des Paläolithikums den Wunsch gehabt haben, derart viele Mißerfolge auf dem Gebiet der Jagd darzustellen? Denn wenn es sich bei den Mustern tatsächlich um Waffen gehandelt haben soll, so verfehlen diese auf den Bildern mit geradezu chronischer Zuverlässigkeit ihr Ziel.[11]

Um Antworten auf diese Frage zu finden, untersuchte Marshack, der kein Archäologe und daher nicht an die überkommenen Konventionen gebunden war, eingehend die Ritzungen auf einem Knochenobjekt, welche als Waffendarstellungen beschrieben worden waren. Unter dem Mikroskop entdeckte er, daß nicht nur die Haken der angeblichen Harpune in die falsche Richtung wiesen, sondern daß sich auch die Spitzen des langen Schafts am verkehrten Ende befanden. Was aber sollten diese Ritzungen bedeuten, wenn sie keine »falsch« gepolten Waffen waren? Wie sich herausstellte, stimmten die Striche bereits mit dem Winkel überein, in dem Äste aus einem langen Stamm herauswachsen. Kurzum, diese und andere konventionell als »Widerhaken ähnliche Zeichen« oder »Männlichkeits-Objekte« beschriebenen Ritzbilder waren wahrscheinlich nichts weiter als stilisierte Darstellungen von Bäumen, Ästen und Pflanzen.[12]

Bei näherer Betrachtung entpuppt sich also die traditionelle Ansicht, die Kunst des Paläolithikums stelle hauptsächlich primitiven Jagdzauber dar, als reine Projektion einer Klischeevorstellung. Mit dem, was tatsächlich zu sehen ist, hat das wenig zu tun. Und ebenso verhält es sich mit der Behauptung, weibliche Statuetten aus dem Paläolithikum seien entweder obszöne männliche Sexualobjekte oder Ausdruck eines primitiven Fruchtbarkeitskults.

Da unsere altsteinzeitlichen Vorfahren nur sehr wenige Spuren hinterlassen haben und uns eine sehr lange Zeitspanne von ihnen trennt, werden wir vermutlich niemals genau erfahren, was ihre Malereien, ihre Statuetten und Symbole im einzelnen für sie bedeuteten. Doch mit der ersten Publikation paläolithischer Wandmalereien in großartigen Farbtafeln ist deren Aussagekraft geradezu legendär geworden. Manche der Tierdarstellungen können es mit den Werken der besten modernen Künstler und Künstlerinnen aufnehmen und sind von einer visionären Frische, die nachzuvollziehen nur wenigen Zeitgenossen gelingt. Eins steht jedenfalls fest: Die altsteinzeitliche Kunst ist wesentlich mehr als unbeholfenes Gekrakel unterentwickelter Primitiver. Sie legt Zeugnis ab von einer Geisteshaltung und Mentalität, die wir begreifen müssen, wenn wir wissen wollen, was Menschen waren und sind – und was aus ihnen werden kann.

Wie André Leroi-Gourhan, Direktor des Instituts für Vor- und Frühgeschichte an der Sorbonne, in einer der wichtigsten neueren Forschungsarbeiten über die Kunst die Paläolithikums schreibt, ist es »unbefriedigend und lächerlich«, das religiöse System jener Zeit als einen »primitiven Fruchtbarkeitskult« abzutun. Wir können, bemerkt er, »ohne dem vorliegenden Quellenmaterial Gewalt anzutun, die Gesamtheit der paläolithischen Kunst als Ausdruck von Anschauungen über die natürliche und übernatürliche Organisation der lebendigen Welt auffassen«. Leroi-Gourhan behauptet ferner, daß die Menschen der Altsteinzeit »zweifellos von der Trennung der tierischen und der menschlichen Welt in zwei sich konfrontierende Hälften wußten und begriffen, daß die Einheit dieser beiden Hälften die Ökonomie der Lebewesen bestimmt.«[13]

Seine Folgerung, in der paläolithischen Kunst spiegle sich wider, welche Bedeutung unsere frühen Vorfahren ihrer Beobachtung beimaßen, daß es zwei verschiedene Geschlechter gibt, basiert auf der Analyse Tausender von Wandmalereien und Objekten aus ungefähr sechzig Höhlen. Und wenngleich er sich in Begriffen sado-masochistischer männlich-weiblicher Klischees ausdrückt und in anderen Punkten früheren archäologischen Konventionen folgt, so bestätigt seine Aussage doch, daß die Kunst des Paläolithikums Ausdruck einer frühen Religion war, in der weibliche Darstellungen und Symbole eine zentrale Stelle einnahmen. Leroi-Gourhan macht in diesem Zusammenhang zwei faszinierende Beobachtungen. Er stellt fest, daß die weiblichen Figuren und die Symbole, die er als weiblich interpretiert, in den untersuchten Höhlen eine zentrale Position einnehmen. Im Gegensatz dazu hatten männliche Symbole periphere Positionen inne oder waren um die weiblichen Figuren und Idole herum gruppiert.[14]

Leroi-Gourhans Entdeckungen befinden sich auf einer Linie mit der Ansicht, die ich bereits eingangs vertrat: Daß die vaginaförmigen Kauri-Muscheln, der Rote Ocker bei Bestattungen, die sogenannten Venus-Idole und die Darstellung von weiblich-tierischen Mischwesen, die frühere Autoren als »Monstrositäten« abtaten, alle Teil eines frühen Kults gewesen sind, in dem die lebenspendenden Kräfte der Frau eine entscheidende Rolle spielten. Auf diese Weise versuchten unsere Vorfahren ihre Welt zu verstehen, versuchten, Antworten auf Fragen von so universalmenschlicher Bedeutung zu finden wie: Wo kommen wir her, wenn wir geboren werden, und wohin gehen wir nach unserem Tod? Und sie bestätigen, was wir längst für selbstverständlich erachten: Gleichzeitig mit der ersten Erkenntnis des Ichs und seines Verhältnisses zu anderen Menschen, zu Tieren und zur Natur schlechthin muß das Gefühl von Ehrfurcht vor dem Mysterium jener Tatsache entstanden sein, daß das Leben aus dem Leib der Frau hervorgeht.

Daß der sichtbare Dimorphismus – der Unterschied in der Gestalt – zwischen den beiden Teilen der Menschheit tiefgreifende Auswirkungen auf die Glaubenssysteme des Paläolithikums haben mußte, erscheint durchaus folgerichtig. Ebenso folgerichtig erscheint die Annahme, daß die Erkenntnis, sowohl menschliches als auch tierisches Leben werde im weiblichen Körper gezeugt und der Körper der Frau durchlaufe, wie die Jahreszeiten und der Mond, bestimmte Zyklen, unsere Ahnen dazu bewegte, die lebenspendenden und -erhaltenden Kräfte der Welt eher in weiblicher denn in männlicher Gestalt zu sehen.

Die weiblichen Figuren, der Rote Ocker bei den Bestatteten und die vaginaförmigen Kauri-Muscheln sind demnach weder zufällige noch zusammenhanglose Erscheinungen, sondern anscheinend frühe Manifestationen eines Kultes, der sich später zu einer komplexen Religion entwickelte, in der die Anbetung einer Muttergöttin als Quelle der Neubildung und Regeneration aller Arten von Leben im Mittelpunkt stand.

Diese Göttinnen-Verehrung erhielt sich, wie James und andere Wissenschaftler schreiben, noch bis weit in historische Zeiten hinein »in der zusammengesetzten Figur der Magna Mater des Nahen Ostens und der hellenistischen Welt«.[15] Deutlich erkennen wir die religiöse Kontinuität in so bekannten Gottheiten wie Isis, Nut und Maat in Ägypten, Ischtar, Astarte und Lilith im sogenannten Fruchtbaren Halbmond, Demeter, Kore und Hera in Griechenland sowie Atargatis, Ceres und Kybele in Rom. Selbst später noch, in unserem eigenen jüdisch-christlichen Erbe, können wir sie erkennen in der Himmelskönigin, deren Haine verbrannt werden, in der Schekina der hebräisch-kabbalistischen Tradition und in der katholischen Jungfrau Maria, der Heiligen Mutter Gottes.

Einmal mehr erhebt sich die Frage, warum diese Verbindungen – wenn sie doch so offensichtlich sind – in der konventionellen archäologischen Literatur so lange heruntergespielt oder einfach ignoriert wurden. Sicherlich passen sie, wie schon erwähnt, zunächst einfach nicht in das Schema einer männlich-zentrierten und männlich-dominierten Form sozialer Organisation in der Vor- und Frühgeschichte. Ein weiterer Grund dafür ist aber auch, daß einige wichtige Beweisstücke für diese sich über Tausende von Jahren erstreckende religiöse Tradition erst nach dem Zweiten Weltkrieg ausgegraben wurden. Sie stammen aus jener faszinierenden Periode, die auf die Altsteinzeit folgte – jene lange Zeitspanne in unserer kulturellen Evolution, die die Altsteinzeit und ihre ersten, entscheidenden Entwicklungen für die menschliche Zivilisation mit den jüngeren Kulturen der Bronzezeit verbindet, die Zeit, in der unsere Vorfahren in den ersten agrarischen Gemeinschaften des Neolithikums seßhaft wurden.

Das Neolithikum

Etwa zur gleichen Zeit, da Leroi-Gourhan über seine Entdeckungen schrieb, erfuhren unsere Kenntnisse über die Vorgeschichte eine unermeßliche Erweiterung durch die aufregende Entdeckung und Erforschung zweier neuer neolithischer Fundstätten: der Städte Çatal Hüyük und Hacilar auf der Hochebene von Anatolien in der heutigen Türkei. Den Ausführungen James Mellaarts zufolge, der die Ausgrabungen im Auftrag des British Institute of Archaeology in Ankara leitete, belegen die aus diesen beiden Fundstätten gewonnenen Erkenntnisse die Existenz über Jahrtausende hinweg stabil und kontinuierlich gewachsener Zivilisationen, bei denen eine Göttin im Zentrum der kultischen Verehrung stand.

»A. Leroi-Gourhans brillante Neuinterpretation der Religion des Späten Paläolithikums«, schrieb Mellaart, »hat viele Mißverständnisse ausgeräumt. ... Das daraus resultierende Verständnis der Kunst jener Zeit als Ausdruck eines komplexen und weiblichen Symbolismus (in Form von Idolen und Tieren) weist starke Ähnlichkeiten mit den religiösen Vorstellungen von Çatal Hüyük auf.« Darüber hinaus zeigen sich auch Einflüsse aus dem Spätpaläolithikum »in zahlreichen Kulthandlungen, von denen Bestattungen mit Rotem Ocker, rotgefleckte Böden, Kollektionen von Stalaktiten, Fossilien und Muscheln nur einige wenige Beispiele sind.«[16]

Solange davon ausgegangen wurde, so Mellaart, daß die hochentwickelte und hochstilisierte Kunst des Spätpaläolithikums nichts anderes sei als »Ausdruck eines Jagdzaubers – eine Idee, auf die man gekommen war, indem man von zurückgebliebenen Gesellschaften wie denen der australischen Aborigines Rückschlüsse zog –«, bestand wenig Hoffnung, »irgendein Bindeglied zu den späteren Fruchtbarkeits-Kulten des Nahen Ostens zu finden, die sich um die Figur der Großen Göttin mit ihrem Sohn drehen – und das, obwohl die Präsenz einer solchen Göttin im Späten Paläolithikum kaum geleugnet werden konnte und auch nicht geleugnet wurde.« Nun jedoch, stellte Mellaart fest, hat sich die Lage »im Lichte der verfügbaren Materialien radikal geändert.«[17]

Die jungsteinzeitlichen Kulturen von Çatal Hüyük und Hacilar haben uns mit reichlichen Informationen über ein langgesuchtes Stück aus dem Puzzle unserer Vergangenheit versorgt, dem *missing link* zwischen der Altsteinzeit und den späteren, technologisch fortgeschritteneren Perioden der Kupfer- und Bronzezeit. Wie Mellaart schreibt, »bilden Çatal Hüyük und Hacilar ein Bindeglied zwischen diesen beiden großen Schulen vorgeschichtlicher Kunst. Von Çatal Hüyük über Hacilar bis hin zu den großen ›Mutter-Göttinnen‹ der archaischen und klassischen Zeiten läßt sich eine religiöse Kontinuität aufzeigen.«[18]

Wie in der Kunst des Paläolithikums nehmen auch in der Kunst von Çatal Hüyük weibliche Statuetten und Symbole eine zentrale Stellung ein. An vielen Stellen wurden dort Schreine und Statuetten der Göttin gefunden. Darüber hinaus sind Statuetten auch charakteristisch für die jungsteinzeitliche Kunst in anderen Gebieten des Nahen und Mittleren Ostens. So wurden zum Beispiel in Jericho, einer jungsteinzeitlichen Grabungsstätte im Nahen Osten (heute in Israel) – wo die Menschen schon um 7000 v. u. Z. in verputzten Lehmziegelhäusern lebten, von denen einige tönerne Öfen mit Kaminen und sogar Angelsteine für die Türen besaßen –, Tonstatuetten der Göttin gefunden.[19] In Tell-es-Sawwan, einer Fundstätte am Tigrisufer, die sich durch frühe Bewässerungsanlagen sowie durch die unter der Bezeichnung Samarra bekannten, bemerkenswerten geometrisch gemusterten Töpferarbeiten auszeichnet, wurde eine Vielzahl von Statuetten ausgegraben, darunter ein ganzes Depot exquisit bemalter weiblicher Plastiken (Idole). In Çayönü, einer jungsteinzeitlichen Siedlung in Nordsyrien, wo wir die ersten Zeugnisse für die Verwendung von kaltgehämmertem einheimischen Kupfer und von Lehmziegeln finden, wurden ähnliche Figuren ausgegraben, von denen einige bis auf die frühesten Schichten des Orts zurückdatieren. Spätere Parallelen zu diesen kleinen Göttinnen-Figuren finden sich in Djarmo und selbst noch so weit westlich wie im präkeramischen Sesklo in Griechenland, wo sie bereits vor der Einführung des Töpferhandwerks hergestellt wurden.[20]

Die jungsteinzeitlichen Fundstätten, aus denen Statuetten von Göttinnen und dazugehörige Symbole zutage gefördert worden sind, umfassen ein Gebiet, das weit über den Nahen und Mittleren Osten hinausreicht. Noch weiter im Osten, nämlich in Harappa und Mohenjo-Daro in Indien, wurden schon früher weibliche Idole aus Terrakotta gefunden. Auch sie repräsentierten vermutlich, wie Sir John Marshall schrieb, eine Göttin »mit Attributen, die jenen der großen Muttergöttin, der Himmelskönigin, sehr ähnlich sind«.[21] Statuetten von Göttinnen wurden aber auch im äußersten Westen Europas gefunden, und zwar bei den sogenannten Megalith-Kulturen, die die riesigen, technisch wohldurchdachten Steinmonumente bei Stonehenge und Avebury in England errichteten. Im Süden Europas finden sich Megalith-Kulturen noch auf der Mittelmeerinsel Malta, wo ein gewaltiges Gräberareal mit über siebentausend Bestattungen offenbar auch als Heiligtum für Weissagungen und Initiationsriten diente, in dem, wie James schreibt, »die Muttergöttin wahrscheinlich eine bedeutende Rolle spielte«.[22]

So zeichnet sich allmählich ein neues Bild der Entstehung und Entwicklung von Zivilisation und Religion ab. Die neolithische Agrarwirtschaft schuf die Basis für eine Entwicklung, die im Laufe von Jahrtausenden unsere unmittelbare Gegenwart formte. Nahezu weltweit hatten all jene Stätten, an denen die technische und soziale Entwicklung ihre ersten Gehversuche unternahm, ein gemeinsames Charakteristikum: die Verehrung der Göttin.

Welche Folgen haben Entdeckungen dieser Art nun für unsere Gegenwart, welche für unsere Zukunft? Und warum sollen wir uns von der neuen Sichtweise mehr überzeugen lassen als von den traditionellen, androzentrischen Märchen, wie sie uns in vielen teuren, üppig illustrierten Archäologie-Bildbänden immer noch aufgetischt werden?

Ein Grund, dies zu tun, ist der, daß die Funde von weiblichen Statuetten und anderen archäologischen Zeugnissen, die eine gynozentrische (das heißt, auf der Frau oder dem Weiblichen basierende) Religion im Neolithikum belegen, so zahlreich sind, daß allein ihre Katalogisierung mehrere Bände füllen würde. Der Hauptgrund ist jedoch darin zu suchen, daß die neue Betrachtungsweise Ergebnis eines grundlegenden Wandels nicht nur in den Methoden, sondern auch in der Zielrichtung der Archäologie ist.

Der Drang, die vergrabenen Schätze des Altertums zu heben, ist so alt wie die Absichten jener Räuber, die die Gräber der ägyptischen Pharaonen plünderten. Die Archäologie als Wissenschaft existiert jedoch erst seit dem späten 19. Jahrhundert. Und selbst da noch dienten archäologische Ausgrabungen –

wenngleich motiviert durch intellektuelle Neugier an unserer Vergangenheit – hauptsächlich einem Zweck, der sich von simpler Grabräuberei nicht allzu sehr unterscheidet, nämlich der Aneignung einmaliger Altertümer durch Museen in England, Frankreich und anderen Kolonialländern. Der Gedanke, durch Ausgrabungen zunächst einmal so viele Informationen wie möglich zu gewinnen – gleichgültig, ob die betreffenden Fundstätten nun archäologische »Schätze« enthielten oder nicht –, hat erst sehr viel später Fuß gefaßt. Strenggenommen konnte sich die Archäologie erst nach dem Zweiten Weltkrieg als jene Wissenschaft etablieren, die sich die systematische Erforschung des Alltagslebens, der Gedankenwelt, der Technologie und der sozialen Organisation unserer Vorfahren zum Ziel setzte.

Heutzutage werden Grabungen nur noch selten von einsamen Gelehrten oder Forschungsreisenden durchgeführt, wie es früher gang und gebe war, sondern von Teams, zu denen neben archäologischen auch zoologische, botanische, klimatologische, anthropologische und paläontologische Wissenschaftler und Wissenschaftlerinnen gehören. Dieser interdisziplinäre Ansatz, der zum Beispiel auch für Mellaarts Grabungen in Çatal Hüyük typisch war, vermittelt ein sehr viel genaueres Verständnis unserer Vorgeschichte.

Der allerwichtigste Grund ist möglicherweise jedoch der, daß eine Reihe bemerkenswerter technischer Fortschritte, wie beispielsweise die von dem Nobelpreisträger Willard Libby entwikkelte Radiokarbonmethode und die Dendrochronologie, die sich auf die Auswertung von Jahresringen bei Bäumen stützt, der Archäologie sehr viel genauere Datierungsmöglichkeiten eröffneten. Frühere Datierungsversuche beschränkten sich mehr oder weniger auf Vermutungen – etwa, indem verschiedene Fundstücke miteinander verglichen und dann als »primitiver, gleichwertig oder fortgeschrittener« klassifiziert wurden. Als jedoch die Funddatierung ein technischer Vorgang wurde, der jederzeit nachprüfbar war, verboten sich Aussagen wie die, daß ein Artefakt von größerer künstlerischer oder technischer Ausgereiftheit sei und damit zwangsläufig aus einer jüngeren und vermutlich kulturell fortgeschritteneren Zeit stammen müsse. Infolge dieser Entwicklungen ergab sich eine völlig neue Epocheneinteilung, die ihrerseits eine radikale Revision früherer Interpretationen der Vorgeschichte mit sich brachte. Wir wissen, daß die Landwirtschaft – das heißt, die Domestizierung wilder Tiere und die Kultivierung von Pflanzen – viel älter ist, als vormals angenommen wurde. De facto gibt es die ersten Anzeichen für die gemeinhin von Archäologen »neolithisch« genannte Agrarrevolution schon im Jahrtausend von 9000 bis 8000 v. u. Z. – das heißt, mehr als zehntausend Jahre vorher.

Die agrarische Revolution war der bedeutendste Einzelfortschritt in der technologischen Entwicklung des Menschen, weshalb die Ursprünge dessen, was wir die »westliche Zivilisation« nennen, ebenfalls sehr viel früher anzusetzen sind, als bislang angenommen wurde.

Die regelmäßige Nahrungsversorgung, die mitunter sogar Überschüsse abwarf, führte zu einem Bevölkerungswachstum sowie zur Entstehung erster Städte. Dort lebten und arbeiteten Hunderte, manchmal auch Tausende von Menschen, die das Land pflügten und vielerorts auch bewässerten. Die technische Spezialisierung nahm im Neolithikum ebenso schnell zu wie der Handel. Und aufgrund der durch die Landwirtschaft gewährleisteten Absicherung des Lebensnotwendigen, die die Energie der Menschen freisetzte und ihnen Zeit für die Verwirklichung ihrer Phantasien verschaffte, erlebten Handwerke wie Töpferei, Korbflechterei, Weberei und Gerberei, Kunstgewerbe wie die Herstellung von Schmuck und die Holzschnitzerei sowie die Malerei, das Modellieren mit Ton und die Steinbearbeitung eine erste Blüte.

Auch das spirituelle Bewußtsein entwickelte sich in jener Epoche weiter. Die erste anthropomorphe Religion, in deren Mittelpunkt die Verehrung der Göttin stand, formte sich nun zu einem komplexen System aus Symbolen, Ritualen sowie göttlichen Ge- und Verboten, die alle in der reichhaltigen Kunst des Neolithikums ihren Ausdruck fanden, aus.

Einige der lebendigsten Beweisstücke für diese gynozentrische Kunsttradition verdanken wir Mellaarts Ausgrabungen in Çatal Hüyük. Diese Siedlung erstreckt sich über eine Fläche von ungefähr dreizehn Hektar. Nur etwa ein Zwanzigstel davon wurde bisher freigelegt und archäologisch bearbeitet, dennoch umfassen die Funde aber bereits eine Zeitspanne von ungefähr achthundert Jahren – von etwa 6250 bis 5400 v. u. Z. Zutage trat ein bemerkenswert hoch entwickeltes Zentrum der Kunst, mit Wandmalereien, ornamentiertem Wandverputz, Skulpturen und großen Mengen von weiblichen Statuetten aus Ton. Und im Mittelpunkt all dieser Zeugnisse steht die Verehrung einer weiblichen Gottheit.

»Die zahlreichen Heiligtümer von Çatal Hüyük«, schrieb Mellaart in einer Zusammenfassung seiner ersten drei Grabungsjahre (1961 bis 1963), »sind Zeugnisse einer hochentwickelten Religion samt dazugehörigem Symbolismus und vollständiger Mythologie; die Bauwerke stellen die Wiege der Architektur und bewußter Stadtplanung dar; die Wirtschaft verrät einen hohen Entwicklungsstand von Ackerbau und Viehzucht, und die zahlreichen Importwaren belegen einen florierenden Handel mit Rohstoffen.«[23]

Obgleich die in Çatal Hüyük sowie im nahegelegenen Hacilar (besiedelt von ungefähr 5700 bis 5000 v. u. Z.) durchgeführten Grabungen mit das reichste Material über diese frühe Stufe der menschlichen Zivilisation erbrachten, so ist die Hochebene Südanatoliens doch nur eines von mehreren Gebieten, in denen seßhafte Agrargesellschaften, die eine Göttin verehrten, archäologisch nachgewiesen sind. Um ca. 6000 v. u. Z. hatte sich die Agrarrevolution nicht nur durchgesetzt, sondern – Zitat Mellaart – »rein bäuerliche Gesellschaften begannen, sich in bis dato als Randgebiete betrachteten Territorien niederzulassen, zum Beispiel in den alluvialen Ebenen Mesopotamiens, in Transkaukasien und Transkaspien einerseits sowie in Südosteuropa andererseits.« Überdies »wurden einige dieser Kontakte, wie im Falle Kretas und Zyperns, offensichtlich auf dem Seeweg etabliert«, und ohne Zweifel »trafen die Neuankömmlinge mit einer vollentwickelten neolithischen Ökonomie ein.«[24]

Mit anderen Worten: Während noch vor fünfundzwanzig Jahren die Archäologie Sumer als »Wiege der Zivilisation« bezeichnete – eine Auffassung, die sich in der breiten Öffentlichkeit bis heute gehalten hat –, wissen wir heute, daß es nicht nur eine, sondern mehrere solcher »Wiegen« gegeben hat und daß diese um Jahrtausende früher entstanden sind, als bislang angenommen wurde, nämlich in der Jungsteinzeit. Wie Mellaart in seinem 1975 erschienenen Werk *The Neolithic of the Near East* schrieb, »hat die urbane Zivilisation, die lange für eine mesopotamische Erfindung gehalten wurde, Vorläuferinnen an Orten wie Jericho oder Çatal Hüyük, in Palästina und Anatolien, die lange Zeit als rückständige Einöden galten«.[25] Darüber hinaus wissen wir nun auch, daß all jene Stätten, an denen in der Frühzeit erste große materielle und gesellschaftliche Fortschritte erzielt wurden, eines gemeinsam hatten: Gott war eine Frau – um eine Formulierung zu zitieren, die Merlin Stone in einem Buchtitel unsterblich gemacht hat.

Die neue Erkenntnis, daß die Zivilisation viel älter ist und viel weiter verbreitet war, als lange Zeit angenommen wurde, drückte sich verständlicherweise in einer Fülle neuer wissenschaftlicher Publikationen aus, in denen frühere archäologische Theorien grundlegend überdacht wurden. Die zentrale und verblüffendste Aussage – daß nämlich die Ideologie in jenen ersten Zivilisationen gynozentrisch war – hat indessen, außer bei feministischen Wissenschaftlerinnen, kaum Interesse hervorgerufen. Nicht-feministische Wissenschaftler erwähnen sie, wenn überhaupt, allenfalls am Rande, und selbst Autoren wie Mellaart, die sich inhaltlich mit ihr auseinandersetzen, betrachten sie eher als Frage von rein kunst- und religionshistorischer Bedeutung, ohne ihren sozialen und kulturellen Implikationen auf den Grund zu gehen.

In der Tat dominiert bis heute die Ansicht, daß männliche Vorherrschaft ebenso wie Privatbesitz und Sklaverei Nebenprodukte der Agrarrevolution gewesen seien – trotz aller Beweise dafür, daß in der Jungsteinzeit die Gleichberechtigung der Geschlechter – sowie aller Menschen – allgemeine Norm war.

In den folgenden Kapiteln werden wir diese faszinierenden Beweise weiter im Auge behalten. Zunächst jedoch wenden wir uns einem anderen Gebiet zu, auf dem althergebrachte Archäologenmeinungen derzeit durch neue Erkenntnisse erschüttert werden.

Das Alte Europa

Einige der aufschlußreichsten Belege über das Leben und die Kultur der Menschen während Tausender von Jahren, über die bisher fast nichts bekannt war, stammen aus einer Gegend, von der niemand dergleichen erwartet hätte. In Einklang mit der allgemein akzeptierten Theorie, der sogenannte Fruchtbare Halbmond des östlichen Mittelmeerraumes sei die Wiege der Zivilisation gewesen, galt das Alte Europa lange Zeit als rückständig. Später, so wurde angenommen, erfuhr es in der minoischen und griechischen Kultur eine kurze Blütezeit, die jedoch auch nur auf Einflüsse aus dem Osten zurückzuführen war. Inzwischen zeichnet sich auch hier ein völlig neues Bild ab.

»Eine neue Bezeichnung, *Die Zivilisation des Alten Europa,* wird an dieser Stelle eingeführt, und zwar in Anerkennung der kollektiven Identität und Leistung der verschiedenen kulturellen Gruppen im jungsteinzeitlichen und kupferzeitlichen südöstlichen Europa«, schreibt Marija Gimbutas, Archäologin an der University of California in *The Goddesses and Gods of Old Europe,* einem Standardwerk, das Hunderte von archäologischen Funden aus einem Gebiet zwischen Ägäis und Adria (einschließlich ihrer Inseln) bis zur Tschechoslowakei, Südpolen und zur westlichen Ukraine, katalogisiert und analysiert.[26]

Die Bevölkerung Südosteuropas vor siebentausend Jahren bestand keineswegs aus lauter »primitiven Dorfbewohnern«. »Im Laufe zweier Jahrtausende agrarischer Stabilität hatte ihr materieller Wohlstand durch die sich ständig verbessernde Bewirtschaftung der fruchtbaren Flußtäler stetig zugenommen«, heißt es bei Gimbutas. »Weizen, Gerste, Linsen, Erbsen und andere Feldfrüchte wurden angebaut, und es gab – mit Ausnahme des Pferdes – bereits alle Haustiere, die im heutigen Balkan präsent sind. Die Technologie der Töpferei sowie die Kunst der Knochen- und Steinbearbeitung waren hoch entwickelt. Um 5500 v. u. Z. wurde auch die Kupferbearbeitung ins östliche Mitteleuropa eingeführt. Der Handel und die kulturellen Verbindungen, die sich Jahrtausende hindurch kontinuierlich erweiterten, müssen darüber hinaus zu einer enormen, wechselseitigen kulturellen Befruchtung und Entwicklung beigetragen haben... Vom sechsten Jahrtausend an ist durch Darstellungen auf Gefäßen auch der Einsatz von Segelbooten belegt.«[27]

Die Menschen dieser Region entwickelten im Zeitraum von ungefähr 7000 bis 3500 v. u. Z. eine komplexe soziale Organisation, zu der auch die handwerkliche Spezialisierung gehörte. Sie verwendeten Metalle wie Kupfer und Gold zur Herstellung von Schmuck und Werkzeugen. Sie entwickelten sogar eine Art rudimentärer Schrift. Gimbutas schreibt: »Wenn man Kultur als die Fähigkeit eines Volkes definiert, sich an seine Umwelt anzupassen und eine angemessene Kunst, Technologie, Schrift und soziale Beziehungen zu entwickeln, dann steht außer Frage, daß das Alte Europa hierbei bemerkenswert erfolgreich war.«[28]

Das geläufige Bild des Alten Europa ist das der Furcht und Schrecken verbreitenden Barbarenstämme, die wiederholt nach Süden vorstießen und am Ende sogar noch die blutrünstigen Römer übertrafen, indem sie deren Hauptstadt eroberten und plünderten. Eine der wichtigsten Erkenntnisse, die der archäologische Spaten freilegte und die uns allen zu denken geben sollte, ist die, daß es sich bei der Zivilisation des Alten Europa im wesentlichen um *friedliche* Lebensformen gehandelt hat. »Die alten Europäer versuchten niemals, ihre Siedlungen an ungünstigen Standorten, wie hohen Bergrücken mit steilen Abhängen, zu errichten – ganz anders als die späteren Indoeuropäer, die an unzugänglichen Stellen Bergfesten erbauten und ihre Niederlassungen oftmals mit zyklopisch anmutenden Steinmauern umgaben«, berichtet Gimbutas. »Die alten Europäer wählten ihre Standorte nach der Schönheit der Lage, der Güte von Wasser und Boden sowie nach den verfügbaren Weideplätzen aus. Bei den Siedlungen von Vinča, Butmir, Petreşti und Cucuteni fällt der wunderbare Ausblick auf die Umgebung auf, keinesfalls jedoch eine verteidigungsstrategisch günstige Lage. Auch der Umstand, daß massive Befestigungsanlagen sowie Hieb- und Stichwaffen völlig fehlen, spricht für den überwiegend friedlichen Charakter dieser kunstliebenden Völker.«[29]

Hier wie in Çatal Hüyük und Hacilar – wo sich für einen Zeitraum von über fünfzehnhundert Jahren keinerlei Anzeichen kriegsbedingter Zerstörungen nachweisen lassen[30] – deuten die archäologischen Befunde darauf hin, daß männliche Vorherrschaft *nicht* die Norm war. »Es gibt Hinweise auf eine Arbeitsteilung zwischen den Geschlechtern, nicht jedoch auf Über- oder Unterordnung«, schreibt Gimbutas. »Auf dem 53 Gräber umfassenden Friedhof von Vinča ließ sich, was die Üppigkeit der Beigaben anbetrifft, kaum ein Unterschied zwischen Männer- und Frauengräbern erkennen. ... Im Hinblick auf die Rolle der Frau in der Gesellschaft läßt die Beweislage in Vinča eine gleichberechtigte und eindeutig nicht-patriarchalische Gesellschaft vermuten. In Varna verhielt es sich kaum anders. Ich kann dort keinerlei Rangordnung nach Art einer patriarchalischen männlich-weiblich orientierten Werteskala erkennen.«[31]

Insgesamt deutet die Beweislage hier wie in Çatal Hüyük auf eine grundsätzlich nach Klasse oder Geschlecht gleichberechtigte Gesellschaft hin. Und es ist bezeichnend, daß Marija Gimbutas darauf nicht nur in einem Nebensatz eingeht. Immer wieder lenkt diese bemerkenswerte archäologische Pionierin unsere Aufmerksamkeit auf diese Tatsache, und sie hat den Mut herauszustreichen, was viele andere lieber ignorieren: Daß wir in diesen Gesellschaften keinerlei Anzeichen für eine sexuelle Ungleichwertigkeit erkennen können, die doch nach allem, was man uns beigebracht hat, einfach »zur menschlichen Natur gehört«.

»Bei praktisch allen bekannten Begräbnisstätten des Alten Europa geht aus den Grabbeigaben hervor, daß Männer und

Frauen in den Gesellschaftsformen der damaligen Zeit gleichrangig waren«, schreibt Gimbutas. Sie berichtet außerdem, daß viele Anzeichen für eine matrilineare Orientierung sprechen – das heißt, daß Abstammung und Erbe durch die Mutter weitergegeben wurden.[32] Nach ihren Ausführungen läßt die archäologische Beweislage nur wenig Zweifel daran, daß den Frauen damals in allen Bereichen des Lebens eine Schlüsselrolle zukam.

»In Nachbildungen von Haus-Schreinen und Tempeln sowie in tatsächlichen Tempelruinen«, schreibt Gimbutas, »werden Frauen dargestellt, wie sie die Vorbereitung und Durchführung von rituellen Handlungen überwachen, die den verschiedenen Aspekten und Funktionen der Göttin zugeordnet sind. Enorme Energien wurden auf die Produktion von Kultgegenständen und Votivgaben verwendet. Tempelmodelle zeigen, wie Korn gemahlen und geweihtes Brot gebacken wird. ... In den Tempelwerkstätten, die gewöhnlich die Hälfte des Gebäudes einnehmen oder eine Etage unterhalb des eigentlichen Tempels beanspruchen, schufen und verzierten Frauen große Mengen verschiedener Gefäße, denen unterschiedliche rituelle Aufgaben zukamen. Gleich beim Altar des Tempels stand ein vertikaler Webstuhl, auf dem vermutlich die heiligen Gewänder und sonstige Tempelausstattungen angefertigt wurden. Die künstlerisch wertvollsten Schöpfungen des Alten Europa – die feinsten Gefäße, Skulpturen usw., die heute noch erhalten sind – waren das Werk von Frauen.«[33]

Dabei ist noch längst nicht alles zutage gefördert, was uns diese frühen Kulturen, in denen die Anbetung der Göttin im Mittelpunkt aller Lebensbereiche stand, an künstlerischem Erbe hinterließen. Schon im Jahre 1974, als Marija Gimbutas das erste Kompendium veröffentlichte, wobei sie neben den eigenen Funden auch solche aus über dreitausend weiteren Ausgrabungsstätten berücksichtigte, lag die Zahl der entdeckten Miniatur-Skulpturen aus Ton, Marmor, Knochen, Kupfer und Gold bei nicht weniger als 30000. Hinzu kamen große Mengen von Kultgefäßen, Altären, Tempeln und Malereien auf Vasen und Tempelwänden.[34]

Von all diesen Funden sind die Skulpturen die beredtesten Zeugen der Kultur des europäischen Neolithikums. Sie liefern Informationen über Details, die der Archäologie ansonsten unzugänglich geblieben wären: über Form und Schnitt von Kleidungsstücken, ja, sogar über zeitgenössische Frisuren. Sie ermöglichen uns einen unverstellten Blick auf die mythischen Vorstellungen, die den religiösen Ritualen jener Zeit zugrunde lagen. Vor allem aber zeigen sie uns – ebenso wie die Höhlen des Paläolithikums, die Ausgrabungen auf der anatolischen Hochebene und die anderen vorderasiatischen Fundstätten –, daß weibliche Statuetten und Symbole eine zentrale Position einnehmen. Zu guter Letzt liefern sie uns bereits die Indizien für den nächsten Schritt in der ästhetischen und gesellschaftlichen Evolution jener versunkenen Zivilisation der Frühzeit. Viele dieser Statuetten und Symbole erinnern in Stil und Thematik verblüffend an die eines Ortes, der alljährlich von Tausenden von Touristen besucht wird, von denen die wenigsten wirklich wissen, was sie da eigentlich betrachten: die hochentwickelte bronzezeitliche Kultur der sagenumwobenen Insel Kreta.

Doch bevor wir uns Kreta zuwenden – der einzigen bekannten »Hoch«-kultur, in der die Verehrung der Göttin bis in historische Zeiten überlebte –, wollen wir zunächst einmal untersuchen, was die archäologischen Funde des Neolithikums über den Verlauf der kulturellen Evolution dieser Epoche aussagen – und von welcher Bedeutung diese Aussagen für unsere eigene Gegenwart und Zukunft sind.

Kapitel 2

Botschaften aus der Vergangenheit: Die Welt der Göttin

Was für Menschen waren unsere prähistorischen Vorfahren, die die Göttin anbeteten? Wie sah das Leben aus in jenen Jahrtausenden unserer kulturellen Evolution vor dem Beginn der Geschichtsschreibung? Und was können wir aus jenen Zeiten lernen, das für unser eigenes Zeitalter von Bedeutung wäre?

Da sie uns keinerlei schriftliche Berichte hinterlassen haben, können wir, wie ein zur Wissenschaft konvertierter Sherlock Holmes, nur aus Indizien schließen, wie die Menschen der Alt- und Jungsteinzeit dachten, fühlten und sich verhielten. Beinahe alles, was wir über jene Epochen gelernt haben, basiert auf Mutmaßungen. Berichte über frühhistorische Kulturen wie Sumer, Babylon und Kreta sind äußerst spärlich und bruchstückhaft; großenteils handelt es sich dabei um Warenlisten und andere merkantile Angelegenheiten. Selbst die detaillierteren Abhandlungen über die Vor- und Frühgeschichte der Griechen in klassischer Zeit, der Römer, Juden und frühen Christen basieren ebenfalls hauptsächlich auf Vermutungen, die außerdem noch ohne die Hilfe moderner archäologischer Methoden entstanden.

Die Evolution unserer Kultur, so wie wir gelernt haben, sie uns vorzustellen, ist daher in Wirklichkeit überwiegend reine

Interpretation – eine Interpretation zudem, die sich, wie wir im vorangegangenen Kapitel gesehen haben, eher einmal zuviel als einmal zuwenig als bloße Projektion der noch immer vorherrschenden dominatorisch orientierten Weltanschauung erwiesen hat. Aus bruchstückhaftem Material entstand ein Bild, das dem traditionellen Modell unserer kulturellen Evolution angepaßt war – dem Modell einer gradlinigen Progression vom »primitiven« zum sogenannten »zivilisierten Menschen«, welche jedoch beide, allen Unterschieden zum Trotz, eine wesentliche Eigenschaft gemeinsam haben: Sie erobern, töten und herrschen.

Durch archäologische Ausgrabungen einstiger Siedlungsareale erhielten wir in jüngerer Zeit zahllose neue Informationen über die Vorgeschichte, insbesondere über das Neolithikum, jene Epoche, in der unsere Vorfahren erstmals seßhaft wurden und von Ackerbau und Viehzucht zu leben begannen. Eine neue Perspektive bei der Fundauswertung läßt die jetzt verfügbaren Daten in einem anderen Licht erscheinen und ermöglicht die Neubewertung und Rekonstruktion unserer Vergangenheit.

Eine wichtige Quelle dieser neuen Informationen sind Ausgrabungen von Gebäuden nebst Inhalt – also Kleidungsstücke, Schmuck, Nahrungsmittel, Möbel, Gefäße, Werkzeuge und andere Gegenstände des täglichen Lebens. Eine weitere Quelle sind freigelegte Grabstätten, die uns nicht nur eine Menge über die Einstellung der Menschen zum Tod verraten, sondern auch viel über ihr Leben. Die reichste Informationsquelle, der wir an beiden Fundstätten begegnen, ist jedoch die Kunst.

Selbst dann, wenn eine schriftliche und/oder eine orale Überlieferung vorhanden ist, ist Kunst eine Form der symbolischen Kommunikation. Die umfangreiche Kunst des Neolithikums – seien es nun Wandmalereien mit Alltagsszenen oder mythologische Darstellungen, Statuetten mit religiösen Themen oder Friese, auf denen Kulthandlungen zu sehen sind, seien es auch nur Gefäßdekorationen, Siegelbilder oder Gravuren auf Schmuckstücken – verrät uns eine Fülle von Details über das Leben und Sterben der Menschen in jener Zeit, vermittelt aber auch einen Einblick in ihre Glaubenswelt. Sie ist in einem sehr realen Sinne eine Art Sprache oder Kurzschrift, die in Symbolen ausdrückt, was die Menschen damals erlebten und wie sie aus ihren Erlebnissen heraus das schufen, was wir heute Realität nennen.[1] Und wenn wir diese Sprache für sich selbst sprechen lassen, ohne unsere eigenen Realitätsmodelle in sie hineinzuprojizieren, so erzählt sie uns die faszinierende Geschichte unserer kulturellen Herkunft – eine Geschichte, die zu sehr viel mehr Hoffnung berechtigt als die herkömmlichen Klischees.

Die Kunst des Neolithikums

Zu den erstaunlichsten Zügen der neolithischen Kunst gehören die Dinge, die sie *nicht* darstellt. Denn das, was die Kunst eines Volkes *nicht* zeigt, vermag uns ebenso viel über die Menschen zu verraten wie die künstlerische Produktion selbst.

Ein scharfer Kontrast zur Kunst späterer Epochen liegt darin, daß in der Kunst des Neolithikums idealisierende Darstellungen bewaffneter Macht, von Grausamkeiten und Gewaltherrschaft fehlen. Es gibt keinerlei Darstellungen von »edlen Kriegern« oder Schlachtenszenen, keinerlei »heldenhafte Eroberer«, die ihre Gefangenen in Ketten legen, noch irgendwelche anderen Beweise für Sklaverei.

Auch das vollkommene Fehlen prachtvoller »Häuptlings«gräber in den neolithischen, einer Göttin huldigenden Lebensformen steht in krassem Gegensatz zu dem, was wir über die frühesten männerdominierten Kulturen wissen, die diese älteren jungsteinzeitlichen Gesellschaften eroberten. Und es gibt – wiederum in bemerkenswertem Gegensatz zu späteren, von Männern beherrschten Zivilisationen wie beispielsweise der ägyptischen – keinerlei Hinweis darauf, daß mächtigen Herrschern anläßlich ihres Todes weniger mächtige Menschen geopfert wurden, um sie ins Jenseits zu begleiten.

Auch finden wir im Neolithikum – ebenfalls im Gegensatz zu

späteren dominatorischen Gesellschaften – weder große Waffenlager noch Anzeichen für eine rohstoffintensive Waffentechnologie. Und noch ein weiterer Punkt fällt auf und nährt den Schluß, daß wir es hier mit einer Epoche zu tun haben, für die Friedfertigkeit geradezu charakteristisch war: das Fehlen militärischer Befestigungsanlagen. Sie tauchen erst ganz allmählich auf, offensichtlich als Reaktion auf die Vorstöße aggressiver nomadisierender Banden aus den Randgebieten der damals bekannten Welt; wir werden später noch darauf zurückkommen.

In der neolithischen Kunst tragen weder die Göttin noch ihr Sohn-Gefährte jene Symbole, die wir gemeinhin mit der Macht assoziieren – keine Speere, Schwerter oder Donnerkeile, Symbole eines irdischen Herrschers und/oder Gottes, der Gehorsam erzwingt, indem er tötet und verstümmelt. Noch mehr: Der Kunst jener Zeit fehlt in verblüffender Weise jede bildliche oder figürliche Darstellung von Herrschern und Beherrschten, von Herren und Untertanen, wie sie für dominatorisch orientierte Gesellschaften so charakteristisch sind.

Was wir hingegen überall finden – in Tempeln und Häusern, auf Wandmalereien und Gefäßverzierungen, an runden, tönernen Statuetten sowie auf Basreliefs –, ist eine stattliche Reihe von Natursymbolen. In enger Verknüpfung mit der Verehrung der Göttin bezeugen sie Ehrfurcht und Staunen vor der Schönheit und dem Mysterium des Lebens.

Wir erkennen die lebenerhaltenden Elemente von Sonne und Wasser auf einem alteuropäischen Altar, der ungefähr 5000 v. u. Z. in Ungarn entstand und dessen wellenförmige Mäander fließendes Wasser symbolisieren. Ferner gibt es an Tempeln von Çatal Hüyük riesige Stierköpfe aus Stein mit großen, geschwungenen Hörnern, oder Terrakotta-Igel aus dem südlichen Rumänien, rituelle Gefäße in Gestalt von Hirschkühen aus Bulgarien, eiförmige Steinskulpturen mit den Gesichtern von Fischen und Kultgefäße in Vogelgestalt.[2]

Außerdem existieren Schlangen und Schmetterlinge (Symbole der Metamorphose), die auch in historischen Zeiten noch mit den transformativen Kräften der Göttin gleichgesetzt wurden, wie etwa auf einem Siegelabdruck aus Zakro im östlichen Kreta, der die Göttin mit den Flügeln eines Pfauenauges darstellt. Selbst die spätere kretische Doppelaxt, die an jene Hacken erinnert, mit denen Ackerland gerodet wurde, war eine Stilisierung des Schmetterlings.[3] Wie die Schlange, die in der Häutung »wiedergeboren« wird, war auch er Teil der Epiphanie der Göttin und somit ein weiteres Symbol für ihre regenerativen Kräfte.[4]

Und überall – seien es Wandgemälde, Statuen und Idolfiguren – finden wir Darstellungen der Göttin. In ihren verschiedenen Inkarnationen als Jungfrau, Ahnin oder Schöpferin ist sie die Herrin der Wasser, der Vögel und der Unterwelt – oder einfach nur die göttliche Mutter, die ihr göttliches Kind in den Armen wiegt.[5]

Manche Darstellungen sind so realistisch, daß sie beinahe lebensecht wirken, wie etwa die gleitende Schlange auf einem Teller, der in einem Gräberfeld aus dem fünften Jahrtausend v. u. Z. in der West-Slowakei gefunden wurde. Andere wiederum sind so stilisiert, daß sie abstrakter wirken als unsere moderne Kunst. Hierzu gehören u. a. das große, stilisierte Kultgefäß (bzw. der Kelch) in Gestalt einer inthronisierten Göttin mit eingravierten Ideogrammen aus der Theiß-Kultur im südöstlichen Ungarn, die pfeilerköpfige Göttin mit verschränkten Armen (ca. 5000 v. u. Z.) aus Rumänien und die Marmorstatuette einer Göttin von Tell Azmak in Zentral-Bulgarien, mit schematisierten Armen und übertriebenem Geschlecht, die aus dem sechsten Jahrtausend v. u. Z. stammt. Es gibt Darstellungen von seltsamer Schönheit, wie zum Beispiel ein 8000 Jahre alter gehörnter Terrakotta-Sockel mit weiblichen Brüsten, der klassisch-griechischen Statue der »Geflügelten Nike« nicht unähnlich. Oder die Gefäße der Cucuteni-Kultur mit ihren eleganten Formen und üppigen, schlangenartigen Spiralmustern. Andere Darstellungen, wie etwa die der Göttin mit über dem Nabel oder unweit der Brüste eingeritzten Kreuzen, lassen uns nach der ursprünglichen Bedeutung einiger unserer eigenen Symbole fragen.[6]

Viele dieser Kunstwerke deuten auf eine traumhafte und mitunter bizarre Phantasie, die an geheimnisvolle Rituale und längst vergessene Mythen erinnert. So könnten zum Beispiel eine vogelgesichtige Frau und das vogelgesichtige Baby, das sie in den Armen hält (auf einer Skulptur aus Vinča) maskierte Protagonisten eines alten Rituals sein: der verkörperte Mythos einer Vogelgöttin mit ihrem göttlichen Kind. In ähnlicher Weise läßt auch der Terrakotta-Kopf eines Stiers mit menschlichen Augen (Makedonien, 4000 v. u. Z.) an den maskierten Protagonisten eines anderen neolithischen Rituals und Mythos denken. Manche dieser maskierten Figuren scheinen wohltätige, andere eher bedrohliche kosmische Kräfte zu verkörpern. Andere wiederum wirken humorvoll, wie etwa der maskierte Mann mit gepolsterten Hosen und vorgerecktem Bauch aus Fafkos (5000 v. u. Z.), in dem Gimbutas einen Komiker vermutet. Schließlich gibt es noch Objekte, die Gimbutas »kosmische Eier« nennt. Auch sie sind Symbole der Göttin, deren Leib der göttliche Kelch ist, der in sich das Wunder der Geburt trägt und die rätselhafte Kraft, durch zyklische Regeneration der Natur Tod in Leben zu verwandeln.[7]

Die Einheit aller natürlichen Dinge, wie sie in der Göttin personifiziert ist, scheint wie ein roter Faden die Kunst des Neolithikums zu durchdringen. Die höchste Macht, die hier das Universum regiert, ist eine göttliche Mutter, die ihrem Volk das Leben gibt, es mit materieller und spiritueller Nahrung versorgt und ihre Kinder selbst im Tod nicht verläßt, sondern sie wieder aufnimmt in ihren kosmischen Schoß.

In den Tempeln von Çatal Hüyük finden wir Darstellungen der Göttin sowohl im schwangeren als auch im gebärenden Zustand. Häufig wird sie von mächtigen Tieren wie Leoparden und vor allem Stieren begleitet.[8] Als Symbol für die Einheit allen Lebens in der Natur ist sie selbst gelegentlich halb Mensch, halb Tier.[9] Selbst in ihren dunkleren Seiten – die Wissenschaft spricht hier von den chthonischen (der Erde entspringenden) Aspekten – wird sie immer noch als Teil der natürlichen Ordnung gezeigt. So, wie alles Leben aus ihr entspringt, so kehrt es auch im Tode in sie zurück, um erneut geboren zu werden.

Die Vermutung liegt nahe, daß der chthonische Aspekt der Göttin – ihre Porträtierung in surrealistischer, bisweilen grotesker Manier – ein Versuch unserer Vorfahren war, die dunkleren Seiten der Realität zu bewältigen, indem sie den allgemeinmenschlichen Ängsten vor dem Schattenhaft-Unbekannten Namen und Gestalt gaben. Die chthonischen Masken, Wandbilder und Statuetten, die in phantastischer bis humorvoller Form den Tod symbolisieren, sollten darüber hinaus vermutlich den religiös Initiierten ein Gespür geben für die mystische Einheit sowohl der gefahrvollen als auch wohltätigen Kräfte, die die Welt regieren.

So wie das Leben in religiösen Darstellungen und Ritualen gefeiert wurde, wurden also auch die zerstörerischen Vorgänge in der Natur erkannt und respektiert. Zur gleichen Zeit, da religiöse Rituale und Zeremonien entwickelt wurden, um dem Individuum und der Gemeinschaft ein Gefühl der Teilnahme an und der Kontrolle über die lebenspendenden und -erhaltenden natürlichen Prozesse zu verleihen, wurde versucht, die furchterregenden Naturphänomene mit Hilfe anderer Riten und Zeremonien in Schach zu halten.

Bei alledem erscheinen die zahlreichen Darstellungen der Göttin in ihrem Dualismus von Leben und Tod als Ausdruck einer Weltsicht, in der nicht Eroberung, Plünderung und Beutemacherei im Mittelpunkt des Lebens und der Kunst standen, sondern die Kultivierung des Bodens und die Versorgung der Gemeinschaft mit den für ein befriedigendes Leben notwendigen materiellen und spirituellen Gütern. Insgesamt gesehen spricht die neolithische Kunst (und noch deutlicher die weiter fortgeschrittene minoische) für ein Weltbild, in dem die zentrale Funktion der mystischen Mächte, die das Universum regieren, nicht in der Erzwingung von Gehorsam, in Strafe und Zerstörung liegt, sondern vielmehr im Geben und im Schenken.

Wir wissen, daß die Kunst – insbesondere die religiöse oder mythische Kunst – nicht nur die Einstellung der Menschen reflektiert, sondern auch ihre jeweilige Kultur und Gesellschaftsordnung. Die Kunst, in deren Mittelpunkt die Göttin steht, scheint in ihrem erstaunlichen Mangel an Darstellungen männlicher Herrschaft und Kriegführung eine soziale Ordnung widerzuspiegeln, in der Frauen – zunächst als Stammesführerinnen und Priesterinnen, später in anderen wichtigen Funktionen – eine entscheidende Rolle spielten und in der Männer und Frauen sich in gleichberechtigter Partnerschaft für das Allgemeinwohl einsetzten. Wenn keine zornigen männlichen Gottheiten und keine Herrscher mit Donnerkeilen oder anderen Waffen glorifiziert, wenn keine großen Eroberer gefeiert wurden, die in ihrem Gefolge Scharen armseliger Sklaven mit sich herumzerren, dann ist der Schluß legitim, daß es im realen Leben keine Vorbilder dafür gab.[10] Und wenn das zentrale religiöse Symbol eine gebärende Frau war statt, wie heutzutage, ein sterbender Gekreuzigter, dann ist auch die Annahme berechtigt, daß Leben und Lebensfreude und nicht Tod und Todesangst in jener Gesellschaft und ihrer Kunst eine dominierende Rolle spielten.

Die Verehrung der Göttin

Einer der interessantesten Aspekte des prähistorischen Göttinnen-Kults ist das, was der Mythologie- und Religionshistoriker Joseph Campbell seinen »Synkretismus« nennt.[11] Er will damit im wesentlichen zum Ausdruck bringen, daß der Kult der Göttin sowohl polytheistisch als auch monotheistisch war. Polytheistisch war er insofern, als die Göttin unter verschiedenen Namen und in unterschiedlicher Gestalt angebetet wurde. Monotheistisch hingegen, als wir den Glauben an die Göttin in ähnlicher Weise definieren können wie den Glauben an Gott, und zwar als Glaube an eine transzendente Einheit. Anders gesagt: Es gibt verblüffende Ähnlichkeiten zwischen den an ganz verschiedenen Orten gefundenen Symbolen und Darstellungen der Göttin in ihren verschiedenen Erscheinungsformen als Mutter, Ahnfrau oder Schöpferin, Jungfrau oder Mädchen.

Eine mögliche Erklärung für diese bemerkenswerte religiöse Einheit besteht darin, daß die Göttin ursprünglich in *allen* frühen bäuerlichen Gesellschaften verehrt worden ist. Beweise für die Vergöttlichung des Weiblichen – das biologisch, ebenso wie die Erde, gebiert und Nahrung spendet – finden wir überall in jenen drei Gebieten, die als Hauptentstehungszentren der Agrarkultur gelten: im kleinasiatisch-südosteuropäischen Raum, in Thailand sowie später auch in Mittelamerika.[12]

In zahlreichen Schöpfungslegenden aus frühester Zeit und aus den verschiedensten Teilen der Welt finden wir die Göttin und Mutter als Quelle allen Lebens geschildert. Auf dem amerikanischen Doppelkontinent ist sie die »Herrin des Schlangenrocks« – was u. a. deshalb interessant ist, weil die Schlange auch in Europa, im Mittleren Osten sowie in Asien als eine Hauptmanifestation der Göttin gilt. Die gleiche Vorstellung vom Universum findet sich im alten Mesopotamien. Hier ist es der Gedanke, die Welt sei ein Berg und dieser der Leib der Mutter-Göttin des Universums – eine Vorstellung, die bis in historische Zeiten erhalten blieb. Und als Nammu, die sumerische Göttin, die Himmel und Erde gebiert, findet sie in einem Keilschrifttext aus dem zweiten Jahrtausend v. u. Z. (der sich heute im Louvre befindet) auch namentlich Erwähnung, und zwar in einem Ideogramm mit der Bedeutung »Meer«.[13]

Die Verbindung des weiblichen Prinzips mit dem Urmeer ist ebenfalls ein allgegenwärtiges Thema. So ist beispielsweise das Symbol des Wassers ein immer wiederkehrendes Motiv in der Gefäßverzierung alteuropäischer Kulturen. Dort herrscht die Große Göttin – mitunter in der Inkarnation als Vogel- oder Schlangen-Göttin – über die lebenspendenden Kräfte des Wassers. Sowohl in Europa als auch in Anatolien sind regenspendende und milchgebende Motive miteinander verwoben. Kultische Behälter und Gefäße mit diesen Motiven gehören zur Standardausstattung der Tempel. Das Bild der Göttin wird aber auch mit Wassergefäßen in Verbindung gebracht, die zum Teil sogar ihre anthropomorphe Gestalt aufweisen. Sie ist, zum Beispiel als Nut im alten Ägypten, die fließende Einheit der himmlischen Wasser von Anbeginn der Zeiten. Später wird sie, wie die kretische Göttin Ariadne (die »Besonders Geheiligte«) und die griechische Göttin Aphrodite, aus dem Meer »geboren«. Die Symbolkraft dieses Bildes wirkte im christlichen Europa nach und inspirierte zum Beispiel Botticelli zu seinem berühmten Gemälde »Geburt der Venus«.[14]

All dies, entstanden in der Jahrtausende währenden Geschichte des Neolithikums, ist Teil unseres kulturellen Erbes, wenngleich diese Erkenntnis bisher kaum Eingang in unsere Lehrpläne gefunden hat. Es formte, wie Mellaart schreibt, »die Grundlage, auf der alle späteren Kulturen und Zivilisationen aufbauten«.[15] Oder, wie Gimbutas es darstellt: Selbst nachdem die Welt und das Weltbild unserer jungsteinzeitlichen Vorfahren zerstört waren, »lebten sie noch fort in dem Substrat, das den Nährboden für die spätere kulturelle Entwicklung in Europa bildete« und trugen somit enorm zur Bereicherung der europäischen Psyche bei.[16]

Bei näherer Betrachtung der jungsteinzeitlichen Kunst stellen wir mit Erstaunen fest, wie viele Darstellungen der Göttin erhalten geblieben sind – und wie wenig Auskunft uns die meisten religionsgeschichtlichen Standardwerke darüber geben. Denn ebenso, wie die schwangere Göttin der Jungsteinzeit ist auch die schwangere Maria der mittelalterlich-christlichen Ikonographie eine direkte Nachkommin der rundbäuchigen »Venus-Figuren« des Paläolithikums. Die neolithische Darstellung der jungen Göttin oder Jungfrau hat sich auf die Verehrung Mariens als »heilige Jungfrau« übertragen. Einen augenfälligen Beweis dafür liefert der Vergleich zwischen der neolithischen Darstellung der Mutter-Göttin, die ihr göttliches Kind hält, und der christlichen Madonna mit ihrem Sohn.

Auch traditionell mit der Göttin assoziierte Attribute, wie etwa der Stier und die Stierhörner, die die Kräfte der Natur symbolisierten, haben noch bis weit in klassische und später sogar christliche Zeiten hinein überdauert. Der Stier wurde zu einem Hauptsymbol der späteren »heidnisch«-patriarchalischen Mythologie. Noch später, in der christlichen Ikonographie, erfuhr der gehörnte Stiergott einen weiteren Bedeutungswandel, indem er von einem Symbol männlicher Macht zum Symbol des Satans oder des Bösen wurde. Im Neolithikum jedoch hatten die Stierhörner, die wir heute ganz automatisch mit dem Teufel assoziieren, eine völlig andere Bedeutung. Darstellungen von Stierhörnern wurden sowohl in den Häusern als auch in den Tempeln von Çatal Hüyük ausgegraben, wo geweihte Hörner unterhalb des Bildes der Göttin mitunter ganze Reihen oder Altäre bilden.[17] Und auch der Stier selbst gilt hier noch als Manifestation der Allmacht der Göttin. Er ist ein Symbol für das männliche Prinzip, dessen Ursprung jedoch in einem allesspendenden göttlichen Leib liegt, was die Darstellung in einem Tempel von Çatal Hüyük, auf der die Göttin ein Stierkalb gebiert, belegt.

Selbst das neolithische Bild von der Göttin in doppelter Gestalt – zum Beispiel die Zwillingsgöttinnen von Çatal Hüyük – hat bis in geschichtliche Zeiten hinein überlebt; dabei denken wir insbesondere an die Darstellungen von Demeter und Kore in der griechischen Klassik, die als Symbole für die zyklische Erneuerung in der Natur beide Aspekte der Göttinnengestalt darstellen: Mutter und Jungfrau.[18] Und in der Tat sind die Kinder der Göttin integrale Bestandteile des Themenkomplexes von Geburt, Tod und Wiederauferstehung. Ihre Tochter lebt im klassischen Griechenland als Persephone oder Kore fort. Und auch ihr Sohn-Liebhaber-Gemahl ist unter verschiedenen Namen bis in historische Zeiten erhalten geblieben, als Adonis, Tammuz, Attis – und schließlich Jesus Christus.[19]

Die bemerkenswerte Kontinuität religiöser Symbole wird um so verständlicher, wenn wir in Betracht ziehen, daß der Kult der Großen Göttin sowohl im Chalkolithikum des Alten Europa als auch im späteren minoisch-mykenischen Bronzezeitalter das Leben der Menschen mehr als alles andere geprägt zu haben scheint. Im anatolischen Çatal Hüyük hat die Verehrung der Göttin offenbar alle Aspekte des Lebens durchdrungen. So haben zum Beispiel von einhundertneununddreißig in den Jahren 1961 bis 1963 ausgegrabenen Räumen allem Anschein nach über vierzig als Kultstätten bzw. Tempel gedient.[20]

In der Jungsteinzeit und in der Kupferzeit Europas findet sich das gleiche Muster. Zusätzlich zu den den verschiedenen Inkarnationen der Göttin geweihten Schreinen besaßen die Häuser kultische Andachtsplätze, die mit Feuerstellen, Altären (Bänken) und Opferstätten ausgestattet waren. Nicht anders die Situation in der späteren kretischen Kultur, wo, wie Gimbutas schreibt, »Schreine jedweder Art so zahlreich sind, daß wir mit gutem Grund annehmen können, nicht nur jeder Palast, sondern auch jedes Privathaus habe in irgendeiner Form solchen Zwecken gedient... Der Vielzahl von Schreinen, geweihten Hörnern und Doppelaxt-Symbolen nach zu urteilen, muß der gesamte Palast von Knossos einem einzigen Heiligtum geglichen haben. Wohin der Blick auch fällt, trifft er auf Pfeiler und Symbole, die an die Allgegenwart der Großen Göttin gemahnen.«[21]

Die Folgerung, daß die Menschen, die die Göttin anbeteten, zutiefst religiös gewesen sein müssen, wäre eine Untertreibung, die zudem am Kern der Sache vorbeigeht, da säkulare und sakrale Welt damals eine Einheit bildeten. Die Religionswissenschaft weist ausdrücklich darauf hin, daß in prähistorischen und weitgehend auch noch in historischen Zeiten Religion Leben und Leben Religion war.

Ein Grund dafür, daß dieser so wichtige Punkt lange Zeit verschleiert wurde, liegt darin, daß die Gelehrten in der Vergangenheit die Anbetung der Göttin mit unschöner Regelmäßigkeit nicht als Religion, sondern als »Fruchtbarkeitskult« und die Göttin selbst als »Erdmutter« apostrophierten. Nun mag zwar die Fruchtbarkeit der Frau und der Erde ein notwendiges Requisit zur Erhaltung der Art gewesen sein (woran sich bis heute nichts geändert hat) – die einseitige Festlegung hierauf ist jedoch mehr als eine bloße Vereinfachung. Ebensogut könnten wir das Christentum als »Todeskult« bezeichnen – nur weil die zentrale Szene der christlichen Kunstdarstellung eine Kreuzigung ist.

Die neolithische Religion drückte – nicht anders als die heutigen religiösen und weltlichen Ideologien – die Weltanschauung der damaligen Zeit aus. Wie sehr sich diese Weltanschauung von der unseren unterscheidet, wird uns klar, wenn wir den neolithischen Pantheon unserem christlichen gegenüberstellen: In der Jungsteinzeit war das Oberhaupt der heiligen Familie eine Frau – die Große Mutter, die Himmelskönigin, die Göttin in ihren verschiedenen Funktionen und Formen. Aber auch die männlichen Mitglieder dieses Pantheons – der Gefährte, Bruder und/oder Sohn der Göttin – waren göttlich. In der heiligen Familie des Christentums hingegen herrscht ein allmächtiger Vater. Der zweite Mann in diesem Pantheon, Jesus Christus, ist eine weitere Erscheinungsform dieses höchsten Gottes. Vater und Sohn sind sowohl unsterblich als auch göttlich. Maria dagegen, die einzige Frau in diesem religiösen Abziehbild der patriarchalisch orientierten Familie, ist eine einfache Sterbliche – und damit unzweideutig, wie alle ihre irdischen Ebenbilder, von untergeordnetem Rang.

Religionen, in denen die mächtigste oder einzige Gottheit männlich ist, reflektieren eine soziale Ordnung, in der die Erbfolge patrilinear (das heißt, über die väterliche Linie) abgeleitet wird und der Wohnort patrilokal ist (das heißt, die Frau zieht zur Familie oder Sippe ihres Ehemanns). Umgekehrt reflektieren Religionen, in denen die mächtigste oder einzige Gottheit weiblich ist, eine soziale Ordnung, in der die Erbfolge matrilinear (das heißt, über die mütterliche Linie) abgeleitet wird und der Wohnort dementsprechend matrilokal ist (das heißt, der Mann zieht zur Familie oder Sippe seiner Ehefrau).[22] Eine von Männern dominierte und insgesamt hierarchisch strukturierte Gesellschaftsordnung wurde und wird zudem historisch von einem von Männern beherrschten Pantheon reflektiert und aufrechterhalten – sowie von religiösen Doktrinen, die die Unterordnung der Frau zum göttlichen Gebot erklären.

Was kein Patriarchat ist, ist eben ein Matriarchat

Viele Gelehrte des neunzehnten und frühen zwanzigsten Jahrhunderts kamen, als eine ständig steigende Zahl von Belegen darauf hindeutete, daß die oberste Gottheit der Menschen über Jahrtausende hinweg eine Frau war, zu einem außergewöhnlichen Schluß: Wenn die Vorgeschichte nicht patriarchalisch war, so muß sie eben matriarchalisch gewesen sein! Anders gesagt: Herrschten nicht die Männer über die Frauen, so müssen die Frauen über die Männer geherrscht haben.

Später, als die Beweislage die These von der weiblichen Vorherrschaft nicht zu bestätigen schien, kehrten die meisten Experten zu den konventionellen Ansichten zurück. Wenn es denn niemals ein Matriarchat gegeben hat, so folgerten sie nun, dann war eben die Vorherrschaft der Männer seit eh und je die Norm.

In Wirklichkeit unterstützt der archäologische Befund weder die eine noch die andere Interpretation. Denn zum einen deutet das Material, über das wir heute verfügen, darauf hin, daß die vor-patriarchalische Gesellschaft, gemessen am zeitgenössischen Standard, bemerkenswert egalitär war. Und zum zweiten gibt es, obwohl in jenen Gesellschaften die Erbfolge matrilinear gewesen zu sein scheint und Frauen in ihrer Eigenschaft als Priesterinnen und Oberhäupter der Sippen Führungsrollen in allen Aspekten des Lebens inne hatten, kaum einen Hinweis darauf, daß der Status der Männer damals in irgendeiner Weise vergleichbar wäre mit jener Unterordnung und Unterdrückung der Frau, wie sie in der nachfolgenden, von Männern beherrschten Gesellschaftsordnung gang und gäbe waren.

Nach seinen Ausgrabungen in Çatal Hüyük, deren Hauptziel die systematische Rekonstruktion des Alltagslebens jener Zeit war, kam Mellaart zu dem Schluß, daß die Größe von Gebäuden und Gerätschaften sowie der Umfang von Grabbeigaben auf geringfügige soziale Ungleichheiten hindeuten, diese jedoch »niemals ins Auge stechen«.[23] So fällt in Çatal Hüyük zum Beispiel auf, daß die Größe der Häuser, von denen die meisten eine rechteckige Grundfläche von ca. 25 Quadratmetern aufweisen, kaum divergiert. Selbst Tempel unterscheiden sich in ihrer Bauweise nicht von Wohnhäusern und sind auch nicht unbedingt größer. Überdies stehen sie oft zwischen den Wohnhäusern, was wiederum darauf schließen läßt, daß die soziale und religiöse Struktur eher gemeinschaftlich denn zentralistisch und hierarchisch war.[24]

Auch eine Analyse der Bestattungssitten in Çatal Hüyük bestätigt diesen Eindruck. Im Gegensatz zu den Gräbern der indoeuropäischen Stammesfürsten in späterer Zeit, die deutlich auf eine pyramidenartige Sozialstruktur hinweisen, an deren Spitze ein gefürchteter und furchterregender starker Mann stand, lassen die Gräber von Çatal Hüyük keinerlei krasse soziale Ungleichheiten erkennen.[25]

Was nun die Beziehungen zwischen Mann und Frau betrifft, so stimmt es, daß die göttliche Familie von Çatal Hüyük, wie Mellaart zeigt, »aus Mutter, Tochter, Sohn und Vater in der Reihenfolge ihrer Bedeutung«, besteht.[26] Hierin kommt die offenkundig matrilineare und matrilokale Familienstruktur der damaligen Gesellschaft zum Ausdruck. Und es stimmt sicher auch, daß – wie der griechische Philosoph Pythagoras später bemerkte – die in Çatal Hüyük und anderen neolithischen Gesellschaften geschaffenen anthropomorphen Darstellungen der Göttin – als Jungfrau, reife Mutter, Großmutter oder Ahnfrau bis hin zum Urbild der Mater Creatrix – Projektionen verschiedener Stadien des Frauenlebens sind.[27] Zu guter Letzt spricht hierfür auch die Tatsache, daß sich in Çatal Hüyük die Schlafstätten der Frauen samt ihrem persönlichen Besitz, ihrem Bett oder ihrem Diwan in allen Häusern an der gleichen Stelle auf der Ostseite der Wohnräume befanden. Die Schlafstätten der Männer hatten keinen festen Platz und waren auch etwas kleiner.[28]

Trotz all dieser Beweise für die gehobene Stellung der Frau sowohl in der Religion als auch im Alltagsleben gibt es keinerlei Anzeichen für eine krasse *Ungleichheit* zwischen Männern und

Frauen, und es fehlt jeder Hinweis darauf, daß die Frauen die Männer unterjocht oder unterdrückt hätten. Einen frappierenden Gegensatz zu den modernen, männerbeherrschten Religionen, deren klerikale Hierarchie bis in die jüngste Zeit hinein vielfach nur Männern offenstand bzw. offensteht, bilden jene frühen Religionen, die erwiesenermaßen sowohl Priesterinnen als auch Priester kannten. Wenngleich anzunehmen ist, daß es überwiegend Priesterinnen waren, die den Dienst an der Göttin von Çatal Hüyük versahen, weist Mellaart auch die Beteiligung von Priestern nach. Er berichtet, daß zweierlei Objekte – Spiegel aus Obsidian und kunstvolle Gürtelschnallen – ausschließlich in Tempelgräbern gefunden wurden. Erstere waren ausschließlich Frauen beigegeben, letztere ausschließlich Männern. Mellaart folgert daraus, es handele sich »um Attribute bestimmter Priesterinnen und Priester. Dies würde nicht nur die Seltenheit dieser Funde erklären, sondern auch den Umstand, daß sie nur in Tempeln gefunden wurden.«[29]

Es wurden auch Skulpturen von älteren Männern entdeckt, deren Haltung mitunter an Rodins berühmten *Denker* erinnert. Sie sind als Hinweis darauf anzusehen, daß alten Männern ebenso bedeutende und angesehene Rollen zufielen wie alten Frauen.[30] Gleichermaßen wichtig ist die Tatsache, daß der Stier und die geweihten Hörner, die in den Tempeln des neolithischen Anatolien, in Kleinasien sowie im Alten Europa und später auch in der minoischen und mykenischen Kunst eine zentrale Stellung einnehmen, Symbole des männlichen Prinzips sind, ebenso wie die im späteren Neolithikum primär in Europa aufkommenden Phallus- und Eberdarstellungen. Auch zeigen einige der frühen Statuetten der Göttin nicht nur sowohl menschliche als auch tierische Züge, sondern weisen bisweilen Merkmale auf, die als androgyn interpretiert werden können, wie etwa einen übertrieben langen Hals.[31] Bedeutsam ist selbstverständlich auch die immer wieder auftretende Gestalt des jungen Gottes, des Sohn-Gefährten der Göttin, der im zentralen Wunder der präpatriarchalischen Religion, dem Mysterium von Regeneration und Wiedergeburt, eine wichtige Rolle spielt.

So bestimmte zwar das weibliche Prinzip als Hauptsymbol des Lebenswunders die Kunst und Ideologie des Neolithikums, doch kam auch dem männlichen Prinzip eine kaum weniger bedeutende Aufgabe zu. Die Verschmelzung beider Prinzipien im mythischen Ritual der Heiligen Vermählung wurde sogar noch in patriarchalischer Zeit gefeiert. Der Große Tempel von Yazilikaya im hethitischen Anatolien war beispielsweise diesem Zweck geweiht. Ja, auch noch später, bei den Griechen und Römern, hat sich die Zeremonie als *hieros gamos* (Heilige Hochzeit) erhalten.[32]

Interessant ist in diesem Zusammenhang auch, daß neolithische Darstellungen ein Verständnis für die jeweilige Rolle von Frau und Mann bei der Fortpflanzung verraten. So zeigt etwa eine kleine Steintafel aus Çatal Hüyük eine Frau und einen Mann in zärtlicher Umarmung, unmittelbar gefolgt von einem Relief, das eine Mutter mit ihrem Kind darstellt, gewissermaßen als Folge jener Vereinigung.[33]

All diese Darstellungen reflektieren das so ganz anders geartete Verhältnis zwischen Mann und Frau im Neolithikum. Im Verständnis jener Zeit kam dem verbindenden Element offenbar viel größere Bedeutung zu als dem trennend-hierarchischen. »Die Welt der Mythen war«, wie Gimbutas schreibt, »nicht in männlich und weiblich polarisiert wie bei den Indoeuropäern und vielen anderen Nomaden- und Hirtenvölkern aus den Steppengebieten. Beide Prinzipien standen offenkundig Seite an Seite. Die männliche Gottheit in Gestalt eines jungen Mannes oder männlichen Tieres scheint die Kräfte der kreativen und aktiven Weiblichkeit bestätigt und gestärkt zu haben. Keins der Geschlechter ist dem anderen untergeordnet: Indem sie sich gegenseitig ergänzen, verdoppeln sie ihre Kraft.«[34]

Wir stellen immer wieder aufs neue fest, daß die Debatte darüber, ob es dereinst ein Matriarchat gegeben hat oder nicht – eine Debatte, die in akademischen und populärwissenschaftlichen Abhandlungen regelmäßig wieder aufbricht –, weit mehr die Folge fortgesetzter Klischeevorstellungen zu sein scheint denn Ergebnis des archäologischen Befundes.[35] Das heißt, daß in unserer Kultur, die auf den Gedanken der Hierarchie, der Rangordnung sowie auf Gruppenzugehörigkeits- und Nichtzugehörigkeitsdenken basiert, starre Unterschiede und Gegensätze überbetont werden. Unser Denken ist typisch dichotomisch, verläuft in den Bahnen des Entweder-Oder, des »Wenn-es-nicht-dieses-ist,-dann-muß-es-eben-jenes-sein«. Schon die frühesten Philosophen warnten vor der Gefahr simplifizierender Mißinterpretationen der Realität, die aus einer solchen Denkweise entsteht. Und die moderne Psychologie hat tatsächlich festgestellt, daß wir es hier mit einem Zeichen für ein *niederes* oder psychisch geringer entwickeltes Stadium kognitiver und emotionaler Fähigkeiten zu tun haben.[36]

Mellaart bemühte sich offensichtlich darum, dieses Gestrüpp von Entweder-Oder und »Wenn's kein Patriarchat ist, dann muß es eben ein Matriarchat sein« zu überwinden, als er schrieb: »Wenn die Göttin das Leben und Sterben der neolithischen Bevölkerung von Çatal Hüyük und alles, was damit zusammenhing, beherrschte, so gilt das in gewisser Weise auch für ihren Sohn. Obwohl seine Rolle der ihren streng untergeordnet ist, so scheint doch die männliche Rolle im Leben voll anerkannt gewesen zu sein.«[37] Mit dieser als Widerspruch formulierten Aussage, d. h. einer sowohl »voll anerkannten« als auch einer »streng untergeordneten« Rolle, befinden wir uns aber schon wieder im ausweglosen Gestrüpp kultureller und linguistischer Vorurteile, das untrennbar mit dem dominatorischen Paradigma verbunden ist: Daß nämlich menschliche Beziehungen zwangsläufig in irgendeine Hackordnung passen müssen, in der es ein Oben und ein Unten gibt.

Vom strikt analytischen oder logischen Gesichtspunkt her betrachtet, rechtfertigt jedoch die Vorrangstellung der Göttin – und Hand in Hand mit ihr die zentrale Stellung der im Frauenleib verkörperten und durch die nährenden und regenerierenden Kräfte symbolisierten Werte – den Schluß, die damaligen Frauen hätten die Männer beherrscht, keineswegs. Das wird noch deutlicher, wenn wir beginnen, aus jener einen und einzigen zwischenmenschlichen Beziehung, die selbst in von Männern beherrschten Gesellschaften nicht generell der Überlegenheits-Unterlegenheits-Begrifflichkeit unterliegt, die entsprechenden Analogieschlüsse zu ziehen. Gemeint ist die Beziehung zwischen Mutter und Kind. Unsere Wahrnehmung dieser Beziehung mag in der Tat ein Überbleibsel aus jener Zeit des prä-patriarchalischen Weltbilds sein. Die größere, stärkere, erwachsene Mutter ist, hierarchisch gesehen, dem kleineren, schwächeren Kind klar überlegen – was jedoch nicht heißt, daß wir ein Kind normalerweise als minderwertig betrachten.

Analog hierzu erkennen wir auch, daß aus der zentralen und aktiven Rolle der prähistorischen Frau in Religion und Alltagsleben nicht automatisch auf eine untergeordnete Stellung oder Unterdrückung des Mannes geschlossen werden darf. Denn beide – Frauen *und* Männer – waren ebenso Kinder der Göttin, wie sie Kinder der Frauen waren, die ihren Familien und Sippen vorstanden. Und wenn davon auch die Macht der Frauen profitierte, so scheint es sich dabei – analog zu unserer heutigen Mutter-Kind-Beziehung – um eine Macht gehandelt zu haben, die weniger mit Unterdrückung, Privilegien und Angst als vielmehr mit Verantwortung und Liebe gleichgesetzt wurde.

Fassen wir zusammen: Im Gegensatz zu der heute noch üblichen Vorstellung von Macht als der Macht des Schwertes – das heißt, der Macht, Leben zu nehmen oder zu beherrschen – scheint in jenen neolithischen, die Göttin verehrenden Gesellschaften ein Machtverständnis die Norm gewesen zu sein, das die »weiblichen« Kräfte, zu nähren und zu geben, in den Mittelpunkt stellte. Zweifellos hielten sich die Menschen nicht immer an diese Idealvorstellung; sie waren aus Fleisch und Blut und lebten nicht in utopischen Gemeinwesen. Dennoch war sie das normative Ideal, das Modell, dem sowohl Frauen als auch Männer nacheiferten.

Die Vorstellung von Macht, wie sie durch den Kelch symbolisiert wird – ich schlage dafür den Begriff *Verwirklichungskraft* im Unterschied zu *beherrschender Macht* vor –, spiegelt offenkundig eine gesellschaftliche Organisation wider, die mit der unseren kaum etwas gemein hat.[38] Die bisher untersuchten Belege erlauben den Schluß, daß jene Gesellschaft keineswegs matriarchalisch genannt werden kann. Da sie jedoch ebenso wenig als patriarchalisch bezeichnet werden kann, paßt sie nicht in das vorherrschende Dominator-Paradigma von sozialer Organisation. Unter der Prämisse der von uns entwickelten kulturellen Transformationstheorie fügt sie sich jedoch in die Alternativstruktur, die sich für das menschliche Zusammenleben bietet: eine partnerschaftlich strukturierte Gesellschaft, in der von beiden Hälften der Menschheit keine Vorrang vor der anderen genießt und in der Unterschiedlichkeit nicht mit Unter- oder Überlegenheit gleichgesetzt wird.

Wie wir in den folgenden Kapiteln noch sehen werden, haben diese beiden Alternativen unsere kulturelle Evolution zutiefst beeinflußt. Die technologische und die soziale Evolution tendieren dazu, immer komplizierter zu werden, gleichgültig, welches Gesellschaftsmodell sich durchsetzt. Aber die *Zielrichtung* unserer kulturellen Evolution – einschließlich der Frage, ob ein soziales System kriegerisch oder friedliebend ist – hängt davon ab, ob unsere soziale Struktur auf Partnerschaft oder auf Herrschaft ausgerichtet ist.

KAPITEL 3

Der grundlegende Unterschied: Kreta

Die Vorgeschichte ähnelt einem gigantischen Puzzlespiel, dessen Teile überwiegend verlorengegangen oder zerbrochen sind. Sie vollständig wieder zusammenzusetzen, ist unmöglich. Das Haupthindernis, das einer exakten Rekonstruktion entgegensteht, ist jedoch nicht der Verlust so vieler Fragmente, sondern der Umstand, daß vorherrschende Denkschemata eine genaue Interpretation der vorhandenen Fundgegenstände und somit die Darstellung des tatsächlichen Bezugsrahmens erschweren.

So ging zum Beispiel Sir Flinders Petrie in seinem ersten Bericht über die Freilegung der Begräbnisstätte der Meryet-Nit in Ägypten ganz automatisch davon aus, daß es sich dabei um ein Königsgrab handle. Spätere Forschungen ergaben indessen, daß Meryet-Nit eine Frau war, und zwar – den reichen Grabbeigaben nach zu schließen – eine Königin. Der gleiche Fehler unterlief den Interpretatoren nach der Entdeckung des riesigen Grabmals in Nagadeh durch Professor de Morgan: auch hier ging man davon aus, auf die Begräbnisstätte eines Königs (Hor-Aha aus der Ersten Dynastie) gestoßen zu sein. Spätere Forschungen ergaben, so der Ägyptologe Walter Emery, daß es sich um das Grabmal der Nit-Hotep, der Mutter des Hor-Aha handelte.[1]

Diese Beispiele für Fehlinterpretationen infolge kultureller Voreingenommenheit bilden, wie die Kunsthistorikerin Merlin Stone bemerkt, nur insofern eine Ausnahme, als sie später korrigiert wurden. Stone, die Ausgrabungsstätten und Archive in aller Welt besuchte, zahllose Einzelobjekte und andere Primärquellen eigenhändig überprüfte und mit den vorliegenden Interpretationen verglich, fand heraus, daß alle Beweise für ein gleichberechtigtes Nebeneinander zwischen Männern und Frauen in der Frühzeit mehr oder weniger ignoriert worden waren.[2]

Auf den folgenden Seiten werden wir uns mit der berühmten Kultur befassen, deren Überreste um die Jahrhundertwende auf der Mittelmeerinsel Kreta entdeckt wurden. Wir werden sehen, wohin die Voreingenommenheit in diesem Falle führte – zu einem nicht nur unvollständigen, sondern auch grob verzerrten Bild von unserer kulturellen Evolution und der Entwicklung höherer Formen von Zivilisation.

Die archäologische Bombe

Die Entdeckung einer technologisch so fortgeschrittenen und gesellschaftlich so komplexen alten Kultur wie der minoischen – die Archäologie taufte sie nach dem legendären König Minos – schlug seinerzeit wie eine Bombe ein. Nicolas Platon, der 1980 auf eine mehr als fünfzigjährige Grabungserfahrung auf Kreta zurückblicken konnte, formulierte es so: »Die Archäologen waren wie vor den Kopf geschlagen. Wie es geschehen konnte, daß sie von der Existenz einer so hochentwickelten Zivilisation bis dahin nicht einmal etwas geahnt hatten, war ihnen völlig unverständlich.«[3]

Platon, der lange Jahre Leiter des Antikendienstes auf Kreta war, schreibt weiter: »Von Anfang an wurden erstaunliche Entdeckungen gemacht.« Im Verlauf der Arbeiten »wurden riesige, mehrstöckige Paläste, Villen, Gutshöfe, ehedem dicht bevölkerte und gut verwaltete Stadtbezirke, Hafenanlagen, ein die Insel in allen Richtungen durchziehendes Straßennetz, gepflegte Kult- und planmäßig gestaltete Begräbnisstätten ans Tageslicht befördert.«[4] Schließlich wurde auch die Verwendung von vier Schriften nachgewiesen (Ägyptische Hieroglyphen, eine als Proto-Linear bezeichnete Schrift, die minoische Linear-A- und die mykenische Linear-B-Schrift), wodurch die kretische Zivilisation nach den Definitionskriterien der Archäologie der »historischen« oder schriftlich überlieferten Periode zugeordnet werden kann. Eine Vielzahl von Informationen über die Sozialstruktur und die Wertvorstellungen der Menschen sowohl in der früheren minoischen als auch in der späteren mykenischen Epoche wurde gewonnen. Doch die vielleicht überraschendste Erkenntnis, die sich im Laufe der Ausgrabungen und der Entdeckung immer neuer Fresken, Skulpturen, Gefäße, Schnitzarbeiten und anderer Kunstgegenstände herausschälte, war die, daß sich hier Relikte einer künstlerischen Tradition fanden, die bislang in Europa beispiellos war.

Die Geschichte der kretischen Kultur beginnt um 6000 v. u. Z., als sich an den Küsten der Insel eine kleine Kolonie von Einwanderern etablierte, die wahrscheinlich aus Anatolien stammten. Die Agrartechnologie und der Kult der Göttin, den die frühen Siedler mitbrachten, weisen sie als Menschen des Neolithikums aus. In den nun folgenden viertausend Jahren entwickelten sich ihre technischen Fertigkeiten unter anderem auf den Gebieten der Keramik, Webkunst, Metallbearbeitung und Architektur langsam, aber kontinuierlich weiter. Auch der Handel und die Evolution der lebendigen, freudvollen Kunst, die für Kreta so typisch ist, nahmen einen ähnlich graduellen Verlauf. Dann, ungefähr um 2000 v. u. Z., begann auf Kreta jene Periode, die von den Archäologen die »mittelminoische« oder »frühpalastzeitliche« genannt wird.[5]

Diese Epoche fällt bereits in die spätere Bronzezeit, als im Rest der damals zivilisierten Welt der Kult der Göttin bereits mehr und mehr durch den von kriegerischen Göttern verdrängt wurde. Zwar wurde die Göttin – zum Beispiel als Hathor und

Isis in Ägypten, als Astarte oder Ischtar in Babylon oder als die Sonnengöttin von Arinna in Anatolien – nach wie vor verehrt, sie galt jedoch inzwischen nurmehr als zweitrangige Gottheit, den mächtigeren männlichen Göttern als Gefährtin oder Mutter bei- oder untergeordnet. Es war eine Welt, in der die Macht der Frauen einen allgemeinen Niedergang erfuhr, eine Welt, in der Männerherrschaft, Eroberungskriege und Rachefeldzüge allenthalben zur Norm wurden.

Auf Kreta, wo die Göttin nach wie vor höchste Verehrung genoß, lassen sich keine Anzeichen für kriegerische Verwicklungen finden. Hier gediehen Handel und Gewerbe, und die Künste erlebten eine Hochblüte. Und selbst als die Insel um 1500 v. u. Z. endgültig unter achäische Oberherrschaft fiel (die Archäologie spricht nun nicht mehr von der minoischen, sondern von einer minoisch-mykenischen Kultur), scheinen sich die Göttin und die von ihr symbolisierte Denk- und Lebensweise noch erhalten zu haben.

Die neuen indoeuropäischen Herrscher gerieten offensichtlich unter den älteren minoischen Einfluß und haben allem Anschein nach viel von der minoischen Kultur und Religion übernommen. So zeigen zum Beispiel die Darstellungen auf dem berühmten Sarkophag von Hagia Triada (15. Jahrhundert v. u. Z.), die trotz des steiferen und stilisierten Malstils noch unverkennbar kretisch sind, nach wie vor die Göttin als Lenkerin des von Greifen gezogenen Wagens, der den Toten in sein neues Leben überführt. Und es sind nach wie vor die Priesterinnen der Göttin – und nicht Priester in langen Frauenkleidern –, die auf den Stuckreliefs des Sarkophags rituelle Handlungen verrichten. Sie sind es, die die Prozession anführen und mit ausgestreckten Händen den Altar berühren.

In typisch gewundener Wissenschaftssprache bemerkt die Kulturhistorikerin Jacquetta Hawkes: »Wenn dies noch für das vierzehnte Jahrhundert gilt, so muß es mit an Gewißheit grenzender Wahrscheinlichkeit in der noch weiter zurückliegenden Zeit um so größere Bedeutung gehabt haben.«[6] Im großen Palast von Knossos steht dementsprechend eine Frau – die Göttin, Hohepriesterin oder vielleicht auch, wie Hawkes annimmt, die kretische Königin – im Mittelpunkt, und zwei auf sie zuschreitende, aus Männern bestehende Prozessionszüge erweisen ihr Reverenz.[7] Und überall finden sich Frauenfiguren, darunter viele mit segnender Geste. Des weiteren solche, die Schlangen oder Doppeläxte als Symbole der Göttin in den Händen halten.

Lebensfreude und Naturverbundenheit

Die Gestalt der segnenden Frau scheint in mehrfacher Hinsicht das Wesen der minoischen Kultur zu erfassen. Diese war, wie Platon es ausdrückt, eine Gesellschaft, »in der das gesamte Leben von glühendem Vertrauen in die Göttin Natur, Ursprung aller Schöpfung und Harmonie, durchdrungen war.« Auf Kreta scheint zum letztenmal in der Geschichte ein Geist der Harmonie zwischen Frau und Mann als zufriedenen, gleichberechtigten Partnern geherrscht zu haben, ein Geist, der auch die künstlerische Tradition der Insel durchzieht, die in Platons Worten eine einzigartige »Freude am Schönen, an Anmut und Bewegung« sowie eine unvergleichliche »Lebensfreude und Naturverbundenheit« verrät.[8]

Manche Forscher haben das Leben in minoischer Zeit als »perfekten Ausdruck der Idee des *homo ludens*« bezeichnet – des Menschen, der das unserer Art eigene Bedürfnis nach Höherem in lebensfrohen Ritualen und künstlerischen Spielen mit tieferer mythischer Bedeutung zum Ausdruck bringt. Andere haben versucht, die kretische Kultur mit Wörtern und Begriffen wie »Empfindsamkeit«, »Anmut des Lebens« oder »Schönheits- und Naturliebe« auf einen Nenner zu bringen. Zwar gibt es noch immer Stimmen (wie etwa die von Cyrus Gordon), die versuchen, das Phänomen Kreta abzuwerten oder doch so umzudeuten, daß es in ihre Vorstellungsklischees von einem – verglichen mit der Jetztzeit – durchweg kriegerischeren und (mit Ausnahme der Juden) spirituell weniger entwickelten Altertum paßt. Doch die überwiegende Mehrheit der Fachleute – vor allem jene, die selbst auf Kreta gegraben haben – verhehlt in ihren Werken keineswegs ihre Bewunderung, ja ihre Verblüffung über eine technologisch und kulturell so weit entwickelte Zivilisation.[9]

»Alle künstlerischen Äußerungen«, schreiben die Archäologen Hans-Günter Buchholz und Vassos Karageorghis, »ja, das Leben in seiner Ganzheit ebenso wie der Tod, waren in eine umfassende, allgegenwärtige Religion eingebettet.« Und im auffallenden Gegensatz zu anderen Hochkulturen der Zeit scheint diese Religion, in deren Mittelpunkt die Anbetung der Göttin stand, Ausdruck und tragendes Element einer Sozialordnung zu sein, in der, um es mit Nicolas Platon auszudrücken, »die Angst vor dem Tod von einer allumfassenden Lebensfreude ausgelöscht wurde«.[10]

Einige Forscher, unter ihnen auch Sir Leonard Woolley, haben die minoische Kunst als die »inspirierteste der Antike« bezeichnet.[11] Archäologen und Kunsthistoriker aus aller Welt sprachen vom »Charme einer Märchenwelt« oder der »vollendetsten Akzeptanz der Anmut des Lebens, die die Welt je gekannt hat«.[12] Und es war nicht nur die kretische Kunst – großartige Fresken mit bunten Steinhühnern, kauzigen Greifen und eleganten Frauen, erlesene Goldminiaturen, feine Juwelen und schön geformte Statuetten –, sondern auch die kretische Gesellschaftsordnung, die den Wissenschaftlern einzigartig erschien.

Zu den bemerkenswertesten Eigenschaften der kretischen Gesellschaft, die sie von anderen antiken Hochkulturen deutlich unterscheidet, gehört vor allem die relativ gleichmäßige Güterverteilung. »Selbst der bäuerliche Lebensstandard scheint hoch gewesen zu sein«, berichtet Platon. »Von den bisher entdeckten Wohngebäuden deutet nicht ein einziges auf besonders ärmliche Lebensverhältnisse hin«.[13]

Damit soll keinesfalls gesagt sein, daß Kreta reicher oder auch nur ebenso reich war wie Ägypten oder Babylon, doch angesichts der gravierenden wirtschaftlichen und sozialen Unterschiede zwischen den höchsten und niedrigsten Gesellschaftsschichten, wie sie für andere »Hoch«kulturen charakteristisch waren, verlief die Nutzung und Verteilung der Güter hier offenbar von Anfang an nach anderen Kriterien.

Seit der frühesten Besiedlung war die Wirtschaft auf der Insel vorrangig agrarisch orientiert. Mit der Zeit gewannen dann die Viehzucht, das Handwerk und insbesondere der Handel mehr und mehr an Bedeutung – letzterer vor allem dank einer großen Handelsflotte, die das gesamte Mittelmeer befuhr. Die Wirtschaft des Landes profitierte enorm von dieser Entwicklung. Während zu Anfang das matrilineare *genos*, der Stamm oder Clan, Basis der sozialen Organisation war, kam es um 2000 v. u. Z. auf Kreta zu einer stärkeren Zentralisierung der Gesellschaft. Sowohl während der mittel- als auch während der spätminoischen Periode (so nennt sie Sir Arthur Evans; Platon spricht von der Älteren und der Jüngeren Palastzeit) gibt es in verschiedenen kretischen Palästen Hinweise auf zentralisierte Verwaltungseinheiten.

Im Fall Kreta führte die Zentralisierung jedoch weder zu einer autokratischen Regierungsform, noch zogen aus der fortgeschrittenen Technologie ausschließlich einige wenige Mächtige Nutzen. Dies wiederum hatte zur Folge, daß die für andere Zivilisationen der Zeit so typische Ausbeutung der Massen unterblieb. Denn obwohl es auf Kreta eine sehr wohlhabende Herrscherklasse gab, haben wir – sieht man einmal ab von der aus späterer Zeit stammenden griechischen Sage um Theseus, König Minos und den Minotauros –, keinerlei Hinweis darauf, daß sie sich auf eine starke bewaffnete Macht stützte.

»Die Entwicklung der Schrift führte, wie aus einer kleinen Anzahl von Linear-A-Täfelchen hervorgeht, zur Entstehung der ersten Bürokratie«, schreibt Platon und führt aus, wie die aus dem wachsenden Wohlstand der Insel resultierenden Einkünfte der Regierung mit großer Umsicht zur Verbesserung der Lebensbedingungen benutzt wurden – letztere waren selbst nach unseren heutigen Kriterien außerordentlich »modern«. »Alle Stadtzentren verfügten über eine perfekte Kanalisation, sanitäre Einrichtungen und eine perfekte Infrastruktur.« Platon fügt hinzu, daß

»im minoischen Kreta ohne Zweifel umfangreiche öffentliche Bauvorhaben durchgeführt wurden, deren Kosten die königliche Kasse trug. Obwohl erst sehr wenige Relikte ausgegraben worden sind, befinden sich hierunter Viadukte, gepflasterte Straßen, Aussichtsposten, Unterstände am Straßenrand, Wasserleitungen, Brunnen, Staudämme usw. Es gibt Anzeichen für ein ausgedehntes Bewässerungssystem mit einem weit verzweigten Kanalnetz.«[14]

Trotz wiederholter Erdbeben, die vorhandene Bauten zerstörten und zweimal die Errichtung neuer Paläste unterbrachen, ist die kretische Palastarchitektur einzigartig in der menschlichen Kulturgeschichte. Die Gebäude stellten eine gelungene Synthese aus praktischen und künstlerischen Erwägungen dar – so völlig anders als die typischen Monumente der Autorität und Macht in Ägypten und anderen kriegerischen, männerbeherrschten Gesellschaften des Altertums.

Die kretischen Paläste zeichneten sich durch weite Innenhöfe, majestätische Fassaden und Hunderte von einzelnen Räumen aus, die in Form von »Labyrinthen« (dem Schlüsselwort für Kreta in der späteren griechischen Legende) angelegt waren. Es gab in diesen »labyrinthischen« Gebäuden spezielle Andachtsräume für religiöse Zwecke und zahlreiche Wohnungen, die sich über mehrere Stockwerke erstreckten und asymmetrisch einen zentralen Innenhof umschlossen. Die Quartiere der Höflinge befanden sich entweder im Palast selbst oder in attraktiven, unmittelbar in der Nachbarschaft gelegenen Häusern. Auch das Hauspersonal lebte im Palast. Lebensmittelvorräte und Wertgegenstände waren in eigens dafür eingerichteten Lagerräumen, die durch Korridore miteinander verbunden waren, untergebracht. Audienzen, Empfänge, Bankette und Ratsversammlungen fanden in geräumigen Hallen statt, die von eleganten Säulen getragen wurden.[15]

Gärten nahmen eine zentrale Rolle in der minoischen Architektur ein. Die Baumeister berücksichtigten die Privatsphäre der Bewohner, sorgten für möglichst gute natürliche Beleuchtung und sanitäre Anlagen. Vor allem aber überrascht die Aufmerksamkeit, die sie Detailfragen und ästhetischen Aspekten widmeten. »Verwendet wurden sowohl einheimische als auch importierte Materialien«, schreibt Platon. »Die Arbeiten wurden samt und sonders mit äußerster Sorgfalt durchgeführt; Gips- und Tuffpilaster, Ziegel, perfekt zusammengesetzte Fassaden, Mauern, Lichtquellen und Innenhöfe. Trennwände wurden oft mit Stuck verziert, mit Wandmalereien bedeckt und mit Marmorblenden versehen... Oft wurden nicht nur die Wände, sondern auch die Decken und Fußböden mit Gemälden geschmückt, und zwar auch in Villen, Landhäusern und einfachen städtischen Unterkünften... Immer wiederkehrende Themen sind die Pflanzenwelt des Meeres und des Landes, religiöse Zeremonien und heitere Szenen aus dem Leben bei Hofe und im Volke. Alles war durchdrungen von der Verehrung der Natur.«[16]

Eine einzigartige Zivilisation

Der große Palast von Knossos mit seinem berühmten großen Treppenhaus, seinen säulengesäumten Veranden und dem illustren Empfangssaal ist ebenfalls ein typisches Beispiel für die minoische Kultur. Auch im Thronraum und den königlichen Gemächern dominiert das Ästhetische anstelle des Monumentalen – vielleicht ein Ausdruck dessen, was die Kulturhistorikerin Jacquetta Hawkes den »femininen Geist« der kretischen Architektur nennt.[17]

Eine sorgfältig gepflasterte Straße, die erste ihrer Art in Europa, verband Knossos mit seinen möglicherweise bis zu einhunderttausend Einwohnern zählenden Häfen an der Südküste. Die Straßen von Knossos und anderen Palastzentren wie Mallia und Phaistos waren ebenfalls gepflastert und verfügten über eine Drainage. Sie waren gesäumt mit hübschen, ein- oder zweistöckigen Flachdachgebäuden; einige waren mit einer Art »Penthouse« für heiße Sommernächte versehen.[18]

Die um die Paläste herum angelegten Innenstädte verrieten, laut Hawkes, »eine Planung, die ein kultiviertes Leben ermöglichte«; darüber hinaus ist es, wie Platon schreibt, offensichtlich, daß das »Privatleben« in jener Epoche »ein hohes Maß an Verfeinerung und Komfort erreicht« hatte. »Die Häuser erfüllten alle praktischen Erfordernisse des Alltagslebens und lagen in einem attraktiv gestalteten Ambiente. Die Minoer waren sehr naturverbunden. Einen möglichst freien Naturgenuß zu gewährleisten, war daher Hauptziel ihrer Architektur.«[19]

Auch die Mode richtete sich primär nach ästhetischen und praktischen Erwägungen und schuf größtmögliche Bewegungsfreiheit. Gymnastik und Sport galten als Unterhaltung und wurden von Männern und Frauen gleichermaßen betrieben. Eine Vielzahl von Feldfrüchten wurde angebaut und sorgte in Verbindung mit Viehzucht, Fischerei, Imkerei und Weinkelterei für ein gesundes und abwechslungsreiches Nahrungsangebot.[20]

Unterhaltung und Religion waren eng miteinander verknüpft; wir können also sagen, daß die Kreter und Kreterinnen in ihrer Freizeit durchaus das Angenehme mit dem Bedeutungsträchtigen zu verbinden wußten. »Musik, Gesang und Tanz bereicherten das Leben«, schreibt Platon. »Es gab eine Fülle von öffentlichen Zeremonien vorwiegend religiöser Art, die einhergingen mit Prozessionen, Banketten und akrobatischen Darbietungen, welche in eigens für diesen Zweck errichteten Theatern oder hölzernen Arenen stattfanden«, darunter auch die berühmten kretischen Stierspiele (Taurokatharpsia).[21]

Reynold Higgins faßt diesen Aspekt des kretischen Lebens wie folgt zusammen: »Für die Kreter war die Religion etwas Schönes, Angenehmes, zelebriert in Palastschreinen, in heiligen Bezirken unter freiem Himmel hoch oben in den Bergen oder in geweihten Höhlen... Religion und Erholung waren eng miteinander verbunden. Von vorrangiger Bedeutung waren die Stierspiele, die wahrscheinlich in den Innenhöfen der Paläste stattfanden. Junge Männer und Frauen bildeten gemeinsame Gruppen und versuchten, den Stier bei den Hörnern zu packen und im Salto über den Rücken des Tieres zu springen.«[22]

Die gleichberechtigte Partnerschaft zwischen Frauen und Männern, die für die minoische Gesellschaft so bezeichnend gewesen zu sein scheint, kommt vielleicht nirgendwo anders so deutlich zum Ausdruck wie auf den Darstellungen jener heiligen Stierspiele. Hier traten die jungen Männer und Frauen gemeinsam auf und vertrauten einander in Lebensgefahr. Aber auch noch in anderer Hinsicht sind diese Rituale vermutlich charakteristisch für den minoischen Geist: Sie dienten nicht nur individuellem Vergnügen oder persönlicher Läuterung, sondern waren auch Anrufungen der göttlichen Macht mit dem Ziel, Glück und Wohlstand für die Gemeinschaft zu erflehen.[23]

In Kreta existierte – dies muß einmal mehr betont werden – keine ideale Gesellschaft, kein utopisches Gemeinwesen. Es war eine durch und durch reale, menschliche Gesellschaft mit allerlei Problemen und Unvollkommenheiten: eine Gesellschaft, die sich Tausende von Jahren vor unserer Zeit entwickelte und der ein Wissenschaftsverständnis, wie wir es haben, vollkommen fehlte. Die Erklärung und Bewältigung natürlicher Vorgänge erfolgte nach wie vor mit Hilfe animistischer Glaubensvorstellungen und durch Sühnerituale.[24] Zudem war es eine Gesellschaft, die inmitten einer zunehmend männerbeherrschten, zunehmend kriegerischen Welt existierte.

Wir wissen, daß die Kreter durchaus Waffen besaßen – darunter einige von hervorragender technischer Qualität wie zum Beispiel ihre schön verzierten Dolche. Höchstwahrscheinlich waren sie zum Schutze ihrer Küsten und zur Sicherung ihres umfangreichen maritimen Handels auch des öfteren in Seegefechte verwickelt, zumal sie in einer Zeit lebten, da die Piraterie einen großen Aufschwung erfuhr und das Mittelmeer immer häufiger zum Schauplatz kriegerischer Auseinandersetzungen wurde. Aber im Gegensatz zu anderen Hochkulturen der Zeit kennt die kretische Kunst keine Idealisierung der Kriegführung. Wie bereits erwähnt, war selbst die berühmte Doppelaxt der Göttin ein Symbol für die große Fruchtbarkeit der Erde. Geformt wie eine Hacke, mit der neues Ackerland geschaffen wurde, war sie gleichzeitig eine Stilisierung des Schmetterlings, der seinerseits ein Symbol der Göttin für Wandlung und Wiedergeburt darstellte.

Darüber hinaus gibt es keinerlei Anzeichen, daß die materiellen Ressourcen Kretas in größerem Umfang zur Herstellung von Zerstörungstechnologien verwendet wurden, so wie wir es in unserer heutigen Welt Tag für Tag von neuem und in immer bedrückenderem Ausmaß erleben. Vielmehr deuten alle Befunde darauf hin, daß der kretische Reichtum überwiegend der Gestaltung eines harmonischen und ästhetischen Lebens diente. Nicolas Platon schreibt: »Das ganze Leben war durchdrungen von glühender Verehrung für die Göttin Natur, Ursprung aller Schöpfung und Harmonie. Dies führte zu Friedensliebe, Respekt vor dem Gesetz und zur Verachtung der Tyrannei. Persönlicher Ehrgeiz scheint selbst in den herrschenden Schichten unbekannt gewesen zu sein, denn nirgends finden wir auf einem Kunstwerk den Namen des Künstlers verewigt, und es gibt auch keinerlei Berichte über die Heldentaten einzelner Herrscher.«[25]

In unserer Zeit, in der »Friedensliebe, Respekt vor dem Gesetz und Verachtung der Tyrannei« so überlebensnotwendig geworden sind, kommt dem Unterschied zwischen dem Geist, der auf Kreta herrschte, und dem, der sich seiner Nachbarn bemächtigt hatte, mehr als eine rein akademische Bedeutung zu. In den Städten Kretas, die keine militärischen Befestigungen kannten, in den »ungeschützten« Villen an der Küste und im Fehlen jeglicher Hinweise auf kriegerische Auseinandersetzungen zwischen den einzelnen Stadtstaaten auf der Insel (welch ein frappierender Gegensatz zu den ummauerten Städten und den Dauerfehden, die anderswo bereits die Norm waren!) finden wir eine überzeugende Bestätigung dafür, daß unsere Hoffnung auf ein friedvolles Zusammenleben der Menschen eben keine »utopische Träumerei« ist, wie immer wieder behauptet wird. Und in den mythischen Gestalten Kretas – der Göttin als Mutter des Universums und den Menschen, Tieren, Pflanzen, Wasser und Himmel als ihren irdischen Manifestationen – finden wir die Respektierung unseres Einsseins mit der Natur, eine

Erkenntnis, die heutzutage als Voraussetzung für das ökologische Überleben zunehmend an Bedeutung gewinnt.

Was das Verhältnis zwischen Gesellschaft und Ideologie angeht, so liegt die vielleicht bemerkenswerteste Eigenschaft der kretischen Kunst – vor allem der frühminoischen – darin, daß sie das Bild einer Gesellschaft wiedergibt, in der Macht nicht gleichgesetzt wird mit Herrschaftsanspruch, Zerstörung und Unterdrückung. Laut Jacquetta Hawkes fehlt hier »die Vorstellung von einem Kriegerkönig, dessen Triumph in der Erniedrigung und Abschlachtung seiner Feinde liegt. In Kreta, wo geheiligte Herrscher über Macht und Reichtum geboten und in prunkvollen Palästen lebten, gibt es kaum eine Spur derartiger Manifestationen männlichen Stolzes und gedankenloser Grausamkeit.«[26]

Auffallend an der kretischen Kultur ist auch, daß die Menschen, die auf den Thronen von Knossos saßen oder in anderen Palästen der Insel regierten, nirgendwo in Statuen oder auf Reliefs verewigt wurden. Bis in die Spätphase hinein scheint es außer dem Fresko, auf dem die Göttin (oder vielleicht eine Priesterkönigin) inmitten einer Geschenke darbringenden Prozession gezeigt wird, keinerlei königliche Porträts gegeben zu haben. Und selbst die einzige denkbare Ausnahme, ein bemaltes Relief, auf dem manchen Interpretationen zufolge ein junger Prinz dargestellt ist, zeigt lediglich einen langhaarigen, unbewaffneten Jugendlichen mit freiem Oberkörper, dessen Haupt mit Pfauenfedern geschmückt ist; er wandelt einher zwischen Blumen und Schmetterlingen.

Ebenso auffallend und bezeichnend ist, daß die minoische Kunst keinerlei grandiose Schlacht- und Jagdszene kennt. »Das Fehlen jedweder Darstellung einer übermächtigen männlichen Herrscherfigur, ein in jener Epoche der kulturellen Entwicklung weitverbreitetes, ja fast universales Phänomen«, meint Jacquetta Hawkes, »ist einer der Gründe für die Annahme, daß es sich bei den Herrschern auf dem minoischen Thron möglicherweise um Königinnen gehandelt hat.«[27]

Zu dem gleichen Schluß kommt auch die Soziologin Ruby Rohrlich-Leavitt. In ihrer Kreta-Untersuchung aus feministischer Sicht weist sie darauf hin, daß die Bezeichnung der oben erwähnten Männergestalt als »junger Fürst« oder »Priesterkönig« lediglich ein Produkt der Vorstellungswelt moderner Archäologen ist, während in Wirklichkeit bis heute noch keine einzige Darstellung eines Königs oder eines herrschenden männlichen Gottes gefunden worden ist. Die Autorin fügt hinzu, daß das Fehlen jeglicher Idealisierung männlicher Gewalt und Zerstörungskraft in der kretischen Kunst Hand in Hand ging mit der Tatsache, daß es sich um eine Gesellschaft handelte, in der »in einem Zeitalter unaufhörlicher kriegerischer Auseinandersetzungen im Inneren wie im Äußeren, über 1500 Jahre lang der Frieden bewahrt wurde.«[28]

Im Gegensatz hierzu bezeichnet Platon, der die Minoer ebenfalls als »außerordentlich friedfertiges Volk« ansieht, die Herrscher auf den minoischen Thronen als »Könige«. Aber auch er ist verblüfft darüber, daß, wie er sich ausdrückt, »jeder König seine eigene Domäne in enger Harmonie und ›friedlicher Koexistenz‹ mit den anderen regierte.« Platon verweist auf die engen Verbindungen zwischen Herrschaft und Kult, ein charakteristisches Merkmal des politischen Lebens der Zeit, und führt aus, daß auf Kreta – auch hier in krassem Gegensatz zu anderen zeitgenössischen Stadtstaaten – »die Autorität des Königs wahrscheinlich von einem Rat aus hohen Beamten eingeschränkt wurde, in dem möglicherweise auch andere soziale Klassen vertreten waren.«[29]

Die hier aufgeführten und noch immer weitgehend ignorierten Informationen über die prä-patriarchalische Kultur des alten Kreta liefern uns einige faszinierende Hinweise auf die Ursprünge vieler Wertvorstellungen, die heute in der abendländischen Zivilisation hohes Ansehen genießen. Wir werden später noch darauf zurückkommen. Besonders interessant dabei ist der Umstand, daß unsere heutige Überzeugung, eine Regierung möge die Interessen des Volkes repräsentieren, lange vor der sogenannten »Geburt der Demokratie« im klassischen Griechenland auf Kreta eine Vorläuferin gehabt zu haben scheint. Auch das heute immer aktueller werdende Verständnis von Macht als

Verantwortung statt Herrschaft erscheint in diesem Zusammenhang wie die Wiederkehr einer Weltsicht der Vergangenheit.

Macht war in Kreta nach allem, was sich aus den vorliegenden Forschungsergebnissen erschließen läßt, zunächst einmal mit der Verantwortlichkeit der Mutterschaft gleichgesetzt, und nicht mit durch Ausübung oder Androhung von Gewalt erzwungenem Gehorsam gegenüber einer männerbeherrschten Elite. Es handelt sich hierbei um eine Machtdefinition, wie sie für partnerschaftliche Gesellschaftsmodelle typisch ist, in denen Frauen und als weiblich geltende Charaktermerkmale nicht von vornherein systematisch abgewertet werden. In Kreta galt diese Definition auch dann noch, als Technik und Gesellschaft zunehmend komplexer wurden, ja, sie hatte entscheidenden Einfluß auf die dortige kulturelle Entwicklung.

Von besonderem Interesse ist dabei, daß noch lange nach Beginn der Bronzezeit, als die Göttin noch immer verehrt wurde – als Lebensspenderin, Schöpferin und höchste Verkörperung aller Mysterien dieser Welt –, die Frau eine vorrangige Stellung in der kretischen Gesellschaft innehatte. Nach Rohrlich-Leavitt waren Frauen auf Kreta »die zentralen Figuren, die in Kunst und Handwerk bei weitem am häufigsten dargestellt wurden. Und die meisten Darstellungen zeigen sie im öffentlichen Leben.«[30]

Die Behauptung, der Stadtstaat (bzw. das, was manche Wissenschaftler heute die »Staatlichkeit« nennen) erfordere schon von seiner Struktur her eine kriegerische Einstellung, einen hierarchischen Aufbau sowie die Unterjochung der Frau, ist somit nicht mehr aufrechtzuerhalten. In den Stadtstaaten auf Kreta, deren Reichtum, hohes künstlerisches und handwerkliches Niveau als auch blühender Handel geradezu legendär sind, fällt auf, daß die Einführung neuer Technologien und mit ihr die Entstehung einer höheren Stufe sozialer Organisation einschließlich zunehmender Spezialisierung *in keiner Weise* mit einer Verschlechterung des Status der Frau einherging.

Ganz im Gegenteil: Veränderungen im Rollenverhalten, die den technologischen Wandel begleiteten, scheinen im minoischen Kreta den Status der Frau eher gestärkt als geschwächt zu haben. Da es keine grundlegenden sozialen und ideologischen Umwälzungen gab, führte der von der technologischen Entwicklung geforderte Wandel im Rollenverständnis auch nicht zu historischen Brüchen, wie sie uns von anderen Beispielen her bekannt sind. In den Gesellschaften Südmesopotamiens herrschte um 3500 v. u. Z. ein strenges Kastensystem. Kriege und Scharmützel waren an der Tagesordnung, und der Status der Frau verschlechterte sich zusehends. Im minoischen Kreta gab es zwar ebenfalls Verstädterung und eine zunehmende soziale Gliederung – doch Kriege wurden keine geführt und der Status der Frau verschlechterte sich *nicht*.[31]

Die Unsichtbarkeit des Eindeutigen

Unter dem vorherrschenden Paradigma, demzufolge Rangordnung das erste Organisationsprinzip ist, geht man automatisch davon aus, daß ein hoher Status der Frau zwangsläufig einen niedrigeren Status des Mannes bedingt. Wir haben bereits gesehen, daß eine matrilineare Erbfolge und Abstammung, eine Frau als höchste Gottheit sowie Priesterinnen und Königinnen mit weltlicher Macht als Indikatoren einer »matriarchalischen« Gesellschaft angesehen werden. Diese Schlußfolgerung wird durch den archäologischen Befund in keiner Weise gedeckt. Auch ergibt sich aus dem hohen Status der Kreterin keineswegs, daß der Status des Kreters in irgendeiner Weise vergleichbar wäre mit dem der Frau in männerbeherrschten Sozialordnungen.

Im minoischen Kreta war das Verhältnis der Geschlechter untereinander – und zwar nicht nur die Definitionen und Wertungen der Geschlechterrollen, sondern auch die Einstellung zu Sex und Sinnlichkeit – zweifellos ganz anders als bei uns. So lassen etwa der »Oben-ohne-Stil« der Frauenmode und die eher karge, die Genitalien betonende Männerkleidung darauf schließen, daß die Unterschiede zwischen den Geschlechtern und die durch sie ermöglichten Reize und Vergnügungen offen akzeptiert wurden. Die moderne Human-Psychologie lehrt uns, daß diese »erotische Stimulanz« ein Gefühl der Gegenseitigkeit zwischen Männern und Frauen als Individuen gefördert haben dürfte.[32]

Die natürliche Einstellung der Kreter zum Geschlechtsverkehr zog vermutlich Konsequenzen nach sich, die heute, wo man im Sex, besonders unter Rückgriff auf religiös-dogmatische Vorstellungen, allzuoft eine größere Sünde sieht als in der Gewalt, schwer verständlich sind. Jacquetta Hawkes schreibt: »Die Kreter scheinen ihre Aggressivität durch ein freies, ausgeglichenes Sexualleben abgelenkt und reduziert zu haben.«[33] Im Verbund mit ihrer Begeisterung für Sport, Spiel und Tanz, mit ihrer Kreativität und Lebensfreude trug offensichtlich auch ihre liberale Einstellung zur Sexualität zu der im allgemeinen friedlichen und harmonischen Atmosphäre bei, von der das Leben auf Kreta durchdrungen war.

Eben diese Atmosphäre war es, wie wir gesehen haben, die Kreta von allen anderen Hochkulturen jener Zeit unterscheidet. Arnold Hauser formulierte es so: »Die Ausnahmestellung der minoischen Kultur beruht darauf, daß sie sich im Geiste wesentlich von allen zeitgenössischen Strömungen unterschied.«[34]

Doch hier kommt nun die unüberwindliche Hürde – jener Punkt, da Wissenschaftler auf Informationen stoßen, die von der vorherrschenden Weltanschauung automatisch ignoriert und ausgeschlossen werden. Denn sobald dieser wesentliche Unterschied mit der Tatsache in Verbindung gebracht wird, daß das minoische Kreta die letzte – und dabei technisch fortgeschrittenste – Gesellschaft gewesen ist, in der Männerherrschaft *nicht* die Norm war, schaltet die überwiegende Mehrheit der Forscher einfach ab oder schlägt schleunigst eine andere Richtung ein. Am leichtesten überwinden sie die Hürde, indem sie sich einer Marginalisierungsstrategie befleißigen. Sie bemerken dann schon, daß auf Kreta – im krassen Gegensatz zu anderen vorgeschichtlichen *und* zu unseren gegenwärtigen Kulturen – »feminine« Tugenden wie Friedfertigkeit und Einfühlungsvermögen gesellschaftliche Priorität genossen. Sie stellen vielleicht auch noch fest, daß die Frauen auf Kreta im Gegensatz zur Situation in anderen Gesellschaftsformen hohe soziale, ökonomische, politische und religiöse Stellungen einnahmen. Nur – sie erwähnen all dies eben nur am Rande, ohne es besonders hervorzuheben, und suggerieren damit der autoritätsgläubigen Leserschaft, es handele sich hierbei um Dinge von tatsächlich zweitrangiger Bedeutung.

Beim Studium der Fachliteratur zum Thema Kreta fühlt man sich immer wieder an eine merkwürdige Fußnote in Darwins »Die Abstammung des Menschen« erinnert. In einem Kapitel über die Unterschiede zwischen den einzelnen Menschenrassen fiel Darwin ein, daß ihm auf seiner Ägyptenreise die Statue des Pharaoh Amunoph III. auffallend negroid vorgekommen war. Doch kaum hatte er diese ohnehin nur in einer Fußnote versteckte Beobachtung niedergeschrieben, da schränkte er sie auch schon wieder ein. Inzwischen ist wissenschaftlich längst erwiesen, daß es in Ägypten schwarze Pharaonen gab. Darwin jedoch, dessen Eindruck, wie er selbst schreibt, von zweien seiner Begleiter bestätigt wurde, sah sich veranlaßt, J. C. Nott und George R. Gliddon, zwei berühmte Autoritäten auf diesem Gebiet, zu zitieren, die in ihrem Buch *Types of Mankind* die Züge der Pharaonen als »vorzüglich europäisch« beschrieben und behauptet hatten, die fragliche Statue habe definitiv keinen »Neger-Einschlag«.[35]

Zu Beginn dieses Kapitels haben wir auf ein ähnliches Phänomen im Zusammenhang mit weiblichen Pharaonen wie Meryet-Nit und Nit-Hotep hingewiesen. Doch während sich in der Ägyptologie nur hin und wieder Beispiele für solch blinde Autoritätsgläubigkeit finden lassen, ist sie in der Fachliteratur über Kreta beinahe die Regel. Die außerordentlich klare und eindeutige Botschaft der kretischen Kunst wird somit bei jeder sich bietenden Gelegenheit verdreht, verschwiegen oder günstigenfalls trivialisiert. Noch lange nach Darwin, als durch die Entdeckung weiterer Statuen und anderer unverkennbarer Belege die historische Existenz schwarzer Pharaonen längst erwiesen war, wurde immer wieder von Experten die Behauptung aufgestellt (überwiegend weiße Männer, versteht sich), daß es definitiv keinen »Neger-Einschlag« gegeben habe.[36] Genauso wird der überzeugende Nachweis für den wesentlichen Unterschied, der Kreta von anderen Gesellschaften jener Zeit abhebt, mit unschöner Regelmäßigkeit geleugnet oder aber als Marginalie behandelt.

Die zentrale Rolle der Frau in der kretischen Gesellschaft ist indessen so auffällig, daß kaum ein Wissenschaftler sie vollständig ignorieren konnte, nicht einmal ganz zu Anfang, als die ersten Spuren der minoischen Kultur entdeckt wurden. Wie Darwin jedoch fühlten sie sich gezwungen, das, was sie selbst mit eigenen Augen sahen, der vorherrschenden Ideologie anzupassen. So erkannte zum Beispiel Sir Arthur Evans, als er Anfang dieses Jahrhunderts mit seinen Ausgrabungen auf der Insel begann, schon sehr bald, daß die Kreter eine weibliche Gottheit angebetet hatten. Auch entging es ihm nicht, daß die kretische Kunst »Szenen femininer Vertrautheit«, wie er es nannte, darstellte. In seinen Kommentaren jedoch fühlte er sich bemüßigt, diese Darstellungen als bloßen »Weiberklatsch« über »gesellschaftliche Skandale« zu interpretieren.[37]

Die Position von Hans-Günter Buchholz und Vassos Karageorghis wirkt auf der einen Seite fast wie eine Karikatur der ›typisch deutschen‹ Einstellung gegenüber Frauen. Auf der anderen Seite jedoch sind selbst diese Wissenschaftler der Meinung, daß »der hervorragenden Stellung in allen Lebensbereichen die Bevorzugung des weiblichen Elements im Pantheon entsprach« und daß auch später noch »der hohe Rang des weiblichen Elements in der Religion der männlicheren mykenischen Kultur spürbar ist.«[38] Nur eine Frau, Jacquetta Hawkes, bezeichnete die minoische Zivilisation unumwunden als »feminin«, doch scheut selbst sie vor den weitreichenden Konsequenzen einer so wichtigen Erkenntnis zurück.

Platon bemerkt ausdrücklich, daß »die bedeutende Rolle der Frauen in allen Bereichen klar zutage tritt«, und schreibt weiter: »Es kann kein Zweifel daran bestehen, daß Frauen – oder zumindest der Einfluß weiblicher Sensibilität – einen bemerkenswerten Beitrag zur minoischen Kunst leisteten.« Er schreibt ferner, daß »die dominierende gesellschaftliche Rolle der Frauen auch daran deutlich wird, daß sie in der jüngeren Palastzeit aktiv an allen Aspekten des Lebens teilnahmen.« Aber kaum hat er den hohen Status der Frau und ihre aktive Beteiligung an allen Lebensbereichen anerkannt, da fühlt er sich zu der erläuternden Bemerkung veranlaßt, daß all dies »auf die Abwesenheit der Männer zurückzuführen sein mag, die oft weite Seereisen unternahmen.« Und dies in einem ansonsten ganz hervorragenden wissenschaftlichen Werk, dessen Autor ausdrücklich hervorhebt, daß »es zwar irreführend wäre, es (Kreta: Anm. d. Ü.) als Matriarchat zu bezeichnen, daß es jedoch – selbst aus späterer, von Griechen beherrschter Zeit – eine Fülle von Beweismaterial gibt, welches auf eine weibliche Erbfolge hindeutet.«[39]

So erleben wir also wieder und wieder, daß die Realität unserer Vergangenheit – und mit ihr der ursprüngliche Impetus und Verlauf unserer kulturellen Evolution – unter dem vorherrschenden Paradigma wie durch eine gefärbte Brille gesehen wird. Sobald wir uns jedoch der vollen Bedeutung dessen, was diese Vergangenheit vorwegnahm, für uns und unsere Zeit bewußt werden und erkennen, welche Möglichkeiten sich für uns daraus bei unserem gegenwärtigen technologischen und gesellschaftlichen Entwicklungsstand ergeben haben und noch immer ergeben, kommt unweigerlich eine quälende Frage auf: Was führte zu jener radikalen Kursabweichung in unserer kulturellen Evolution, jenem Wandel, der die Menschheit aus einer durch den Kelch aufrechterhaltenen sozialen Ordnung in eine andere überführte, in der das Schwert herrschte? Wann geschah es – und wie? Und was sagt uns dieser tiefgreifende Umsturz über unsere Vergangenheit – und über unsere Zukunft?

Kapitel 4

Dunkle Ordnung aus dem Chaos: Vom Kelch zum Schwert

Wir haben gelernt, die Zeit, die wir die menschliche Geschichte nennen, in Jahrhunderten zu messen. Der weit zurückliegende Zeitraum einer ganz anderen geschichtlichen Epoche mißt sich indes in Jahrtausenden. Das Spätpaläolithikum begann vor 30000 Jahren, die landwirtschaftliche Revolution des Neolithikums vor 10000 Jahren. Çatal Hüyük wurde vor 8500 Jahren gegründet, und der Untergang der kretischen Zivilisation liegt erst 3200 Jahre zurück.

In dieser Zeitspanne – ein Vielfaches jener Zeit, die von unseren sich nach Christi Geburt orientierenden Kalendern erfaßt wird – diente die Technologie primär dem Erhalt und der Verbesserung der Lebensqualität. In der Jahrtausende währenden Jungsteinzeit wurden auf dem Gebiet der Nahrungsmittelproduktion durch Ackerbau, Jagd, Fischerei und Haustierzucht enorme Fortschritte erzielt. Innovationen in der Baukunst, bei der Herstellung von Teppichen, Möbeln und anderem Hausrat, ja sogar regelrechte Stadtplanung (wie in Çatal Hüyük) führten zu einer Verbesserung der Wohnverhältnisse.[1] Mit der Erfindung der Web- und Nähkunst waren die Zeiten passé, in denen die menschliche Kleidung sich auf Tierhäute und Felle beschränkte. Und auch die Künste erlebten in jener Zeit, da die

Grundlagen für höhere Stufen der Zivilisation gelegt wurden, eine Hochblüte.

Generell läßt sich sagen, daß die Abstammung wahrscheinlich über die Linie der Mutter verfolgt wurde. Die älteren Frauen oder Stammesmütter verwalteten Anbau und Verteilung der Feldfrüchte, die als gemeinsames Gut aller Gruppenangehörigen betrachtet wurden. Der gemeinsame Besitz der wichtigsten Produktionsmittel und eine Auffassung, derzufolge gesellschaftliche Macht Verantwortung oder Treuhänderschaft zum Wohle aller bedeutete, führten zu einer, wie es scheint, im Grunde kooperativen sozialen Organisation. Frauen und Männer – und manchmal sogar, wie in Çatal Hüyük, Menschen unterschiedlicher rassischer Herkunft – arbeiteten gemeinsam für das Allgemeinwohl.[2]

Die überlegene Körperkraft der Männer war hier nicht die Basis gesellschaftlicher Unterdrückung sowie organisierter Kriegszüge, und es kam auch nicht zu einer Konzentration des Privateigentums in den Händen der jeweils Stärksten. Auch für eine allgemeine männliche Dominanz über die Frauen oder die generelle Überlegenheit »maskuliner« gegenüber »femininer« Werte ergab sich daraus keine Grundlage. Im Gegenteil, die vorherrschende Ideologie war gynozentrisch, in ihrem Mittelpunkt stand die Frau, repräsentiert durch eine Gottheit in weiblicher Gestalt.

Symbolisiert durch den weiblichen Kelch oder die Quelle allen Lebens, stellten die generativen, nährenden und kreativen Kräfte der Natur – und nicht die Kräfte der Zerstörung – die höchsten Werte dar. Die Aufgabe der Priesterinnen und Priester schien in jener Zeit nicht darin zu liegen, die Ziele einer brutalen Männerelite abzusegnen, sondern allen Menschen in der Gemeinschaft zu dienen, genauso wie die Stammesführer/innen im Interesse aller das der Gemeinschaft eigene und von ihr gemeinsam bewirtschaftete Land verwalteten.[3]

Dann jedoch kam der große Umbruch – ein Umbruch, der nach allem, was wir über die Evolution der menschlichen Kultur wissen, in seiner Größe und Tragweite ohne Vergleich ist.

Die Invasoren von der Peripherie

Am Anfang war es wie die sprichwörtliche Wolke in der Bibel – »nicht größer als eines Mannes Hand«: Da trieben sich in den wenig einladenden Randbezirken der Welt scheinbar unbedeutende Nomadenstämme herum, die Weideplätze für ihre Herden suchten. Es gab sie offenbar schon seit Jahrtausenden dort draußen in jenen kälteren, unwirtlichen und dünner besiedelten Gebieten an der Peripherie. Für die ersten agrarischen Zivilisationen waren diese Nomaden nicht mehr als eine neue unbedeutende Randerscheinung. An ihren fruchtbaren, wasserreichen Fluß- und Seeniederungen führten sie ein friedvolles und auf Wohlstand gegründetes Leben, das ihnen als Dauerzustand der menschlichen Existenz erscheinen mußte.

Wie diese Nomadenstämme sowohl zahlenmäßig als auch aufgrund gesteigerter Aggressivität zu einer Bedrohung heranwachsen konnten und in welchem Zeitraum dies geschah – darüber können wir nur spekulieren.[4] Ungefähr zu Beginn des fünften vorchristlichen Jahrtausends, also vor etwa 7000 Jahren, lassen sich jedoch in den neolithischen Kulturen des Nahen Ostens die ersten Anzeichen für eine Bedrohung, ein »pattern of disruption« (wie Mellaart es nennt), erkennen.[5] Der archäologische Befund deutet darauf hin, daß zu diesem Zeitpunkt in vielen Gebieten Unruhen auftraten. Es gibt Belege für Invasionen und Naturkatastrophen (gelegentlich auch für beides zusammen), die große Verwüstungen und Erschütterungen nach sich zogen. In vielen Gegenden verschwindet um jene Zeit die herkömmliche bemalte Keramik. Peu à peu schreitet die Zerstörung voran, das Chaos wächst, und es beginnt eine Periode des kulturellen Niedergangs und der Stagnation, die schließlich zu einem völligen Stillstand der zivilisatorischen Entwicklung führt. Mellaart weist darauf hin, daß weitere zweitausend Jahre vergehen, ehe mit Sumer und Ägypten zwei neue Hochkulturen entstehen.[6]

Auch im Alten Europa scheint der physische und kulturelle Niedergang der neolithischen Gesellschaft, in denen die Göttin angebetet wurde, im fünften vorchristlichen Jahrtausend begonnen zu haben – und zwar mit der »ersten Kurgan-Welle« (Gimbutas). »Dank einer immer größeren Zahl zur Verfügung stehender Radiokarbondaten lassen sich im prähistorischen Europa inzwischen die Spuren mehrerer Invasionswellen steppenbewohnender Hirtenvölker (oder ›Kurgan‹-Völker) nachweisen«, schreibt Gimbutas. Die wiederholten Einfälle sowie die daraus resultierenden Verwerfungen und Bevölkerungsverschiebungen konzentrierten sich auf drei größere Vorstöße: Welle eins um 4300–4200 v. u. Z., Welle zwei um 3400–3200 v. u. Z., Welle drei um 3000–2800 v. u. Z. (nach dendrochronologisch kalibrierten C 14-Daten).[7]

Die Kurgan-Völker gehörten – im wissenschaftlichen Sprachgebrauch – der »indoeuropäischen« oder »arischen« Sprachgruppe an, jenem Typus also, der später von Nietzsche und Hitler als einzige rein europäische Rasse idealisiert wurde. Mit der Realität hatte das freilich nichts zu tun, denn die aus den Weiten Nordostasiens und Nordosteuropas vordringenden Kurgan-Völker waren weder die einzigen Ur-Europäer noch die ersten Inder. Indien war bereits vor der Eroberung durch arische Invasoren von dravidischen Völkern besiedelt.[8]

Die Bezeichnung *indoeuropäisch* ist nichtsdestoweniger geblieben. Sie charakterisiert eine lange Folge von Invasionen nomadischer Völker aus Nordasien und Nordeuropa. Beherrscht von mächtigen Priestern und Kriegern, brachten sie ihre männlichen Kriegs- und Berggötter mit und setzten mit der Zeit – die Arier in Indien, die Hethiter und Mitaner im Fruchtbaren Halbmond, Luwer in Anatolien, Kurgan-Völker in Osteuropa, Achäer und später Dorer in Griechenland – in den von ihnen eroberten Gebieten ihre Ideologien und Lebensweisen durch.[9]

Darüber hinaus gab es noch andere nomadische Invasionen. Die bekanntesten von ihnen waren semitische Stämme, die aus den Wüsten im Süden kamen und Kanaan eroberten (jenes Land, das später nach den Philistern, einem seit Beginn der Eisenzeit dort lebenden Volk, Palästina genannt wurde). Die moralischen Prinzipien, die wir heutzutage mit dem Judaismus und dem Christentum assoziieren sowie die besondere Betonung des Friedens in vielen modernen Kirchen und Synagogen dürfen nicht darüber hinwegtäuschen, daß die frühen Semiten ein kriegerisches, von einer Krieger- und Priesterkaste (dem levitischen Stamm des Moses, Aaron und Josua) beherrschtes Volk waren. Genau wie die Indoeuropäer brachten sie einen aggressiven, wütenden Kriegs- und Berggott (Jehowa oder Jahwe) mit sich und oktroyierten mit der Zeit – wie die Bibel berichtet – dem Land und den Völkern in den von ihnen eroberten Gebieten ihre Ideologie und ihren Lebensstil auf.

Die auffallenden Ähnlichkeiten zwischen den Indoeuropäern und den alten Hebräern haben die Vermutung aufkommen lassen, daß es möglicherweise eine gemeinsame Herkunft oder aber zumindest diverse Elemente einer gegenseitigen kulturellen Durchdringung gegeben hat.[10] Das Interessante dabei sind freilich nicht einmal so sehr eventuell vorhandene gemeinsame Ursprünge oder eine Befruchtung, für die es bisher keine Beweise gibt, als vielmehr Gemeinsamkeiten in der Struktur ihrer sozialen und ideologischen Systeme, welche diese Völker bei allen geographischen und zeitlichen Divergenzen zu vereinen scheinen.

Die entscheidende, durchgängige Eigenschaft war ein dominatorisches Modell der gesellschaftlichen Organisation: ein soziales System, in dem Männerherrschaft, Männergewalt und eine generell hierarchische und autoritäre Sozialstruktur die Norm waren. Eine weitere Gemeinsamkeit lag darin, daß materieller Wohlstand bei jenen Völkern nicht, wie in den Gesellschaften, die die Grundlagen der westlichen Zivilisation schufen, durch die Entwicklung neuer Produktionstechnologien, sondern durch zunehmend effektivere Zerstörungstechnologien geschaffen wurde.

Metallverarbeitung und männliche Vorherrschaft

In dem marxistischen Klassiker »Der Ursprung der Familie, des Privateigentums und des Staates« stellte Friedrich Engels als einer der ersten die Verbindung her zwischen Männerherrschaft, der Entstehung von Hierarchien und einer auf dem Privateigentum basierenden Klassengesellschaft. Er sah einen Zusammenhang zwischen dem Wandel vom matrilinearen zum patrilinearen Zustand und der Entwicklung der Kupfer- und Bronzeverarbeitung.[11] Es war die Erkenntnis eines Pioniers, die allerdings nur grob umriß, worum es hier geht. Erst im Lichte jüngster Forschungen gewinnen wir ein deutlicheres, soziologisch faszinierendes Bild von der radikalen Richtungsänderung, die die kulturelle Evolution in Europa und Kleinasien durch die Entwicklung der Kupfer- und Bronzeverarbeitung erfuhr.

Die radikalen Veränderungen scheinen in keinem Zusammenhang zu stehen mit der *Entdeckung* dieser Metalle als solcher. Sie beziehen sich vielmehr auf den einen entscheidenden Punkt im Umgang mit aller Technologie: auf ihre *Anwendung*.

Unter dem vorherrschenden Paradigma ist der »Krieg der Vater aller Dinge«, das heißt, alle bedeutenden Entdeckungen wurden vom »Jäger« oder vom »Krieger« gemacht und zielten zunächst einmal auf wirksamere Tötungsmethoden ab. In der Schule und in modernen Trivial-Epen, wie Stanley Kubricks Film *2001*, wird uns weisgemacht, daß schon die allerersten groben Holz- und Steinwerkzeuge diesem Zweck dienten, daß es sich dabei also um Keulen und Messer handelte, mit denen der Mensch seine Mitmenschen tötete.[12] Auch die These, daß die Metallverarbeitung von Anfang an der Entwicklung neuer Waffen diente, paßt in diese Logik. Der archäologische Befund sagt indessen etwas ganz anderes aus: Metalle wie Kupfer und Gold waren bereits den Menschen des Neolithikums wohlbekannt. Nur benutzten sie sie zur Herstellung von Schmuck, zu religiösen Zwecken und zur Fertigung von Werkzeugen.[13]

Dank neuerer Datierungsmethoden, die es zu Engels' Zeiten noch nicht gab, wissen wir heute, daß die Anfänge der Metallverarbeitung in Europa bereits im 6. vorchristlichen Jahrtausend liegen, und zwar im Siedlungsgebiet südlich der Karpaten sowie in den dinarischen Alpen und im Gebirgsland Transsylvaniens. Die ältesten Fundgegenstände aus Metall stellen Schmuck, Statuetten und rituelle Objekte dar. Im Laufe des fünften und im frühen vierten Jahrtausend scheint Kupfer dann auch zur Herstellung von Flachbeilen, Schaftlochäxten, Meißeln, für Angelhaken, Ahlen, Nähnadeln und schmückende Doppelspiralnadeln verwendet worden zu sein. Wie Gimbutas jedoch schreibt, waren die Kupferäxte im Alten Europa »Werkzeuge zur Holzbearbeitung, keine Schlachtäxte oder Symbole der göttlichen Macht wie in den protohistorischen und historischen indoeuropäischen Kulturen.«[14]

Die archäologische Beweislage legt also den Schluß nahe, daß es nicht die Metallverarbeitung *per se* war, sondern vielmehr die Verwendung von Metallen bei der Entwicklung immer effektiverer Zerstörungstechnologien, welche bei der laut Engels »welthistorischen Niederlage des weiblichen Geschlechts«[15] eine so entscheidende Rolle gespielt hat. Im Gegensatz zu Engels Vermutungen setzte sich die Männerherrschaft im vorgeschichtlichen Europa aber nicht schon in jener Zeit durch, als die Jäger- und Sammler-Völker mit der Domestizierung und Zucht ehemals wilder Tiere begannen (als demnach, in anderen Worten, die Herdenwirtschaft zur wichtigsten Produktionstechnologie wurde), sondern erst viel später, nämlich im Lauf der sich über Jahrtausende hinziehenden Infiltration der Hirtenvölker in die fruchtbaren Gegenden, in denen der Ackerbau bereits dominierte.

Wie wir gesehen haben, waren Zerstörungstechnologien für die Bauern des europäischen Neolithikums nicht von vorrangiger Bedeutung. Bei den kriegerischen Horden aus den Trockengebieten des Nordens und Ostens sowie aus den Wüsten im Süden sah es anders aus. Und genau an diesem kritischen Schnittpunkt erlangten die Metalle und ihre Verarbeitung jene tödliche

Bedeutung, die den Lauf der menschlichen Geschichte nachhaltig prägen sollte: sie waren nicht mehr allein Teil des allgemeinen technologischen Fortschritts, sondern wurden zu Waffen, die dazu dienten, andere Menschen zu töten, auszuplündern und zu versklaven.

Gimbutas hat diesen Prozeß im Alten Europa minutiös nachvollzogen. Sie beginnt mit dem Hinweis, daß es in den trockenen Steppen nördlich des Schwarzen Meers, aus denen die Hirtenvölker stammten, keine Kupfervorkommen gab. »Dies führt zu der Hypothese«, folgert sie, »daß die Reiter-Völker aus der Kurgan-Steppe Kenntnis hatten von der Metallverarbeitung, wie sie im fünften und vierten vorchristlichen Jahrtausend südlich des Kaukasus bereits existierte. Wahrscheinlich hatten sie spätestens um 3500 v. u. Z. von den Transkaukasiern die entsprechenden Technologien gelernt und begannen kurze Zeit später, die Erzminen des Kaukasus auszubeuten«[16] und sich todbringende Waffen aus Metall zu schmieden.

Marija Gimbutas stützt sich bei ihrer Untersuchung sowohl auf die umfangreichen Ausgrabungen nach dem Zweiten Weltkrieg als auch auf die Einführung neuer Datierungsmethoden. Aus einer Zusammenfassung ihrer Ausführungen ergibt sich, daß der Übergang vom Kuper- zum Bronzezeitalter (in welchem erstmals Kupfer-Arsen- und Kupfer-Zinn-Legierungen auftraten) im Zeitraum zwischen 3500 und 2500 v. u. Z. stattfand, also beträchtlich früher, als bislang von der Wissenschaft angenommen. Die rasche Ausbreitung der Bronzeverarbeitung über den gesamten europäischen Kontinent ist darüber hinaus eng verknüpft mit den in jener Zeit an Stärke und Zahl sich häufenden Invasionen extrem mobiler, kriegerischer, hierarchisch aufgebauter und männerbeherrschter Nomadenvölker aus den Steppen, die Gimbutas (nach ihren großen Grabhügeln = Kurgane) »Kurgan-Völker« nennt.[17] »Das Auftreten von Bronzewaffen – Dolchen und Beilen – zusammen mit dünnen, scharfen Bronzeäxten, Morgensternen und Schaftlochäxten aus Halbedelstein sowie Pfeilspitzen aus Feuerstein deckt sich mit den Verbreitungswegen der Kurgan-Völker.«[18]

Die kulturelle Evolution ändert ihre Richtung

Es soll nun keineswegs behauptet werden, daß der radikale Wandel, der sich bei der kulturellen Evolution der europäisch vorderorientalischen Gesellschaften vollzog, einzig und allein das Ergebnis von Eroberungsfeldzügen war. Der Prozeß verlief, wie wir sehen werden, erheblich komplizierter. Es kann indes kaum Zweifel daran bestehen, daß Kriege von Anfang an ein wesentliches Instrument bei der Verdrängung des Partnerschaftsmodells durch das Dominatormodell waren. Kriege spielten, neben anderen Formen gesellschaftlicher Gewalt, auch später eine zentrale Rolle bei der Richtungsänderung, die unsere kulturelle Evolution vollzog.

Wie noch zu zeigen sein wird, verlief der Wandel vom Partnerschafts- zum Dominatormodell in den einzelnen Kulturen graduell und – nach einer gewissen Anlaufphase – in berechenbaren Bahnen. Die Ereignisse jedoch, die den Wandel auslösten, traten ziemlich plötzlich auf und kamen zum damaligen Zeitpunkt völlig überraschend. Der archäologische Befund stimmt hier auffallend überein mit neuen wissenschaftlichen Erkenntnissen über unvorhersehbare Veränderungen, z. B. das Phänomen, daß langandauernde, stabile oder annähernd stabile Zustände relativ schnell in instabile oder chaotische Zustände »umkippen« können. Dieser radikale Richtungswechsel stimmt in mancher Hinsicht auffallend deutlich mit dem von Eldredge und Gould entwickelten non-linearen Evolutionsmodell des »unterbrochenen Gleichgewichts« bei Auftreten »peripherer Isolate« an kritischen »Schnittpunkten« überein.[19] Bei den »peripheren Isolaten«, die nun in Erscheinung traten, nachdem sie sich zuvor nur in den Randbereichen der bekannten Welt (den kargen Steppen des Nordens und Ostens sowie den Wüstengebieten des Südens) aufgehalten hatten, handelte es sich nicht um eine andere Menschenart. Aber sie brachten ein vollkommen anderes System sozialer Organisation mit sich und unterbrachen damit eine lange Periode der Stabilität, die vom Partnerschaftsmodell geprägt worden war.

Kernstück des von den Invasoren eingeführten Systems war, daß sie die Macht, die das Leben nimmt, höher bewerteten als diejenige, die das Leben gibt. Die durch das »männliche« Schwert symbolisierte Macht wurde, wie Höhlenzeichnungen aus der Frühzeit der Kurgan-Völker belegen, von jenen indoeuropäischen Invasoren buchstäblich angebetet.[20] In ihrer dominatorisch strukturierten Gesellschaft, die von Kriegern und Kriegsgöttern beherrscht wurde, war das Schwert die höchste Verkörperung der Macht schlechthin.

Mit dem Erscheinen der Invasoren in den entwickelten Kulturzonen – und nicht, wie mitunter behauptet wird, mit der den Männern allmählich dämmernden Erkenntnis, daß auch sie bei der Fortpflanzung eine Rolle spielten – wurden die Göttin und mit ihr die Frauen allgemein zu Gefährtinnen und Konkubinen der Männer degradiert. Peu à peu setzte sich dann die Männerherrschaft sowie die Versklavung der Frauen und sanfterer, »effeminierter« Männer durch und wurde zur Norm.

Wie fundamental die Unterschiede zwischen den beiden Gesellschaftssystemen waren und wie tiefgreifend der Normenwandel, der durch die inzwischen zu »peripheren Invasoren« gewordenen »peripheren Isolate« hervorgerufen wurde, faßt die folgende Passage aus Gimbutas' Arbeit zusammen:

»Die Kulturen der Alten Europäer und der Kurgan-Völker verhielten sich zueinander wie These und Antithese. Die Alten Europäer waren seßhafte Ackerbauern, die vorrangig in größeren, sorgfältig geplanten Siedlungen lebten. Das Fehlen von Befestigungen und Waffen deutet auf friedliche Koexistenz zwischen den gleichgestellten und vermutlich matrilinearen und matrilokalen Zivilisationen hin. Das Kurgan-System dagegen setzte sich zusammen aus patrilinearen, hierarchisch gegliederten Stämmen, die in kleinen Dörfern oder saisonal wechselnden Siedlungen lebten und ihre Herden auf weitausgedehnten Flächen weiden ließen. Wirtschaftliche Basis der einen war der Ackerbau, der anderen die Viehzucht und die Weidewirtschaft, woraus zwei konträre Ideologien entstanden. Im Mittelpunkt des Glaubenssystems der Alten Europäer stand der agrarische Zyklus aus Geburt, Tod und Wiedergeburt, verkörpert im femininen Prinzip der Mater Creatrix. Die Kurgan-Ideologie verherrlichte, soweit aus der vergleichbaren indoeuropäischen Mythologie bekannt, männliche, heroische Krieger-Gottheiten aus dem strahlenden oder donnernden Himmel. Während es im alten Europa keinerlei Waffendarstellungen gab, waren Dolch und Streitaxt die vorherrschenden Symbole der Kurgan-Völker, die wie alle historisch nachgewiesenen Indoeuropäer die tödliche Macht der geschliffenen Klinge verherrlichten.«[21]

Krieg, Sklaverei und Opfer

Am bemerkenswertesten ist vielleicht, daß wir unter den in Steine, Stelen oder Felsen geritzten Waffendarstellungen – die im übrigen auch in der Zeit *nach* den Kurgan-Invasionen auftauchen – inzwischen auch, laut Gimbutas, »die frühesten bekannten Bilder der indoeuropäischen Krieger-Götter« finden.[22] Unter Bezugnahme auf die Entdeckung einer Reihe von Felsritzungen in den italienischen und Schweizer Alpen berichtet Gimbutas über einige »semi-anthropomorphe« Figuren mit Köpfen und Armen. Die Mehrheit der Darstellungen freilich sind abstrakte Bilder, »auf denen der Gott alleine durch seine Waffen oder aber durch Waffen in Verbindung mit einem Gürtel, Halsband, Doppelspiralanhänger und dem göttlichen Tier – einem Pferd oder Hirsch – repräsentiert wird. Bei einigen Darstellungen nehmen eine Sonne oder ein Hirschgeweih den Platz ein, an dem eigentlich der Kopf des Gottes sein sollte; bei anderen sind die Arme als Beile oder langstielige Äxte dargestellt. Im Mittelpunkt des Bildes, meist oberhalb oder unterhalb des Gürtels, finden sich ein, drei, sieben oder neun Dolche.«[23]

»Waffen repräsentierten offensichtlich die Funktion und die Macht des Gottes«, fährt Gimbutas fort, »und wurden als Repräsentationen des Gottes selbst verehrt. Der heilige Charakter der Waffe ist für alle indoeuropäischen Religionen belegt. Von Herodot wissen wir, daß die Skythen ihrem heiligen Dolch, dem Akinakes, Opfer darbrachten. Frühere, hochneolithische Felsritzungen, mit den Darstellungen waffentragender Gottheiten, sind uns aus dem Alpenraum nicht bekannt.«[24]

Die Verherrlichung der tödlichen Macht der geschliffenen Klinge begleitet eine Lebensweise, in der die Zerstörung und Plünderung fremden Eigentums sowie die Unterjochung, Ausbeutung und das organisierte Niedermetzeln anderer Menschen an der Tagesordnung gewesen zu sein scheinen. Der archäologische Befund läßt den Schluß zu, daß die Anfänge der Sklaverei (der Inbesitznahme von Menschen durch andere Menschen) mit jenen bewaffneten Invasionen in enger Verbindung stehen.

So gibt es zum Beispiel Hinweise darauf, daß in einigen Kurgan-Lagern der überwiegende Teil der weiblichen Bevölkerung gar nicht den Kurgan-Stämmen angehörte, sondern der alteuropäisch-neolithischen Bevölkerung entstammte.[25] Die Vermutung liegt nahe, daß die Kurgan-Invasoren die ortsansässige männliche Bevölkerung und die Kinder massakrierten, die Frauen hingegen zumindest teilweise verschonten, um sie zu ihren Konkubinen, Frauen oder Sklavinnen zu machen. Ein Beleg dafür, daß dies durchaus die Regel war, sind die einige tausend Jahre jüngeren Berichte des Alten Testaments über die Invasion jüdischer Nomadenstämme in Kanaan. So lesen wir im vierten Buch Mose (31: 32–35), daß sich die Beute der Eindringlinge nach dem Kampf gegen die Midianiter – in dieser Reihenfolge – aus Schafen, Rindern, Eseln und 32000 Mädchen, die noch keinen Geschlechtsverkehr gehabt hatten, zusammensetzte.

Die gewaltsame Degradierung der Frauen und mit ihnen auch ihrer männlichen und weiblichen Kinder auf den Status des männlichen Eigentums läßt sich bei den Kurgan-Völkern auch anhand der Bestattungsriten nachweisen. Gimbutas führt aus, daß zu den ersten bekanntgewordenen Belegen für die »Kurganisierung« eine Reihe von Gräbern aus dem fünften vorchristlichen Jahrtausend, also aus dem Zeitraum unmittelbar nach der ersten Invasionswelle, gehören.[26] Es handelt sich dabei um sogenannte »Häuptlingsgräber«, die für das dominatorische Ordnungsmodell der Indoeuropäer charakteristisch sind. Sie deuten auf einen radikalen Wandel in der Sozialstruktur hin: Die neue Gesellschaft wurde von einer Elite aus starken Männern angeführt. Auch die Bestattungsriten und -praktiken waren bei diesen Gräbern – die nach Gimbutas eindeutig als »fremdes Kulturphänomen« zu bezeichnen sind – deutlich anders. Im Gegensatz zu den Sitten im Alten Europa, die kaum Rückschlüsse auf soziale Ungleichheiten zulassen, unterscheiden sich die Gräber nun erheblich, und zwar sowohl nach Größe als auch bezüglich der Grabbeigaben, also all jener Gegenstände, die außer den Gebeinen der Verstorbenen in den Gräbern zu finden sind.[27]

Hier entdecken wir, zum erstenmal in einem europäischen Grab, neben dem Skelett eines außergewöhnlich großen oder großknochigen Mannes die Gebeine geopferter Frauen – der Frauen, Konkubinen oder Sklavinnen des Verstorbenen. Diese Praxis, die Gimbutas in Anlehnung an die in Indien bis ins 20. Jahrhundert hinein verbreitete Witwenverbrennung »Sati« nennt, wurde offensichtlich von den indoeuropäischen Kurgan-Völkern nach Europa gebracht und ließ sich westlich des Schwarzen Meeres erstmals bei Suworowo im Donaudelta nachweisen.[28]

Die radikalen Neuerungen im Bestattungsbrauch sind ein gemeinsamer Charakterzug aller drei Invasionswellen. So lassen sich zum Beispiel in der sogenannten »Kugelamphoren-Kultur«, die im Jahrtausend nach der ersten Kurgan-Invasionswelle in Nordeuropa vorherrschte, dieselben brutalen Begräbnispraktiken nachweisen – Abbilder einer ähnlich strukturierten gesellschaftlichen und kulturellen Organisation. »Daß es sich um Todesfälle gehandelt haben kann, die zufällig zur gleichen Zeit eintraten«, schreibt Gimbutas, »wird durch die Häufigkeit derartiger Mehrfachbestattungen ausgeschlossen. Im allgemeinen liegt das männliche Skelett mitsamt den Beigaben an einem

Ende des Steinkistengrabs, während sich Gebeine von zwei oder drei anderen Personen am anderen Ende befinden. ... Die Männerherrschaft wird durch die Grabstätten der Kugelamphoren-Kultur bestätigt. Vielweiberei läßt sich an einem Steingrab bei Wojtschekiwka in Wolynien nachweisen, wo ein männliches Skelett in heraldischer Ordnung von zwei Frauen und vier Kindern flankiert war, während ein junger Mann und eine junge Frau zu seinen Füßen lagen.«[29]

Diese Gräber hochrangiger Persönlichkeiten sind auch Fundstätten einer ganzen Reihe anderer Gegenstände, auf deren Gegenwart die Männer der damals herrschenden Klasse nicht nur im Leben, sondern auch im Tod Wert legten. »Ein Krieger-Bewußtsein, wie es zuvor im Alten Europa nicht bekannt war«, schreibt Gimbutas, »wird anhand der Gerätschaften deutlich, die aus Kurgan-Gräbern geborgen wurden: Bogen und Pfeile, Speere, Messer und Dolche, Äxte aus Hirschgeweihen und Pferdeknochen.«[30] Weitere symbolträchtige Beigaben, die man in diesen Gräbern fand, sind Wild- oder Hausschweinunterkiefer und -hauer, Hundeskelette sowie Schulterblätter von Auerochsen und Rindern. All diese Belege zeigen, daß nicht nur ein radikaler gesellschaftlicher Richtungswechsel stattgefunden hatte, sondern auch ein nicht minder radikaler ideologischer Wandel.

Die Begräbnisstätten verraten, daß inzwischen Zerstörungs- und Beherrschungstechnologien in hohem gesellschaftlichem Ansehen standen. Und sie enthalten Hinweise auf eine Strategie der ideologischen Vernichtung bzw. Übernahme, die uns von nun an immer häufiger begegnet: Männer eignen sich bedeutende religiöse Symbole an, welche die von ihnen unterworfenen Völker zur Verehrung der Göttin mit Frauen zu assoziieren pflegten.

»Die Tradition, Haus- und Wildschweinunterkiefer, Hundegebeine sowie Schulterblätter von Rindern und Auerochsen ausschließlich den Gräbern verstorbener Männer beizugeben«, bemerkt Gimbutas, »kann bis auf die Kurgan I-II-(Srednij Stog)-Gräber in der pontischen Steppe zurückgeführt werden. Die wirtschaftliche Bedeutung von Haus- und Wildschweinen als

Nahrungsquelle verblaßt gegenüber der religiösen Bedeutung, die den Knochen dieser Tiere zukam, welche ausschließlich in Verbindung mit hochgestellten Männern der Gemeinde gefunden wurden. Die symbolischen Bande zwischen Männern, Hunden sowie Haus- und Wildschweinen, die inzwischen klar nachweisbar sind, stellen eine *Umkehrung* der religiösen Bedeutung dar, die jenen Tieren im Alten Europa beigemessen wurde. Dort nämlich war das Schwein geheiligter Gefährte der Göttin der Wiedergeburt.«[31]

Die Zivilisation wird verstümmelt

Die archäologische Landschaft Europas erfährt nun, fortlaufend in südlicher und westlicher Richtung, eine traumatische Änderung. »Jahrtausendealte Traditionen«, schreibt Gimbutas, »wurden verstümmelt, Städte und Dörfer zerfielen, eine großartige Tradition bemalter Keramik verschwand, desgleichen Schreine, Fresken, Skulpturen, Symbole und Schriften.«[32] Gleichzeitig kommt eine neuartige, lebende Kriegsmaschine auf, der bewaffnete Mann zu Pferde – eine Erscheinung, die in der damaligen Zeit auf andere Völker gewirkt haben muß wie heutzutage ein Panzer oder ein Flugzeug auf einen Eingeborenenstamm. Im Gefolge der Verwüstungen durch die Kurgan-Völker finden wir darüber hinaus die für sie typischen Krieger- oder Häuptlingsgräber mitsamt den geopferten Frauen und Kindern, mit Tieropfern und Waffendepots, die die toten Stammesfürsten umgaben.[33]

Bereits vor den Ausgrabungen der sechziger und siebziger Jahre, noch bevor Marija Gimbutas die alten und neuen Funde mit Hilfe der neuesten, durch die Dendrochronologie kalibrierten Radiokarbondaten systematisch ordnete, beschrieb der englische Prähistoriker V. Gordon Childe das gleiche Grundmuster. Childe charakterisierte die Kultur der frühen Europäer als »friedfertig« und »demokratisch«, ohne jeden Hinweis auf

»Stammeshäuptlinge, die sich den Reichtum der Allgemeinheit aneigneten.«[34] Er beschreibt dann aber auch den graduellen Wandel, der durch vermehrte kriegerische Auseinandersetzungen und besonders durch die Einführung von Waffen aus Metall eingeleitet wurde.

Wie Gimbutas macht auch Childe die Beobachtung, daß bei den Ausgrabungen an Fundplätzen der nun folgenden Zeit immer mehr Waffen, ja, sogar Häuptlingsgräber und -wohnhäuser gefunden wurden, die deutliches Zeugnis ablegen von der nun auftretenden sozialen Schichtung, an deren Spitze im Regelfall ein starker Mann stand. »Siedlungen wurden oft auf hochgelegenen Plätzen errichtet«, schreibt Childe, und sie wurden sowohl dort als auch in den Tälern von jetzt an »oft stark befestigt«.[35] Auch er hebt hervor, daß mit »den zunehmend kriegerischen Auseinandersetzungen um Landbesitz Waffen, wie zum Beispiel Streitäxte, zum Kriegszweck angefertigt wurden.« Und nicht nur die soziale, sondern auch die ideologische Ordnung der europäischen Gesellschaft erfuhr einen fundamentalen Wandel.[36]

Gimbutas geht sogar noch weiter ins Detail. Ausgehend von der systematischen Untersuchung des zeitlichen Verhältnisses der einzelnen europäischen Kulturen zueinander, die sie teils selbst durchgeführt hat, teils aber auch von anderen Archäologen übernimmt, beschreibt sie ausführlich, wie jede neue Invasionswelle nicht nur physische Zerstörung und Verwüstung, sondern auch »kulturelle Verarmung«, wie es im Historiker-Jargon heißt, hinterließ. Die Verwüstung ist bereits nach der ersten Welle derart massiv, daß es nur mehr wenige Nischen gibt, in denen die alteuropäische Wesensart überleben kann – zum Beispiel in der Coţofeni-Kultur im oltenischen Donauschwemmland (Rumänien), im westlichen und nordwestlichen Muntenien sowie im Süden des Banat und Transsylvaniens. Doch selbst in diesen Gebieten bahnt sich ein tiefgehender Wandel an, wie er sich vor allem an Verteidigungsanlagen wie Gräben und Wällen zeigt.[37]

Für die Mehrzahl der Bewohner alteuropäischer Siedlungen,

wie etwa die Bauern von Karanovo an der unteren Donau, waren die Invasionen der Kurgan-Völker, um es mit Gimbutas auszudrücken, »katastrophal«. Häuser, Heiligtümer, schön gearbeitete Geräte und Kunstgegenstände, die für die barbarischen Invasoren wert- oder bedeutungslos waren, wurden in großem Umfang vernichtet. Unzählige Menschen wurden ermordet, versklavt oder vertrieben. Das Ergebnis waren Bevölkerungsverschiebungen, die sich gleichsam wie Kettenreaktionen fortpflanzten.[38]

Als nächstes tauchen nun die ersten »Hybridkulturen« (Gimbutas) auf. Sie basierten auf der »Unterjochung der übriggebliebenen alteuropäischen Gruppen und ihrer raschen Eingliederung in die Viehzucht-Kulturen der Kurgan-Völker sowie in deren patrilineare, hierarchische Gesellschaftsordnung.«[39] In technologischer und kultureller Hinsicht sind diese neuen Hybridkulturen längst nicht so weit fortgeschritten wie die Kulturen, an deren Stelle sie von nun an treten. Ihre Wirtschaft beruht vorrangig auf der Viehzucht. Und obgleich einige Technologien des Alten Europa weiterexistieren, sind die Tongefäße nun von auffallender Uniformität und qualitativ minderwertiger. So läßt sich beispielsweise in den Cernavoda III-Siedlungen, die in Rumänien nach der zweiten Invasionswelle auftraten, keine bemalte Keramik mehr feststellen. Ebenso fehlt auch die alteuropäische Symbolik. Zu ähnlichen Entwicklungen kam es in Ostungarn und im westlichen Karpatenraum. »Die geringere Größe der Siedlungen – sie bestanden nur mehr aus dreißig bis vierzig Einzelpersonen – deutet auf ein neugeformtes soziales System hin, das aus kleinen, viehzüchtenden Gemeinschaften bestand.«[40] Überall entstehen nun Befestigungen, und langsam beginnen befestigte Herrensitze oder Bergfestungen die alten offenen Siedlungen zu ersetzen.

So verraten die prähistorischen Ausgrabungen eine tiefgreifende Veränderung der archäologischen Landschaft Alteuropas. Aber wir finden nicht nur immer mehr Anzeichen für physische Destruktion und kulturelle Regression als Folge der verschiedenen Invasionswellen, sondern wir können auch einen einschneidenden Richtungswandel in der kulturgeschichtlichen Entwicklung feststellen.

Während sich die Alten Europäer – weitgehend erfolglos – gegen die barbarischen Eindringlinge zur Wehr zu setzen versuchen, kommt es langsam zu einem sozialen und ideologischen Wertewandel. Die »Normalität« wird neu definiert. Überall ändern sich die gesellschaftlichen Prioritäten: Alles richtet sich jetzt auf die Entwicklung durchschlagskräftiger Zerstörungstechnologien. Parallel dazu kommt es zu einer grundlegenden Veränderung der Ideologie. Die beherrschende und zerstörende Macht des Schwertes ersetzt Zug um Zug die Vorstellung von Macht als lebenspendender und nährender Kraft. Nicht nur war die Evolution der alten Partnerschaft-Zivilisationen durch bewaffnete Eroberer unterbrochen worden – die Kulturen, die nicht vollends vernichtet wurden, mußten sich jetzt einem radikalen Wandel unterwerfen.

Allenthalben läßt sich nun nachvollziehen, wie die Männer mit der größten Zerstörungsmacht an die Spitze treten – das heißt also, die physisch stärksten, gefühllosesten und brutalsten. Überall wird die Sozialstruktur hierarchischer und autoritärer. Frauen, die im großen und ganzen physisch kleiner und schwächer sind als Männer und am meisten mit dem ehemaligen Machtverständnis identifiziert werden, dessen Symbol der lebenspendende und -erhaltende Kelch war, werden nun auf jenen Status reduziert, der für sie in Zukunft kennzeichnend ist: auf den der Produktion und Reproduktion, wobei Männer die Kontrolle ausüben.

Im gleichen Zeitraum wird die Göttin mehr und mehr zur einfachen Gemahlin oder Gefährtin männlicher Gottheiten, die mit den neuen Insignien der Macht in Form von Donnerkeilen und todbringenden Waffen nun den höchsten Rang einnehmen. Als Folge des sozialen und ideologischen Wandels, den wir in den folgenden Kapiteln noch eingehender betrachten wollen, beginnt in der Geschichte der Zivilisation nun die uns allen vertraute blutige Epoche, die aus der Zeit Sumers bis in unsere Tage herüberreicht: die Geschichte der Gewalt und Unterdrückung.

Die Zerstörung Kretas

Besonders schauerlich – und zugleich lehrreich – ist das gewaltsame Ende Kretas. Als weit im Süden gelegene, im Schoß der mütterlichen See geborgene Insel blieb Kreta noch eine ganze Weile von den kriegerischen Horden verschont. Doch schließlich ereilte auch sie das Schicksal; somit fiel die letzte Zivilisation, deren soziale Organisation nicht auf dem Dominator-Modell, sondern auf Partnerschaft beruhte.

Der Anfang vom Ende glich der Entwicklung auf dem Kontinent. Während der mykenischen Periode, in der indoeuropäische Achäer die Kontrolle über die Insel ausübten, verliert die kretische Kunst an Spontaneität und Freiheit. Aus den archäologischen Untersuchungen geht inzwischen deutlich hervor, daß sie sich nun viel mehr als früher mit dem Tod auseinandersetzte. »Für die Kreter war es, bevor sie unter achäischen Einfluß gerieten, bezeichnend, daß sie für den Tod und besondere Bestattungsriten nicht viel übrig hatten«, schreibt Jacquetta Hawkes. »Die achäische Elite hatte da eine völlig andere Einstellung.«[41] Auf einmal werden die Toten königlichen und adeligen Geblüts mit enormem Aufwand bestattet und mit reichhaltigen Grabbeigaben versorgt. Besonders fällt jedoch ins Auge, daß sich – bedingt einerseits durch den achäischen Einfluß, andererseits aber auch durch die wachsende Gefahr einer weiteren Invasionswelle vom europäischen Kontinent – die Zeichen für eine zunehmend martialische Gesinnung mehren.

Wann genau die mykenische Periode auf Kreta anfing und wann sie zu Ende ging, ist bis heute stark umstritten. Einer Theorie zufolge begann die achäische Eroberung sowohl auf Kreta selbst als auch im Bereich verschiedener anscheinend minoischer Siedlungen auf dem griechischen Festland nach einer Reihe von Erdbeben und Flutkatastrophen, durch welche die minoische Zivilisation so sehr geschwächt wurde, daß sie sich dem Druck der von Norden heranbrandenden Barbaren nicht mehr widersetzen konnte. Die Schwierigkeit liegt darin, daß für den Zeitraum um 1450 v. u. Z., zu dem diese Ereignisse stattgefunden haben sollen, keinerlei Hinweise auf eine bewaffnete Invasion der Insel vorliegen.[42] Aber wie dem auch sei, ob nun durch eine Eroberung infolge von Naturkatastrophen, durch einen von militärischem Druck hervorgerufenen Coup oder durch Eheschließungen achäischer Stammesfürsten mit kretischen Königinnen – auf jeden Fall geriet die Insel in den letzten Jahrhunderten der kretischen Zivilisation unter die Herrschaft griechisch sprechender achäischer Könige. Und obwohl diese eine ganze Reihe zivilisierter minoischer Eigenschaften übernahmen, so brachten sie dennoch eine soziale und ideologische Struktur mit, die sich weit mehr am Tod als am Leben orientierte.

Einige unserer Informationen über die mykenische Periode verdanken wir den sogenannten »Linear-B-Täfelchen«, die sowohl auf Kreta als auch auf dem griechischen Festland entdeckt wurden und inzwischen entziffert werden konnten. Auf solchen Täfelchen aus dem kretischen Knossos und Pylos (einer mykenischen Burg auf der westlichen Peloponnes) sind die Namen verschiedener Gottheiten aufgelistet. Zur höchsten Befriedigung all jener, die schon immer behauptet hatten, daß zwischen Kreta und dem klassischen Griechenland eine historische Kontinuität bestanden haben muß, stellte sich heraus, daß die Gottheiten des späteren olympischen Pantheons (Zeus, Hera, Athene, Artemis, Hermes u. a.) schon Jahrhunderte vor ihrer nächsten Erwähnung bei Hesiod und Homer verehrt wurden, wenn auch in anderen Formen und Zusammenhängen.[43] In Verbindung mit anderen archäologischen Befunden enthüllen die Täfelchen laut Hawkes auch eine »gut ausgewogene Vermählung kretischer und achäischer Gottheiten.«[44]

Der mykenischen Ehe zwischen minoischer und achäischer Kultur war indessen keine lange Lebensdauer beschieden. Die Täfelchen von Pylos, von denen viele erst, wie Hawkes schreibt, »während der letzten Friedenstage im Rahmen der vergeblichen Bemühung, die Katastrophe noch abzuwenden, beschriftet wurden«, erzählen uns, daß der mykenische *wanax* (König) vor einem bevorstehenden Angriff auf Pylos gewarnt wurde. »Man reagierte auf die Krise ohne Panik«, schreibt Hawkes. »Die Schreiber blieben in ihren Bänken sitzen und notierten geduldig, welche Maßnahmen ergriffen wurden.« Ruderer wurden aufgestellt, um eine Verteidigungsflotte auszurüsten. Maurer wurden ausgeschickt, vermutlich mit dem Auftrag, entlang der ungeschützten Küste Befestigungsanlagen zu errichten. Für die Ausrüstung der Soldaten wurde ungefähr eine Tonne Bronze zusammengetragen, und es fanden sich an die zweihundert Bronzeschmiede ein. Selbst Bronzegegenstände aus den Heiligtümern der Göttin fielen den Requisitionen zum Opfer – nach Hawkes ein »bewegendes Zeugnis für die krisenhafte Übergangsphase zwischen Frieden und Krieg.«[45]

Es war alles umsonst. »Es gibt keine Hinweise darauf, daß die so dringend benötigten Mauern in Pylos je errichtet wurden«, schreibt Hawkes. »Nach den Täfelchen, die über die Anstrengungen berichten, die zur Rettung des Reichs unternommen wurden, muß man sich nur das Gebäude ansehen, in dem der Königssaal untergebracht war, um zu erkennen, daß alle Bemühungen vergeblich waren. Es wurde eine Beute der barbarischen Krieger. Die bemalten Wände und reichhaltigen Schätze, die sie dort vorfanden, müssen sie sehr verblüfft haben... Nachdem sie das Gebäude mit seinen so unkriegerischen, fremdartigen Ausschmückungen geplündert hatten, interessierte es sie nicht mehr. Sie zündeten es an und legten es in Schutt und Asche... Die Hitze war so groß, daß in den Speicherräumen eine Reihe von Tongefäßen zu glasartigen Klumpen zusammenschmolz und aus den Steinen der Kalk herausfloß. ... In den Lagerräumen und im Verwaltungsarchiv, gleich neben dem Eingang, wurden die zurückgelassenen Täfelchen durch das Feuer so gehärtet, daß sie für alle Zeiten erhalten blieben.«[46]

So wurden Stück für Stück auf dem griechischen Festland, den ägäischen Inseln und auf Kreta, alle Errungenschaften jener Zivilisation zerstört, die eine frühe Hochblüte der kulturellen Evolution darstellte. »Wahrscheinlich lief es überall mehr oder weniger nach dem gleichen Schema ab, als die barbarische Flut

Mykene, Tiryns und all die anderen königlichen Stützpunkte mit Ausnahme Athens überrannte«, schreibt Hawkes. »Mit der Zeit bemächtigten sich die Dorer der gesamten Peloponnes mit Ausnahme Arkadiens und brachten schließlich auch Kreta, Rhodos und alle umliegenden Inseln in ihre Gewalt. Das verehrungswürdigste jener Königshäuser, Knossos, war vermutlich unter den letzten, die fielen.«[47]

Im elften vorchristlichen Jahrhundert war alles vorüber. Nachdem die in die Berge geflohenen Kreter noch eine Zeitlang Guerilla-Attaken gegen die dorischen Siedlungen geführt hatten, brachen die letzten Widerstandsnester zusammen.[48] Während Massen von Einwanderern Kreta überfluteten, floh jener Geist, der so lange auf Kreta zu Hause gewesen und es zu einem »reichen und schönen Land« (Homer) gemacht hatte, die Insel.[49] Mit der Zeit geriet sogar in Vergessenheit, daß einst selbstbewußte Frauen und Männer das minoische Kreta bewohnt hatten, daß dort Friede und Kreativität geherrscht hatten und die lebenerhaltenden Kräfte der Göttin verehrt wurden.

Eine zerfallende Welt

Der Fall Kretas vor annähernd dreitausend Jahren kann als das Ende einer Ära bezeichnet werden – ein Ende, dessen Anfänge, wie wir gesehen haben, schon Jahrtausende früher zu registrieren sind. Beginnend um etwa 4300 bis 4200 v. u. Z. wurde die alte europäische Welt wieder und wieder von barbarischen Invasionswellen heimgesucht. Nach einer Periode des Chaos und der Zerstörung entstanden allmählich jene Gesellschaften, die in unseren Geschichtsbüchern als Wiegen der abendländischen Zivilisation gefeiert werden.

Hinter diesen angeblich so großartigen und ruhmvollen Anfängen verbirgt sich indessen eine Bruchstelle, die sich inzwischen zu einem der gefährlichsten Abgründe unserer Zeit erweitert hat. Nach Jahrtausenden kontinuierlicher Aufwärtsentwicklung der technologischen, sozialen und kulturellen Evolution kam es zu einer ominösen Spaltung, die sich zusehends vertiefte, und zum Auseinanderdriften unserer technologischen und sozialen Evolution einerseits sowie unserer kulturellen Evolution andererseits führte. Während aber die technische und soziale Entwicklung schon bald wieder Fortschritte zeigte, wurden die Chancen für eine kulturelle Weiterentwicklung gleichsam im Keim erstickt – das heißt, die Dominator-Gesellschaft zwängte sie in ihr starres Korsett.[50]

Überall in der damals bekannten Welt bildeten sich männerbeherrschte, streng hierarchisch gegliederte und kriegerische Gemeinwesen. In Anatolien, wo die Menschen von Çatal Hüyük jahrtausendelang ein ruhiges und friedvolles Leben geführt hatten, herrschten die Hethiter, ein indoeuropäisches, auch in der Bibel erwähntes Volk. Und obwohl die archäologischen Funde – wie beispielsweise das große Heiligtum von Yazilikaya – zeigen, daß die Göttin nach wie vor verehrt wurde, so wurde sie doch zusehends auf eine Rolle als Frau und Mutter neuer männlicher Kriegs- und Donnergottheiten zurechtgestutzt. In Europa, Mesopotamien und Kanaan nahmen die Dinge einen ähnlichen Verlauf – ja, die Göttin verlor nicht nur ihre Suprematie im Pantheon, sondern wurde sogar zur Kriegsgöttin umfunktioniert.

Den Menschen, die in jenen entsetzlichen Zeiten lebten, muß es in der Tat so vorgekommen sein, als sei der Himmel selbst, der einst doch Wohnsitz einer wohlmeinenden und freigebigen Göttin war, von unmenschlichen übernatürlichen Kräften erobert worden, die im Bunde mit ihren brutalen Repräsentanten auf Erden standen. In der Epoche zwischen 1500 und 1100 v. u. Z. setzte sich nicht nur überall die Herrschaft des »göttlich geweihten« starken Mannes endgültig durch, sondern es gibt auch reichlich Anhaltspunkte dafür, daß zur gleichen Zeit Natur und Kultur in ein ungewöhnlich intensives Chaos stürzten.

Der Mittelmeerraum wurde damals von einer ganzen Serie gewaltiger Vulkanausbrüche, Erdbeben und Springfluten heimgesucht. Die physische Umwelt wurde in ihren Grundfesten erschüttert und neugestaltet, und es ist durchaus denkbar, daß die Sage vom Untergang der Insel Atlantis ursprünglich mit einer besonders großen dieser Naturkatastrophen in einem Zusammenhang steht.

Zu den Schrecken der Natur kamen die Schrecken, deren Urheber der Mensch war. Von Norden her drangen die Dorer immer weiter nach Südosteuropa vor, bis schließlich Griechenland und Kreta unter dem Ansturm der eisernen Waffen fielen. In Anatolien brach das kriegerische Hethiterreich unter dem Druck neuerlicher Invasionswellen zusammen, was wiederum die Hethiter veranlaßte, südwärts nach Syrien auszuweichen. Die Länder der Levante wurden auf dem Land – wie auf dem Seeweg von heimatlosen Völkerschaften überrannt, darunter auch die Philister, von denen in der Bibel die Rede ist.

Weiter im Süden wuchs plötzlich mit Assyrien eine neue Weltmacht heran, die bald nach Phrygien, Phönizien, ins Zweistromland und im Osten sogar bis Anatolien und zum Zagros-Gebirge expandierte. Das Ausmaß der assyrischen Barbareien läßt sich noch heute anhand der Basreliefs nachvollziehen, die an die »Heldentaten« des späteren Assyrerkönigs Tiglatpileser erinnern: Der Eindruck, die Bevölkerung ganzer Städte sei lebendigen Leibes gepfählt worden, drängt sich dabei geradezu auf.

Selbst das ferne Ägypten bekam die Auswirkungen der Invasionen zu spüren, als zu Beginn des elften vorchristlichen Jahrhunderts »Seevölker« (so die Bezeichnung in zeitgenössischen Hieroglyphentexten) versuchten, das Nildelta zu erobern. Nach Ansicht vieler Experten handelte es sich bei diesen Eindringlingen um Flüchtlinge aus dem Mittelmeerraum. Sie wurden von Ramses III. besiegt, doch können wir sie noch heute auf einem Relief am Grabtempel des Königs in Theben an uns vorüberziehen sehen: in Schiffen, Streitwagen und zu Fuß, mitsamt ihren Familien und Ochsenkarren.

In Kanaan, das nach der Meinung von Bibelkundlern drei Einwanderungswellen erlebte, hatten die jüdischen Stämme inzwischen ihre Herrschaft unter den levitischen Krieger-Priestern konsolidiert und brachen nun eine Reihe von Eroberungskriegen vom Zaun.[51] Wie wir in der Bibel nachlesen können, dauerte es trotz der Siegesverheißungen ihres Kriegsgotts Jehowa Hunderte von Jahren, bis der letzte kanaanitische Widerstand gebrochen war. Die Bibel sieht in den Widersachern mal gottgesandte Gegner, die dafür zu sorgen hatten, daß die jüdischen Soldaten nicht aus der Übung kamen, an anderer Stelle aber auch Zeichen der Prüfung und Bestrafung. Selbst die Erklärung, die Kanaaniter sollten gleichsam als Statthalter für künftige Einwanderer das Land bearbeiten und vor der Verödung bewahren, findet sich.[52] Die Praxis der »göttlich inspirierten« Invasoren sah, wie wir ebenfalls in der Bibel nachlesen können (5. Mose 3, 3–6), folgendermaßen aus: »An allen Städten vollstreckten wir den Bann, an Männern, Frauen und Kindern.«

Allenthalben in der antiken Welt standen sich nun die verschiedensten Völkerschaften feindlich gegenüber. Die Welt schien in Stücke zu fallen, und Flüchtlingsströme ergossen sich, verzweifelt nach einem Hafen und einem einigermaßen sicheren Ort suchend, in alle Richtungen.

Aber es gab keinen solchen Ort mehr in ihrer neuen Welt, einer Welt, in der man der Göttin und der weiblichen Hälfte der Menschheit gewaltsam alle Macht geraubt hatte und in der nun Götter und Krieger herrschten. Es war eine Welt, in der das Schwert anstelle des Kelchs höchste Verehrung genoß, in der Friede und Harmonie nurmehr in Mythen und Legenden einer längst versunkenen Zeit existierten.

KAPITEL 5

Erinnerung an eine versunkene Zeit: Das Vermächtnis der Göttin

Der Fall des Römischen Reiches, das »Finstere Mittelalter«, die Zeit der Pest, der Erste und der Zweite Weltkrieg – all diese grausigen Ereignisse, von denen wir Kenntnis haben, verlieren viel von ihrem Schrecken, wenn wir sie mit den Geschehnissen jener Zeit vergleichen, von der wir bisher nur so wenig wußten: mit dem evolutionären Umbruch in unserer Vorgeschichte, der der Menschheit eine gewaltsame Transformation aufzwang. Heute, Jahrtausende später, da eine zweite gesellschaftliche Transformation in den Bereich des Möglichen rückt – diesmal der Wandel von der dominatorisch strukturierten zu einer fortgeschrittenen Form der partnerschaftlichen Gesellschaft – ist es notwendiger denn je, daß wir uns, so gut es geht, über jene erstaunliche Epoche aus unserer versunkenen Vergangenheit informieren. Denn heute, da uns ein zweiter evolutionärer Umbruch bevorsteht, verfügen wir über so umfassende Zerstörungstechnologien, daß wir die ganze Erde vernichten können, eine Möglichkeit, die früher allenfalls Gott vorbehalten blieb. Es geht also um nichts mehr und nichts weniger als um das Überleben unserer Art.

Dennoch, die Ergebnisse neuer wissenschaftlicher Forschungen, die neuen archäologischen Befunde, bestätigt durch sozialwissenschaftliche Untersuchungen, dies wahrhaft gigantische neue Wissen über Jahrtausende der Menschheitsgeschichte – all dies steht in solch krassem Widerspruch zu alledem, was wir gelernt haben, daß es uns selbst dann, wenn es uns unübersehbar vor Augen gehalten wird, nicht viel mehr beeindruckt als eine Botschaft, die in den Sand geschrieben wurde. Die neuen Erkenntnisse beschäftigen uns vielleicht noch einen Tag oder eine Woche lang, doch währenddessen sät die geballte Kraft einer über Jahrhunderte gewachsenen Lehrmeinung bereits wieder Zweifel in uns. Am Ende bleibt nicht viel mehr zurück als der flüchtige Blick auf eine Zeit großer Aufregung und Hoffnung. Nur durch die Bestätigung und Bestärkung aus anderen Fachgebieten und Quellen, die uns bislang nur unvollkommen vertraut sind, können wir hoffen, das neue Wissen so lange zu bewahren, bis wir es uns tatsächlich angeeignet haben.

Evolution und Transformation

Eine Bestätigung resultiert, wie wir gesehen haben, aus neuen wissenschaftlichen Erkenntnissen über Systemstabilität und Systemwandel. Dieser erst in jüngerer Zeit entstandene Zweig der Wissenschaft, der populärwissenschaftlich oft mit der »Neuen Physik« identifiziert und gelegentlich auch »Theorie der Selbstorganisation« und/oder »Chaos«-Theorie genannt wird, liefert uns zum erstenmal einen angemessenen Rahmen für das Verständnis der Geschehnisse in unserer Vorgeschichte – die sich, unter veränderten Vorzeichen, gegenwärtig zu wiederholen scheinen.

Unter der Perspektive dieses neuen begrifflichen Rahmens, der in die kulturelle Transformationstheorie integriert wurde, haben wir uns bis jetzt mit zwei Aspekten sozialer Dynamik auseinandergesetzt: zum einen mit gesellschaftlicher Stabilität – also dem Phänomen, daß es jahrtausendelang menschliche Gemeinschaften gab, die völlig anders organisiert waren als sie nach herrschender Lehrmeinung organisiert sein sollten; zum anderen mit dem Wie und Warum des Wandels, dem gesellschaftliche Systeme genauso unterworfen sind wie andere Systeme auch.

Im letzten Kapitel wurde über die Dynamik des ersten großen Umbruchs in unserer kulturellen Evolution gesprochen und wir sahen, wie nach einer Periode des Ungleichgewichts oder Chaos' schließlich ein entscheidender Wendepunkt erreicht wurde und sich von nun an ein gänzlich anderes Gesellschaftssystem entwickelte. Alles, was wir über diese erste Systemtransformation in Erfahrung bringen können, verdeutlicht uns, indem es uns Einblick gewährt in die Ereignisse während der Umbruch- oder »Chaos«-Phasen, nicht nur unsere Vergangenheit, sondern auch unsere Gegenwart und unsere Zukunft.

Natürlich kann sich die Frage erheben, ob der Wandel von der partnerschaftlich zur dominatorisch strukturierten Gesellschaft, da er ja auf eine noch frühere Periode der Menschheitsgeschichte folgte, nicht im Endeffekt doch ein evolutionärer Fortschritt gewesen ist. Hier müssen wir auf zwei Punkte verweisen, die schon in der Einleitung angesprochen wurden: Zum einen wird der Begriff Evolution in einem verwirrenden Doppelsinn gebraucht, nämlich sowohl deskriptiv als auch normativ. Das Wort beschreibt sowohl den reinen Ablauf der Ereignisse in der Vergangenheit, impliziert aber auch eine Aufwärtsbewegung von »niedrigeren« zu »höheren« Entwicklungsstufen (wobei generell vorausgesetzt wird, daß das, was später kommt, auch besser sein muß). Der andere Punkt ist der, daß selbst unsere technologische Evolution keinesfalls eine linear verlaufende Aufwärtsbewegung war, sondern ein von massiven Rückschlägen immer wieder unterbrochener Prozeß.

Auch auf etwas anderes, nicht minder Bedeutsames, kommen wir noch zurück: auf den wesentlichen Unterschied zwischen der kulturellen und der biologischen Evolution. Die biologische Evolution hat die Speziation (Artenbildung) zur Folge: die Entwicklung einer breiten Palette zunehmend komplexer Lebensformen. Die kulturelle Evolution des Menschen dagegen betrifft die Entwicklung einer *einzigen* hochkomplexen Art, die in zwei verschiedenen Formen auftritt – in einer weiblichen und einer männlichen.

Wie wir gesehen haben, ist es dieser menschliche Dimorphismus oder Formunterschied, der die Möglichkeiten für unsere soziale Organisation, – die entweder auf Unterdrückung der einen Hälfte oder aber auf dem Konsens zwischen beiden Hälften der Menschheit basieren kann – grundlegend einengt. Der entscheidende Unterschied, der auch hier wieder hervorgehoben werden muß, liegt darin, daß »jedes der beiden resultierenden Modelle über einen ihm alleingemäßen Typus technologischer und sozialer Evolution verfügt. Dementsprechend hängt die *Richtung*, die unsere kulturelle Evolution einschlägt – besonders aber die Frage, ob sie einen friedfertigen oder einen kriegerischen Verlauf nimmt – davon ab, welches der beiden Modelle der Evolution als Vorbild dient.

Unsere soziale und technologische Evolution konnte sich von einfacheren zu komplexeren Stadien weiterentwickeln, während die Gesellschaft selbst zunächst partnerschaftlich und später dominatorisch organisiert war. Unsere kulturelle Evolution indes, die über die *Anwendung* all dessen entscheidet, was durch zunehmende technologische und soziale Komplexität entsteht, unterscheidet sich bei beiden Modellen aufs radikalste. Die Richtung, die die kulturelle Evolution einschlägt, bestimmt entscheidend darüber mit, welchen Verlauf die soziale und technologische Evolution nehmen.

Die Technologie bietet hierfür das offensichtlichste Beispiel. Unter der kulturellen Führung des partnerschaftlich orientierten Paradigmas lag die Betonung auf solchen Technologien, die friedlichen Zwecken dienten. Als dann jedoch das dominatorisch orientierte Paradigma immer mehr die Überhand gewann, stellte sich ein fundamentaler Richtungswandel ein. Die Betonung lag nunmehr auf der Entwicklung von Zerstörungs- und Beherrschungstechnologien – ein Trend, der sich über viele Jahrhunderte hinweg immer mehr verstärkt und bis in unsere heutige Zeit nicht abgenommen hat.

Da wir nicht gewohnt sind, unsere Geschichte anhand der Begriffe eines »dominatorischen« oder »partnerschaftlichen Gesellschaftsmodells« zu kennzeichnen und zu verstehen, fällt es uns außerordentlich schwer, die tiefgreifenden Auswirkungen dieser beiden Modelle auf unsere kulturelle Evolution zu erkennen. Aus diesem Grund müssen wir eine weitere bestätigende Quelle für den kulturellen Richtungswandel vor zirka fünftausend Jahren heranziehen. Diese zweite Quelle ist im Gegensatz zur »Chaos«-Theorie alles andere als neu, ja, sie ist uns im Grunde längst bekannt und seit langem fest verwurzelt in unserem Bewußtsein. Gemeint ist der reichhaltige Fundus an heiliger, profaner und von weisen Einsichten geprägter Mythologie der abendländischen Zivilisation. Erst heute sind wir imstande zu erkennen, daß sie die Realität einer längst versunkenen und besseren Vergangenheit enthüllt.

Ein goldenes Geschlecht und die Legende von Atlantis

Der altgriechische Dichter Hesiod, der gegen Ende jener Epoche lebte und schrieb, die von Historikern gemeinhin als das »Dunkle Zeitalter« bezeichnet wird (also die drei- bis vierhundert Jahre unmittelbar nach den dorischen Invasionen), berichtet uns, daß es vor langer Zeit einmal ein »goldenes Geschlecht« gegeben hat: »Und Frucht trug der nahrungspendende Acker / Unbestellt in neidloser Fülle; sie aber willig / Walteten ruhig ihrer Arbeit, versehen mit Gütern in Fülle / Reich an Herden und Vieh, befreundet den seligen Göttern.«[1]

Doch nach diesem Geschlecht, von dem Hesiod sagt, »sie lebten wie Götter und hatten das Herz ohne Kummer, ...und kannten kein Unheil«, kam »silbern« ein »viel geringeres«, das seinerseits später durch »ein drittes, aus Erz«, ersetzt wurde, »eschenentsprossen und wild strotzend von Kraft.« Hesiod berichtet, wie mit diesen Menschen – in denen wir unschwer die

Achäer der Bronzezeit erkennen können – der Krieg Einzug hielt: »Sie betrieben Ares' grausige Werke vermessen«. Anders als die beiden vorausgegangenen Völker waren sie keine friedfertigen Ackerbauern: »... und keinerlei Speise aßen sie, und aus Stein war das Herz der Trotziggesinnten, Ungeschlachten«.[2]

Der Historiker John Mansley Robinson schreibt über Hesiods drittes »Menschengeschlecht«: »Wir wissen jetzt, wer diese Menschen waren. Sie kamen gegen 2000 v. Chr. von Norden her und trugen bronzene Waffen. Sie ließen sich auf dem Festland nieder, errichteten die großen mykenischen Festungen und ließen uns Dokumente in Linear B zurück, einer Frühform des Griechischen, wie wir heute wissen. ... Wir können die Ausdehnung ihres Machtbereichs südlich bis Kreta und östlich bis an die kleinasiatische Küste verfolgen. Dort eroberten sie zu Beginn des zwölften vorchristlichen Jahrhunderts die Stadt Troja.«[3]

Für Hesiod aber waren die mykenischen Abkömmlinge der Achäer und die von ihnen eroberten Völker ein viertes, separates »Geschlecht«; »... dies war gerechter und besser«, schreibt er.[4] Wie Homer idealisiert auch Hesiod diese Menschen, die sich von ihrem Barbarentum teilweise befreit und viele der zivilisierten Sitten des Alten Europa übernommen hatten.

Dann jedoch erschien ein »fünftes Geschlecht« am historischen Horizont Europas – jenes, das noch zu Hesiods Zeiten in Griechenland herrschte und aus dessen Mitte der Dichter selbst hervorgegangen war. »Müßte ich selber doch nicht Zeitgenosse der fünften Männer sein«, schreibt er, »wär zuvor ich gestorben, später geboren!« Und weiter: »Faustrecht gilt, da der eine die Stätte des andern zertrümmert. ... denn Fäuste sind Trumpf, und die Ehrfurcht gibt es nicht mehr.«[5] Wie Robinson ausführt, handelte es sich bei jenem »fünften Geschlecht« um die Dorer, »die mit ihren Eisenwaffen die Stützpunkte der Mykener zerstörten und sich deren Land aneigneten.«[6]

Die historische Identität der Hesiodschen Bronze- und Eisengeschlechter mit den achäischen und dorischen Eindringlingen indoeuropäischer Herkunft ist in Fachkreisen weitgehend unumstritten. Hesiods Darstellung eines »Goldenen Zeitalters« friedvoller, nicht dem Kriegsgott Ares huldigender Ackerbauern, das in der Erinnerung der Menschen noch fortlebte, wurde und wird dagegen immer wieder als reine Phantasie abgetan.

Das gleiche galt lange Zeit auch für die wahrscheinlich bekannteste griechische Legende über eine weit zurückliegende, bessere Zeit, für die Atlantis-Sage. Nach Plato existierte auf dem vom Meer umgebenen Atlantis einst eine blühende, edle Zivilisation.

Plato lokalisierte die von ihm geschilderte untergegangene Zivilisation im Atlantischen Ozean. Dies ging vermutlich auf Solons ägyptische Informanten zurück, die nicht nur behauptet hatten, Atlantis habe »weit im Westen« gelegen, sondern auch ein sehr viel jüngeres Datum nannten. J. V. Luce weist nun in seinem Buch *The End of Atlantis* darauf hin, daß einige Elemente von Platos Atlantis eine »verblüffend genaue Skizze des minoischen Reiches im sechzehnten vorchristlichen Jahrhundert darstellen«.[7] Nicolas Platon, der griechische Archäologe, schreibt, daß sich »die von Plato überlieferte Legende vom untergegangenen Atlantis durchaus auf die Geschichte des minoischen Kreta und seine plötzliche Zerstörung beziehen könnte.« Denn nach Platos Bericht wurde Atlantis durch »heftige Erdbeben und Flutwellen vernichtet« – was wiederum mit der heutigen wissenschaftlichen Erkenntnis übereinstimmt, der zufolge Naturkatastrophen die minoische Zivilisation so schwächten, daß die Achäer Kreta und die minoischen Siedlungen auf dem Festland ohne große Schwierigkeiten überrennen konnten.[8]

Der erste, der diese Theorie schon 1939 entwickelte, war Professor Spyridon Marinatos, der Direktor des Griechischen Antiken-Dienstes. Sie ist in jüngerer Zeit durch geologische Untersuchungen bestärkt worden, aus denen hervorgeht, daß um 1450 v. u. Z. der Mittelmeerraum von einer ganzen Serie von Vulkanausbrüchen erschüttert wurde. Die Eruptionen, die von heftigen Erdbeben und riesigen Springfluten begleitet wurden, waren so stark, daß ein Teil der Insel Thera (heute nur mehr ein winziger Streifen Land, der Santorin genannt wird) im Meer versank. Ausgrabungen auf Thera und Kreta bestätigen diese Naturkatastrophe und ihre enormen Ausmaße, die den im Volk tradierten Überlieferungen von einem versunkenen Land, das Plato Atlantis nannte, zugrunde zu liegen scheinen. Hinweise auf schwere Erdbebenschäden und umfangreiche, durch Springfluten verursachte Zerstörungen im Küstenbereich lassen sich überall auf den Inseln finden.[9]

Heute wird, wie Luce es formuliert, angenommen, »daß es sich bei dem ›Stier aus dem Meer‹, der gesandt wurde, um die Herrscher von Knossos heimzusuchen, in Wirklichkeit um Springfluten gehandelt hat.«[10] Und ebenso scheint es sich bei der Atlantis-Legende nicht um die Geschichte eines im Atlantik versunkenen Kontinents, sondern um die verstümmelte, im Volk überlieferte Erinnerung an die minoische Zivilisation auf Kreta zu handeln.[11]

Der Garten Eden und die Sumerischen Schrifttafeln

Die Erinnerung an frühere Zeiten, da die Menschen in Harmonie miteinander lebten, ist auch in den Legenden Mesopotamiens ein immer wiederkehrendes Thema. Sie enthalten mehrere Anspielungen auf eine Zeit des Friedens und des Überflusses, eine Zeit vor der großen Flut, da Frauen und Männer in einem idyllischen Garten lebten. Nach neueren Erkenntnissen von Bibelexperten geht auf diese Legenden zum Teil wohl auch der Mythos des Gartens Eden zurück, von dem das Alte Testament berichtet.

Der archäologische Befund läßt darauf schließen, daß die Geschichte vom Paradies ebenfalls eindeutig auf einer mündlichen Überlieferung beruht. Der Garten ist eine allegorische Beschreibung des Neolithikums, einer Zeit, in der Frauen und Männer erstmals den Boden bearbeiteten und somit den ersten »Garten« schufen. In der Geschichte von Kain und Abel spiegelt sich gewissermaßen die reale Konfrontation zwischen Hirtenvölkern (symbolisiert durch das Schafopfer Abels) und einer bäuerlichen Bevölkerung (symbolisiert durch die von Kain dargebotenen, aber vom Hirtengott Jehowa zurückgewiesenen »Früchte des Feldes«) wider. Auf tatsächlichen historischen Ereignissen basieren, zumindest teilweise, auch die Mythen vom Garten Eden und von der Vertreibung aus dem Paradies. Sie reflektieren, wie in den folgenden Kapiteln noch im einzelnen dargelegt, den einschneidenden Kulturwandel, den wir hier untersuchen: die Durchsetzung männlicher Dominanz und den damit einhergehenden Richtungswechsel von Friede und Partnerschaft zu Unruhe und Herrschaftsdenken.

In mesopotamischen Legenden findet sich auch mehrfach der Hinweis auf eine Göttin als höchste Gottheit oder »Himmelskönigin« – letzteres eine Bezeichnung, die später im Alten Testament wiederkehrt, nun jedoch im Zusammenhang mit Propheten, die gegen das Wiedererstarken alter Religionen zu Felde ziehen. In den frühesten mesopotamischen Inschriften wimmelt es geradezu von Hinweisen auf eine Göttin. Ein sumerisches Gebet preist die ruhmreiche Königin Nana (ein Name der Göttin) als »die Mächtige Herrin, die Schöpferin«. Eine andere Tontafel bezeichnet die Göttin Nammu als »die Mutter, die Himmel und Erde gebar«.[12] Sowohl in sumerischen als auch in späteren babylonischen Legenden finden wir Berichte über die simultane oder paarweise Erschaffung von Frauen und Männern durch die Göttin[13] – Geschichten, die in einer bereits von Männern dominierten Gesellschaft wie Rückfälle in eine Zeit erscheinen, in der Frauen noch nicht als minderwertig galten.

Daß es in jener Region, die seit langem als »Wiege der Zivilisation« gilt, eine Epoche gab, in der die Abstammung noch matrilinear geregelt war und Frauen noch nicht der Kontrolle der Männer unterlagen, läßt sich auch aus anderen Tontafeltexten schließen. In einem juristischen Dokument aus Elam (einem Stadtstaat östlich von Sumer) lesen wir beispielsweise, daß eine Ehefrau sich weigerte, mit ihrem Mann ein gemeinsames Testament aufzusetzen, und ihren gesamten Besitz ihrer Tochter vermachte. Wir erfahren hier ferner, daß die Göttin von Elam erst in späterer Zeit als »Große Gemahlin« bekannt wurde und ihren führenden Rang an ihren Ehemann Humbam abtreten mußte. Selbst für das spätere Babylon, wo bereits ein rigoroses Männerregime herrschte, läßt sich anhand von Dokumenten nachweisen, daß es noch immer Frauen – und zwar vor allem Priesterinnen – gab, die selbst über ihr Eigentum verfügten und geboten sowie intensiv Handel trieben.[14]

Professor H. W. F. Saggs schreibt zudem, daß »in der frühsumerischen Religion Göttinnen eine vorrangige Position einnahmen. Später verschwinden sie so gut wie vollkommen und treten – abgesehen von der einzigen Ausnahme Ischtar – nur mehr als Gefährtinnen bestimmter Götter in Erscheinung.« Dies führt zu dem Schluß, daß, wie Saggs es ausdrückt, »der Status der Frauen im frühsumerischen Stadtstaat gewiß viel höher war als in späterer Zeit.«[15] Daß es in den Ländern des Fruchtbaren Halbmonds eine Epoche gab, die den Zeiten der Männerherrschaft und der Suprematie furchterregender männlicher Gottheiten vorausging, belegen auch Grabstätten wie die der Königin Shub-Ad aus der Ersten Dynastie von Ur. Obwohl im Grab gleich nebenan ein Männerskelett bestattet gefunden wurde, das nach Archäologenmeinung ein König gewesen sein dürfte, ist auf der Inschrift nur die Königin namentlich erwähnt. Auch ist ihr Grabmal deutlich prunkvoller und opulenter ausgestattet.[16] Erwähnenswert ist auch, daß in den Geschichtsbüchern über Sumer immer von den »Regierungszeiten« Lugalandas und Urukaginas die Rede ist und deren Frauen Baranamtarra und Shagshag nur nebenbei Erwähnung finden, während aus den erhaltenen Dokumenten hervorgeht, daß diese Epochen ursprünglich nach den Namen der beiden Königinnen benannt wurden.[17] Da erhebt sich folgerichtig die Frage, ob diese Frauen tatsächlich nur »Gefährtinnen« unter der Herrschaft und Dominanz der Männer waren.

Die gleiche Frage stellt sich, wenn wir uns den Text der sogenannten »Urukagina-Reformen« von Sumer ansehen, die etwa auf das Jahr 2300 v. u. Z. datiert werden. Da lesen wir, daß fortan die Ernte von Obst und Feldfrüchten der zum Tempel gehörigen Ländereien einzig zur Unterstützung von Bedürftigen verwendet werde und nicht mehr, wie es sich im Laufe der Zeit eingebürgert hatte, ausschließlich den Priestern vorbehalten bleiben solle – eine Praxis im übrigen, die unter ausdrücklicher Berufung auf eine frühere Epoche wieder eingeführt wurde. Bemerkenswert hieran ist nicht nur, daß die Reformen zu einer Zeit stattfanden, da noch immer (oder schon wieder) Königinnen an der Macht waren: Wie die Kunsthistorikerin Merlin Stone ausführt, ergibt sich daraus auch der Schluß, daß die früheren Gesellschaftsformen in Sumer weniger hierarchisch und deutlicher gemeinschaftlich orientiert waren.[18]

Des weiteren erfahren wir in diesem Zusammenhang, daß humanere Sitten und Gesetze – wie etwa die Forderung, Bedürftige seien von der Gemeinschaft zu unterstützen – ebenfalls auf die Ära der partnerschaftlichen Gesellschaften zurückgehen. Die Urukagina-Reformen sind in gewisser Hinsicht also nichts weiter als eine Rückbesinnung auf die moralischen und ethischen Prinzipien der Vergangenheit. Nach Stone wird diese Schlußfolgerung auch durch das Wort *Amarqi*, unter dem die Reformen damals bekannt waren, bestärkt: Es hat im Sumerischen die doppelte Bedeutung »Freiheit« und »Rückkehr zur Mutter«. Auch hier scheint die Erinnerung an eine frühere, weniger oppressive Epoche durch, in der Frauen als Sippenhäupter oder Königinnen ihre Macht als Verantwortung verstanden und sie nicht zur Errichtung einer autokratischen Herrschaft mißbrauchten.[19]

Von sumerischen Tontafeltexten erfahren wir auch, daß die Göttin Nanshe von Lagash als »Sie, die das Waisenkind und die Witwe kennt und Gerechtigkeit für die Armen und ein Obdach für die Schwachen sucht«, verehrt wurde.[20] Und auf Tafeln aus dem nahegelegenen Erech lesen wir, daß die Göttin Nidaba bekannt war als die »Weise der Heiligen Gerichtsbarkeit, Sie, die die Gesetze lehrt«.[21] Solch alte Beinamen der Göttin als Gesetzgeberin und Spenderin von Gerechtigkeit und Gnade sowie als erste Richterin läßt auch die Existenz eines noch früheren Gesetzeskodex vermuten, ja möglicherweise sogar ein durchaus differenziertes Rechtssystem, in dem sumerische Priesterinnen, die der Göttin dienten, Streitigkeiten schlichteten und Recht sprachen.

Schließlich findet sich auf mesopotamischen Schrifttafeln auch der Hinweis, daß die Göttin Ninlil verehrt wurde, weil sie ihr Volk neue Pflanz- und Erntemethoden lehrte.[22] Auch die Sprachwissenschaft liefert Hinweise auf die Anfänge der Landwirtschaft: In sumerischen Texten sind die Wörter für Bauer, Pflug und Furche *nicht* sumerischen Ursprungs, desgleichen die Wörter für Weber, Ledermacher, Korbmacher, Schmied, Maurer und Töpfer. Dies legt den Schluß nahe, daß die sumerischen Einwanderer all diese zivilisatorischen Basistechnologien von den in jenen Gebieten ansässigen, die Göttin verehrenden Völkern übernommen haben, von deren Sprache sich ansonsten nichts erhalten hat.[23]

Die Geschenke der Zivilisation

Alles Blutvergießen und alle Grausamkeiten, die seit den Tagen der Sumerer und Assyrer die Menschheit heimgesucht haben, waren – einer weitverbreiteten These zufolge – die Voraussetzungen des kulturellen und technologischen Fortschritts. In der Friedfertigkeit der »Wilden«, die vor der Entstehung unserer »ältesten« Zivilisation die Erde bevölkerten, sehen die Vertreter jener These ein Zeichen für mangelnde Motivation; kein Wunder, meinen sie, daß diese Menschen kaum etwas von bleibendem Wert geschaffen haben. Der Krieg, so meint der »Mann auf der Straße« unisono mit dem Pentagon-Theoretiker, sei nun einmal der »Vater aller Dinge«, ohne ihn hätte es keinen technologischen und, so wird impliziert, auch keinen kulturellen Fortschritt gegeben. Das heute vorliegende Quellenmaterial, eine Vielzahl alter Mythen und Legenden, sowie die Ergebnisse archäologischer Ausgrabungen lehren uns jedoch etwas ganz anderes: In Wirklichkeit – und dies ist eines der bestgehüteten historischen Geheimnisse – wurden praktisch alle materiellen und sozialen Technologien, auf denen unsere Zivilisation aufbaut, schon vor Einbruch der dominatorischen Gesellschaft entwikkelt.

Alle Grundtechniken des Getreideanbaus, des Hausbaus, der Herstellung von Gefäßen und Kleidern waren bereits den die Göttin verehrenden Völkern des Neolithikums bekannt.[24] Sie verstanden sich auf die Verarbeitung natürlicher Ressourcen wie Holz, Pflanzenfasern, Leder und später auch Metallen und entwickelten dabei zunehmend diffizilere Methoden. Die meisten unserer kulturellen Eigenschaften, wie Rechtspflege, Staatswesen und Religion, gehen ebenfalls auf die Alte Gesellschaft (in Anlehnung an Gimbutas' Begriff »Altes Europa«) zurück, desgleichen damit verbundene Dinge wie Gebet, Richtertum und Priesterschaft. Tanz, rituelle Schauspiele sowie auf verschiedene Weise überlieferte Erzählungen, ferner Kunst, Architektur und Stadtplanung sind bereits Schöpfungen der prädominatorischen Gesellschaft.[25] Auch der Handel, und zwar sowohl zur See als auch zu Lande, ist ein weiteres Erbe aus jener Zeit.[26] Verwaltung, Erziehung und Bildung, ja sogar die Zukunftsvorhersage waren bekannt, denn es waren die Priesterinnen der Göttin, bei denen sich erstmals die Fähigkeiten zur Weissagung und Prophezeiung herausbildeten.[27]

Jede Religion pflegt die jeweilige soziale Organisation, die sich in ihr widerspiegelt, festzuschreiben und zu stützen. So geht aus der Fülle der uns überlieferten religiösen Texte hervor, daß die Menschen der Alten Gesellschaft der Meinung waren, sie hätten die »Geschenke der Zivilisation« der Göttin – und somit keiner der bereits dominanten männlichen Gottheiten – zu verdanken.[28] Folglich können Mythen, die unsere wichtigsten materiellen und spirituellen Errungenschaften einer weiblichen Gottheit zuschreiben, durchaus die Tatsache widerspiegeln, daß sie von Frauen erfunden wurden.[29]

Nach dem heute vorherrschenden Paradigma ist eine solche Hypothese freilich so gut wie unvorstellbar. Denn da gilt die

Frau als abhängiges, dem Mann nachgeordnetes Wesen, das ihm nicht nur intellektuell unterlegen ist, sondern auch – jedenfalls, wenn man der Bibel folgt – auf einer niedrigeren spirituellen Entwicklungsstufe steht als der Mann, weshalb ihr auch die Vertreibung aus dem Paradies anzulasten ist.

In Gesellschaften jedoch, die die höchste Macht des Universums in einer Göttin als weiser und gerechter Quelle all unserer materiellen und spirituellen Gaben verkörpert sehen, dürften Frauen ein ganz anderes Bild von sich selbst verinnerlicht haben. Bei einem so mächtigen Rollenmodell neigten sie vermutlich dazu, aktiv, ja sogar führend an der Entwicklung und Anwendung materieller und spiritueller Technologien teilzunehmen und dies nicht nur als ihr Recht, sondern auch als ihre Pflicht zu betrachten. Sie hielten sich selbst für kompetent und unabhängig, gewiß jedoch für kreativ und erfinderisch. Hinweise darauf, daß Frauen bei der Entwicklung und Verwaltung materieller und nichtmaterieller Technologien gleichberechtigte oder führende Positionen einnahmen, bis der bestehenden Ordnung eine dominatorische Herrschaft übergestülpt wurde, mehren sich.

Im Hinblick auf noch viel weiter zurückliegende Zeiten, in denen unsere Primaten-Vorfahren sich zu Menschen entwickelten, beginnt die Wissenschaft, die bisherigen Ansichten zu revidieren und konstruiert allmählich ein erheblich differenzierteres Bild von der menschlichen Evolution, wobei nicht mehr nur Männer, sondern auch Frauen eine zentrale Rolle spielen. Das alte Evolutionsmodell vom »Mann als Jäger« führt die Anfänge der menschlichen Gesellschaft auf die bei der Jagd erforderliche »Gruppenbildung der Männer« zurück und geht davon aus, daß die ersten Werkzeuge der Menschen zum Töten der Beutetiere sowie schwächerer menschlicher Konkurrenten erschaffen wurden. Wissenschaftlerinnen wie Nancy Tanner, Jane Lancaster, Lila Leibowitz und Adrienne Zihlman haben jüngst ein alternatives Evolutionsmodell vorgelegt.[30]

Ihre alternative Theorie besagt, daß der aufrechte Gang – die Voraussetzung für die Befreiung der Hände – nichts mit der Jagd zu tun hatte, sondern auf eine Veränderung der Eßgewohnheiten zurückzuführen war. Ernährten sich unsere Vorfahren zunächst direkt, gleichsam im Gehen, so entwickelten sie mit der Zeit die Eigenschaft, Nahrungsmittel zu sammeln und fortzutragen, was zur Folge hatte, daß diese sowohl aufgeteilt als auch aufbewahrt werden konnten. Der Impetus für die Entwicklung eines größeren und leistungsfähigeren Gehirns, das zur Erfindung von Werkzeugen sowie zur rascheren Verarbeitung und Vermittlung von Informationen imstande war, entsprang darüber hinaus nicht der Gruppenbildung unter Männern mit dem gemeinsamen Ziel des Tötens, sondern eher der engen Bindung zwischen Müttern und Kindern, ohne die das Überleben des menschlichen Nachwuchses gefährdet gewesen wäre. Dieser alternativen Theorie zufolge waren die ersten, von Menschenhand hergestellten Artefakte nicht Waffen, sondern vermutlich Behälter, in denen Nahrungsmittel (und Kinder) transportiert wurden sowie Geräte, mit deren Hilfe die Mütter pflanzliche Nahrung für ihre Kinder weichklopften, da diese zum Überleben neben Muttermilch auch feste Nahrung benötigten.[31]

Auch der Tatsache, daß Primaten sowie die primitivsten heutigen Naturvölker mehr Sammler denn Jäger sind, kommt diese Theorie entgegen. Sie paßt ebenso zu neueren Erkenntnissen, daß sich unsere Primaten-Vorfahren, die Hominiden und ersten Menschen, nur zu einem äußerst geringen Prozentsatz von Fleisch ernährten. Und das Phänomen, daß bei Primaten im Unterschied zu Vögeln und anderen Tierarten typischerweise ausschließlich die Mütter ihre Nahrung mit den Jungen teilen, kann ebenfalls zur Unterstützung dieser These angeführt werden. Die Entwicklung erster Werkzeuge, wie sie sich bei Primaten beobachten läßt, dient *nicht* dem Töten, sondern dem Sammeln und Verarbeiten von Nahrung. Und bei den Schimpansen – die von allen Primaten am gründlichsten erforscht sind – zeigt sich, daß Weibchen häufiger von diesen Werkzeugen Gebrauch machen als Männchen.[32]

In jener weit zurückliegenden Zeit, in der die Grundlagen der Alten Gesellschaft geformt wurden, scheint, laut Tanner, nicht so sehr der »Mann als Jäger« als vielmehr die »Frau als Sammlerin« eine entscheidende Rolle bei der Evolution unserer Art gespielt zu haben.[33] »Junge, deren Mütter intelligent genug waren, ausreichend Futter für sie zu finden, zu sammeln, vorzukauen und mit ihnen zu teilen, waren selektiv im Vorteil«, meint Tanner. »Unter den überlebenden Kindern bekamen schließlich diejenigen, die die Techniken ihrer Mütter am besten kopierten und verfeinerten und die, wie ihre Mütter zu teilen bereit waren, den Nachwuchs, der die besten Chancen hatte, seinerseits die Geschlechtsreife zu erreichen und Kinder in die Welt zu setzen.«[34]

»Es ist höchst unwahrscheinlich«, fährt Tanner fort, »daß Werkzeuge zu jener Zeit zur Tötung von Tieren benutzt wurden, denn die Beutetiere waren klein und wehrlos und konnten mit der Hand gefangen und getötet werden.« Darüber hinaus ist es »sehr wahrscheinlich, daß Frauen mit Nachwuchs die neuen Sammeltechniken entwickelten« – und zwar nicht nur die Werkzeuge, sondern auch den für den Menschen charakteristischen aufrechten Gang, das heißt, die Fähigkeit, Hände und Füße unabhängig voneinander zu benutzen – für die Nahrungssammlung eine unabdingliche Voraussetzung. Besonders einleuchtend ist, daß Frauen, die ihre Sprößlinge trugen und außerdem Nahrung sammelten, am ehesten über den freien Gebrauch beider Hände verfügen können mußten.[35] Mehr als wahrscheinlich ist auch, daß Frauen die grundlegendste aller materiellen Technologien erfunden haben, ohne die sich eine Zivilisation nicht hätte entwickeln können: die Domestizierung von Pflanzen und Tieren.[36] Obwohl dies in den meisten Büchern und Seminaren über die »Geschichte des Urmenschen« kaum jemals Erwähnung findet, besteht heutzutage in Wissenschaftlerkreisen weitgehend Übereinstimmung in diesem Punkt. Die Forscher weisen darauf hin, daß in heutigen Sammler- und Jägergesellschaften normalerweise Frauen, nicht Männer, mit der Nahrungsmittelherstellung betraut sind. Dies läßt den Rückschluß zu, daß Frauen die ersten waren, die in der Umgebung ihrer Lager Samen aussäten und junge Tiere zu zähmen begannen, indem sie

sie betreuten wie ihren eigenen Nachwuchs. Von Anthropologen erfahren wir zudem, daß in den vornehmlich auf Pflanzenanbau basierenden Wirtschaftsformen der »Entwicklungsländer« die Kultivierung des Bodens – im Gegensatz zu landläufigen abendländischen Vorstellungen – bis auf den heutigen Tag überwiegend in den Händen der Frauen liegt.[37]

Eine Vielzahl religiöser Mythen aus alter Zeit, in denen die Erfindung des Ackerbaus expressiv verbis der Göttin zugeschrieben wird, ist ein weiteres Indiz für die Richtigkeit dieser Annahme. So verweisen ägyptische Quellen mehrfach auf die Göttin Isis als Erfinderin der Landwirtschaft. Auf mesopotamischen Schrifttafeln wird die Göttin Ninlil verehrt, weil sie ihrem Volk den Ackerbau beigebracht hat.[38] Sowohl die Archäologie wie die Mythologie enthalten, verstreut über eine enorme Zeitspanne, zahlreiche nonverbale Anspielungen auf die Göttin und den Ackerbau. Es beginnt mit Çatal Hüyük, wo der Göttin in ihren Schreinen Getreide geopfert wurde, und führt bis ins klassische Griechenland, wo ähnliche Opfergaben weiblichen Gottheiten wie Demeter und Hera dargebracht wurden.[39]

Forscher wie Robert Briffault und Erich Neumann, die sich intensiv mit frühgeschichtlichen Mythen beschäftigt haben, sind im übrigen davon überzeugt, daß auch die Töpferei von Frauen erfunden wurde. Sie galt ursprünglich als heilige Handlung im Zusammenhang mit dem Kult der Göttin und wird meist mit Frauen assoziiert. In den meisten Mythologien des Altertums gilt das gleiche auch für die Web- und Spinnkunst. Von den Parzen, den Schicksalsgöttinnen der griechischen Mythologie, heißt es, daß sie den Lebensfaden der »Männer« (Menschen) spinnen.[40]

In Ägypten, Europa und in den Ländern des Fruchtbaren Halbmonds finden sich zahlreiche Belege für die Tatsache, daß Weiblichkeit schon in sehr frühen Zeiten mit Gerechtigkeit, Weisheit und Intelligenz assoziiert wurde. Maat ist die ägyptische Göttin der Gerechtigkeit. Selbst nach der Einführung der Männerherrschaft waren die ägyptische Göttin Isis und die griechische Göttin Demeter nach wie vor als Gesetzgeberinnen und

Weise bekannt, von denen aufrichtiges Wissen, Rat und Gerechtigkeit erwartet wurde. Archäologische Quellen aus der Stadt Nimrud im Vorderen Orient, in der die bereits kriegerische Ischtar verehrt wurde, zeigen, daß selbst zu jener Zeit noch Frauen Richterinnen waren. Legenden aus dem vorchristlichen Irland verraten uns, daß bei den Kelten Cerridwen als Göttin der Intelligenz und Weisheit verehrt wurde.[41] Die griechischen Parzen, Vollstreckerinnen der Gesetze, und die Musen, Inspiratorinnen jedweder kreativen Tätigkeit, sind selbstverständlich weiblichen Geschlechts. Das trifft auch auf »Sophia«, die Weisheit, zu, die bis weit ins christliche Mittelalter hinein neben dem Bild der Göttin als barmherziger Madonna ihren Platz hatte.[42]

Daß auch die Spiritualität und ganz besonders die spirituelle Vision, die die Weisheit der Seher charakterisiert, einst mit Frauen assoziiert wurde, läßt sich durch eine Fülle von Beweisen belegen. Mesopotamischen Quellen zufolge war Ischtar von Babylon, die Nachfolgerin der Innana, nach wie vor als »Herrin der Sehergabe«, als »Sie, die die Orakel führt« und als Prophetin von Kua bekannt. Zahlreiche Hinweise auf Priesterinnen, die in den Tempeln der Ischtar prophetische Ratschläge erteilen (die zum Teil auch, wie die Schrifttafeln zeigen, Einfluß auf die Politik nahmen), sind uns überliefert.[43]

Aus altägyptischen Quellen ist bekannt, daß die Kobra das hieroglyphische Zeichen für das Wort *Göttin* darstellte und darüber hinaus auch als das Auge, *uzait*, ein Symbol für mystische Fähigkeiten und Weisheit war. Die Kobragöttin Ua Zit war in der Zeit vor den Dynastien die weibliche Gottheit Unterägyptens. Später noch waren die Göttinnen Hathor und Maat als das Auge bekannt. Darstellungen der ihr Haupt erhebenden Uräusschlange finden sich oft auf den Stirnen von Mitgliedern der ägyptischen Königsfamilien. In der ägyptischen Stadt Per Uto stand, möglicherweise an gleicher Stelle, wo sich in früheren Zeiten ein Tempel der Göttin Ua Zit befunden hatte, ein Heiligtum für Prophezeiungen. Die Griechen nannten die Stadt Buto, das wiederum der griechische Name für die Kobragöttin war.[44]

Der bekannte Orakeltempel in Delphi stand ebenfalls an einem Ort, der ursprünglich eine Weihestätte der Göttin gewesen sein dürfte. Selbst als im klassischen Griechenland das Heiligtum längst dem Apollo-Kult gewidmet war, sprach das Orakel noch durch den Mund einer Frau. Die Priesterin Pythia saß auf einem Dreifuß, um den sich eine Schlange (die Python) ringelte. Bei Aischylos lesen wir, daß an diesem heiligsten aller Tempel die Göttin als erste aller Prophetinnen verehrt wurde. Auch dies kann als Hinweis darauf verstanden werden, daß noch im klassischen Griechenland die aus der Partnerschaft-Gesellschaft stammende Tradition, göttliche Offenbarung und prophetische Weisheit mit Hilfe von Frauen zu erlangen, nicht vergessen war.[45]

Aus den Schriften des Diodorus Siculus (1. Jahrhundert v. u. Z.) entnehmen wir, daß sogar noch in jener Zeit sowohl die Gerechtigkeit als auch die Heilkunst mit Frauen assoziiert wurde. Auf einer Reise durch Ägypten entdeckte er, daß die Göttin Isis (die Nachfolgerin von Ua Zit und Hathor) nicht nur als erste Gesetzgeberin, sondern auch als große Heilkundige verehrt wurde.[46] Interessant ist in diesem Zusammenhang auch, daß die ineinander verschlungenen Schlangen auf dem sogenannten Äskulapstab bis heute das Berufssymbol der Ärzte sind. Der Legende zufolge geht diese Tradition auf die Identifikation von Schlangen mit Priestern des griechischen Gottes Asklepios zurück, doch lassen sich gute Gründe dafür finden, daß die Verbindung zwischen Schlangen und Heilkunst auf eine sehr viel frühere Tradition zurückzuführen ist: Auf die Assoziation der Schlange mit der Göttin – eine Assoziation, die, wie wir gesehen haben, wahrscheinlich sowohl die Heilkunst als auch die Weissagung betraf.[47]

Selbst die Erfindung der Schrift, die lange auf die Zeit um 3200 v. u. Z. datiert und den Sumerern zugeschrieben wurde, liegt anscheinend noch viel weiter zurück und hat möglicherweise feminine Wurzeln. Auf sumerischen Schrifttafeln wird die Göttin Nidaba als Schreiberin des sumerischen Himmels sowie als Erfinderin der Tontäfelchen und der Schreibkunst bezeichnet. Die indische Mythologie schreibt der Göttin Sarasvati die Erfindung des ersten Alphabets zu.[48] Unter Berufung auf Ausgrabungen des Alten Europa stellt Gimbutas neuerdings fest, daß auch hier die ersten Anfänge einer schematisierten Schrift weit ins Neolithikum zurückreichen. Die ersten Schriftformen scheinen zudem nicht – wie die »kommerziell-administrative« Schrift Sumers – dazu gedient zu haben, über materielle Erwerbungen Buch zu führen, sondern es sieht eher so aus, als sei der erste Anwendungsbereich dieses machtvollsten menschlichen Kommunikationsmittels auf spirituellem Gebiet zu suchen – und zwar als heilige Schrift in Verbindung mit dem Kult der Göttin.[49]

Die wahrscheinlich bekanntesten Funde, die die neue Theorie untermauern, stammen aus der Ausgrabungsstätte von Vinča, ca. 20 km östlich der jugoslawischen Hauptstadt Belgrad. Die Vinča-Kultur wurde nach ihrer Entdeckung, ähnlich wie eine Reihe anderer Fundstätten, zunächst für viel jünger gehalten, als sie tatsächlich ist. Der Grund dafür war das hohe Niveau ihrer kunstvollen Tongefäße. Professor M. Vasić, der zwischen 1908 und 1932 die Ausgrabungen in Vinča leitete, glaubte anfänglich, es müsse sich um ein Zentrum der ägäischen Zivilisation aus dem zweiten vorchristlichen Jahrtausend handeln. Später revidierte er seine Ansicht und meinte, Vinča sei eine griechische Kolonie noch jüngeren Ursprungs gewesen. Seine Feststellungen werden, wie Gimbutas bemerkt, noch heute in einigen moderneren Büchern über die Geschichte des Balkans zitiert.[50]

Theorien wie diese, die in einer Zeit vertreten wurden, als der Archäologie wissenschaftliche Datierungsmethoden wie die Radiokarbonmethode und die Dendrochronologie noch nicht zur Verfügung standen, paßten hervorragend zu dem damals vorherrschenden Paradigma, daß es auf dem Balkan in der Frühzeit keine fortgeschrittene einheimische Kultur gab. Die kalibrierten Radiokarbondaten, die inzwischen an acht verschiedenen Fundstätten von unterschiedlichen Phasen der Vinča-Kultur ermittelt wurden, weisen jedoch nach, daß diese Kultur zwischen 5300 und 4000 v. u. Z. existierte, also an die siebentausend Jahre alt ist.[51] Nach diesen Daten und der archäologisch nachgewiesenen Tatsache, daß die Göttin hier höchste Gottheit war, fällt Vinča voll in die Epoche der partnerschaftlich orientierten Gesellschaften.

In einer Fundstelle der Vinča-Kultur im benachbarten Rumänien wurden die sogenannten Tărtăria-Tafeln sowie mit Zeichen versehene Statuetten und Keramikgefäße gefunden. Gimbutas vollzieht nach, wie diese Entdeckungen, verbunden mit »Hinweisen auf eine deutliche Intensivierung des spirituellen Lebens allgemein«[52], zu einer weiteren Theorie führten, die ebenfalls, zumindest teilweise, noch in das alte archäologische Paradigma paßt, dem zufolge es keine fortgeschrittene einheimische Kultur auf dem Balkan gegeben habe. Nach dieser Theorie war die Vinča-Kultur ein Import aus Anatolien oder sogar Mesopotamien. Inzwischen steht jedoch fest, daß sie tatsächlich dort entstand, wo sie gefunden wurde: auf dem Balkan. Wenn also die Zeichen, die auf Tontafeln, Statuetten und sonstigen in Vinča und an anderen alteuropäischen Fundstätten ausgegrabenen Objekten gefunden wurden, wirklich das sind, was sie zu sein scheinen, nämlich die rudimentäre Form einer linearen Schrift, dann datieren die Ursprünge des Schreibens aus einer sehr viel früheren Epoche als bisher angenommen. Sie stammen dann aus einer Zeit *vor* Beginn der dominatorischen Ära.[53]

Es steht außer Frage, daß diese Schlußfolgerung durch immer neue Beweise zunehmend an Glaubwürdigkeit gewinnt. 1980 berichtete Professor Gimbutas, daß »zur Zeit bereits mehr als sechzig Fundstätten bekannt sind, an denen beritzte Objekte gefunden wurden... Die meisten von ihnen gehören der Vinča- und Theiß-Kultur sowie der Karanowo-Kultur in Zentralbulgarien an. Eingeritzte oder aufgemalte Zeichen sind auch bekannt von Tongefäßen der Kulturen von Dimini, Cucuteni, Petreşti, Lengyel, Butmir und Bükk sowie der Bandkeramik.« All diese Funde deuten darauf hin, daß »es nicht mehr angemessen ist, von einer ›Vinča-Schrift‹ oder von Tărtăria-Tafeln zu sprechen«, da »es inzwischen ganz so aussieht, als sei diese Schrift ein durchgängiger Wesenszug der gesamten alteuropäischen Zivilisation.«[54]

Darüber hinaus scheint sich diese Schrift aus einer noch älteren Tradition entwickelt zu haben, in der Kunst als eine Art visuelle Kurzschrift zur Übermittlung wichtiger Begriffe diente. Überall im alteuropäischen Bereich finden sich stark stilisierte Statuetten der Göttin, die mit eingeritzten symbolischen Zeichen wie Mäandern, Zickzackleisten, V- und X-förmigen Mustern, Spiralen, Kreisen und Mehrfachlinien verziert sind. Wie Gimbutas schreibt, stellen diese Bilder kollektiv anerkannte und von allen verstandene Kommunikationsmittel zur Übermittlung der elementaren Welterklärungsvorstellungen jener Zeit dar. Aus der Weiterentwicklung dieser symbolischen Kommunikation entstand später wahrscheinlich die erste menschliche Schrift. Es handelt sich dabei um Ideogramme, bei denen existierende symbolische Zeichen (sie sind bereits aus dem Paläolithikum bekannt und waren im Neolithikum weit verbreitet) durch Linien, Bögen und Punkte abgewandelt wurden.

Gimbutas, die an der Entzifferung der alteuropäischen Schrift arbeitet, glaubt, daß einige dieser Ideogramme mit der Zeit einen phonetischen Wert annahmen. »Das *V*«, so schreibt sie, »ist eines der häufigsten Zeichen auf Idolfiguren und anderen Kultgegenständen. Nach meiner Meinung wird es in der Schrift mit phonetischem Wert verwendet, der von dem Zeichen-Ideogramm abgeleitet ist. *M*, wahrscheinlich ein Ideogramm für Wasser wie im Ägyptischen, muß schon in sehr früher Zeit einen phonetischen Wert gehabt haben, spätestens jedoch im sechsten Jahrtausend v. Chr.«[55]

Nach intensivem Studium der Symbole und Zeichen, die anfangs hauptsächlich auf Idolfiguren und später zunehmend auch auf Keramik, Siegeln, runden Scheiben und Täfelchen entdeckt wurden, versuchte Gimbutas, ihre Bedeutung per Assoziation zu entziffern. So stellte sie beispielsweise die Hypothese auf, daß V-Glyphen vielleicht die Göttin in Vogel-Epiphanie darstellen und daß Gegenstände, die diese Zeichen tragen, ursprünglich ihrem Kult dienten. Sie beobachtete des weiteren, daß später bei reihenförmigem Auftreten von Zeichen (z. B. auf dem Tischchen von Gradešitsa die immer wiederkehrenden

Gruppen von Vs, Ms, X und Ys Beschwörungen, Gebete oder die Zuweisungen von Opfergaben bedeutet haben könnten.[56]

Schließlich weist Gimbutas auch auf die »unbestreitbaren Ähnlichkeiten zwischen alteuropäischen Schriftzeichen und denen der Linear A, der zyprisch-minoischen und der klassischen zyprischen Schrift« hin.[57] Die Möglichkeit, daß es sich bei Linear A, der frühesten und bis heute nicht entzifferten Schrift des Minoischen Kreta, um eine spätere Fortentwicklung der bereits existierenden neolithischen Schrift handelte – und nicht, wie bisher angenommen, um eine von den Handelspartnern der Kreter in Kleinasien und Ägypten entlehnte, ist daher nicht mehr von der Hand zu weisen.[58]

Ein neues Bild der Vergangenheit

Die Fülle von Informationen über unsere versunkene Vergangenheit löst in unserem Bewußtsein zwangsläufig einen Konflikt aus: Das alte Bild, das wir von unserer Vergangenheit haben, besagt, daß die frühesten Gruppenbindungen und die sich später entwickelnden Wirtschaftsbeziehungen von jagenden und tötenden Männern ausgingen. Das neue Bild zeigt, daß die Grundlagen der sozialen Organisation von Müttern und Kindern stammen, die miteinander teilten.[59] Das alte Bild präsentiert uns die Prähistorie als Geschichte von »Jägern und Kriegern«, das neue macht uns klar, daß die einzigartigen Fähigkeiten unserer Art von Frauen und Männern gleichermaßen zu lebensfördernden und -bereichernden Zwecken genutzt wurden.

Ebenso, wie sich mittlerweile erwiesen hat, daß einige der primitivsten gegenwärtig existierenden Gesellschaften – wie die der BaMbuti und der !Kung – alles andere als Zusammenrottungen kriegerischer Höhlenmenschen darstellen, die ihre Frauen an den Haaren durch die Gegend schleifen, so hat sich nunmehr auch herausgestellt, daß das Paläolithikum eine bemerkenswert friedvolle Zeit gewesen sein dürfte. Und ebenso, wie einst Heinrich und Sophia Schliemann das wissenschaftliche Establishment ihrer Zeit eines Besseren belehrten, indem sie nachwiesen, daß Troja mitnichten der Homerschen Phantasie entsprungen, sondern ein prähistorisches Faktum war, so belegen heute neue archäologische Funde, daß wir alle falschen Legenden aufgesessen sind über eine Zeit, in der in Wahrheit Friede und Wohlstand herrschten und noch kein männlicher Gott verfügt hatte, die Frau habe dem Manne auf immer und ewig untertan zu sein.

Zusammengefaßt: Sobald wir die kulturelle Evolution aus einem neuen Blickwinkel betrachten, wird klar, daß Männerherrschaft und männliche Gewalt weder unvermeidlich noch ewig gültig sind. Der angeblich »utopische Traum« von einer friedlicheren Welt, in der Gleichberechtigung eine Selbstverständlichkeit ist, erweist sich somit als durchaus reale Zukunftschance.

Was die Göttin und die sie verehrenden Gesellschaften uns aus vorbiblischen Zeiten hinterließen, da »der Baum des Lebens« und »der Baum der Erkenntnis« noch als Geschenk von Mutter Natur an Frau und Mann gemeinsam betrachtet wurden, ist also keineswegs eine unheimliche Erinnerung. Auch das nagende Gefühl, das uns beschleicht bei dem Gedanken, was aus der Menschheit hätte werden können, wenn sie zu der Freiheit hätte heranreifen dürfen, dieses Geschenk in vollen Zügen zu genießen, ist keineswegs Vermächtnis jener weit zurückliegenden Zeit an uns. Vielmehr besteht es, wie wir gesehen haben, in all den Grundtechnologien, auf denen spätere Zivilisationen aufbauten und die unser wichtigstes Erbe aus jenen frühen, partnerschaftlich orientierten Gesellschaften sind.

Dies alles soll nun gewiß nicht heißen, daß die damaligen Gesellschaften ideal gewesen seien. Sie waren – trotz der großen Leistungen, die die menschliche Kultur ihnen verdankt, trotz der späteren Erinnerung, die jene Epoche als unschuldigere, bessere Zeit darstellt – keine verwirklichten Utopien. Eine friedliche Gesellschaft, dies gilt es hervorzuheben, ist nicht identisch mit einem Zustand absoluter Gewaltlosigkeit. Auch die damaligen Menschen waren Menschen aus Fleisch und Blut – mit allen menschlichen Schwächen und Unzulänglichkeiten.

Wahr ist auch, daß die materiellen Technologien des Neolithikums bei allem Einfallsreichtum und trotz vielversprechender Anlagen, verglichen mit der heutigen Zeit, noch ziemlich primitiv waren. Obwohl es Hinweise auf eine Schrift gibt, so fehlt offensichtlich eine geschriebene Literatur. Und obwohl die Menschen auf verschiedensten Gebieten, angefangen von der Landwirtschaft bis hin zur Astronomie, schon eine Menge wußten, gab es eine Wissenschaft im heutigen Sinne natürlich noch nicht.

Da ihnen unsere wissenschaftlichen Kenntnisse fehlten, versuchten unsere Vorfahren, wie aus der religiösen Kunst der Jungsteinzeit ersichtlich, das Universum mit Methoden zu erklären und zu beeinflussen, die heutzutage primitiv und abergläubig anmuten. Obwohl die massivsten Beweise für Menschenopfer aus späteren, dominatorischen Gesellschaften stammten, gibt es doch eben auch Hinweise darauf, daß die Ursprünge solch ritueller Opferpraktiken auf eine noch frühere Epoche zurückgehen.[60]

Die positiven und negativen Seiten lassen sich, soweit aus dem uns vorliegendem Datenmaterial erschließbar – vor allem aus der besonderen Geisteshaltung der Menschen jener Zeit ableiten. Die Kunst des Neolithikums wird gelegentlich als irrational bezeichnet, weil die Darstellungen von Wesen, die wir heutzutage am ehesten mit Märchen, Horrorfilmen und Science-fiction assoziieren, einen großen Raum einnehmen. Doch wenn wir »rational« nach menschlichen Kriterien definieren, d. h. als Fähigkeit, mit Hilfe unseres Verstandes die zerstörerischen und brutalen Seiten der Natur zu überwinden, »irrational« dagegen als destruktives Denken und Verhalten, dann müßten wir korrekterweise sagen, daß die Kunst des Neolithikums weniger eine irrationale als eine »prärationale« Weltanschauung reflektiert.[61] Im Gegensatz zu der eher empirischen Denkweise, die in unserem verweltlichten Zeitalter in so hohem Ansehen steht, war sie das Produkt einer durch ein phantasiereiches, intuitives und mythisches Bewußtsein geprägten Geisteshaltung.

Damit soll nicht impliziert werden, daß die Menschen der

Frühzeit, wie der Psychologe Julian Jaynes behauptet, ausschließlich rechtshirnig waren. Jaynes behauptet, daß wirkliches menschliches Bewußtsein – welches er allein mit unseren mehr logischen oder linkshirnigen Funktionen gleichsetzt – durch die tiefgehenden Erschütterungen hervorgerufen wurde, die mit der blutigen Folge von Invasionen und Naturkatastrophen einhergingen, mit denen wir uns bereits auseinandergesetzt haben. Bis dahin, so meint er, seien wir kaum mehr als rechtshirnige, von Göttern besessene Automaten gewesen.[62] Allerdings brauchen wir uns bloß Kultstätten wie Stonehenge und Avebury anzusehen, um zu erkennen, daß das für die Funktionen der linken Gehirnhälfte charakteristische logische, folgerichtige, lineare Denken bereits im Neolithikum gang und gäbe war. Die Ausrichtung solch gewaltiger Steinklötze nach den Bewegungen von Sonne und Mond, ferner ihre Bearbeitung, der Transport und die Aufstellung erforderten fortgeschrittene mathematische, astronomische und ingenieurtechnische Kenntnisse.[63] Und gewiß machten auch die Kreter – die Viadukte errichteten, Straßen pflasterten und architektonisch höchst komplizierte Paläste entwarfen, die über Häuser mit sanitären Einrichtungen, einen blühenden Handel sowie enormes nautisches Wissen verfügten – ausgiebig Gebrauch von links- *und* rechtshirnigem Denken. Die materiellen Errungenschaften der Minoer sind selbst nach modernen Kriterien erstaunlich und übertreffen die Leistungen zahlreicher Gesellschaften in den heutigen Entwicklungsländern.

Noch faszinierender im Vergleich mit dem heutigen Stand der Dinge ist der Umstand, daß in jenen prähistorischen, partnerschaftlich orientierten Gesellschaftsformen technische Fortschritte nicht prinzipiell dominatorischen und zerstörerischen Zwecken dienten, sondern zunächst einmal dazu, das Leben angenehmer zu gestalten. Dies läßt den Schluß zu, daß die frühen, uns technisch und sozial weit unterlegenen partnerschaftlichen Gesellschaften in diesem wichtigen Punkt wesentlich weiter entwickelt waren als die modernen High-Tech-Gesellschaften unserer Zeit, in der jedes Jahr Millionen von Kindern zum Hungertod verurteilt sind, während gleichzeitig Milliarden von Dollars für immer ausgefeiltere Tötungsmethoden ausgegeben werden.

Die moderne Suche nach der verlorengegangenen Geisteshaltung der Frühzeit erscheint unter diesen Voraussetzungen in einem ganz anderen Licht, zeigt ganz neue Perspektiven auf. Wenn sich heutzutage immer mehr Menschen auf die Suche nach der mystischen Weisheit einer längst vergangenen Epoche begeben, so ist dies im Grunde nichts anderes als eine Flucht aus der Geisteshaltung einer dominatorisch orientierten Gesellschaft. Mythenforschung und Archäologie haben eine Fülle von Beweisen dafür erbracht, daß die vielleicht bemerkenswerteste Eigenschaft des prädominatorischen Geistes in der Anerkennung unserer Einheit mit der Natur lag. Diese Erkenntnis war Kernstück sowohl des neolithischen als auch des minoischen Kults der Göttin. Eine solche Denkweise, wie sie heute oftmals mit diversen Formen fernöstlicher Mystik assoziiert wird, ging, wie die Arbeiten moderner Ökologen zunehmend verdeutlichen, weit über die umweltzerstörende Ideologie unserer Tage hinaus, ja sie nimmt in gewisser Hinsicht manche neuen Theorien vorweg, denen zufolge alle lebende Materie auf der Erde, einschließlich der Atmosphäre, der Ozeane und des Bodens, ein einziges kompliziertes, durch viele Querverbindungen miteinander verwobenes Lebenssystem bildet. Der Chemiker James Lovelock und die Mikrobiologin Lynn Margulis haben diese Theorie treffend die »Gaia-Hypothese« genannt – Gaia ist einer der griechischen Namen der Göttin.[64]

Die Vorstellung von einer gebenden und nährenden Mutter als Verkörperung der das Universum beherrschenden Mächte ist auch psychologisch tröstlicher – und gesellschaftlich weniger spannungs- und angstfördernd – als die Vorstellung von strafenden, männlichen Gottheiten, wie sie bis heute in weiten Teilen der Welt dominiert. Der menschliche Hunger nach einer solch trostspendenden Gestalt wird nicht zuletzt auch belegt durch die Hartnäckigkeit, mit der über Jahrtausende hinweg Frauen und Männer die christliche Jungfrau Maria als mitfühlende, gnadenreiche Mutter verehrt haben. Freilich wird auch diese Hartnäckigkeit – wie so viele andere ansonsten rätselhafte Aspekte unserer Geschichte – erst dann verständlich, wenn wir sie im Zusammenhang mit den uns inzwischen bekannten Fakten über die jahrtausendlange Tradition der Göttinnen-Verehrung in vorgeschichtlicher Zeit betrachten.

Doch eben darin, daß uns das neue Wissen über den ursprünglichen Verlauf der kulturellen Evolution unsere Vergangenheit – und unsere potentielle Zukunft – in einem gänzlich anderen Licht erscheinen läßt, liegen unsere Schwierigkeiten im Umgang mit diesen Informationen. Und da sie eine enorme Bedrohung des herrschenden Systems darstellen, gibt es massive Bestrebungen, sie zu unterdrücken.

Daß Informationsunterdrückung in der Dynamik der dominatorischen Gesellschaft liegt, zeigen zahlreiche Beispiele aus jener Wissenschaft, der wir die neuen Funde und Erkenntnisse großenteils verdanken: der Archäologie. Ein besonders drastischer Fall war die Einstellung der Arbeiten an der neolithischen Fundstätte Hacilar. Obwohl die tiefsten und frühesten Schichten noch nicht erreicht waren, wurde James Mellaart das Weitergraben untersagt, und zwar mit der Begründung, daß »weitere Arbeiten an dieser Stelle lediglich repetitive Ergebnisse ohne großen wissenschaftlichen Wert erbrächten«.[65] Mellaarts Proteste blieben vergeblich. Die Entscheidung wurde zu einem Zeitpunkt getroffen, als der äußere Bereich der Siedlung, darunter auch die zugehörigen Gräberfelder (eine Standardquelle, die bei den meisten Grabungen das reichste Datenmaterial liefert) noch nicht erforscht waren. Ohne weitere Unterstützung finanzieller und institutioneller Art mußten die Arbeiten eingestellt werden. Die inzwischen von Schatzsuchern durchwühlte Fundstätte ist heute aus archäologischer Sicht wertlos.

Zweifellos trugen auch noch andere Faktoren zu der Entscheidung bei, die bedeutenden Ausgrabungen in Hacilar vorzeitig zu beenden – einer Entscheidung im übrigen, die Mellaart als »eines der tragischsten Kapitel in der Geschichte der Archäologie bezeichnet«.[66] Die Frage bleibt offen, bis zu welchem Ausmaß diese Entscheidung – wenn auch unbewußt – von der dämmernden Erkenntnis getragen wurde, daß hinter dem reichhaltigen und vielfältigen künstlerischen Schaffen in Hacilar »als die eine, große, inspirative Kraft die alte Religion Anatoliens, der Kult der Großen Göttin stand.«[67]

Wie wir in den folgenden Kapiteln noch sehen werden, haben die von Intellektuellen unternommenen Versuche, die Realität einer dominatorischen Weltsicht anzupassen, eine weit in die Vorgeschichte zurückreichende Tradition. Das wichtigste Instrument bei jenem dramatischen Umschwung in unserer kulturellen Evolution war gewiß das Schwert. Aber es gibt noch ein weiteres Instrument, dessen Macht sich langfristig als noch stärker erwiesen hat: Gemeint ist das Werkzeug der Schreiber und Gelehrten, die Feder oder der Stilus, mit dem Worte in Tafeln eingeritzt wurden. Gerade in unserer Zeit, da wir versuchen, eine friedliche Gesellschaft zu schaffen, ist es recht hilfreich, zu wissen, daß die Feder so mächtig sein kann wie das Schwert. Denn im Endeffekt war es dieses so unscheinbare Instrument, das die Realität buchstäblich auf den Kopf stellte.

Kapitel 6

Die Wirklichkeit auf den Kopf gestellt: Teil 1

Die *Orestie* gehört zu den berühmtesten und am häufigsten aufgeführten Dramen der griechischen Klassik. Während des Prozesses gegen Orest, der des Mordes an seiner Mutter angeklagt ist, verkündet der Gott Apollo, daß Kinder nicht mit ihren Müttern verwandt seien: »Nicht ist die Mutter eines Kindes Zeugerin«, sagt er. »Sie hegt und trägt den eingesäten Samen nur...«[1]

Apollon fährt fort: »Und auch beweisen kann ich dir, was ich gesagt; /Denn Vater kann man ohne Mutter werden – da, / Als Zeugin, steht die Tochter des Olympiers Zeus, / Die niemals eines Mutterschoßes Dunkel barg! / Und dennoch, edler Kind erzeugte nie ein Gott.«[2]

An dieser Stelle tritt nun die Göttin Athene auf, die der altgriechischen Religion zufolge einst voll erwachsen dem Haupte ihres Vaters Zeus entsprungen war, und bestätigt Apollons Aussage. Nur Väter sind mit ihren Kindern verwandt. »Denn keine Mutter wurde mir, die mich gebar«, behauptet sie und fügt hinzu: »Nein, vollen Herzens lob' ich alles Männliche, / Bis auf die Ehe; ganz bin ich des Vaters ja.«[3] Und während der Chor der Eumeniden oder Furien, die Repräsentantinnen der alten Ordnung, entsetzt aufschreit: »Io, ihr Götter jüngren Stamms, ein uraltes Recht, / Ihr rennt es nieder, reißt mir's weg aus meiner Hand!«[4], gibt Athenes Stimme den Ausschlag. Orest wird von aller Schuld freigesprochen.

Muttermord ist kein Verbrechen

Wie, fragen wir uns verblüfft, konnte überhaupt jemand auf die Idee kommen, die engste und offensichtlichste aller menschlichen Beziehungen zu leugnen? Was hat einen brillanten Bühnenschriftsteller wie Aischylos dazu bewegt, diesem Thema eine dramatische Trilogie zu widmen? Und warum sollte diese Trilogie – die zur damaligen Zeit kein Theaterstück, wie wir es verstehen, sondern ein rituelles Drama war, das ganz bewußt an die Emotionen appellieren und Konformität im Sinne der bestehenden Normen erzeugen sollte – bei bedeutenden zeremoniellen Anlässen allen Einwohnern Athens, also sogar den Frauen und den Sklaven gezeigt werden?

Die Standard-Interpretation, mit der die Wissenschaft bislang die Frage nach der normativen Funktion der *Orestie* zu beantworten versuchte, lautet, die Absicht des Stückes sei es gewesen, die Ursprünge des griechischen Areopags oder obersten Gerichtshofs, vor dem Mordsachen verhandelt wurden, zu erläutern. Das Neue an diesem Gerichtshof war angeblich, daß die Griechen nun durch Inanspruchnahme der eher unpersönlichen juristischen Institutionen des Staates zu ihrem Recht kamen, anstatt – wie zuvor – durch Blutrache.[5] Die britische Soziologin Joan Rockwell hat nun darauf hingewiesen, daß eine solche Interpretation keinen Sinn ergibt. Die zentrale Frage nämlich wird davon überhaupt nicht berührt: Warum behandelte dieses Stück, – der angeblich erste vor einem griechischen Gericht verhandelte Mord – die Tötung einer Mutter durch ihren eigenen Sohn? Auch gibt die herkömmliche Interpretation keine Antwort auf die Frage, wie es geschehen konnte, daß in einem Stück, welches angeblich eine »moralische Lektion« zur Unterstützung und Förderung der staatlichen Justiz darstellt, ein Sohn, der einen vorsätzlichen, kaltblütigen Rachemord an seiner Mutter begangen hat, freigesprochen wird – noch dazu mit der haarsträubenden Begründung, er sei ja gar nicht mit ihr verwandt gewesen.[6]

Um die Frage beantworten zu können, welche Normen die *Orestie* tatsächlich zum Ausdruck bringt und unterstützt, müssen wir uns die gesamte Trilogie näher ansehen. Im ersten Drama, *Agamemnon*, nimmt Königin Klytemnästra Rache für das vergossene Blut ihrer Tochter Iphigenie. Wir erfahren, daß sie von ihrem Ehemann Agamemnon auf dessen Reise nach Troja hinters Licht geführt worden ist. Mit der Behauptung, er wolle die gemeinsame Tochter mit Achilles vermählen, hatte er Klytemnästra dazu veranlaßt, ihm das Mädchen nachzuschicken. In Wirklichkeit aber wollte er mit ihrem Opfer von den Göttern günstigen Wind für die Flotte erwirken. Als Agamemnon nach Beendigung des Kriegs um Troja nach Hause zurückkehrt und sich in einem rituellen Bad von seinen Kriegssünden reinigen will, wirft Klytemnästra ihm ein Netz über, in dem er sich verfängt, und ersticht ihn. Sie hebt hervor, daß sie diese Tat nicht nur aus persönlichem Kummer und Haß begangen hat, sondern auch aufgrund ihrer sozialen Funktion als Oberhaupt der Sippe. In dieser Rolle ist sie verantwortlich dafür, daß der Tod eines Familienmitglieds gerächt wird. Sie handelt also innerhalb der Normen einer matrilinearen Gesellschaft, in der der Königin die Pflicht obliegt, dem Recht Geltung zu verschaffen.

Im zweiten Stück, Die *Choephoren*, kehrt Klytemnästras Sohn Orest verkleidet nach Argos zurück. Als Gast betritt er den Palast seiner Mutter, ermordet deren neuen Lebensgefährten Aigisthos und nimmt, nach einigem Zögern, Rache für den Tod seines Vaters, indem er auch Klytemnästra ermordet. In den *Eumeniden*, dem dritten Stück der Trilogie, erleben wir den Prozeß gegen Orest im Apollotempel zu Delphi. Wir erfahren, daß die Eumeniden, als Repräsentantinnen der alten Ordnung und in ihrer Rolle als Beschützerinnen der Gemeinschaft und Vollstreckerinnen des Rechts, Orest verfolgt haben. Jetzt soll ein Geschworenengericht aus zwölf athenischen Bürgern unter dem Vorsitz der Göttin Athene entscheiden, ob er freigesprochen werden soll oder sterben muß. Bei Stimmengleichheit fällt Athene die Entscheidung zu: Orest wird mit der Begründung, daß er nicht das Blut einer Verwandten vergossen hat, freigesprochen.

Die *Orestie* führt uns zurück in eine Zeit, in der nach Ansicht von Altertumsforschern wie H. D. F. Kitto und George Thompson eine heftige Auseinandersetzung zwischen matriarchalischen und patriarchalischen Kulturen tobte.[7] Der Übergang von den Normen der partnerschaftlich orientierten zur dominatorischen Gesellschaft wird, so kann man sagen, in diesem Stück also nicht nur nachvollzogen, sondern auch gerechtfertigt. Nach Rockwell führt uns die *Orestie* »von der vollen Bejahung der Haltung Klytemnästras im ersten Stück zu einem Punkt, wo deren Tochter vergessen, ihr Geist verblichen und ihre Position schlicht nicht mehr vorhanden ist, da Frauen inzwischen die Rechte und Attribute, die Klytemnästra noch für sich beansprucht hatte, nicht mehr besitzen.«[8] Denn »wenn ein mächtiges Wesen wie Klytemnästra nach einer solchen Provokation, wie die Ermordung ihrer Tochter sie darstellt, kein Recht mehr auf Rache hat – welche Frau hat sie dann überhaupt noch?«

Hier wird einer Frau aus höchsten Kreisen, die zudem noch das Recht auf ihrer Seite hat, eine Lektion erteilt, die *allen* Frauen den Gedanken an Aufsässigkeit, welcher Art auch immer, aus dem Kopf schlägt. Athenes Rolle in diesem normativen Drama ist, wie Rockwell es formuliert, »ein Kabinettstückchen an kultureller Diplomatie. Bei einem institutionellen Umschwung ist es sehr wichtig, daß eine führende Persönlichkeit der unterlegenen Partei, ersichtlich für alle, die neue Macht akzeptiert.«[9]

Wenn sich schon Athene, die selbst in der direkten Nachfolge der Göttin steht und Schutzpatronin der Stadt Athen ist, für die Suprematie der Männer ausspricht, dann muß der Umschwung zur Männerherrschaft von ganz Athen akzeptiert werden. Das gleiche gilt für den Wandel von ehemals prinzipiell gemeinschafts- oder sippengebundenen Eigentumsverhältnissen (bei gleichzeitiger weiblicher Erbfolge) zu einem System des Privateigentums an materiellen Gütern *und* Frauen durch die Männer. In Rockwells Worten: »Wenn der erste Prozeß vor dem neuen Gerichtshof den Beweis erbringt, daß Muttermord kein gotteslästerliches Verbrechen ist, weil keine matrilineare Beziehung existiert, welches Argument für die alleinige patrilineare Abstammung wäre schlagkräftiger?«[10]

Ganz Athen konnte in der *Orestie* miterleben, wie die zu einer älteren Göttergeneration gehörigen Furien, Schicksalsgöttinnen oder Eumeniden schließlich nachgaben. Die männerbeherrschte Ordnung hatte sich durchgesetzt, die alten Normen waren unwiderruflich durch neue ersetzt worden. Im Bewußtsein ihrer vollkommenen Niederlage verkriechen sich die Eumeniden in den Höhlen unter der Akropolis, nachdem Athene sie »überredet« hat, doch in Athen zu bleiben. Sie wiederholt dabei ihr bemerkenswertes Argument, daß jemand, der seine Mutter ermordet, nicht das Blut seiner Sippe vergießt; dann wirft sie den für die Abstimmung entscheidenden Stein. Unterwürfig beschwören die Furien nun ihre alten Kräfte, die Kräfte der Göttin, und versprechen, in Zukunft im Dienste Athenes »diese Stadt« zu schützen, »die von Zeus dem Allmächtigen und Ares beherrscht wird« (Ares ist bekanntlich der Gott des Krieges).[11]

Die Furien, auch Parzen oder Nornen genannt, die den Lebensfaden aller Frauen und Männer spinnen und denen die Entscheidung über Geburt und Tod der Sterblichen obliegt, verkörpern die letzten Spuren der weiblichen Macht aus vorolympischer Zeit. »Wie Mutter Kali in der Mythologie der Hindus«, schreibt Rockwell, »gibt die Frau Leben und Tod«.[12] Doch sind die letzten Vertreterinnen der alten Frauenmacht jetzt unter den Erdboden verbannt und spielen im männerbeherrschten Pantheon der neuen Götter nur mehr eine Nebenrolle.

Dominatorisch und partnerschaftlich orientiertes Bewußtsein

Die *Orestie* zielte eindeutig darauf ab, die Menschen zu beeinflussen und ihren Realitätsbegriff zu verändern. Das Verblüffende daran ist, daß dies – die Achäer hatten die Herrschaft in Athen im fünften vorchristlichen Jahrhundert übernommen – fast tausend Jahre später überhaupt noch notwendig war. Noch verblüffender ist, wie deutlich der Chor der Eumeniden selbst die Quintessenz der *Orestie* zusammenfaßt: »Ich das erdulden, das! Weh! / Ich Urzeitweise hausen in der Unterwelt! / Weh, verabscheut, entehrt!«[13]

Zwar war zu Aischylos' Zeiten die »Urzeitweise« – das Bewußtsein, daß es eine ganz andere Vergangenheit gab – noch nicht völlig vernichtet, aber stark im Verschwinden begriffen; nur darum war es möglich, nunmehr anläßlich öffentlich begangener Zeremonien ausdrücklich zu verkünden, daß jedes von Männern an Frauen begangene Unrecht, einschließlich des Tochtermordes von Vaterhand, dem Vergessen anheimfallen solle. Die Bewußtseinsveränderung war allgemein schon so stark vorangeschritten, daß selbst eine so wahnwitzige Behauptung wie die, eine Mutter sei mit ihren Kindern in keiner Weise verwandt, und eine matrilineare Abstammung existiere nicht (wohl aber eine patrilineare), für bare Münze genommen wurde.

Noch im neunzehnten nachchristlichen Jahrhundert, mehr als zweitausend Jahre später, maßten sich große europäische Wissenschaftler und Philosophen – darunter Herbert Spencer – an, die Vorherrschaft der Männer damit zu erklären, daß Frauen nichts anderes seien als Brutkästen für das männliche Sperma.[14] Solcherlei Geistesblitze werden zwar nicht mehr an Schulen und Universitäten gelehrt, da sich mittlerweile die Erkenntnis durchgesetzt hat, daß Kinder von beiden Elternteilen die gleiche Anzahl an Genen übernehmen. Doch selbst heute noch predigen unsere mächtigsten Religionsführer, flankiert von einer ganzen Reihe höchst angesehener Wissenschaftler, Gott oder die Natur hätten Frauen hauptsächlich dazu erschaffen, den Männern Kinder zu schenken – und zwar vorzugsweise Söhne.

Bis auf den heutigen Tag identifizieren wir Kinder durch Nachnamen, die lediglich über die Verwandtschaft mit dem Vater Aufschluß geben. Auch werden noch immer Millionen von christlichen Familien durch von der Kanzel verkündete oder in den eigenen vier Wänden gelesene Bibeltexte im patrilinearen Sinne erzieherisch beeinflußt. Dabei soll gar nicht erst von den endlosen »zeugte er...«–Zitaten in der heiligen Schrift die Rede sein. Es geht vielmehr um all jene Bibelstellen, in denen bedeutende Persönlichkeiten näher identifiziert werden – als nämlich ausschließlich Kinder des jeweiligen Vaters. Sogar das Volk Israel (aber auch die Menschheit insgesamt sowie der Heiland oder Messias) werden Kinder *Gottvaters* genannt.[15]

Nach Jahrtausenden unablässiger Indoktrination ist uns dieser Zustand sozusagen in Fleisch und Blut übergegangen. Für jenes vertriebene und unterdrückte Bewußtsein, das die Göttin als höchste Schöpferin allen Lebens, als Mutter aller Menschen, Tiere und Pflanzen verehrte, würde sich die Realität allerdings als etwas völlig anderes präsentieren.

Menschen, die in einer matrilinearen Gesellschaft erzogen und in einer Umgebung geprägt wurden, in der Frauen als Stammesoberhäupter und Priesterinnen hochrangige und hochgeachtete Positionen bekleideten, sähen in der patrilinearen Abstammung und in der kontinuierlichen Degradierung der Frau zum Privateigentum des Mannes alles andere als einen »natürlichen« Zustand. Daß ein Sohn für den Mord an seiner Mutter nicht zur Rechenschaft gezogen wird, wäre für sie genauso unbegreiflich wie für die Eumeniden in Aischylos' Drama. Und ebenso unbegreiflich, ja geradezu gotteslästerlich wäre ihnen die Vorstellung, die das Universum beherrschenden höchsten Mächte seien durch waffentragende, rachsüchtige Gottheiten personifiziert, die Mord, Plünderei und Vergewaltigung durch die Menschen nicht nur geschehen lassen, sondern im Namen von Anstand und Moral sogar befehlen.

Kurzum: Für das neue dominatorische System war das »alte« Bewußtsein völlig unbrauchbar. Vorübergehend konnte man es vielleicht durch Einschüchterung und rohe Gewalt in Schach halten – langfristig war jedoch nur eine vollständige Transformation der menschlichen Realitätsvorstellung und -verarbeitung erfolgversprechend.

Aber wie stellt man so etwas an? Wie kann man das menschliche Bewußtsein derart »umdrehen?« Es ist faszinierend zu sehen, daß sich heute, da wir erneut an die Schwelle eines grundlegenden Richtungswechsels in unserer kulturellen Evolution stehen, zahlreiche Wissenschaftler mit der Frage auseinandersetzen, wie Systeme in Perioden extremen Ungleichgewichts zusammenbrechen und von anderen Systemen ersetzt werden.[16] Von besonderem Interesse sind in diesem Zusammenhang die Arbeiten von Humberto Maturana und Francisco Varela in Chile sowie von Vilmos Csanyi und György Kampis in Ungarn über die Selbstorganisation lebender Systeme durch »Autopoesis« (Maturana) bzw. Autogenesis (Csanyi).[17]

Csanyi beschreibt, wie Systeme durch den Prozeß, den er »Replikation« nennt, entstehen und sich erhalten. Die Replikation, ein im wesentlichen sich selbst kopierender Prozeß, läßt sich zum Beispiel im Bereich der Biologie nachvollziehen: Um sich selbst kontinuierlich ersetzen zu können, führen die Zellen sogenannte »replikative Informationen« (Csanyi) in ihrem genetischen Code oder der DNS. Wir können diesen Prozeß jedoch auch in den verschiedensten anderen Bereichen beobachten – auf molekularer Ebene zum Beispiel und auch im sozialen Bereich. Denn jedes System hat seine eigene charakteristische replikative Information, die Systeme bildet, erweitert und zusammenhält.[18]

Die Replikation von Ideen ist, wie Csanyi ausführt, Hauptfaktor bei der Entstehung und späteren Erhaltung sozialer Systeme. Und es ist ganz klar, daß jene bestimmte Art von replikativer Information, die zu einer partnerschaftlich orientierten Gesellschaft paßt (zum Beispiel die Grundidee der Gleichberechtigung) völlig unvereinbar ist mit einer dominatorischen Gesellschaft. Die Normen – d. h. das, was für normal und richtig gehalten wird – sind, wie wir gesehen haben, bei diesen beiden Typen der sozialen Organisation diametral entgegengesetzt.

Zur Ablösung einer partnerschaftlich orientierten sozialen Organisation durch eine dominatorische, die sich auf Gewalt und Zwang stützt, mußten grundlegende Veränderungen in der replikativen Information durchgesetzt werden. Um noch einmal die biologische Analogie zu bemühen: Dazu war ein völlig anderer »replikativer Code« vonnöten – ein Code, der jedem einzelnen Mann, jeder Frau und jedem Kind in Fleisch und Blut übergehen mußte, bis deren Realitätsverständnis so transformiert war, daß es mit den Erfordernissen der dominatorischen Gesellschaft übereinstimmte.

Es ist ein aussichtsloses Unterfangen, jenen Prozeß, der seit Jahrtausenden in Gang ist und bis in unsere Tage anhält, auf wenigen Seiten zusammenfassen zu wollen. Innerhalb dieses Zeitraums wurde das menschliche Bewußtsein mal brutal, mal ganz subtil, mal vorsätzlich und mal unwissentlich so umgeformt, wie jener drastische Umbruch in unserer kulturellen Evolution es verlangte. Es war ein Prozeß, der mit gewaltigen psychischen Zerstörungen einherging, die sich bis weit in historische Zeiten hinein fortsetzten. Wie wir in der Bibel nachlesen können, zerstörten die Juden (später auch die Christen und Mohammedaner) Tempel, fällten Bäume in heiligen Hainen und vernichteten die Götterbilder der Heiden.[19] Auch auf geistigem Gebiet kam es zu massiven Zerstörungen, und auch diese setzten sich bis in historische Zeiten fort. Hierzu zählen nicht nur Bücherverbrennungen, sondern auch die Verfolgung und Ermordung von Häretikern. Wer die Realität nicht so sah wie erwünscht und vorgeschrieben, wurde entweder getötet oder gezwungen zu konvertieren. Sei es direkt mittels persönlicher Gewaltanwendung, sei es indirekt mittels immer wiederkehrender sozialer Gewaltdemonstrationen wie öffentlicher Inquisitionen und Exekutionen – Verhaltensformen, Meinungen und Empfindungen, die nicht den dominatorischen Normen entsprachen, wurden systematisch bekämpft und ausgelöscht. Die repressive, Angst auslösende Konditionierung bemächtigte sich aller Aspekte des täglichen Lebens, beeinflußte die Kindererziehung, die Schulen, die Gesetze. Mit der Zeit und mit Hilfe dieser und anderer Sozialisierungsinstrumentarien durchzog die zur Errichtung und Erhaltung einer dominatorischen Gesellschaft erforderliche replikative Information das gesamte soziale System.

Eine der wichtigsten Sozialisierungsmethoden war Jahrtausende hindurch die »spirituelle Erziehung« durch die alten Priesterschaften. Als integraler Bestandteil der Staatsmacht dienten diese jetzt allenthalben den das Volk beherrschenden und ausbeutenden männlichen Eliten.

Hinter den Priestern, die nun das angeblich göttliche Wort verbreiteten – das Wort Gottes, das ihnen durch magische Kräfte vermittelt worden war –, standen Armeen, Gerichte und Henker, doch stützten sie sich in letzter Instanz nicht auf die weltliche, sondern auf die geistliche Macht. Ihre schärfsten Waffen waren die »heiligen« Legenden, Rituale und priesterlichen Erlasse, mit deren Hilfe sie dem Bewußtsein der Menschen systematisch die Angst vor schreckenerregenden, weit entfernten und »unergründlichen« Gottheiten gleichsam einimpften. Denn die Menschen sollten lernen, den Göttern zu gehorchen – und ihren irdischen Repräsentanten, die sich nunmehr rein willkürlich, und dabei bisweilen äußerst grausam, ungerecht und eigensinnig ihrer Macht über Leben und Tod bedienten. Bis heute wird ihr Tun oftmals mit »dem Willen Gottes« erklärt.

Noch in der Gegenwart wird den Menschen mit »heiligen« Geschichten der Unterschied zwischen Gut und Böse, zwischen Nachahmenswertem und strikt Abzulehnendem beigebracht. Noch heute lernen sie auf diese Weise, was als göttlich sanktioniert hinzunehmen sei – und zwar nicht nur von einzelnen, sondern von allen Menschen gleichermaßen. Durch Zeremonien und Rituale werden sie selbst in diese Geschichten miteinbezogen. Die darin zum Ausdruck kommenden Wertvorstellungen dringen auf diese Weise in die tiefsten Winkel des Bewußtseins vor, wo sie als geheiligte und unveränderliche Wahrheiten gehütet werden.

In einer Zeit, da den Menschen überall dort, wo Religion, staatliche Zensur oder Massenmedien es nicht verhindern, eine Vielzahl unterschiedlicher Meinungen zugänglich ist, läßt sich jene Art zentralisierter und homogener Kontrolle, wie sie von den Priesterschaften der theokratischen antiken Stadtstaaten über die heiligen Geschichten ausgeübt wurde, kaum noch vorstellen. In der Antike war das Angebot an lesbaren bzw. – für die leseunkundigen Massen – hörbaren Informationen weit geringer. Und die Informationen, die es gab, vermittelten nichts anderes als die öffentlich sanktionierten Meinungen. Zudem war eine Replikation von Ideen und Informationen, die der offiziellen Ideologie zuwiderliefen, fast unmöglich, denn selbst wenn es gelang, die theokratische Zensur irgendwie zu umgehen, drohten den Verbreitern solcher Häresien grauenvolle Folter und der Tod.

Zwar gab es – wie auch heute noch – im Volk tradierte Mythen, Rituale, Reime und Lieder aus früheren Zeiten. Diese wurden jedoch von Generation zu Generation immer mehr verdreht und verfälscht: Priester, Oden- und Liederdichter, Poeten und Schreiber bemächtigten sich ihrer und verwandelten sie in Geschichten, von denen sie glaubten, daß sie Gnade vor den Augen ihrer Herren finden würden.

Es steht außer Zweifel, daß viele dieser Männer davon überzeugt waren, das, was sie taten, sei auch der Wille ihrer Götter. Sie fühlten sich tatsächlich göttlich inspiriert. Aber ob sie im Namen von Göttern, Bischöfen oder Königen handelten, ob Glaube, Ehrgeiz oder Angst sie motivierte – die ständige Anpassung und Umformulierung oraler Überlieferung und geschriebener Literatur folgte jedenfalls nicht einfach dem sozialen Wandel. Sie waren vielmehr integrale Bestandteile des Prozesses der Normenveränderung – jenes Prozesses, der dazu führte, daß eine männerbeherrschte, gewalttätige und hierarchische Gesellschaftsordnung mit der Zeit nicht nur als normal, sondern sogar als die einzig richtige aufgefaßt wurde.

Die Metamorphosen des Mythos

In seinem Roman *1984* sah George Orwell eine Zeit voraus, in der ein »Ministerium der Wahrheit« alle Bücher umschreiben und alle Gedanken und Ideen umformulieren würde, um sie den Erfordernissen der Machthaber anzupassen.[20] Das Erschreckende daran ist, daß er damit gar keine ferne Zukunft beschrieb. In der Antike waren derlei Praktiken fast überall an der Tagesordnung.[21]

Das Umschreiben und Umformulieren heiliger Geschichten sowie die Neufassung von Gesetzestexten waren zunächst in Mesopotamien und Kanaan, später aber auch in den Königreichen von Judäa und Israel weitgehend das Werk von Priestern. Wie im Alten Europa nahm dieser Prozeß seinen Anfang mit den ersten androkratischen Invasionen und setzte sich im Laufe der allmählichen Umwandlung Ägyptens, Sumers sowie anderen Länder des Fruchtbaren Halbmonds in männerbeherrschte, kriegerische Gesellschaften über Jahrtausende hinweg fort. Bibelforscher haben inzwischen anhand umfangreichen Dokumentenmaterials nachgewiesen, daß der Umformulierungsprozeß der Mythen noch um 400 v. u. Z. in vollem Gang war – zu einer Zeit also, da nach wissenschaftlicher Erkenntnis jüdische Priester zum letztenmal das Alte Testament umgeschrieben haben.[22]

Die endgültige Zusammenfassung der Mythen und Gesetze, die unser abendländisches Bewußtsein so entscheidend beeinflußt haben, in einem heiligen Buch – dem ersten Teil unserer Bibel – entstand ungefähr hundert Jahre, nachdem Aischylos in Griechenland die *Orestie* geschrieben hatte. Einmal mehr wurde damals in Palästina die biblische Mythologie, auf der bis heute Judaismus, Christentum und Islam basieren, von einer Gruppe jüdischer Priester – der »P«- oder »priesterlichen Schule« im Sinne der Bibelwissenschaft – kritisch durchgesehen, bereinigt und ergänzt. Die Bezeichnung »P«-Schule diente zur Unterscheidung von anderen, früheren Umschreibern wie der Elohim- oder »E«-Schule aus dem nördlichen Königreich Israel und der Jahwe- oder »J«-Schule im südlichen Königreich Judäa. Die »E«- und »J«-Editoren hatten zuvor die babylonischen und kanaanitischen Mythen sowie die jüdische Geschichte in ihrem Sinne überarbeitet. Nun machte sich also das »P«-Team über diese heterogenen alten Texte her und versuchte, daraus ein ganz neues heiliges Konglomerat zu schaffen. In den Worten der Kommentatoren zur berühmten Dartmouth-Bibel, war es ihr Ziel, »die Blaupause eines theokratischen Staates in die Realität umzusetzen.«[23]

Dieselben Religionswissenschaftler sagen uns, daß diese politisch motivierte Umdeutung der Mythen, wenn auch nicht unbedingt eine Verschwörung in Gedanken, so doch auf jeden Fall eine Verschwörung im Handeln war. »Sie vermengte das J- und das E-Material«, schrieben die Kommentatoren der Dartmouth-Bibel über die P-Schule, »und fügten eine Menge hinzu, was heute als ›P-Linie‹ bekannt ist.« Weiter heißt es: »Die Quantität und der Charakter dieser späteren Hinzufügungen überrascht jeden, der mit der Tätigkeit der priesterlichen Autoren nicht vertraut ist. Man glaubt, daß nahezu die Hälfte des Pentateuch dazugehört, denn viele Experten schreiben »P« elf von fünfzig Kapiteln im Ersten, neunzehn von vierzig im Zweiten und achtundzwanzig von sechsunddreißig im Vierten Buch sowie das gesamte Dritte Buch Mose zu.«[24]

Außerdem wurden viele Texte, die zuvor als heilig betrachtet worden waren (darunter einige der sogenannten Apokryphen), von den Bearbeitern gestrichen. »Die religiösen Praktiken der Gegenwart werden sanktioniert«, heißt es über die Dartmouth-Bibel, »indem man ihre Anfänge weit zurück in die Vergangenheit legt oder diversen Riten göttlichen Ursprungs zuschreibt.«[25] Unter dem Strich fassen die Kommentatoren der Dartmouth-Bibel jene letzte Fassung der Texte, die uns als Altes Testament überliefert ist, mit dem Wort »Flickwerk« *(patching process)* zusammen.[26]

Eine Vielzahl von Widersprüchen und textlichen Inkonsequenzen in der Bibel erklärt sich aus diesem Vorgehen – aller Bemühungen, »den Eindruck von Einheitlichkeit zu erzeugen«[27], zum Trotz. Ein bekanntes Beispiel sind die beiden unterschiedlichen Darstellungen von der Erschaffung des Menschen im ersten Kapitel der Genesis. Dort heißt es zunächst, daß Frau und Mann gleichzeitig von Gott erschaffen wurden. Später finden wir dann die – erheblich ausführlichere – Schilderung, wie Eva, gleichsam als Nachgedanke, aus Adams Rippe erschaffen wurde.

Viele dieser Widersprüche und Ungenauigkeiten sind eindeutige Hinweise auf den damals noch immer virulenten Konflikt zwischen der alten Realität, die in der Volkstradition noch fortlebte, und den neuen Realitäten, die die priesterliche Herrscherklasse durchzusetzen versuchte. An manchen Stellen, wie zum Beispiel in der einmal gleichberechtigten, das andere Mal einseitig die Männerseite bevorzugenden Geschichte des ersten Menschenpaares, prallen die alten und neuen Normen augenfällig aufeinander. Häufiger jedoch ist der Konflikt weniger offensichtlich.

Die biblische Darstellung der Schlange ist in diesem Zusammenhang besonders interessant. Die Rolle, die sie bei der Vertreibung aus dem Paradies spielt, wird erst verständlich, wenn man sie in Bezug zur früheren Realität setzt – einer Realität, in der die Schlange eines der Hauptsymbole der Göttin war.

Die Schlange ist eines der häufigsten Motive in allen neolithischen Ausgrabungsstätten. »(Sie) und ihre abstrakte Ableitung, die Spirale, sind die vorherrschenden Motive der Kunst im Alten Europa«, schreibt Gimbutas[28] und führt aus, daß die Assoziation zwischen Göttin und Schlange bis weit in historische Zeiten erhalten blieb – und zwar nicht nur in ihrer ursprünglichen Form wie im minoischen Kreta, sondern auch in einer Vielzahl griechischer und römischer Mythen aus späterer Zeit wie beispielsweise im Kult der Athene, der Hera, der Atargatis und der Dea Syria.[29] Ähnlich sieht es im Mittleren Osten und im Orient aus. In Mesopotamien wurde eine Göttinnenstatuette aus dem vierundzwanzigsten vorchristlichen Jahrhundert ausgegraben, um deren Hals sich eine Schlange ringelt. Eine nahezu identische Figur aus der Zeit um 100 v. u. Z. wurde in Indien entdeckt.[30] In der alt-ägyptischen Mythologie ist die Kobra-Göttin Ua Zit die ursprüngliche Schöpferin der Welt. Auch die kanaanitische Göttin Ashtoreth oder Astarte wird mit der Schlange dargestellt. In einem sumerischen Basrelief aus der Zeit um 2500 v. u. Z., das den Titel »Die Göttin des Lebensbaums« trägt, finden wir die Schlange unmittelbar neben zwei Darstellungen der Göttin.[31]

Die Schlange war ein zu wichtiges, zu heiliges und dabei zu allgegenwärtiges Symbol der Göttin, um einfach ignoriert zu werden. Wenn das alte Bewußtsein den Erfordernissen des neuen Systems angepaßt werden sollte, so mußte letzteres sich entweder der Schlange bemächtigen und sie zu einem Symbol der neuen herrschenden Klasse machen, oder aber die Schlange mußte besiegt, deskreditiert und ihrer ursprünglichen symbolischen Bedeutung beraubt werden.

In der griechischen Mythologie wird die Schlange somit an der Seite des Olympiers Zeus zu einem Symbol der neuen Macht. [32] Auch auf dem Schild der Athene, die nach ihrer Metamorphose nicht nur Göttin der Weisheit, sondern auch des Krieges ist, findet sich eine Schlange. Und im Erechtheion, einem Gebäude neben dem Athene-Tempel auf der Akropolis, wurde sogar eine lebendige Schlange gehalten.[33]

Die Aneignung der Schlange durch Giechenlands neue indoeuropäische Herren diente höchst diesseitigen politischen Zielen. Sie half den neuen Herrschern, ihre Macht zu legitimieren. Die Tatsache, daß sich plötzlich ein machtvolles Symbol, welches einst der Göttin gehört hatte, in fremden Händen befand, nahm den Menschen die Orientierung und wirkte somit als ständige Erinnerung daran, daß die gewalttätigen und kriegerischen Götter der Eroberer die Göttin besiegt hatten.

Symbole für die Zerschlagung der alten Ordnung sind auch in den zahlreichen Schlangentötungen zu sehen, über die die griechische Legende berichtet. Zeus tötet die Schlange Syphon, Apollo die Schlange Python, Herakles erschlägt die Schlange Ladon, die Hüterin des heiligen Hains, den einst die Göttin Gaia der Hera zur Hochzeit geschenkt hatte und in dem die Äpfel der Hesperiden wachsen.

Ähnliche Mythen finden wir auch im Fruchtbaren Halbmond, zum Beispiel die Legende des Baal (der inzwischen der Gott des Sturms und der Bruder-Gefährte der Göttin ist). Baal bezwingt die Schlange Lotan (*Lat* bedeutet in der Sprache der Kanaaniter bezeichnenderweise Göttin). Aus Anatolien stammt die Geschichte von der Tötung des Drachens Illuyankas durch den indoeuropäischen Hethiter-Gott.[34]

In der jüdischen Legende ist überliefert – und in Hiob 41:1 sowie in Psalm 74 nachzulesen –, wie Jehowa die Schlange Leviathan tötet, die sich inzwischen zum furchterregenden, vielköpfigen Seeungeheuer gemausert hat. Aus den Kommentaren zur Dartmouth-Bibel erfahren wir jedoch, daß zur gleichen Zeit das heiligste Symbol der jüdischen Religion, die Bundeslade, wahrscheinlich *nicht* die zehn Gebote enthielt. Vielmehr befand sich darin eine Bronzeschlange.[35]

Es handelte sich dabei um jene »eherne Schlange«, die im 2. Buch der Könige, Kapitel 18, erwähnt ist. Sie wurde, wie Joseph Campbell schreibt, »im Tempel von Jerusalem zusammen mit ihrer Gemahlin, der mächtigen Göttin verehrt, die dort als Asherah bekannt war«.[36] Ebenfalls aus der Bibel erfahren wir, daß die eherne Schlange, die angeblich in der Wüste von Moses persönlich als Beweis für Jehowas Macht erschaffen worden war, erst gegen 700 v. u. Z. im Verlaufe der großen religiösen Verfolgungen unter König Hiskia aus dem Tempel entfernt und vernichtet wurde.[37]

Den erstaunlichsten Beleg für die Fortdauer der Macht der Schlange liefert jedoch die Geschichte von der Vertreibung Evas und Adams aus dem Paradies.[38] Denn hier rät die Schlange Eva, Jehowas Gebot zu mißachten und vom Baum der Erkenntnis zu naschen. Bis auf den heutigen Tag heißt es, daß dieser Ratschlag die Menschheit zur ewigen Verdammnis bestimmt habe.

Von Theologenseite hat es viele Versuche gegeben, die Geschichte von der Vertreibung aus dem Paradies nicht dahingehend zu »erklären«, daß Barbarei, Grausamkeit und Gefühllosigkeit unvermeidliche Folgen der »Ursünde« seien. In der Tat ist die Neuinterpretation der wohl bekanntesten aller religiösen Mythen im Sinne eines neuen, menschlicheren Symbolismus ein integraler Bestandteil der ideologischen Umgestaltung, die den sozialen, wirtschaftlichen und technologischen Wandel vom dominatorischen zum partnerschaftlich orientierten System begleiten muß. Ebenso wichtig ist aber auch, daß wir die soziale und ideologische Bedeutung der Vertreibungsgeschichte in ihrem historischen Kontext begreifen.

Denn die Geschichte von Eva, die auf den Rat einer Schlange hört, wird überhaupt nur verständlich, wenn wir sie aus der historischen Perspektive betrachten. Die Tatsache, daß die Schlange, ein altes prophetisches Symbol der Göttin, Eva, der prototypischen Frau, den Rat gibt, sich über die Befehle eines männlichen Gottes hinwegzusetzen, ist sicher kein Zufall – ebensowenig wie der Umstand, daß Eva tatsächlich dem Rat der Schlange folgt und unter Mißachtung der Befehle Jehowas die Frucht vom heiligen Baum der Erkenntnis verzehrt. Wie der Baum des Lebens war in der älteren Mythologie auch der Baum der Erkenntnis ein Symbol der Göttin. Außerdem war eine Frau als Priesterin in der alten mythischen und sozialen Realität (und in Gestalt der griechischen Pythia und der römischen Sibylle auch später noch) das Medium zur Verkündung der göttlichen Weisheit und Offenbarung.

Daß der mächtige göttliche Emporkömmling Jehowa Eva verbot, Früchte von einem heiligen Baum (der Erkenntnis, der göttlichen Weisheit oder des Lebens) zu essen, mußte aus der Perspektive jener früheren Realität nicht nur völlig unnatürlich, sondern geradezu als ein Sakrileg erscheinen. Heilige Haine waren integrale Bestandteile der alten Religion, ebenso wie verschiedene Riten, deren Zweck es war, das Bewußtsein der Betenden für die Offenbarung göttlicher oder mystischer Wahrheiten empfänglich zu machen – Riten, in denen Frauen als Priesterinnen der Göttin fungierten.

Nach dem Verständnis der alten Realität hatte Jehowa also überhaupt nicht das Recht, solche Befehle zu erteilen – weshalb weder von Eva noch von der Schlange erwartet werden konnte, daß sie sich daran hielten.

Während dieser Teil der Geschichte von der Vertreibung aus dem Paradies nur in bezug auf die alte Realität verständlich ist, wird der Rest nur unter den Vorzeichen jener Machtpolitik begreiflich, die die Einführung der dominatorischen Herrschaft mit sich brachte. So wie die spätere Umwandlung des gehörnten Stieres (einem weiteren Symbol, das mit dem Kult der Göttin assoziiert war) in den gehörnten und hufetragenden Teufel der christlichen Ikonographie, waren auch die Umwandlung des alten Symbols der prophetischen Weisheit in ein Symbol des satanisch Bösen und die Beschuldigung der Frau, für alles menschliche Ungemach verantwortlich zu sein, politische Notwendigkeiten. Es waren bewußte Umkehrungen früherer Realitätsvorstellungen.

Die furchtbaren Konsequenzen von Evas Ungehorsam gegenüber den Befehlen Jehowas waren weit mehr als bloß eine Allegorie über die »Sündhaftigkeit« der Menschheit. Gerichtet an das zeitgenössische »Publikum« der Bibel, die Bevölkerung von Kanaan, die sich mit Sicherheit noch an das furchtbare Strafgericht erinnerte, mit dem die Männer, die die Götter des Krieges und des Donners mitbrachten, ihre Vorfahren überzogen hatten, wurden sie als unmißverständliche Warnung davor begriffen, weiterhin an dem noch immer existierenden Kult der Göttin festzuhalten.

Evas »Sünde«, als sie Jehowa trotzte und es wagte, Hand an die Quellen der Erkenntnis zu legen, bestand im wesentlichen darin, daß sie sich weigerte, diesen Kult aufzugeben. Und da sie – die erste Frau und das Symbol der Frau an sich – dem alten Glauben noch enger verhaftet war als Adam, der sich lediglich von ihr verführen ließ, mußte ihre Bestrafung noch drastischer ausfallen. Von nun an hatte sie sich in allen Dingen zu unterwerfen. Und nicht nur ihre Sorgen, sondern auch ihre Empfängnisbereitschaft (und damit die Zahlt der Kinder, die sie zur Welt bringen mußte) wurden vervielfacht.[39] Darüber hinaus sollte sie bis in alle Ewigkeit von diesem rachsüchtigen Gott beherrscht werden – und von dessen irdischem Repräsentanten, dem Mann.

Ganz nebenbei dienten die Verteufelung der Schlange und die Assoziation der Frau mit dem Bösen auch noch zur Diskreditierung der Göttin. Das bezeichnendste Beispiel dafür, wie die Bibel zur Errichtung und Erhaltung einer Realität herangezogen wurde, in der Männerherrschaft, Hierarchie und Krieg bestimmend waren, ist daher auch nicht der Umgang mit der Schlange selbst. Es ist die Art und Weise, wie die Männer, die die Bibel schrieben, die Göttin behandelten.[40] Das folgende Kapitel soll dies verdeutlichen.

Kapitel 7

Die Wirklichkeit auf den Kopf gestellt: Teil 2

Zu Beginn waren die Eindringlinge nichts weiter als marodierende Banden, die mordeten und plünderten. Im Alten Europa fällt beispielsweise das abrupte Verschwinden alteingesessener Kulturen zeitlich zusammen mit dem Auftreten der ersten Grabstätten von Kurgan-Häuptlingen.[1] In der Bibel lesen wir, wie immer wieder ganze Städte niedergebrannt wurden und wie goldene Kunstgegenstände – darunter die heiligsten Symbole der Besiegten, die »Idole der Heiden«, wie die biblischen Weisen sagten – eingeschmolzen wurden, da sie auf diese Weise leichter zu transportieren waren.[2]

Es dauerte jedoch nicht lange, da begannen die neuen Herren selbst, sich zu verändern. Sie – und ihre Söhne und Enkel und *deren* Söhne und Enkel – übernahmen von den unterworfenen Völkern einige der schon recht weit entwickelten Technologien, Wertvorstellungen und Lebensgewohnheiten. Sie wurden seßhaft und nahmen sich einheimische Mädchen zur Frau. Wie die mykenischen Herren auf Kreta und König Salomo in Kanaan begannen sie, sich für die »feineren« Dinge des Lebens zu interessieren. Sie bauten sich Paläste und gaben Kunstwerke in Auftrag.

Ganz langsam und immer wieder von neuen Invasionswellen

unterbrochen konnte sich also der Trend zu größerer technischer und kultureller Verfeinerung und Komplexität behaupten. Nach jeder Phase kultureller Regression erholte sich die damalige Zivilisation wieder, entwickelte sich jetzt aber in eine ganz andere Richtung. Denn wenn die Männer an der Spitze ihre dominierenden Positionen behalten wollten, dann durfte ein Aspekt der früheren Kultur auf keinen Fall übernommen werden. Dieser Aspekt oder, genauer gesagt, dieser Komplex von Aspekten, waren der sexuell und sozial egalitäre und friedfertige Kern des früheren, partnerschaftlich orientierten Gesellschaftssystems.

Die neue Richtung der Zivilisation

Die Beibehaltung zweier Systeme – eines dominatorischen und eines untergeordneten, partnerschaftlichen – war mit dem allzu großen Risiko behaftet, das ältere könne irgendwann seine ehemalige Stärke wiedererlangen, zumal es für eine Bevölkerung, die sich nach Frieden und Freiheit sehnte, nach wie vor überaus attraktiv war. So stellte das alte sozioökonomische System, in dem die Oberhäupter matrilinearer Stammesverbände das Land treuhänderisch für die Gesamtheit des Volkes verwalteten, eine ständige Bedrohung dar.

Um die Macht der neuen herrschenden Eliten zu konsolidieren, mußte jenen Frauen ihre Entscheidungsbefugnisse und den Priesterinnen ihre spirituelle Autorität genommen werden. Außerdem war es erforderlich, auch unter den Besiegten die partrilineare Erbfolge durchzusetzen – was schließlich im Alten Europa, in Anatolien, Mesopotamien und Kanaan auch geschah. Überall wurden Frauen nun immer häufiger als männerbeherrschte Objekte betrachtet, einzig der Produktion und Reproduktion verpflichtet, und nicht mehr als unabhängige, führende Mitglieder der Gemeinschaft.

Aber mit der Entfernung der Frauen aus ihren ehemaligen Positionen in Macht und Verantwortung war es noch nicht getan. Daß neue technologische Fortschritte sofort zur Konsolidierung und Aufrechterhaltung eines hierarchischen sozioökonomischen Systems herangezogen wurden, war kaum weniger entscheidend.

Hierbei wurde – ein Kennzeichen dominatorischer Gesellschaften – Zerstörungstechnologien höchste Priorität eingeräumt. Nicht nur, daß den stärksten und brutalsten Männern für Draufgängerei und technisches Geschick beim Rauben und Brandschatzen die höchsten Ehrungen zuteil wurden – man sorgte auch dafür, daß von jetzt ab immer mehr materielle Ressourcen in die Entwicklung immer ausgeklügelterer Tötungsinstrumente flossen. Wertvolle Steine, Perlen, Smaragde und Rubine schmückten nun Schilde und Schwertgriffe. Und wenn auch die Ketten, an denen die Eroberer ihre Gefangenen hinter sich herzogen, nach wie vor aus einfachen Metallen bestanden, so zierte Silber und Gold selbst die Streitwagen jener Kriegsherren, Könige und Kaiser, die bereits etwas kultivierter waren.

Als die technologische Evolution nach Stillstand und Rückschlägen während der Invasionsphasen wieder in Gang kam, nahm die Quantität der materiellen Güter zu. Was sich änderte, war die Verteilung. Im minoischen Kreta war zuvor großer Wert auf öffentliche Arbeiten und eine allgemeine Erhöhung des Lebensstandards gelegt worden. Nach der mykenischen Überfremdung wurde die dank neuer Methoden verbesserte Güterproduktion zum überwiegenden Teil von den Männern an der Spitze vereinnahmt, und die Untertanen mußten sich mit den Resten zufriedengeben.

Auch mit der gesellschaftlichen oder sozialen Evolution ging es nun wieder bergauf; politische, ökonomische und religiöse Institutionen gewannen zusehends an Komplexität. Die neuen Technologien erforderten neue Formen der Spezialisierung und neue administrative Funktionen, doch wurden alle entsprechenden Positionen alsbald von den »starken Männern« der Eroberervölker und deren Nachkommen besetzt.

Typisch für die Besetzung war folgender Verlauf: Zunächst

errangen die Eroberer Machtpositionen, indem sie den Reichtum der eroberten Territorien entweder zerstörten oder aber ihn sich aneigneten; neuer Wohlstand wurde in dieser Phase nicht geschaffen. Als zunehmende technische und soziale Komplexität schließlich neue Rollen in Produktion und Verwaltung der geschaffenen Werte erforderlich machten, besetzten sie auch diese. Die vorteilhaftesten und lukrativsten Rollen behielten die Machthaber sich selbst vor; der Rest wurde unter ihre servilsten und gehorsamsten Untertanen verteilt. Zu den neuen Positionen gehörten zum Beispiel die des Tribut- (und später Steuer-)eintreibers sowie eine ganze Reihe von Ämtern innerhalb der Bürokratie, die ihren Inhabern nicht nur Macht, sondern auch Prestige und Wohlstand verschafften.[3]

Mit den prestigeträchtigsten und einträglichsten neuen Aufgaben wurden natürlich nicht die Oberhäupter der matrilinearen Stämme und die Priesterinnen betraut, die nach wie vor an den alten Gebräuchen festhielten. Vielmehr kam es, wie wir aus der Geschichte sumerischer Städte (z. B. Elam) ersehen können, zu einer systematischen Umverteilung: Alle neuen Aufgaben und Spezialfunktionen in Staat und Gesellschaft – und in zunehmendem Maße auch die alten – wurden, sofern sie den Status ihrer Inhaber erhöhten oder deren Macht in irgendeiner Weise vergrößerten, den Frauen genommen und mit Männern besetzt.[4]

Gewalt und die Androhung von Gewalt bestimmten nunmehr, wer über die Verteilung der erwirtschafteten Güter entschied. Das unbestrittene Grundprinzip der sozialen Organisation war die Hierarchie. Diesem Schema wurden, angefangen bei dem höheren Rang, den die physisch stärkere männliche Hälfte der Menschheit nun im Vergleich zur weiblichen Hälfte einnahm, sämtliche menschlichen Beziehungen angepaßt.

Gewalt war indessen nicht immer und überall dazu geeignet, Gehorsam zu erzwingen. Es mußte zudem dafür Sorge getragen werden, daß die alten Mächte, die das Universum beherrschten und deren Symbol der lebenspendende Kelch war, durch jüngere, stärkere Gottheiten ersetzt wurden, in deren Hand das

Schwert die höchste Macht verkörperte. Und um dieses Ziel zu erreichen, kam es vor allem darauf an, daß nicht nur die Frau als ihre Repräsentantin auf Erden, sondern auch die Göttin selbst ihre hohe Stellung verlor.

In verschiedenen Legenden aus dem Orient geschieht dies durch die Ermordung der Göttin. In anderen wird sie unterworfen und durch Vergewaltigung erniedrigt. Die Vergewaltigung der Göttin Ninlil ist beispielsweise der erste Zusammenhang, in dem die Legende den mächtigen sumerischen Gott Enlil erwähnt. Geschichten wie diese dienten einem sehr wichtigen sozialen Zweck – symbolisierten und rechtfertigten sie doch gleichermaßen die Einführung der Männerherrschaft.

Ebenfalls weitverbreitet war die Degradierung der Göttin auf die untergeordnete Funktion der Gefährtin (Ehefrau) eines mächtigeren, männlichen Gottes. Wieder eine andere Methode bestand darin, sie in eine kriegerische Göttin zu verwandeln. So finden wir zum Beispiel in Kanaan die blutrünstige Ischtar, die als Göttin des Krieges ebenso geachtet wie gefürchtet ist. Auch in Anatolien wurde die Göttin zu einer kriegerischen Gottheit umfunktioniert – eine Eigenschaft, die laut E. O. James in älteren Texten völlig fehlt.[5]

Zur selben Zeit wurden viele Funktionen, die bislang mit weiblichen Gottheiten assoziiert wurden, in den Zuständigkeitsbereich von Göttern überstellt. Die Kulturanthropologin Ruby Rohrlich-Leavitt schreibt: »Als sich die Schutzfigur der Schreiber von einer Göttin in einen Gott verwandelte, wurden in den Tempeln nur mehr männliche Schreiber angestellt; seitdem hat die Geschichtsschreibung eine androzentrische Perspektive.«[6]

Obwohl Kanaan – wie Mesopotamien – sich schon seit geraumer Zeit zu einer dominatorischen Gesellschaft entwickelte, steht außer Frage, daß die Invasionen der dreizehn israelitischen Stämme den Prozeß der sozialen und ideologischen Umgestaltung nicht nur beschleunigten, sondern sogar radikalisierten. In der Bibel ist die Göttin bekanntermaßen mit keiner Silbe erwähnt.

Die Unterschlagung der Göttin

Gerade weil die hebräische Mythologie in vielen Dingen auf früheren mesopotamischen und kanaanitischen Mythen aufbaut, fällt die Tatsache, daß dem Weiblichen – und damit der Frau – jede Göttlichkeit abgesprochen wird, besonders ins Auge. Dies um so mehr, als der archäologische Befund beweist, daß noch lange nach den jüdischen Invasionen von den Bewohnern Kanaans (einschließlich der Juden selbst) die Verehrung der Göttin fortgesetzt wurde.

Archäologische Funde lassen, wie der Bibelwisenschaftler Raphael Patai in seinem Buch *The Hebrew Goddess* schreibt, »keinen Zweifel daran, daß bis zum Ende der jüdischen Monarchie die Verehrung der alten kanaanitischen Gottheiten integraler Bestandteil der jüdischen Religion war.« Darüber hinaus »spielte die Verehrung der Göttin eine weit wichtigere Rolle in dieser Volksreligion als die der Götter.«[7] So waren zum Beispiel im Siedlungshügel von Tell Beit Mirsim (der biblischen Stadt Devir südwestlich des heutigen Hebron) die in den Schichten der späten Bronzezeit verbreitetsten religiösen Objekte sogenannte Astarte-Figuren oder -Agraffen. Nach der Zerstörung durch die jüdische Invasion um 1300–1200 v. u. Z. wurde die Stadt wieder aufgebaut. Und selbst danach, so Patai, »läßt der archäologische Befund keinen Zweifel daran, daß diese Figuren bei den Juden sehr beliebt waren.«[8]

Natürlich finden sich auch in der Bibel einige Anspielungen darauf. Die Propheten Esra, Hosea, Nehemia und Jeremia wettern gegen die »Greuel« des »Götzendienstes«. Sie eifern gegen all jene, die noch immer »die Himmelskönigin« verehren.[9] Vor allem aber wenden sie sich gegen die »Treulosigkeit der Töchter Jerusalems«, die verständlicherweise »zurückfallen« in Glaubensvorstellungen, in denen noch nicht alle weltliche und geistige Autorität von Männern monopolisiert wurde. Abgesehen jedoch von solch eher beiläufigen Passagen – und dort immer im pejorativen Sinn – gibt es keinerlei Hinweis darauf, daß es jemals eine Gottheit gegeben hat oder geben könnte, die nicht männlichen Geschlechts ist.

Sei es als Gott des Donners, des Berges, des Krieges oder später als der zivilisierte Gott der Propheten – hier gibt es nur einen einzigen Gott: den »eifersüchtigen« und unergründlichen Jehowa, der nach späterer christlicher Mythologie seinen einzigen Sohn, Jesus Christus, auf die Erde schickt, damit dieser durch seinen Tod die »Sünden« der menschlichen Kinder Jehowas auf sich nehme. Und obwohl das hebräische Wort *Elohim* sowohl feminine wie maskuline Wurzeln besitzt (in der ersten Schöpfungsgeschichte der Genesis wird erklärt, wie beide, Mann und Frau, nach dem Ebenbild Elohims geschaffen werden konnten), so sind doch alle anderen Bezeichnungen der Gottheit wie König, Herr, Vater und Hirte ausdrücklich männlich.[10]

Wenn wir die Bibel als sozial normative Literatur betrachten und lesen, dann ist die Unterschlagung der Göttin die wichtigste Einzelaussage über die Art der sozialen Ordnung, welche die Männer, die jahrhundertelang an diesem religiösen Dokument geschrieben (und es immer wieder umgeschrieben) haben, anstrebten und aufrechtzuerhalten gedachten. Denn das Fehlen der Göttin in den offiziell sanktionierten Heiligen Schriften war, symbolisch gesehen, identisch mit dem Fehlen einer göttlichen Macht, die die Frauen schützen und Vergeltung fordern konnte für Unrecht, das ihnen durch die Männer zugefügt wurde.

Damit soll keineswegs gesagt sein, daß die Bibel nicht ganz wesentliche ethische Vorschriften und mystische Wahrheiten enthielte. Auch sollen die positiven Beiträge zur Geschichte des Abendlandes, die der Judaismus in späteren Jahren leistete, nicht geleugnet werden, zumal heutige westliche Vorstellungen von Humanität und Gerechtigkeit trotz vermehrter Anzeichen dafür, daß sie auf weit ältere Weisheiten zurückgehen, großenteils von den Lehren der jüdischen Propheten abgeleitet sind. Viele Lehren des Jesaja zum Beispiel, auf die später wiederum Jesus Christus zurückgriff, eignen sich weit eher für eine partnerschaftlich orientierte Gesellschaft als für eine dominatorische. Verquickt und verwoben mit dem Menschlichen und Erhebenden finden wir in der jüdisch-christlichen Bibel allerdings auch ein Geflecht aus Mythen und Gesetzen, das klar darauf abzielte, ein dominatorisches System der sozialen und ökonomischen Organisation durchzusetzen, aufrechtzuerhalten und zu verfestigen.[11]

Wie die Kurgan-Völker, die einige Jahrtausende zuvor das Alte Europa überrannten, waren auch die israelitischen Stämme, die aus den Wüsten im Süden nach Kanaan vordrangen, Eindringlinge aus den Randbereichen der damals bekannten Welt, die ihren Kriegsgott mit sich brachten: den wütenden, eifersüchtigen Jahwe oder Jehowa. Zwar waren sie auf technischem und kulturellem Gebiet fortschrittlicher als die Kurgan-Völker, doch wurden sie wie die Indoeuropäer von extrem gewalttätigen und kriegerischen Männern beherrscht. Kapitel um Kapitel schildert das Alte Testament, wie Jehowa befahl, zu zerstören, zu plündern und zu töten – und wie diese Befehle getreulich ausgeführt wurden.[12]

Die jüdische Stammesgesellschaft war – wie die Kurgan-Völker und andere Indoeuropäer – in höchstem Grade hierarchisch gegliedert. An der Spitze stand der Stamm der Leviter, dem auch Moses angehörte. Diesem übergeordnet war eine noch kleinere Elite, die Sippe der Konath oder Cohen, die Erbpriester, die ihre Abstammung auf Aaron zurückführten. Sie waren die höchsten Autoritäten. Im Alten Testament lesen wir, daß die Männer dieser Sippe behaupteten, ihre Machtbefugnisse direkt von Jehowa verliehen bekommen zu haben. Die Bibelforschung weist darauf hin, daß die Umschreiber und Neuinterpretatoren von Mythos und Geschichte im wesentlichen aus dieser Priesterelite stammten und auf diese Weise ihre Vorrangstellung festigen wollten.[13]

Die tragenden Säulen der dominatorischen Gesellschaft – Gewalt, autoritäre Struktur und Männerherrschaft – wurden ergänzt und vollendet durch die ausdrückliche Feststellung des Alten Testaments, daß nach dem Willen Gottes die Frau dem Manne untertan sein müsse. Denn ähnlich wie die Kurgan-Stämme und andere indoeuropäische Invasoren, die Europa und Kleinasien verwüsteten, war auch die alte jüdische Stammesgesellschaft ein rigoros männerbeherrschtes System.

Auch dies soll nun keinesfalls heißen, daß die Religion der alten Israeliten – oder gar der Judaismus – an der Einführung einer dominatorischen Ideologie schuld sei. Der Umschwung von der partnerschaftlichen zur dominatorischen Realität begann lange vor den jüdischen Einfällen in Kanaan und vollzog sich in vielen Teilen der alten Welt mehr oder weniger zur gleichen Zeit. Außerdem geht der Judaismus in seinen Auffassungen von Göttlichkeit und Moral weit über das Alte Testament hinaus und hat in der mystischen Tradition der Shekhina sogar viele Elemente des alten Kults der Göttin beibehalten.

Der Göttinnenkult war also in der jüdischen Volksreligion bis weit in monarchische Zeiten hinein verbreitet. Gelegentlich gab es sogar noch Frauen – wie die Prophetin und Richterin Deborah –, denen es gelang, in Führungspositionen aufzusteigen. Im großen und ganzen jedoch wurde die altjüdische Gesellschaft von einer kleinen Männerelite beherrscht. Frauen figurierten in den von der männlichen Herrscherkaste erlassenen Gesetzen nicht als freie, unabhängige Menschen, sondern als Privateigentum der Männer. Anfangs gehörten sie ihren Vätern, später gingen sie – und mit ihnen alle ihre Kinder – in den Besitz ihrer Ehemänner und Herren über.

Aus der Bibel ist uns bekannt, daß Mädchen und »unberührte« Frauen in den unterworfenen Stadtstaaten in Übereinstimmung mit den Geboten Jehowas regelmäßig versklavt wurden.[14] Das Alte Testament berichtet ferner, daß das Gesetz es einem Mann gestattete, seine Tochter als Sklavin zu verkaufen. Höchst bezeichnend ist, daß ein männlicher Sklave, der freigelassen wurde, nach dem biblischen Gesetz seine Frau und seine Kinder zurücklassen mußte – sie blieben Eigentum des Herrn.[15]

Aber nicht nur die Sklavinnen, Konkubinen und ihr Nachwuchs waren Eigentum der Männer. Die bekannte Geschichte von Abraham, der Jehowa seinen und Sarahs Sohn Isaak opfern will, ist ein besonders drastisches Beispiel dafür, daß selbst Kinder rechtmäßiger Ehefrauen unter der absoluten Kontrolle der

Männer standen. Die kaum weniger bekannte Geschichte von Jakob, der seine Frau Lea kaufte, indem er sieben Jahre lang für ihren Vater arbeitete, zeigt, daß es den Frauen im wesentlichen nicht anders ging.

Sex und Ökonomie

Das biblische Bild von der »menschlich minderwertigen« Frau tritt vielleicht nirgendwo so offenkundig zutage wie bei der sorgfältigen Lektüre der Fülle von Vorschriften und Verboten zur Wahrung der weiblichen »Tugend«. So heißt es zum Beispiel im 5. Buch Mose 22: 28–29: »Wenn jemand eine Jungfrau trifft, die nicht verlobt ist, und ergreift sie und wohnt ihr bei und wird dabei betroffen, so soll, der ihr beigewohnt hat, ihrem Vater fünfzig Silberstücke geben und soll sie zur Frau haben.« Der Eindruck, der erweckt werden soll ist der, daß dieses Gesetz einen großen humanitären und moralischen Fortschritt für eine Zivilisation aus unmoralischen, sündhaften Heiden bedeutet. Objektiv betrachtet und unter Berücksichtigung des sozialen und ökonomischen Kontexts, in dem es erlassen wurde, wird freilich rasch deutlich, daß moralische oder humanitäre Erwägungen dabei nicht die geringste Rolle spielten. Das Gesetz zielte vielmehr darauf ab, die Eigentumsrechte der Männer an »ihren« Frauen und Töchtern abzusichern. Das Gesetz besagt nichts anderes, als daß ein Vater, dessen unverheiratete Tochter keine Jungfrau mehr ist, ein wirtschaftlich wertvolles Gut verloren hat und für diesen Verlust entschädigt werden muß. Was die Forderung angeht, der Verursacher dieses wirtschaftlichen Problems habe das betroffene Mädchen nun auch zu heiraten, so ist kaum anzunehmen, daß sie in einer Gesellschaft, in der Ehemänner praktisch unbegrenzte Macht über ihre Frauen besaßen, einer echten Sorge um das Wohlergehen des Mädchens entsprang. Vielmehr hat auch die Strafe mit der Männer-Ökonomie zu tun: Da das Mädchen jetzt ein Handelsgut ohne weiteren Marktwert ist, wäre es unfair, weiterhin ihren Vater mit ihr zu »belasten«. Sie muß daher von dem Mann, der den Wertverlust verursacht hat, erworben werden.

Der eigentliche Zweck dieses ganzen Systems aus »moralischen« Sexualbräuchen und -gesetzen wird noch krasser im 5. Buch Mose, 22: 13–21, demonstriert. Es geht hier um einen Mann, der behauptet, seine Braut sei zu Beginn der Ehe keine Jungfrau mehr gewesen; er sei deshalb »ihrer überdrüssig« und wolle sie loswerden. Und dies ist die gesetzliche Regelung, wie die Bibel sie vorsieht: Wenn die Eltern der Frau die »Zeichen ihrer Jungfräulichkeit« präsentieren und »vor die Ältesten der Stadt... bringen« können, muß der Ehemann dem Brautvater hundert Silberstücke zahlen und darf die Frau »sein Leben lang nicht entlassen«. Wenn aber keine zuverlässigen Beweise für die Jungfräulichkeit der Braut erbracht werden, kann der Ehemann sie in der Tat loswerden. »So soll man sie heraus vor die Tür des Hauses ihres Vaters führen«, verlangt das Gesetz »und die Leute der Stadt sollen sie zu Tode steinigen.«

Die Bibel nennt uns auch einen Grund für die Ermordung einer Frau, die zum Zeitpunkt der Eheschließung keine Jungfrau mehr ist: Sie hat nämlich »eine Schandtat in Israel begangen und in ihres Vaters Haus Hurerei getrieben.« Übersetzt in die Sprache der Zeit heißt dies, sie muß getötet werden als Strafe für die Schande, die sie nicht nur über ihren Vater, sondern auch über die Sippe, die zwölf Stämme Israels, gebracht hat. Nur - woraus besteht diese Schande? Inwieweit verletzt oder schadet der Verlust der Jungfernschaft dem Volk, dem das Mädchen angehört, oder seinem Vater?

Die Antwort ist die, daß eine Frau, die als sexuell unabhängige und wirtschaftlich freie Person auftritt, tatsächlich eine Bedrohung für das gesamte gesellschaftliche und wirtschaftliche Gefüge einer strikt männerbeherrschten Gesellschaft *ist*. Da ein solches Benehmen das gesamte soziale und wirtschaftliche System gefährdet, kann es nicht geduldet werden, und die Betroffene wird der schlimmsten sozialen und religiösen Verdammung und der härtesten Bestrafung preisgegeben.

Rein praktisch gesehen dienten die Gesetze über die Jungfräulichkeit im wesentlichen dem Schutz ökonomischer Transaktionen zwischen Männern. Die finanzielle Kompensation für einen Vater, dessen Tochter zu unrecht beschuldigt worden war, war gleichzeitig eine Strafe für üble Nachrede; schließlich war die Reputation eines ehrlichen Kaufmanns geschädigt worden. War die Anklage ungerechtfertigt, entfiel für die betreffende Handelsware (also die Tochter) das Rückgaberecht. Umgekehrt schützte das Gesetz den Vater auch, wenn die Anklage berechtigt war und die »Leute der Stadt« die Tochter steinigten: Da die entehrte Braut nicht wiederverkauft werden konnte, war hiermit die gesetzliche Voraussetzung geschaffen, sich der nunmehr wertlosen Ware zu entledigen. Eine ähnliche Motivation kann auch für die biblischen Gesetze gegen Ehebruch, die sowohl für den Ehebrecher als auch für die Ehebrecherin die Todesstrafe vorsahen, ausgemacht werden: Es war die Strafe für einen »Dieb« (der eines anderen Mannes Eigentum gestohlen hatte) und die Zerstörung einer beschädigten Ware (der Frau, die ihrem Mann »Schande« gemacht hatte).

Die Männer freilich, die zur Aufrechterhaltung der bestehenden sozioökonomischen Ordnung solche Gesetze schufen, bedienten sich nicht einer so rücksichtslos ökonomischen Terminologie. Sie sagten vielmehr, ihre Erlasse seien nicht nur moralisch, rechtschaffen und ehrbar, sondern unmittelbar das Wort Gottes. Bis auf den heutigen Tag fällt es uns, die wir von Kindesbeinen an gelehrt worden sind, die Heilige Schrift als ein Werk göttlicher, oder zumindest moralischer Weisheit zu sehen, schwer, die Bibel objektiv zu betrachten und die volle Bedeutung einer Religion zu erkennen, in der die höchste und einzige Gottheit männlichen Geschlechts ist.

Man hat uns beigebracht, daß die jüdisch-christliche Tradition der größte moralische Fortschritt unserer Art gewesen ist. In der Tat geht es in der Bibel vorrangig um Gut und Böse. Aber Gut und Böse in einer dominatorischen Gesellschaft ist nicht dasselbe wie Gut und Böse in einer partnerschaftlichen. Wie bereits erwähnt, sind viele Lehren des Judaismus und des Christentums durchaus vereinbar mit einem partnerschaftlichen System zwischenmenschlicher Beziehungen. In dem Maße, in dem sie lediglich die Realität einer dominatorischen Gesellschaft widerspiegelt, ist die biblische Moral jedoch bestenfalls kümmerlich entwickelt. Und im schlimmsten Falle handelt es sich um eine Pseudomoral, bei der der Wille Gottes nichts weiter ist als ein Deckmantel für Grausamkeit und Barbarei.

Im vierten Buch Mose, Kap. 31, erfahren wir, was nach dem Fall der Stadt Midian geschah. Nachdem sie alle erwachsenen Männer niedergemetzelt hatten, nahmen die althebräischen Invasoren »die Frauen der Midianiter und ihre Kinder« gefangen. Mose aber »wurde zornig« und sagte zu den Hauptleuten unter Berufung auf einen Befehl des Herrn: »So tötet nun alles, was männlich ist unter den Kindern, und alle Frauen, die nicht mehr Jungfrauen sind; aber alle Mädchen, die unberührt sind, die laßt für euch leben.«[16]

Wie so oft in der Bibel war in diesem Fall Gottes Befehl ein Strafgericht. Die Seuche, die nach dem erfolgreichen Feldzug unter den Siegern ausbrach, war – so Mose – den gefangenen Frauen anzulasten. Doch selbst das erklärt noch nicht, warum Gott befiehlt, »alle Mädchen, die unberührt sind«, leben zu lassen. *Eine* Erklärung wäre die, daß die Männer der herrschenden Kasten erkannten, daß ihre Gefolgsleute zwar bereit sein würden, die älteren Frauen und die Knaben umzubringen, die unberührten Mädchen jedoch nicht oder nur widerwillig. Schließlich waren sie Kriegsbeute und konnten als Konkubinen, Sklavinnen oder sogar Ehefrauen verkauft werden.

Die dominatorische Moral

Die dominatorische Moral setzte sich so erfolgreich durch, daß selbst heute noch Männer und Frauen, sie sich für rechtschaffene, moralische Menschen halten, imstande sind, derartige Texte zu lesen, ohne die Frage zu stellen, wie ein aufrichtiger und gerechter Gott solch entsetzliche, unmenschliche Taten befehlen konnte. Genausowenig scheinen sie die Moral einiger Mohammedaner in Zweifel zu ziehen, die es selbst in unseren Tagen noch für ihre Pflicht halten, »die Tugend der Frau« zu schützen, indem sie reale oder eingebildete sexuelle Vergehen ihrer Töchter, Schwestern, Ehefrauen oder Enkeltöchter mit Todesdrohungen, ja sogar mit der tatsächlichen Ermordung der Betroffenen »bestrafen«. Auch Vorschriften, die der weiblichen Hälfte der Menschheit nach dem Verlust ihrer »Reinheit« jeden Wert absprechen, werden von den meisten Männern nicht hinterfragt, aber auch von vielen Frauen noch immer respektvoll als »moralisch« bezeichnet.

Sobald wir diese Fragen aber erst einmal stellen, taugt unser Bewußtsein nicht mehr für eine dominatorische Gesellschaft, in der unsere moralische Entwicklung nur bis dahin und nicht weiter gehen darf. Deshalb scheinen, bedingt durch Prozesse der Systemreplikation, die gegenwärtig durch Wissenschaftler wie Vilmos Csanyi entdeckt werden, bis heute noch Millionen Menschen nicht in der Lage zu sein, den wahren Sinn unserer Heiligen Schrift und deren Funktion bei der Aufrechterhaltung jener Grenzen, die uns noch immer in einem dominatorischen System gefangenhalten, zu erkennen.

Das vielleicht auffälligste Beispiel für diese systembedingten Blindheiten betrifft die Art und Weise, wie die Bibel das Thema Vergewaltigung behandelt. Im Buch der Richter, Kapitel 19, erzählen uns die Priester, die die Bibel geschrieben haben, die Geschichte eines Vaters, der seine Tochter einem Haufen randalierender Trunkenbolde anbietet. In seinem Haus übernachtet ein Mann aus dem hochrangigen Stamm der Leviter. Plötzlich tauchen die Randalierer vom Stamme Benjamin auf und verlangen die Auslieferung des Gastes – anscheinend in der Absicht, ihn zu verprügeln. »Siehe«, sagt da der Vater zu ihnen, »ich habe eine Tochter; noch eine Jungfrau, und dieser (der Gast) hat eine Nebenfrau; die will ich euch herausbringen. Die könnt ihr schänden und mit ihnen tun, was euch gefällt, aber an diesem Mann tut nicht solch eine Schandtat!«[17]

Dies alles wird eher beiläufig berichtet, so als sei es kaum von Bedeutung. Im weiteren Verlauf der Geschichte heißt es dann: »Da faßte der Mann seine Nebenfrau und brachte sie zu ihnen hinaus. Die machten sich über sie her und trieben ihren Mutwillen mit ihr die ganze Nacht bis an den Morgen.« Schließlich kriecht die Frau zurück auf die Schwelle des Hauses, in dem »ihr Herr« schläft. »Als nun ihr Herr am Morgen aufstand und die Tür des Hauses auftat und herausging, um seines Weges zu ziehen«, da stolperte er über sie und befahl ihr: »Steh auf, laß uns ziehen!« Als er feststellt, daß sie nicht mehr lebt, legt er ihre Leiche auf den Rücken seines Esels und zieht heimwärts.[18]

Nirgends in dieser brutalen Geschichte, in der von einem groben Vertrauensmißbrauch, einer gemeinschaftlich begangenen Vergewaltigung und der Ermordung einer hilflosen Frau die Rede ist, schimmert auch nur eine Spur Mitgefühl durch, ganz zu schweigen von moralischer Entrüstung oder Wut. Noch entscheidender und verwirrender ist jedoch die Tatsache, daß das Angebot des Vaters, das in jener Zeit höchste Gut seiner Tochter – ihre Jungfräulichkeit und darüber hinaus womöglich sogar ihr Leben zu opfern –, gegen keinerlei Gesetz verstieß. Nicht minder bestürzend ist es, daß die Taten, welche voraussehbar zur Vergewaltigung, Peinigung und Ermordung jener Frau führten, die eigentlich dem Leviter angehörte, ebenfalls kein Gesetz verletzten – und dies in einem Buch, das in schier unendlicher Folge in Vorschriften und Verboten verkündet, was moralisch und gesetzlich richtig ist und was nicht.

Kurz gesagt: Die Moral dieses heiligen Textes, der angeblich das göttliche Gesetz weitergibt, ist derart verkümmert, daß sie eine Hälfte der Menschheit durch die eigenen Väter und Ehemänner ganz legal Vergewaltigern, Schlägern, Folterern und Mördern preisgeben läßt, ohne daß die Verantwortlichen eine Strafe befürchten müssen, ja nicht einmal moralische Mißbilligung.

Die Botschaft einer anderen biblischen Geschichte, die bis auf den heutigen Tag in Gottesdiensten und Sonntagsschulen immer wieder als moralische Parabel vorgetragen wird, übertrifft die soeben zitierte noch an Brutalität. Gemeint ist die berühmte Geschichte von Lot (1. Mose, 19:8), dem einzigen Mann, den Gott verschonte, als er die sündhaften und unmoralischen Städte Sodom und Gomorrha zerstörte. Mit derselben geschäftsmäßigen Gefühllosigkeit bietet Lot – offenbar einem weitverbreiteten und gesellschaftlich akzeptierten Brauch folgend – seine beiden jungfräulichen Töchter (wahrscheinlich noch Kinder, da Mädchen zu jener Zeit bereits sehr früh verheiratet wurden) einem randalierenden Mob an, der zwei in Lots Haus untergebrachten männlichen Gästen an den Kragen will. Auch hier findet sich keinerlei Hinweis auf einen eventuellen Gesetzesbruch, nicht die geringste Empörung über das naturwidrige Verhalten eines Vaters gegenüber seinen Töchtern. Ganz im Gegenteil: Da sich die beiden Gäste als von Gott gesandte Engel entpuppen, wird Lot, als der Herr Sodom und Gomorrha ob ihrer Sünden und Verfehlungen mit »Schwefel und Feuer« vernichtet, für *seine* Verfehlung noch belohnt! Nur er und seine Familie entgehen dem Strafgericht.[19]

Welche Schlüsse können wir nun aus diesen Beispielen, wenn wir sie aus der Perspektive der kulturellen Transformationstheorie betrachten, hinsichtlich der biblischen Moral und des Systems, das diese erhalten sollte, ziehen? Die Moral, die Frauen in die sexuelle Sklaverei zwang, soviel ist klar, wurde eingeführt, um die ökonomischen Voraussetzungen für ein strikt männerbeherrschtes System zu erfüllen, das namentlich die Eigentumsübertragung vom Vater auf den Sohn sowie die Abschöpfung der Gewinne aus Frauen- und Kinderarbeit durch den Mann sichern sollte. Ein weiterer Grund lag in dem politischen und ideologischen Erfordernis, die sozialen Realitäten der alten Ordnung, in der Frauen sexuell, ökonomisch und politisch frei in ihrem Handeln waren und in der die Göttin die höchste Gottheit darstellte, von Grund auf umzugestalten. Denn nur durch eine solche Umgestaltung konnte eine streng hierarchische Machtstruktur aufrechterhalten werden.

Wie wir gesehen haben, war es kein Zufall, daß überall in der Alten Welt die Einführung der Männerherrschaft Teil des Wandels von einer friedlichen und egalitären Organisation der menschlichen Gesellschaft zu einer hierarchischen, auf Gewalt basierenden und von brutalen, habsüchtigen Männern geführten Ordnung war.

Es war, wie dargestellt wurde, auch kein Zufall, daß das Alte Testament Frauen aus ihrer früheren Priesterinnenfunktion verbannte und damit die religiöse Gesetzgebung, die nun die Gesellschaft beherrschte, ausschließlich den Männern überließ. Und daß die Bäume der Erkenntnis und des Lebens, die vordem mit dem Kult der Göttin assoziiert waren, jetzt als Privateigentum einer höchsten männlichen Gottheit präsentiert werden – als Symbol und Legitimation der absoluten Macht über Leben und Tod in den Händen der herrschenden Männerkasten – war gewiß ebensowenig ein Zufall.

Wissen ist von Übel, Geburt ist schmutzig, der Tod ist heilig

Adam und Eva wurden, wie wir dem Bericht der Genesis entnehmen konnten, auf ewig verdammt, weil sie Jehowas Befehl, sich vom Baum der Erkenntnis fernzuhalten, mißachteten. Dies bedeutete, daß *jede* Auflehnung gegen die Herrschaft der priesterlichen Machthaber (sowie, durch Jehowas direkten Befehl, gegen die Herrschaft der Männer allgemein) zur zutiefst verachtenswerten Sünde wurde. Autoritarismus und Männerherrschaft werden somit durch dasselbe Diktum gerechtfertigt, das moderne totalitäre Machthaber und Möchtegern-Machthaber, egal, ob sie zur theistischen Rechten oder zur atheistischen Linken gehören, bis auf den heutigen Tag ihren Untertanen predigen: Denkt nicht, sondern akzeptiert die Verhältnisse, wie sie sind; akzeptiert das, was euch von der Obrigkeit gesagt wird, als die reine Wahrheit. Vor allem aber, versucht nicht mit Hilfe eurer Intelligenz, mit euren eigenen Geisteskräften, uns in Frage zu stellen oder euch unabhängiges Wissen zu verschaffen. Denn wenn ihr dies tut, werdet ihr aufs schärfste bestraft.

Doch während Ungehorsam gegen die Obrigkeit sowie die Kühnheit, auf eigenen Wegen herausfinden zu wollen, was Gut und Böse ist, als schlimmste aller Verbrechen dargestellt werden, toleriert unsere Bibel bei zahlreichen Gelegenheiten die Ermordung und Versklavung von Mitmenschen sowie die Zerstörung und/oder Aneignung ihres Besitzes. Das Töten im Krieg wird göttlich sanktioniert, desgleichen Plünderung, Vergewaltigung von Frauen und Kindern sowie die Ausradierung ganzer Städte. Die Todesstrafe für eine Fülle (einschließlich sexueller) Tabuverletzungen wird ebenfalls als Instrument einer von Gott eingesetzten Justiz repräsentiert. Selbst geplanter Brudermord ist weniger verdammenswert als Ungehorsam gegenüber der Obrigkeit – denn nicht etwa die Ermordung Abels durch seinen Bruder Kain verurteilt die Menschheit dazu, fortan in Kummer und Mühsal zu leben, sondern Evas unautorisierte (oder unabhängige) »Kostprobe« vom Baum der Erkenntnis des Guten und Bösen.

Zur selben Zeit, da Blutvergießen aller Art – in Kriegen, brutalen Strafen und der praktisch absoluten Machtausübung der Männer über Frauen und Kinder – zur Norm wird, bekommt der Akt des Gebärens den Anstrich von Schmuddeligkeit und Unreinheit. Im Alten Testament finden wir – eingezwängt zwischen rituellen Reinigungen von Leprösen und der Unterscheidung zwischen reinem und unreinem Fleisch, auch entsprechende Vorschriften über die Geburt. Im 12. Kapitel des 3. Buches Mose lesen wir, daß eine Frau, die ein Kind geboren hat, rituell gereinigt werden muß, damit sie nicht andere mit ihrer »Unreinheit« befleckt. Dies bedeutet nicht nur, daß sie isoliert wird; sie muß auch die Priester für diverse rituelle Verrichtungen bezahlen. Erst nachdem sie dem Priester »ein Sündopfer vor die Tür der Stiftshütte« gelegt hat, welches dieser dem Herrn opfern kann, wird sie »entsühnt« und gilt wieder als »rein«.[20]

So werden zunächst in Mesopotamien und Kanaan, später aber auch in den Theokratien von Judäa und Israel, Kriege, autoritäre Herrschaft und die Unterjochung der Frauen zu integralen Bestandteilen der neuen dominatorischen Moral und Gesellschaft. Wissen war durch geschickte Umschichtung der Wertehierarchie zur Sünde geworden, die Geburt sogar zu etwas Schmutzigem – kurzum: die »Umleitung« unserer kulturellen Evolution war so erfolgreich, daß die Realität buchstäblich auf den Kopf gestellt wurde.

Ein Blick zurück in die Geschichte – selbst in jene, die im Dienste mächtiger Herren von Historikern, Philosophen und Priestern niedergeschrieben wurde – zeigt uns trotz allem, daß sich das alte Bewußtsein aus der Frühzeit der Menschheit, deren Evolution einen ganz anders gerichteten Verlauf nahm, nach wie vor zu behaupten versucht.

Die Große Göttin, deren Kult einst ideologisches Kernstück einer friedlicheren und egalitäreren Gesellschaft war, ist noch nicht völlig verschwunden. Obwohl sie nicht mehr das höchste Prinzip ist, das die Welt regiert, bleibt sie eine Kraft, mit der nach wie vor gerechnet werden muß – eine Kraft, die zum Beispiel noch im europäischen Mittelalter als Mutter Gottes verehrt wird. Obwohl seit Jahrhunderten durch Propheten und Priester verboten und verflucht, ist es nicht gelungen, ihren Kult vollständig auszurotten. Wie Horus und Osiris, wie Helios und Dionysos und – lange vor ihnen – der junge Gott von Çatal Hüyük, wie die junge Göttin Persephone oder Kore in den alten Eleusinischen Mysterien, ist Jesus immer noch Sohn einer göttlichen Mutter. De facto ist er noch immer das Kind der Göttin und symbolisiert, wie ihre früheren göttlichen Kinder, die Regeneration der Natur durch seine Wiederauferstehung in jedem Frühjahr zur Osterzeit.

Wie einst der Sohn der Göttin auch ihr Gefährte war, so ist in der christlichen Mythologie »auch Christus der Bräutigam Marias – der Mutter Kirche, die seine Mutter ist und bleibt.«[21] Das Taufbecken (oder der Kelch), das im christlichen Ritus eine so zentrale Rolle spielt, ist nach wie vor das alte weibliche Symbol des das Leben bergenden Gefäßes, wobei die Taufe, in den Worten des Jungianers und Mythenforschers Erich Neumann, »die

Rückkehr zur mystischen Gebärmutter der Göttin und ihrem Lebenswasser« bedeutet.[22]

Selbst der für Jesus gewählte Geburtstag (sein tatsächlicher ist historisch nicht bekannt) usurpiert, wie wir heute wissen, das Datum von Festlichkeiten, die in früheren Zeiten mit dem Kult der Göttin in Verbindung standen. Der Zeitpunkt um Weihnachten wurde für die »Messe Christi« gewählt, weil man früher um diese Zeit traditionell die Wintersonnenwende feierte – den Tag, an dem die Göttin die Sonne gebiert und der gewöhnlich in die Zeit zwischen dem 21. und dem 24. Dezember fällt. In der Zeit zwischen dem 21. Dezember und dem 6. Januar (dem Tag, der für das Dreikönigsfest gewählt wurde) wurden noch in römischer Zeit eine Reihe populärer Geburts- und Erneuerungsfeste gefeiert.[23]

Trotz aller Ähnlichkeiten gibt es grundlegende Unterschiede. Im offiziellen christlichen Pantheon ist die nunmehr einzige Frau zugleich auch die einzige sterbliche Figur. Sie wird noch immer als gnadenreiche und mitfühlende Mutter verehrt. Auf manchen Darstellungen – wie zum Beispiel den *Vierges Ouvrantes*, trägt sie in ihrem Körper noch immer das endgültige Wunder und Mysterium des Lebens.[24] Davon abgesehen ist sie nun eindeutig eine Nebenfigur. Und das zentrale mythische Bild der männerbeherrschten Religion ist nicht mehr die Geburt des jungen Gottes, sondern Kreuzigung und Tod.

Seine Mutter bringt Jesus lediglich zur Welt; es ist sein göttlicher Vater, der ihn auf die Erde schickt: als Opfer und Sündenbock, um für die menschliche Bosheit und Sündhaftigkeit zu büßen. Aber auf die Menschen selbst, die er bei seinem kurzen Aufenthalt im »irdischen Jammertal« im Auftrag seines Vaters »retten« soll, kommt es gar nicht so sehr an. Was zählt, sind sein Tod und die Verheißung eines besseren Lebens nach dem Tod – freilich nur für jene, die brav den Befehlen des Vaters gehorchen. Für alle anderen bringt der Tod nicht einmal Hoffnung – nur ewige Qualen und Verdammnis.

Die religiöse Kunst stellt nun nicht mehr die lebenspendenden, -erhaltenden und regenerierenden Kräfte der Göttin in den

Mittelpunkt. Verschwunden sind die Blumen und Vögel, die wilden Tiere und die Bäume; sie tauchen allenfalls noch als Hintergrunddekoration auf. Noch immer gibt es die Erinnerung an die Göttin, die das göttliche Kind in den Armen hält: die Madonna mit dem Kind. Aber inzwischen wird das Bewußtsein von Männern – aber auch von Frauen – besessen und verzehrt von einem Thema, das die gesamte christliche Kunst durchdringt. Immer mehr Bilder von christlichen Heiligen entstehen, deren Körper sich unter fürchterlichsten Foltern und Qualen winden; ein Gemälde nach dem anderen zeigt uns christliche Märtyrer, die auf die verschiedensten und ausgeklügeltsten Weisen abgeschlachtet werden... Wir denken an Dürers grauenvolle Visionen von der christlichen Hölle, Michelangelos *Jüngstes Gericht*, an Salomes endlosen Tanz mit dem abgeschnittenen Haupt Johannes des Täufers.

Vielleicht das prägnanteste Beispiel dafür, daß Schmerzen, Leiden und Tod in der Kunst jetzt jene zentrale Stellung einnehmen, die einst der Verehrung der Natur und des Lebens vorbehalten war, ist das allgegenwärtige Thema des sterbenden Christus am Kreuz.[25] Denn in der neuen Realität, von der es nun heißt, sie sei die alleinige Schöpfung eines männlichen Gottes, ist der lebenspendende und nährende Kelch als höchste Macht des Universums ersetzt worden durch die Macht des Herrschers und des Zerstörers: die tödliche Macht des Schwerts. Und diese Realität lastet bis heute auf der gesamten Menschheit – auf Frauen und Männern gleichermaßen.

Kapitel 8

Die andere Hälfte der Geschichte: Teil 1

Neue archäologische Entdeckungen haben uns wie eine Zeitmaschine in eine andere Wirklichkeit versetzt. Zu unserer Verblüffung haben sich die brutalen Klischeevorstellungen von einer von Grund auf und für alle Zeiten niederträchtigen und verdorbenen »menschlichen Natur« nicht bestätigt; vielmehr boten sich uns erstaunliche Ausblicke auf mögliche Verbesserungen unseres eigenen Lebens. Wir haben gesehen, wie unsere kulturelle Entwicklung in der Frühzeit der Zivilisation gleichsam gekappt und dann vollkommen umgekehrt wurde. Wir konnten beobachten, wie sie, nachdem zunächst die soziale und technologische Entwicklung wieder in Gang gekommen war, einen völlig anderen Verlauf nahm als zuvor. Wir sahen aber auch, daß die alten Wurzeln unserer Zivilisation niemals völlig vernichtet werden konnten.

Die alte Lebensfreude und Naturverbundenheit, die alte Tugend, lieber miteinander zu teilen als einander zu bestehlen, die Fähigkeit zu mitfühlender Anteilnahme anstelle gegenseitiger Unterdrückung, die Einsicht, Macht als Verantwortung aufzufassen und nicht als Herrschaft – all diese Eigenschaften sind in Wirklichkeit nie ausgestorben, sondern wurden lediglich zusammen mit den Frauen auf einen untergeordneten Rang verwiesen.

Die menschliche Sehnsucht nach Schönheit, Wahrheit, Gerechtigkeit und Frieden blieb ebenfalls erhalten, wurde aber von der neuen sozialen Ordnung verdrängt und unterdrückt. Wenn erstere sich hin und wieder bemerkbar machte, so geschah dies zunehmend ohne Einsicht in die Tatsache, daß das zugrundeliegende Problem eine Frage der Neustrukturierung der zwischenmenschlichen Beziehungen im Sinne einer starren, auf Gewalt und Zwang basierenden Hierarchie war – und bereits mit den Beziehungen zwischen den beiden Hälften der Menschheit begann.

Die Umwandlung der Realität war derart erfolgreich vonstatten gegangen, daß mit der Zeit eine im Grunde selbstverständliche Einsicht abhanden gekommen war: Daß nämlich die Art und Weise, wie eine Gesellschaft die elementarste zwischenmenschliche Beziehung strukturiert, tiefgreifende Auswirkungen auf alle Aspekte des Lebens und Denkens hat. Dies führte unter anderem dazu, daß nicht einmal unsere komplexen modernen Sprachen, die sonst für alles und jedes Fachausdrücke vorzuweisen haben, eine geschlechtsspezifische Bezeichnung für den fundamentalen Unterschied zwischen einer partnerschaftlichen und einer dominatorischen Gesellschaft kennen.

Allenfalls das Wort *Matriarchat*, im Gegensatz zu *Patriarchat*, käme dafür in Frage. Begriffe wie diese bestätigen jedoch nur überkommene Realitätsvorstellungen und überholte Ansichten von der Beschaffenheit der »menschlichen Natur«, denn sie beschreiben lediglich zwei Seiten ein und derselben Medaille. Der Begriff *Patriarchat*, der emotions- und konfliktgeladene Vorstellungen von tyrannischen Vätern und weisen alten Männern heraufbeschwört, taugt darüber hinaus nicht einmal zur korrekten Beschreibung des Systems, in dem wir derzeit leben.

Partnerschaft und *dominatorisches System* eignen sich dagegen recht gut zur Beschreibung jener beiden gegensätzlichen Organisationsprinzipien, die wir untersucht haben. Sie heben zumindest den wesentlichen Unterschied deutlich hervor. Einen entscheidenden Punkt allerdings vermitteln sie nicht: Es gibt zwei einander diametral entgegengesetzte Methoden, die Beziehungen zwischen der weiblichen und der männlichen Hälfte der Menschheit zu strukturieren, und beide haben tiefgreifende Auswirkungen auf das gesamte soziale System.

Wir haben in unserer Betrachtung jetzt einen Punkt erreicht, an dem wir sowohl im Interesse der Klarheit als auch aus Gründen der Ökonomie unserer Darstellung präzisere Begriffe brauchen als jene, die unser konventionelles Vokabular zu bieten hat. Nur so können wir unsere Untersuchung dieser beiden Alternativen und ihres Einflusses auf unsere kulturelle, soziale und technologische Entwicklung fortsetzen. Im folgenden wollen wir uns zunächst etwas näher mit der Zivilisation des antiken Griechenland befassen, die bekanntermaßen als die erste gilt, in der wissenschaftliches Denken formuliert wurde. Die beiden neuen Begriffe, die ich vorschlage und in bestimmten Zusammenhängen als Alternative für *dominatorisches System* und *Partnerschaft* verwenden werde, haben daher griechische Wurzeln.

Zur Bezeichnung eines sozialen Systems, das durch Gewalt oder die Androhung von Gewalt regiert wird, wähle ich den Begriff *Androkratie*. Er ist präziser als *Patriarchat* und wird bereits hie und da gebraucht; abgeleitet ist er von den griechischen Wörtern *anēr* (Genitiv: *andrós*) für »Mann« und *krātos* (wie in *demokratisch*) für »Herrschaft«.

Zur Beschreibung der realen Alternative eines androkratischen Systems, schlage ich den neuen Begriff *Gylanie* vor.[1] *Gy* ist abgeleitet von dem griechischen Wort *gynē* für »Frau«, *an* wiederum von *anēr* für »Mann«. Der Buchstabe *l* zwischen beiden Wortteilen hat eine Doppelbedeutung. Er steht im Englischen für *linking*, das heißt, die partnerschaftliche Bindung zwischen beiden Hälften der Menschheit (anstelle der hierarchischen Struktur in der Androkratie), und im Griechischen für das Verb *lyein* (lösen), das seinerseits eine doppelte Bedeutung hat: *lösen* oder *klären* (wie in Ana*ly*se), sowie *auflösen* oder *freisetzen* (wie in Kata*ly*se). In diesem Sinne steht der Buchstabe *l* für die Lösung unserer Probleme durch die Befreiung beider Menschheitshälften von einer ebenso verdummenden wie verzerrenden, durch androkratische Herrschaftshierarchien aufoktroyierte Rollenfestsetzung.

Dies führt zu einer kritischen Unterscheidung zweier verschiedener Arten von Hierarchie, auf die im konventionellen Sprachgebrauch nicht geachtet wird. Der Begriff *Hierarchie*, wie wir ihn verwenden, bezieht sich auf menschliche Ordnungssysteme, die auf Gewaltanwendung oder -androhung basieren. Es sind *Herrschaftshierarchien*, die deutlich geschieden werden müssen von jenen, die ich als *Formationshierarchien* bezeichnen möchte. Darunter sind die bekannten Hierarchien von Systemen innerhalb größerer Systeme zu verstehen, wie sie zum Beispiel im Verhältnis von Molekülen zu Zellen und von Zellen zu Organen zum Ausdruck kommen: Sie illustrieren demnach die Progression auf höhere, fortgeschrittenere und komplexere Funktionsebenen. Herrschaftshierarchien dagegen sind dadurch charakterisiert, daß sie die Formation und Fortentwicklung zu höheren Funktionen hemmen, und zwar nicht nur im sozialen System, sondern auch im einzelnen Individuum. Hierin liegt einer der Hauptgründe dafür, daß eine gylanische Organisation unserer Gesellschaft für die Zukunft erheblich größere evolutionäre Möglichkeiten eröffnet als eine androkratische.

Unser verborgenes Erbe

Die Heranziehung von Begriffen aus dem Griechischen liegt besonders nahe bei der Beschreibung des Einflusses, den die beiden konträren Gesellschaftsmodelle auf unsere kulturelle Evolution ausgeübt haben. Denn der Konflikt zwischen Gylanie und Androkratie, zweier vollkommen unterschiedlicher Arten des Zusammenlebens auf dieser Erde, sowie der evolutionäre Fortschritt aufgrund gylanischer Einflüsse lassen sich sehr gut am Beispiel des antiken Griechenland aufzeigen – vorausgesetzt, daß dabei die neuen Maßstäbe angelegt werden, die uns dank der kulturellen Transformationstheorie zur Verfügung stehen.

Nahezu alle Vorträge und Seminare über die Entstehung und den Verlauf der abendländischen Zivilisation setzen bei Homer an, bei Auswahltexten griechischer Philosophen wie Pythagoras, Sokrates, Plato und Aristoteles sowie bei den Werken moderner Althistoriker, die das »goldene« Zeitalter des Perikles glorifizieren. Uns wird beigebracht, daß die europäische Geschichte erst mit den frühesten Berichten über die indoeuropäische oder arische Kultur einsetzt (Homer und Hesiod) und daß wir einen Großteil der uns heute geläufigen Vorstellungen von Gerechtigkeit und Demokratie der bemerkenswerten Zivilisation und Kultur des klassischen Griechenland zu verdanken haben.

Beim Durchblättern der Sekundärliteratur fällt uns möglicherweise sogar auf, daß Pythagoras bei einer gewissen Themistoklea, einer Priesterin in Delphi, Ethik lernte und daß Sokrates von Diotema, einer Priesterin aus Mantinea, unterrichtet wurde.[2] Vielleicht stolpern wir sogar über die denkwürdige Information, daß die führenden Männer der gesamten griechischen Welt nach Delphi zu pilgern pflegten, um sich von einer Priesterin namens Pythia Ratschläge zu den wichtigsten sozialen und politischen Fragen der Zeit erteilen zu lassen. Dies jedoch sind Ausnahmen; in den meisten Texten sind Frauen kaum erwähnt, und auch von Kreta ist allenfalls sehr selten die Rede.

So drängt sich insgesamt der Eindruck auf, daß es in früheren Epochen der Geschichte keinerlei Zivilisation in Europa gab, ja, daß Europa bis zur Ankunft der indoeuropäischen Eroberer von wilden Stämmen bevölkert war, deren kultureller Entwicklungsstand kaum der Rede wert ist. Schließlich wird uns auch suggeriert, daß Frauen zur Zeit der ersten zivilisatorischen Hochblüte in Europa – also im klassischen Griechenland – wenige oder gar keine bürgerlichen und politischen Rechte besaßen, ganz gewiß aber keine Machtpositionen bekleideten.

In Homers *Odyssee* allerdings sind einige der stärksten Figuren weiblichen Geschlechts. Im Laufe seiner langen Irrfahrt sieht sich Odysseus mit einer ganzen Reihe von Frauen konfrontiert: mit der Zauberin und Königin Kirke, den verführerischen Sirenen, den entsetzlichen Ungeheuern Skylla und Charybdis. Die Nymphe Kalypso, die über die Insel Ogygia herrscht, hält ihn lange Zeit von der Weiterreise ab. Erst nach Intervention der Göttin Athene kann Odysseus Ogygia verlassen, gerät jedoch in einen Sturm und wird nur mit Hilfe eines Schleiers, den ihm die Göttin Leukothea reicht, vor dem Ertrinken gerettet und an Land gespült, wo ihn schließlich Nausikaa, die Tochter des Königs der Phäaken, entdeckt.

Am großartigen phäakischen Hof, der nach Ansicht vieler Forscher ein präzises Abbild mykenischer Königshäuser ist, lebt auch Nausikaas Mutter, Königin Arete, vom König geachtet, »wie nirgends ein Weib auf Erden geehrt wird«; und verehrt von »dem Volke, das sie wie eine Göttin betrachtet..., sooft sie die Gassen durchwandelt.«[3]

Bei Odysseus' Heimkehr erfahren wir, daß seine Gattin Penelope ebenfalls eine charakterstarke und entschlossene Frau ist. Erfolgreich widersetzt sie sich den zahlreichen Freiern, die durch die Heirat mit ihr die Macht über Ithaka an sich reißen wollen – ein deutlicher Hinweis darauf, daß in Griechenland selbst nach den achäischen Invasionen die matrilineare Erbfolge noch die Norm und zudem die Voraussetzung jeden Herrschaftsanspruchs war.[4]

Wie wir bereits gesehen haben, sind Hesiods Anspielungen auf ein »goldenes Geschlecht«, das »wie Götter« lebte und deren Acker »Frucht trug... unbestellt in neidloser Fülle«, Erinnerungen an die friedfertigen, egalitär orientierten Bauernvölker des Neolithikums, die schon zu Hesiods Zeiten nur noch in der Legende fortlebten. Die Tatsache, daß in Hesiods *Theogonie* die Entstehung der Welt einer männlichen Figur namens Chaos zugeschrieben wird, bestätigt einmal mehr, was wir bereits dem archäologischen Befund entnommen haben: Die Herrschaft der Indoeuropäer wurde mit Hilfe ungeheurer physischer und kultureller Zerstörung gleichsam »chaotisch« durchgesetzt.

Wie bei Homer finden sich auch in Hesiods Werk zahlreiche Anklänge an eine frühere gylanische Gesellschaft und Mythologie. So ist es zum Beispiel noch immer die »vollbrüstige Erde«, die, der Göttin der Alten gleich, den Himmel gebiert und »die erhabenen Berge, die glücklichen Geister der göttlichen Nymphen«. Und es ist noch immer, wie in der älteren Religion, eine weibliche Macht, die »ohne süße Vereinigung der Liebe« – anders gesagt: allein – das Meer austrägt.[5]

Die Welt Hesiods wird bereits von Männern beherrscht; sie ist kriegerisch und hierarchisch gegliedert. Aber die Zeit der Partnerschaft oder, genauer gesagt, die gylanischen Werte der Vergangenheit sind noch nicht gänzlich in Vergessenheit geraten. Hesiod betrachtet den Krieg nicht als inhärenten Zug der menschlichen Natur – oder, wie später der Philosoph Heraklit, als »den Vater aller Dinge« und den »König aller«.[6] Hesiod schreibt ausdrücklich, daß der Krieg und der Kriegsgott Ares von einem vermessenen Menschengeschlecht nach Griechenland gebracht wurden, und zwar von den Achäern, die mit Bronzewaffen einfielen und denen schließlich die Dorer folgten, die Griechenland mit ihren eisernen Waffen verwüsteten, von Hesiod aber aufs tiefste verachtet wurden.

Wenn Freud und Jung recht hätten und es tatsächlich so etwas wie ein genetisch vererbtes Rassengedächtnis geben sollte, so könnte man sagen, dieses Gedächtnis habe Hesiod veranlaßt, über eine bessere, versunkene Vergangenheit zu schreiben. Wahrscheinlicher ist jedoch, daß Hesiod noch unter dem Einfluß einer von Generation zu Generation weitergegebenen Überlieferung stand, die über das Leben in jener weit zurückliegenden Epoche berichtete. Es ist bezeichnend, daß Hesiod ausdrücklich festhält: »Nicht von mir, sondern von meiner Mutter stammt die Geschichte darüber, wie Erde und Himmel einst von einer Gestalt waren.«[7] Es ist dies nicht nur ein Hinweis darauf, daß sein Werk tatsächlich auf Überlieferungen beruht; es impliziert auch, daß seine Mutter – eine Frau – in einer nunmehr von Männern dominierten Welt Trost in den verblassenden Erinnerungen an eine weniger repressive Zeit fand.

Hesiods Schriften entstanden gegen Ende einer Ära, die von Historikern als das »Dunkle Zeitalter« Griechenlands bezeichnet wird. Sie wurde, ein halbes Jahrtausend, nachdem die dorischen Invasionen Europas ins Chaos gestürzt hatten, von der griechischen Klassik abgelöst. Nun haben Nicolas Platon, Jacquetta Hawkes, J. V. Luce und viele andere aufgezeigt, daß sich die griechische Zivilisation selbstverständlich nicht in voller Blüte – wie Athene, die angeblich dem Haupte des Zeus entsprang – aus der Asche der dorischen Verwüstungen erhob. Ihre Fundamente waren auch keineswegs »Mitbringsel« der barbarischen Invasoren, genausowenig, wie es wahrscheinlich ist, daß die griechische Zivilisation, wie mitunter behauptet wird, im wesentlichen Ergebnis einer »kulturellen Diffusion« war oder sich aus »Anleihen« von älteren, fortgeschritteneren Kulturen des Mittleren Ostens zusammensetzte, welche durch Handel und andere Kontakte zustande kamen.

Sehr viel naheliegender und weitaus besser vereinbar mit dem archäologischen Befund ist dagegen folgende Annahme: Die früheren achäischen Invasoren aus mykenischer Zeit waren, ebenso wie die dorischen Herrscher, die später ihren Platz einnahmen, erst dann zu Fortschritten in der Lage, als sie einen Großteil der materiellen und spirituellen Kultur der von ihnen eroberten Völker absorbiert hatten.

Luce hat versucht, diesen Prozeß zu rekonstruieren. »Wie ein vom Feuer verwüsteter Olivenbaum«, schreibt er, »schlief die minoische Kultur für einige Zeit ein, um dann im Schatten der mykenischen Zitadellen frische Schößlinge zu treiben ... Minoische Prinzessinnen, die ›Töchter des Atlas‹, heirateten ein in die Familien der mykenischen Kriegsherren. Minoische Architekten entwarfen die Festland-Paläste, und minoische Maler schmückten sie mit Fresken. Das Griechische wurde erst in den Händen minoischer Schreiber zur Schriftsprache.«[8]

Auch von dem nächstfolgenden barbarischen Ansturm erholte sich die minoische Kultur und blühte wieder auf – wenngleich erneut in veränderter Form. »Es ist«, schreibt Luce, »vermutlich kein Zufall, daß das dorische Kreta im archaischen Zeitalter berühmt war für seine hervorragenden Gesetze und Institutionen. Der Stamm, der viele friedliche Jahrhunderte lang so liebevoll gehegt worden war, ließ sich nicht so ohne weiteres ausrotten. Ableger dieses Stamms wurden nach Griechenland verpflanzt, schlugen Wurzeln und erblühten auch dort.«[9] Auf diese Weise war selbst nach der dorischen Verwüstung, wie Luce schreibt, »nicht alles verloren«.[10] Gewiß fiel vieles der Vergessenheit anheim, sogar die Erinnerung an die minoische Zivilisation begann allmählich zur Legende zu verblassen. Die Große Göttin wurde – in Gestalten wie Hera, Athene und Aphrodite – im offiziellen griechischen Pantheon nunmehr dem Zeus untergeordnet. Trotzdem enthält die klassisch-griechische Zivilisation noch immer eine Reihe wichtiger Elemente, die besser in eine partnerschaftliche als in eine dominatorisch orientierte Gesellschaft passen. Um es genauer auszudrücken: Sie sind eher *gylanisch* als *androkratisch*.

Die zyklische Einheit der Natur und die Harmonie der Sphären

Als eine der ersten Manifestationen der klassischen Zivilisation in Griechenland traten die sogenannten vorsokratischen Philosophen und Wissenschaftler auf den Plan. Es ist mehrfach hingewiesen worden, daß ihre Weltanschauung (in der Ideen anklangen, die für viele Menschen bis heute noch schockierend und umstritten sind) der erste bekannte säkulare und der erste wissenschaftliche Versuch war, die Realität zu begreifen.[11] Erstmalig in der aufgezeichneten Geschichte wurde Erkenntnis hier nicht mehr als durch sakrale Mythen und religiöse Rituale vermittelte Funktion göttlicher Erleuchtung beschrieben, sondern als empirisch beweisbares und/oder widerlegbares Faktenwissen. Während bei Homer zum Beispiel der Regenbogen noch mit der Göttin Iris identifiziert wird, meint Anaximenes, er entstehe, wenn Sonnenstrahlen auf dichte, feuchte Luftschichten treffen.[12]

In dieser Hinsicht bedeuten die Gedanken der vorsokratischen Philosophen, wie etwa eines Xenophanes, Thales, Diogenes und Pythagoras zweifellos einen scharfen Bruch mit dem früheren religiösen Weltbild. Das Überraschende daran ist freilich, daß die Prämissen dieser Männer in vielen Punkten eher mit der älteren, gylanischen Weltanschauung übereinstimmen als mit der späteren androkratischen.

So gilt Xenophanes beispielsweise als die erste Quelle für das, was der Philosophie-Historiker Edward Hussey den »der traditionellen griechischen Religion so fremden, radikalen Monotheismus« nennt.[13] Hussey zeigt auf, daß Xenophanes' Vorstellung von einer allumfassenden, unendlichen Intelligenz, die das Universum regiert, in krassem Widerspruch zum »offiziellen« olympischen Pantheon steht. Dort herrscht eine unberechenbare und oftmals bewaffnete Götterschar – die mit den zahllosen kleinen Stammesfürsten und Königen, welche einst die alte Welt überrannten, eine ganze Reihe von Gemeinsamkeiten zu haben scheint – die Neigung zu Willkür und launenhafte Herrschaftsausübung über ihre menschlichen »Untertanen« und die Zyklen der Natur.[14] Im Lichte unseres heutigen Wissens über die Vorgeschichte betrachtet, ließe sich jedoch ebenso leicht behaupten, daß in Wirklichkeit die dominatorische und androkratische Weltsicht »neu und revolutionär« war – und nicht, wie Hussey schreibt, jene Weltanschauung, die den politischen und sozialen Entwicklungen im Griechenland des sechsten vorchristlichen Jahrhunderts zugrunde liegt.[15]

Ist es wirklich nur ein Zufall, so fragen wir uns, daß die ältere Vorstellung von einer kohärenten, zyklischen Weltordnung – früher symbolisiert durch die Große Göttin, die Mutter und Allesspenderin – ausgerechnet zu einer Zeit wieder auftauchte, da sich die Zivilisation gerade vom Ansturm der Dorer erholt hatte? Und warum vollzogen sich diese Prozesse ausgerechnet in Städten, die zu Anatolien gehörten – also zu jenem Teil der Welt, in dem einst Çatal Hüyük florierte –, sowie auf Inseln im Einzugsbereich Kretas, wo auch die phantastische Zivilisation der Minoer gedieh und die Göttin als Mutter, Jungfrau, Creatrix oder Ahnfrau bis zur Eroberung durch die Dorer höchste Verehrung genoß?[16]

An anderer Stelle haben wir bereits aufgezeigt, daß der Göttinnen-Kult sowohl polytheistisch als auch monotheistisch war. Die Göttin wurde zwar in vielerlei Gestalten verehrt, doch besaßen ihre unterschiedlichen Manifestationen eine ganze Reihe von Gemeinsamkeiten. So wurde die Göttin als Mutter und Allesspendende überall als Ursprung der Natur und des Lebens angesehen.[17] Die vorsokratische Vorstellung von einer geordneten und kohärenten Welt entspricht in diesem Punkt viel eher der älteren Vorstellung von der Göttin als oberster, allesspendender und allumfassender, übermenschlicher Macht denn jener Weltanschauung, die durch das spätere olympische Pantheon – das heißt, einem Verein von streitsüchtigen, miteinander rivalisierenden, durch und durch unberechenbaren Göttinnen und Göttern – symbolisiert wird.

Die pythagoreische Vorstellung vom Kosmos als gewaltiger musikalischer Harmonie (die berühmte »Sphärenharmonie«) scheint gleichfalls eher mit der alten religiösen Kosmologie übereinzustimmen als mit dem total zerstrittenen Götterhimmel der Olympier. In der vorsokratischen Kosmologie sind allerdings anstelle der Göttin eher unpersönliche Kräfte am Werk, und nur gelegentlich finden sich Hinweise auf eine allumfassende und nunmehr vermutlich männliche Gottheit. Dennoch ist ihre Welt noch immer weit entfernt von dem chaotischen, rein zufallsbestimmten Universum, wie es der Vorstellung verschiedener androkratischer Denker entsprach.

Zu den Grundgedanken der vorsokratischen Weltanschauung gehört, daß die Weltordnung in nachvollziehbarer Regelmäßigkeit verläuft, »indem sich die wesentlichen Veränderungen in täglichen oder jährlichen Zyklen wiederholen.«[18] Hierin liegt eine erstaunliche Parallele zur »Alten Religion«, in der die Zyklen in der Natur (und im Leben der Frauen) immer wiederkehrende Themen sind. Über Thales, der nach seiner Ansicht der Pionier der »Natur«-Philosophie war, berichtet Aristoteles, er habe das Wasser für den Ursprung aller Dinge gehalten. Auch dies ist eine verblüffende Parallele zu der früheren Vorstellung, daß die Göttin – und mit ihr die Erde – zu Beginn der Zeiten dem Urmeer entstiegen sei.[19]

Auch die dialektische Konzeption vom Gleichgewicht der Gegensätze als essentieller Voraussetzung sowohl für Wandel als auch für Stabilität wurde bereits im sechsten und fünften Jahrhundert v. u. Z. von Philosophen wie Anaximander, Zeno und Empedokles entwickelt.[20] Inzwischen zeichnet sich jedoch ab, daß es in der kosmologischen Vorstellungswelt aus der Zeit des Göttinnen-Kults Vorläufer dieser Konzeption gegeben zu haben scheint.

Auf der bemalten Keramik der europäischen Cucuteni-Kultur aus der Mitte des vierten Jahrtausends v. u. Z. ist die Spannung zwischen Paaren ebenso wie zwischen Gegensätzen ein häufiges Thema.[21] Die Dynamik der Natur und ihre periodische Verjüngung durch die scheinbaren Gegensätze von Tod und Geburt standen im Mittelpunkt der alten religiösen Mythologie; die Göttin verkörperte sowohl die Einheit als auch den Dualismus von Leben und Tod. Ebenso verschmolzen in ihr die entgegengesetzten Prinzipien Mutterschaft und Jungfräulichkeit.[22] Häufig wurden auch Weiblichkeit und Männlichkeit miteinander vermengt – einerseits in den älteren, androgynen Darstellungen der Göttin, andererseits im späten Ritual der Heiligen Hochzeit. Geburt und Tod des Menschen sowie ganz allgemein in der Natur waren in der alten religiösen Mythologie Ausdruck des Nebeneinanders und der weitgehenden Einheit aller kreativen und destruktiven Kräfte der Göttin. Erich Neumann hat für diesen allumfassenden, transformativen Charakter der alten Gottheit den Ausdruck »Göttin der Gegensätze« geprägt.[23]

Manche Gelehrte haben aufgrund von Parallelen zur Vorstellungswelt der ägyptischen, mesopotamischen und anderer nahöstlicher Kulturen versucht, die vorsokratischen Vorstellungen als »Anleihen« bei jenen älteren, höher entwickelten und schon damals vorwiegend dominatorisch-androkratischen Zivilisationen zu erklären. Daß kulturelle Diffusion ein wichtiger Faktor in der Genesis der vorsokratischen Weltanschauung war, ist unbestritten – *entscheidend* (und bislang unterdrückt oder übersehen) scheint jedoch der Einfluß lokaler Überlieferungen und Legenden gewesen zu sein.

Vor allem lokale Entwicklungen scheinen zu einer graduellen »Aufweichung« des proto-androkratischen Systems geführt zu haben. Im Laufe einer Epoche relativen Friedens zwischen den griechischen Stadtstaaten und fehlender äußerer Bedrohung lebten nicht nur die schönen Künste und das Handwerk wieder auf, sondern es wurde auch versucht, die rauhbeinigen Tyrannen, Könige und Stammesfürsten durch oligarchische Demokraten (das heißt, aus Aristokratie und Besitzbürgertum zusammengesetzte Regierungen) zu ersetzen.

Es kann daher nicht überraschen, daß, wie Hussey aufzeigt, die Überlegungen der griechischen Philosophen jener Zeit »die Ausbreitung der politischen Gleichberechtigung« sowie die Wiedereinführung des Rechts als ein »endgültiges, unteilbares und unveränderliches« Prinzip sowohl reflektierten als auch beflügelten.[24] Vor allem die pythagoräische Vorstellung von »geometrischer Gleichberechtigung«[25] unter den kosmischen Elementen und unter den Menschen war unvereinbar mit der Ordnung der »starken Männer«, wenngleich in den pythagoräischen Siedlungen in Wirklichkeit eine oligarchische Ordnung geherrscht zu haben scheint, die mehr oder weniger Platos späterer Vorstellung von Philosophen-Königen entsprach.[26]

Recht aufschlußreich in diesem Zusammenhang ist der Hinweis des Aristoxenos, daß Pythagoras den größten Teil seines ethischen Wissens einer Frau verdankte, der delphischen Priesterin Themistoklea. Ferner heißt es, daß Pythagoras den alten Mystizismus in die griechische Philosophie eingeführt habe, ja, er soll sogar ein Feminist gewesen sein.[27] Bei seiner Reform der Orphik, einer altgriechischen Mysterien-Religion, scheint Pythagoras besonderen Wert auf die Verehrung des weiblichen Prinzips gelegt zu haben.[28] Und Diogenes berichtet uns, daß an der Pythagoräischen Schule neben Männern auch Frauen unterrichtet wurden, wie im übrigen später auch an Platos Akademie.[29]

Die Althistorikerin Jane Harrison hat darauf hingewiesen, daß die platonische Philosophie in vielen Aspekten auf pythagoräischen Einflüssen und orphischer Symbolik beruhte, die nach wie vor Elemente der prä-androkratischen Religion und Moral enthielten.[30] Der gleichen Tradition scheint die platonische Vorstellung eines wohlgeordneten, harmonischen Ideal-Universums jenseits der »dunklen Höhle« menschlicher Wahrnehmung zu entspringen. Und daß sich Plato in seinem *Staat* für die Gleichberechtigung der Frauen in Erziehung und Ausbildung einsetzte, ist gewiß *nicht* mit der androkratischen Überzeugung in Einklang zu bringen, Frauen müßten zunächst und vor allem erst einmal unterdrückt werden.[31]

Das antike Griechenland

Eine Rückschau auf das antike Griechenland macht uns deutlich, daß viele der Errungenschaften dieser bemerkenswerten Zivilisation – die große Liebe zur Kunst, das enorme Interesse an der Natur und ihren Gesetzen, die reiche und vielfältige, feminine und maskuline mythische Symbolik und nicht zuletzt der kurze und begrenzte Versuch der Einführung einer mehr Gleichberechtigung garantierenden politischen Organisation, die die Griechen Demokratie nannten – auf weit frühere Zeiten zurückverfolgt werden kann. Auch läßt sich heute unschwer nachweisen, wo die weniger fortschrittlichen Elemente der griechischen Kultur ihren Ursprung hatten. Die Tatsache, daß die griechische Demokratie den größten Teil der Bevölkerung, die Frauen und die Sklaven, von der Teilnahme am politischen Leben ausschloß, war unmittelbare Folge des androkratischen Überbaus, der der früheren, friedlicheren und auf größerer Gleichberechtigung beruhenden Ordnung aufoktroyiert worden war. Dasselbe gilt für den Umstand, daß sich die herrschende Klasse vorwiegend mit dem Kriegshandwerk beschäftigte, »männliche« Tugenden wie (Kriegs-)Heldentum und bewaffnete Aggression idealisierte und den Frauen nur einen äußerst niedrigen Status einräumte.

Der Konflikt und das Wechselspiel androkratischer und gylanischer Elemente im klassischen Griechenland läßt sich besonders gut am Beispiel der Pallas Athene demonstrieren. Einerseits spiegelt sich in ihrer Person noch immer die ältere, partnerschaftlich orientierte kulturelle Entwicklung, sie ist noch immer die Göttin der Weisheit und trägt das alte Schlangen-Symbol. Gleichzeitig aber ist sie auch Kriegsgöttin, trägt Helm und Speer: Der Kelch ist zum Schild geworden. Beide Elemente finden wir auch in Platos *Staat* mit seinem paradox anmutenden Entwurf eines hierarchisch gegliederten und gleichzeitig humanistisch-egalitär ausgerichteten Gemeinwesens.

Auf der einen Seite macht sich Plato zum Fürsprecher einer Drei-Klassen-Gesellschaft, basierend auf, »einer noblen Lüge« wie er ironisch bemerkt: der Geschichte nämlich, daß die herrschende Klasse oder die *»Wächter«* aus Gold seien, die Krieger aus Silber und der Rest (Arbeiter und Bauern) aus minderwertigen Erzen. Dieses System hat jedoch, jedenfalls insofern, als die Wächter selbst betroffen sind, durchaus egalitären, ja, im Grunde streng kommunistischen Charakter. Die Machtausübung wird von Prinzipien geleitet, die eher durch den Kelch als durch das Schwert symbolisiert werden. Im *Staat* befürwortet Plato, der auch mit größter Phantasie nicht als Feminist bezeichnet werden kann, sogar, den Frauen der herrschenden Klasse die gleiche Erziehung und Ausbildung zukommen zu lassen wie den Männern. Diese Forderung stand in krassem Widerspruch zu der in Athen geübten Praxis.

Das Nebeneinander von Gylanie und Androkratie findet in der griechischen Kunst einen besonders lebendigen Ausdruck. Die alte Liebe zum Leben und zur Natur spricht aus den hervorragenden Darstellungen des weiblichen und des männlichen Körpers, doch sind Unruhe, Streit und bewaffnete Auseinandersetzungen ebenso häufig wiederkehrende Motive.

Weitere Hinweise auf die Rivalität zweier gegenläufiger Kulturen finden wir in der griechischen Religion. Beleg dafür, daß die älteren Wurzeln der griechischen Religion in einer Weltanschauung zu suchen sind, die Frauen und »weibliche« Werte nicht unterdrückte, ist die Tatsache, daß an verschiedenen Orten und in bestimmten Tempeln auch in klassischer Zeit noch immer weibliche Gottheiten verehrt wurden. Offiziell ist Zeus die höchste Gottheit. Aber die Göttinnen sind noch immer mächtig, mitunter sogar mächtiger als die Götter. Die gleichen kulturellen Wurzeln erkennen wir in den großen Eleusinischen Mysterien, die alljährlich, wenige Kilometer von Athen entfernt, in Eleusis gefeiert wurden. Dort enthüllte noch immer die Göttin – in ihrer Zwillingsgestalt aus Demeter und Kore – den religiös Initiierten die höchsten mystischen Wahrheiten. Ein böotisches Goldsiegel und eine thebanische Vasendekoration zeigen auch dem heutigen Betrachter, daß im Mittelpunkt dieser Riten das alte weibliche Gefäß, der Kelch oder das heilige Bekken, stand.[32]

Die gylanischen und androkratischen Elemente der griechischen Gesellschaft erkennen wir auch anhand der paradoxen Situation der Frau im alten Athen wieder. Trotz großer gesetzlicher und gesellschaftlicher Restriktionen waren zumindest einzelne Frauen in Griechenland erheblich besser gestellt als ihre Geschlechtsgenossinnen in den nahöstlichen Theokratien. Anzeichen dafür, daß in Athen sogar eine Art »Frauenbewegung« existierte, sind an sich schon ein Indiz für eine weniger massive Unterdrückung.

Unbestritten ist, daß alle Frauen – genau wie die Sklaven beiderlei Geschlechts – von der vielgerühmten Athener Demokratie ausgeschlossen waren. In der Tat deutet die von Augustinus aufgezeichnete Geschichte über die Frauen von Athen, die ihr Wahlrecht just zu dem Zeitpunkt verloren, da sich der Übergang vom matrilinearen zum patrilinearen Prinzip vollzog, darauf hin, daß die Einführung der Androkratie das Ende der wahren Demokratie bedeutete.[33] Ohnehin beschränkte sich das Leben der Frauen aus den oberen Schichten in klassischer Zeit überwiegend auf die ebenso ungesunde wie abstumpfende Existenz im Gynaikón (Frauengemach). Doch gleichzeitig gibt es Hinweise darauf, daß im nämlichen Athen – wo, wie die Kulturhistorikerin Jacquetta Hawkes schreibt, verglichen mit anderen griechischen Stadtstaaten »die Lage der Frauen am schlimmsten (oder etwa nur am häufigsten bejammert?) war« – einige Frauen durchaus bedeutende Rollen im öffentlichen und intellektuellen Leben spielten.[34] Aspasia zum Beispiel, die Gemahlin des Perikles, wirkte nicht nur als Lehrerin, sondern auch als Politikerin, indem sie die Bildung von Athener Hausfrauen förderte und unterstützte und sich am Aufbau jener bemerkenwerten städtischen Kultur beteiligte, die von Historikern später das »Goldene Zeitalter des Perikles« genannt wurde.[35]

Wenngleich die vielgerühmte Athener Erziehung und Bildung generell den Männern vorbehalten blieb, so studierten zumindest an Platos Akademie auch Frauen. Der starke gylanische Zug der griechischen Kultur, der hierin zum Ausdruck kommt, ist um so eindrucksvoller, wenn wir uns ins Gedächtnis rufen, daß Frauen in den Vereinigten Staaten erst um die Wende vom neunzehnten zum zwanzigsten Jahrhundert Zugang zu höherer Bildung errangen.

Schließlich gab es in verschiedenen Epochen der griechischen Geschichte Philosophinnen und Schriftstellerinnen, deren Werke noch in den »heidnischen« Bibliotheken zu finden waren, die später von christlichen und islamischen Fanatikern zerstört wurden. So heißt es beispielsweise von der griechischen Philosophin Arignote, sie habe in einer pythagoräischen Schule studiert, ein Buch mit dem Titel *Heilige Gespräche* herausgegeben und selbst die *Riten des Dionysos* sowie eine Reihe anderer Werke verfaßt.[36] Es gibt sogar Spekulationen, die *Odyssee* könne von einer Frau verfaßt worden sein. Auch sollen Frauen ihren eigenen Philosophenschulen vorgestanden haben, so zum Beispiel Arete von Kyrene, die sich vor allem mit Naturwissenschaften und Ethik beschäftigte und für eine Welt, »in der es weder Herren noch Sklaven geben soll«, eintrat.[37] Telesila von Argos war bekannt für ihre politischen Lieder und Hymnen. Korinna von

Böotien, die Lehrerin Pindars, trug, wie die Frauenhistorikerin Elise Boulding schreibt, »bei lyrischen Wettbewerben fünfmal den Sieg über ihn [ihren Schüler] davon«. Und Erinna wurde von den Alten mit Homer auf eine Stufe gestellt.

Aus den wenigen, von ihrem Werk noch erhaltenen Fragmenten ist bekannt, daß die Dichterin Sappha oder Sappho von Lesbos (die gleichfalls eine Schule für Frauen leitete) wunderschöne Gedichte schrieb, in denen sie anstelle des in der griechischen Poesie so oft besungenen Krieges die Liebe preist: »Manche sagen, berittene Krieger, andere behaupten, Fußsoldaten oder eine Flotte langer Ruderschiffe sei der herrlichste Anblick auf der dunklen Erde. Ich sage, es ist der Mensch, den du liebst.«[38]

Manchen griechischen Frauen bot der Beruf der *Hetäre* eine unabhängigere und relativ angesehene Alternative zum untergeordneten Dasein einer Ehefrau. Die Hetären wurden und werden oft fälschlich mit Prostituierten gleichgesetzt. Die alten Griechen sahen ihre Rolle jedoch ganz anders. Am ehesten sind noch die Kurtisanen, die im Europa des 17. und 18. Jahrhunderts zum Teil über beträchtlichen politischen Einfluß verfügten, mit den Hetären zu vergleichen. Sie waren begabte Unterhalterinnen und Gastgeberinnen mit relativ hoher Bildung und großem Interesse am kulturellen Leben ihrer Zeit. Besonders aufschlußreich sind Berichte über Hetären, die gelehrte Frauen waren oder sogar führende Positionen im öffentlichen Leben bekleideten. »Die Hetären in den ionischen und ätolischen Stadtstaaten galten als die brillantesten«, schreibt Boulding. »Zwei von Platos bekanntesten Schülern waren Frauen, Laschenia von Mantua und Axiothea.«[39] Auch von Aspasia, die einen großen Beitrag zur kulturellen Entwicklung Athens leistete, heißt es, sie sei eine Hetäre gewesen.

Vielleicht am bezeichnendsten sind die Hinweise darauf, daß es im alten Griechenland eine Bewegung gab – heutzutage vielleicht zu vergleichen mit der Frauenbefreiungsbewegung –, deren Ziel es offensichtlich war, zu einer sozialen Organisation zurückzukehren, in der die beiden Hälften der Menschheit keiner Rangordnung mehr unterliegen sollten. Bissige Kommentare darüber finden sich in den misogynen Satiren von Männern wie Aristophanes und Kratinus, in denen es um Frauen geht, die sich in Gruppen treffen und ungeziemende Reden darüber führen, daß sie »wie Männer sein wollen«.[40] Allerdings ist durchaus anzunehmen, daß sich Frauen, die regelmäßig zu ausschließlich Frauen vorbehaltenen religiösen Zeremonien und Versammlungen zusammenkamen und dort einer weiblichen Gottheit huldigten, ein starkes Gespür für die weibliche Identität bewahren konnten. Den Griechinnen blieb somit bis weit in klassische Zeiten hinein eine Quelle der Stärke und Erbauung erhalten, wie sie den Frauen in vielen anderen abendländischen Kulturen, in denen die Göttin schließlich in den Untergrund getrieben oder gänzlich ausgelöscht wurde, fehlte.

Nicht minder interessant sind die Hinweise auf pazifistische Aktivitäten der Frauen im klassischen Griechenland. Über eine organisierte Friedensbewegung, die durchaus vergleichbar mit der heutigen zu sein scheint, berichten einige erhalten gebliebene Schauspiele aus jener Zeit recht anschaulich. Die Lysistrata im gleichnamigen Stück des Aristophanes ruft die Frauen dazu auf, die Männer bis zur Einstellung ihrer kriegerischen Unternehmungen sexuell zu boykottieren. Daß dieses Thema ein ganzes Stück des populären Komödiendichters trägt, kann nicht nur als Beleg für die Stärke dieser Bewegung angesehen werden, sondern verrät auch eine Strategie, die bis auf den heutigen Tag für männerbeherrschte Gesellschaften typisch ist: Zur Wahrung männlicher Machtpositionen werden die Anliegen der Frauen ins Lächerliche gezogen oder trivialisiert.

Diese Methode der Trivialisierung und die noch weiter verbreitete Praktik, verfügbare Daten über Frauen einfach zu verschweigen, durchzieht wie ein roter Faden die Geschichtsschreibung, und keineswegs nur die über Griechenland. Alles, was mit Frauen zusammenhängt, gilt generell als zweitrangig – oder fällt ganz einfach unter den Tisch. So haben konventionelle Historiker alle Aktivitäten von Frauen, die sich für den Frieden und eine menschlichere Gesellschaft einsetzten, konsequent ignoriert. Nun aber, nach der Entdeckung immer neuer Tatsachen, zwingt uns unsere vergessene Geschichte zu der Einsicht, daß die Aktivitäten der Frauen von außerordentlicher Bedeutung waren. Sie belegen – wie wir später noch genauer untersuchen werden –, daß in Griechenland und anderswo die Frauen aktiv daraufhinarbeiteten, »weibliche« Werte wie Frieden und Kreativität zu realen Prioritäten der Gesellschaft zu machen – vorausgesetzt, sie hatten die Chance dazu.

Ebenso wie das Fehlen geschlechtsspezifischer Begriffe wie *Gylanie* und *Androkratie* im geschichtswissenschaftlichen Vokabular dient auch die systematische Nichterwähnung der Frauen in Berichten über unsere Vergangenheit zur Aufrechterhaltung eines Systems, das auf der männlichen Überordnung beruht. Auf diese Weise wird das Hauptdogma männlicher Dominanz immer wieder verstärkt: Frauen sind nicht so wichtig wie Männer. Indem jeder Hinweis auf die zentrale Funktion von Frauenthemen in unserer sozialen und ideologischen Organisation unterschlagen wird, gelingt es, die soziale Alternative Gylanie erfolgreich zu unterdrücken.

Betrachten wir dagegen die Geschichte aus geschlechtsholistischer Perspektive, so öffnet sich uns der Blick auf den bislang verborgenen Konflikt zwischen Gylanie und Androkratie. Wir erkennen darin zwei grundverschiedene Möglichkeiten, unser Leben auf dieser Erde zu gestalten. Unter dieser Voraussetzung kann auch die im Vergleich zu den nahöstlichen Theokratien relativ große Freiheit einiger Frauen im klassischen Griechenland als wichtiger sozialer Indikator angesehen werden. Sie kann Ursache und Ergebnis ein und desselben Phänomens sein: der Dauerhaftigkeit und der Neubelebung eines humaneren, für die prä-androkratische Epoche charakteristischen Verständnisses von politischer Macht im Sinne von Verantwortung statt Kontrolle.

Viele unserer heutigen Vorstellungen von sozialer Gerechtigkeit, darunter auch die Grundkonzepte von Freiheit und Demokratie, stammen von griechischen Philosophen wie Sokrates und Pythagoras. Die Schlußfolgerung, ihre Konzeptionen seien Früchte früherer gylanischer Wurzeln gewesen, wird durch den

Umstand, daß die Lehrer dieser beiden Männer Frauen waren, noch plausibler. Aufschlußreich ist auch, daß beide – Themistoklea, die Lehrerin des Pythagoras, und Diotema, die Lehrerin des Sokrates – Priesterinnen waren: Hüterinnen und Übermittlerinnen älterer religiöser und moralischer Traditionen.

Trotz zahlreicher Anzeichen für ein gylanisches Wiedererstarken im klassischen Griechenland dürfen wir den entschlossenen androkratischen Widerstand gegen diesen Evolutionsschub nicht außer acht lassen. Die offizielle Religion war in ihren Schlüsselpositionen dominatorisch besetzt: Zeus errichtet und erhält seine Oberherrschaft durch Akte barbarischer Grausamkeit, darunter zahlreiche Vergewaltigungen göttlicher und sterblicher Frauen. Wir haben bereits ausgeführt, in welchem Ausmaß große rituelle Dramen der Klassik, wie etwa die *Orestie*, dazu dienten, androkratische Normen männlicher Vorherrschaft und Gewalt aufrechtzuerhalten und zu stärken. Sie spiegeln die reale Politik der regierenden Eliten Griechenlands wider. Denn gleichgültig, wie »zivilisiert« diese Männer auch wurden: Wenn sie ihre Vorrangstellung beibehalten wollten, konnten sie in ihrem für androkratische Systeme typischen Dreigespann aus männlicher Dominanz, autoritärer Herrschaft und institutionalisierter gesellschaftlicher Gewalt einen grundlegenden Wandel keinesfalls dulden.

Recht und Unrecht in der Androkratie

Die Männer, die das klassische Griechenland regierten, waren durchaus bereit, eine humanere Einstellung zu unterstützen und mitunter sogar zu bewundern – solange sie sich strikt an bestimmte Grenzen hielt. Besonders entlarvend ist in diesem Zusammenhang eines der unverständlichsten und zugleich tragischsten Ereignisse im klassischen Griechenland, der Tod des scheinbar harmlosen alten Philosophen Sokrates. Um welcher »radikalen«, angeblich die Jugend Athens »korrumpierenden«

Ideen willen mußte ein so anerkannter Philosoph wie er zum Tode verurteilt werden? Bezeichnenderweise handelte es sich dabei um Ideen, die gylanische Häresien – wie etwa die Forderung nach gleichberechtigter Erziehung für Frauen – einschlossen. Außerdem attackierte Sokrates mit seinen Gedanken über die Gerechtigkeit massiv das androkratische Dogma, daß Macht gleich Recht sei.

Sokrates' Herausforderung eines sich auf Gewalt stützenden Herrschaftssystems findet in Platos *Staat* nachhaltigen Widerhall. Platos Gedanke über die Gleichstellung der Frau in Erziehung und Ausbildung empfand sogar noch der angeblich so aufgeklärte Philosoph Jean-Jacques Rousseau im achtzehnten Jahrhundert als schockierend. Im Dialog des Sokrates mit dem Sophisten Glaukon, der im *Staat* überliefert ist, wehrt sich Sokrates vehement gegen den Grundsatz seines Gesprächspartners, daß Gesetz und Gerechtigkeit für Männer der herrschenden Klasse lediglich unter Aspekten der Nützlichkeit von Interesse seien.

Auch die Sophisten traf zuweilen der Vorwurf, sie wollten die konventionelle Moral untergraben, indem sie die griechische Götterwelt offen ablehnten. In dem erwähnten Dialog zeigt Plato jedoch auf, daß ihre philosophische Lehre ohne jede Beschönigung die konventionelle Moral ihrer Zeit vertrat.[41]

Was die Sophisten lehrten, war schlicht und einfach Ausdruck der Überzeugung jener Männer, die damals Griechenland regierten, und es entspricht auch heute noch weitgehend der Weltanschauung jener, die in weiten Teilen der Welt das Sagen haben. Sie ließen es nicht bei moralischen Erklärungen bewenden, sondern befaßten sich auch mit den politischen und sozialen Gegebenheiten des androkratischen Alltags, in dem – damals wie heute – Männer durch Waffengewalt ihren Rechtsstandpunkt durchzusetzen trachteten.

Im *Staat* erklärt Glaukon Sokrates, Gesetze seien lediglich eine Erfindung der Schwachen, die raffiniert genug sind zu erkennen, daß ihren eigenen Interessen am besten gedient ist, wenn sie die Starken in Schach halten. Gerechtigkeit sei lediglich ein

»Kompromiß« zwischen »dem Besten von allem – ungestraft Unrecht zu tun – und dem Schlechtesten von allem – ungerecht behandelt zu werden und sich nicht dafür rächen zu können.«[42]

Besonders bezeichnend ist, daß dieses Weltbild Eingang fand in die Schriften des berühmten griechischen Historikers und Feldherrn Thukydides, der den Verlauf des Peloponnesischen Kriegs von 431–404 v. u. Z. aufzeichnete. In seiner Wiedergabe eines Dialogs zwischen den Athener Gesandten und den Repräsentanten von Melos, einem kleinen Stadtstaat der Kykladen, den die Athener annektieren wollten, verkünden die Athener unverblümt, ihr Interesse gelte weder Recht noch Unrecht, sondern allein der Nützlichkeit. Denn »die Frage der Gerechtigkeit erhebt sich nur zwischen gleichstarken Parteien, während die Starken tun, was sie tun können, und die Schwachen erleiden, was sie erleiden müssen.«[43]

Diese Nützlichkeitsethik, wie John Mansley Robinson in seiner Analyse der griechischen Philosophie betont, gründet sich zum Teil auf die Prämisse, daß Menschen »rücksichtslose, gierige, eigensüchtige Tiere« seien[44] – eine Feststellung, die ihrerseits auf der Prämisse basiert, daß durch Gewaltanwendung entstandene Rangordnungen unter den Menschen »natürlich« und daher rechtens seien. Entsprechend dieser Einstellung gibt es, wie Aristoteles in seinem Werk *Politik* formuliert, in der Natur sowohl Elemente, die zum Herrsccher bestimmt sind, als auch solche, denen es bestimmt ist, beherrscht zu werden. Anders gesagt: Das Prinzip, das die soziale Organisation bestimmen *sollte*, ist die Hierarchie, nicht das gleichberechtigte Nebeneinander. Ausdrücklich hält Aristoteles fest – und formuliert damit das Credo androkratischer Philosophie und Lebensführung –, daß Frauen in gleicher Weise von Natur aus dazu bestimmt seien, von Männern beherrscht zu werden, wie Sklaven von freien Bürgern. Alles andere wäre ein Bruch mit der sichtbaren und demzufolge »natürlichen« Ordnung.[45]

Wie bereits ausgeführt, bilden eben diese Prämissen auch einen integralen Bestandteil des jüdisch-christlichen Erbes, jener anderen großen Tradition, die die europäische Kultur geformt hat. Hier finden sie allerdings ihren Ausdruck in christlichen Vorstellungen wie der Erbsünde und einer religiösen Mythologie, die eine strenge Hierarchie, in der Gott über den Mann und der Mann über Frauen, Kinder und die Natur herrscht, als göttlich sanktionierte Ordnung darstellt.[46]

Die nähere Beschäftigung mit der Geschichte des Christentums zeigt, daß der konventionelle Begriff für Rangordnung, *Hierarchie*, ursprünglich auf die Kirchenleitung bezogen war. Es leitet sich ab von den griechischen Wörtern *hierós* (heilig) und *arché* (Herrschaft) und beschreibt die Rangordnungen oder abgestuften Machtebenen, die den Kirchenoberen dazu dienten, Autorität über ihre Priester und über die Bevölkerung des christlichen Europas auszuüben.[47]

Unser jüdisch-christliches Erbe, die Basis für die oftmals vergebliche, aber nie vollkommen erstickte Hoffnung, daß sich die spirituelle Evolution der Menschheit eines Tages vielleicht doch noch aus den Fesseln eines Systems befreien könnte, das uns in Barbarei und Unterdrückung versumpfen ließ, besitzt aber noch eine andere Seite. Sie hätte uns, wie wir im folgenden Kapitel sehen werden, vor zweitausend Jahren durchaus eine zweite – sprich: gylanische – Umgestaltung bescheren können.

KAPITEL 9

Die andere Hälfte der Geschichte: Teil 2

Vor fast zweitausend Jahren beschuldigte ein freundlicher, mitfühlender Jude namens Jesus die herrschenden Klassen seiner Zeit – und zwar nicht nur die Reichen und Mächtigen, sondern auch die religiösen Autoritäten –, das Volk von Palästina auszubeuten und zu unterdrücken. Er predigte universale Liebe und lehrte, daß die Bescheidenen, Demütigen und Schwachen dereinst die Welt erben sollten. Das abgeschottete Untertanendasein, das die Kultur, in der er lebte, den Frauen zuwies, lehnte er in Worten und Taten ab. Jesus, der sich – schon dies war zur damaligen Zeit eine Art Häresie – freimütig in Gesellschaft von Frauen zeigte, verkündete die spirituelle Gleichheit aller Menschen.

Daß die Obrigkeit in Jesus einen gefährlichen Revolutionär sah, dessen radikale Ideen um jeden Preis zum Schweigen gebracht werden mußten, kann nach der Lektüre der Bibel niemanden überraschen. Und *wie* radikal diese Ideen aus der Perspektive eines androkratischen Systems wirkten, in welchem der Vorrang des Mannes vor der Frau zum Grundmodell aller menschlichen Rangordnungen geworden war, wird aus einer kurzen Passage im Brief des Paulus an die Galater (3: 28) deutlich. »Hier ist nicht Jude noch Grieche, hier ist nicht Knecht noch

Freier, hier ist nicht Mann noch Weib; denn ihr seid allzumal einer in Christus Jesus«, heißt es dort kurz und bündig für alle, die dem Evangelium Jesu folgen.

Einige christliche Theologen wie etwa Leonard Swidler haben behauptet, Jesus sei ein Feminist gewesen, da selbst aus offiziellen oder »heiligen« Texten hervorgehe, daß er die strenge Absonderung und Unterordnung der Frauen zu seiner Zeit ablehnte.[1] Das Hauptziel des Feminismus ist jedoch die Befreiung der Frauen. Jesus einen Feministen zu nennen, wäre folglich nicht korrekt. Treffender wäre es zu sagen, daß die Lehren Jesu eine gylanische Sicht der menschlichen Beziehungen verkörpern.

Diese Sicht war freilich nicht neu und, wie schon erwähnt, auch in jenen Teilen des Alten Testaments enthalten, die mit einer partnerschaftlich orientierten Gesellschaft vereinbar sind. Nie jedoch war sie so wortgewaltig (und für die religiösen Eliten der Zeit geradezu ketzerisch) artikuliert worden, wie durch den jungen Zimmermann aus Galiläa. Und obwohl die Frauenbefreiung keineswegs sein zentrales Anliegen war, so fällt uns doch unter der neuen Perspektive der kulturellen Transformationstheorie ein Thema auf, das wie ein roter Faden all seine Predigten durchzieht: Die Vision von der Befreiung der *gesamten* Menschheit durch die Abschaffung androkratischer Werte und ihre Ersetzung durch gylanische.

Jesus und Gylanie

Als beste Quellen für den »echten Jesus« gelten im allgemeinen jene Schriften des Neuen Testaments, deren Autoren ihn offensichtlich persönlich kannten und seine Schüler waren: die Evangelien des Matthäus, Markus, Lukas und Johannes. Obwohl sie erst Jahre nach Jesu Tod niedergeschrieben wurden und zweifellos in stark bearbeiteter Form vorliegen, geben sie seine Lehren wahrscheinlich zuverlässiger wieder als etwa die Apostelgeschichte oder die Korinther-Briefe.

Der Eckstein der dominatorischen Ideologie, jene Aussage, die die Überlegenheit des Mannes und die Unterlegenheit der Frauen festschreibt, ist in den Evangelien, von wenigen Ausnahmen abgesehen, in der Regel nicht anzutreffen. Statt dessen sind die Texte der Botschaft Jesu von der Forderung nach spiritueller Gleichheit durchzogen.

Noch auffallender, da von großer Überzeugungskraft, ist die Lehre Jesu, daß wir »weibliche Tugenden« aus Sekundär- oder Hilfsfunktionen in Primär- oder Zentralpositionen erheben sollen. Anstatt zu roher Gewalt zu greifen, sollen wir die andere Wange darbieten; wir sollen andere so behandeln, wie wir von ihnen behandelt werden wollen; wir sollen unsere Nachbarn, ja sogar unsere Feinde lieben. Anstelle von »männlichen Tugenden« wie Härte, Aggressivität und Dominanz sollen wir gegenseitiger Verantwortung, Mitgefühl, Zärtlichkeit und Liebe den Vorzug geben.

Bei näherer Betrachtung der Lehre Jesu sowie der Art und Weise, wie er seine Botschaft verbreitete, fällt uns ein ums andere Mal auf, daß er eine partnerschaftlich orientierte Gesellschaft predigte. Das Dogma, Männer in hoher Stellung – zu seiner Zeit Priester, Adelige, Reiche und Könige – seien Günstlinge Gottes, wies er zurück. Er suchte unbefangen die Gesellschaft von Frauen und stellte sich damit demonstrativ gegen die männerbeherrschten Normen seiner Zeit. Und in schroffem Gegensatz zu christlichen Lehrern späterer Zeit, die sich doch wahrhaftig Gedanken darüber machten, ob Frauen überhaupt eine unsterbliche Seele besäßen, predigte Jesus *nicht* die dominatorische Grundweisheit, Frauen seien den Männern geistig unterlegen.

Die Frage, ob Jesus je in Fleisch und Blut existiert hat, ist umstritten. So wurde (mit sehr guten Belegen) argumentiert, daß seine Existenz ausschließlich an Hand höchst suspekter christlicher Quellen nachweisbar sei; jede Bestätigung von anderer Seite fehle. Auch haben Forscher darauf hingewiesen, daß es zu praktisch allen Ereignissen aus Jesu Leben sowie zu vielen seiner Lehren parallele Geschehnisse und Äußerungen von mythischen Figuren aus anderen Religionen gibt. Die Vermutung, daß Jesus durch »Anleihen« von anderswoher so »hergestellt« wurde, wie es den frühen Kirchenführern zupaß kam, liegt daher nahe. Das vielleicht zwingendste Argument dafür, daß Jesus tatsächlich existiert hat, ist kurioserweise sein feministisches oder gylanisches Denken und Handeln. Denn wie wir gesehen haben, erforderte das damalige System vor allem Helden und Götter, die androkratische Werte *unterstützten*.

Es ist also schwer einzusehen, warum man ausgerechnet einen Protagonisten erfunden haben sollte, der, wie wir im Johannesevangelium (4: 7–27) lesen, schon allein dadurch die androkratischen Sitten seiner Zeit verletzte, daß er in aller Öffentlichkeit mit Frauen sprach, und dies so ausführlich, daß es sogar seine Jünger »wunder nahm«; einen Menschen zudem, der sich gegen die Steinigung von Frauen wandte, die sich des – in den Augen der männlichen Obrigkeit – schrecklichen Verbrechens schuldig gemacht hatten, mit jemand anderem als ihrem »Herrn« sexuelle Beziehungen zu unterhalten.

Bei Lukas (10: 38–42) erfahren wir, wie Jesus ganz offen Frauen in die Schar seiner Anhänger aufnahm, ja sie sogar dazu ermunterte, aus ihren servilen Rollen auszubrechen und sich aktiv am öffentlichen Leben zu beteiligen. Er lobt die aktive Maria vor ihrer häuslichen Schwester Martha. Und in allen offiziellen Evangelien können wir nachlesen, daß er Maria Magdalena, eine Prostituierte, mit Respekt behandelte.

Noch erstaunlicher ist die Aussage der Evangelien, daß der wiederauferstandene Christus zuerst Maria Magdalena erschien. Maria Magdalena ist es, die an seinem Grab Wache hält und vor der leeren Gruft weint. Sie hat dort eine Vision, in der ihr Jesus erscheint – also *bevor* seine vielzitierten männlichen Jünger ihn zu Gesicht bekommen. Auch ist es Maria Magdalena, die der wiederauferstandene Jesus bittet, den anderen mitzuteilen, daß er gen Himmel fahren wird.[2]

Es überrascht nicht, daß die Lehren Jesu zur damaligen Zeit – wie auch heute noch – besonders attraktiv für Frauen waren. Von christlichen Historikern nur selten erwähnt wird die Tatsache, daß es im Neuen Testament sogar Frauen in hohen religiösen Führungspositionen gibt. In der Apostelgeschichte (9: 36) erfahren wir von einer *Jüngerin* Jesu mit Namen Tabea. (Es fällt auf, daß sie nicht in die offizielle Zählung aufgenommen wurde, derzufolge Jesus nur 12 Jünger hatte). Im Römerbrief (16: 12) grüßt Paulus respektvoll mehrere weibliche Apostel. »Grüßet die Tryphäna und die Tryphosa, welche in dem Herrn arbeiten. Grüßet die Persis, meine Liebe, welche in dem Herrn viel gearbeitet hat.«

Einige Experten glauben, daß der Brief an die Hebräer im Neuen Testament in Wirklichkeit von einer Frau namens Priscilla geschrieben worden ist. Das Neue Testament beschreibt sie, die Frau des Aquila, als Mitarbeiterin des Apostels Paulus, wobei ihr Name vor dem ihres Gatten steht.[3] Die Religionshistorikerin Constance Parvey weist darauf hin, daß in der Apostelgeschichte (2: 17) Frauen expressis verbis zu Prophetinnen ausersehen sind. Gott wird dort wie folgt zitiert: »... da will ich ausgießen von meinem Geist auf alles Fleisch; und eure Söhne und eure Töchter sollen weissagen...«

Frauen übernahmen also in den ersten christlichen Gemeinden durchaus Führungsaufgaben, obwohl es zu jener Zeit enorme gesellschaftliche Zwänge gab, die auf Beibehaltung einer strengen Männerherrschaft beharrten. Wie die Theologin Elisabeth Schussler Fiorenza ausführt, spricht dafür auch der Umstand, daß eine Vielzahl frühchristlicher Versammlungen, von denen im Neuen Testament die Rede ist, in Häusern von Frauen stattfanden. So wird zum Beispiel im Kolosserbrief (4: 15) eine Frau namens Nympha »und die Gemeinde in ihrem Hause« gegrüßt. Im Ersten Brief an die Korinther (1: 11) erfahren wir von der Gemeinde im Hause der Chloe. In der Apostelgeschichte (16: 14, 15, 40) wird erwähnt, daß die Gemeinde in Philipp mit der Taufe einer Geschäftsfrau namens Lydia begründet wurde – und so weiter und so fort.[4]

Und immer wieder ist im Neuen Testament die Rede von Maria Magdalena. Als Prostituierte verstieß diese Frau gegen das fundamentale androkratische Gesetz, das die Frau zum sexuellen Privateigentum ihres Ehemanns oder Herrn machte. In der frühchristlichen Bewegung spielte Maria Magdalena eine wichtige Rolle, ja es gibt zwingende Beweise dafür, daß sie nach dem Tode Jesu zum engsten Führungskreis der Bewegung gehörte. In einem unterdrückten Dokument wird berichtet, daß sie hartnäckig Widerstand leistete, als einige christliche Sekten jene Art von Hierarchie wieder einführen wollten, die Jesus in Frage gestellt und herausgefordert hatte. Diese Quelle wurde aus leicht einsehbaren Gründen später nicht in die Textsammlung aufgenommen, die von den Führern jener Sekten zum Neuen Testament zusammengestellt wurden.

Für das androkratische Bewußtsein ist es unvorstellbar, daß Jesus in eine gylanische Gegenrevolution verwickelt war. Um es mit einer biblischen Parabel zu umschreiben: Es wäre wohl leichter für ein Kamel, durch ein Nadelöhr zu gelangen, als daß ein solcher Gedanke in das Bewußtsein jener Fundamentalisten dringen könnte, die heute die Stoßstange ihrer Autos mit Aufforderungen wie »Get right with Jesus« bekleben. Aus welchem Grund, so würden sie fragen, sollte Jesus sich überhaupt mit der Besserstellung der Frauen und femininer Werte allgemein befaßt haben? Warum sollte er Frauen gefördert und aus ihrer untergeordneten Rolle befreit haben? Als der, der er war, so würden sie aus voller Überzeugung sagen, hatte er sicher wichtigere Dinge zu tun. Die Beschäftigung mit »Frauenfragen« gehörte dazu – nach konventionellem Verständnis – sicher nicht.

Es ist in der Tat bemerkenswert, daß die Lehren und Taten Jesu eine Einheit bildeten, denn im Grunde war Jesus selbst das Produkt einer androkratischen Gesellschaft, ein Jude, der in eine Zeit hineingeboren wurde, in der das Judentum noch immer streng männerbeherrscht war. Es war eine Zeit, in der – wie wir bei Johannes (8: 3–11) erfahren – Frauen nach wie vor gesteinigt wurden, wenn sie gegen die sexuellen Eigentumsrechte ihrer Ehemänner oder Herren verstoßen hatten. Bezeichnenderweise verhinderte Jesus nicht nur eine solche Steinigung, sondern forderte durch seine Tat auch die Pharisäer und Schriftgelehrten heraus, die ihn ganz bewußt in diese Situation manövriert hatten, um ihn als gefährlichen Rebellen entlarven zu können.

In einem Punkt freilich sind die gylanischen Lehren Jesu weniger bemerkenswert. Seit langem ist Jesus als eine der spirituell größten Persönlichkeiten aller Zeiten anerkannt. Welche Kriterien wir auch anlegen – die Person, die in der Bibel seinen Namen trägt, verfügt über ausgesprochen hohe Sensibilität und Intelligenz. Darüber hinaus ist er mutig genug, selbst unter Einsatz des eigenen Lebens der herrschenden Obrigkeit die Stirn zu bieten und sich gegen Grausamkeit, Unterdrückung und Habgier auszusprechen. Insofern ist seine Einsicht, daß der allenthalben sichtbare »maskuline« Wertekatalog von Herrschsucht, Unterdrückung und Eroberungsstreben, der das Leben seiner Mitmenschen belastete und herabwürdigte, durch ein sanfteres, »weiblicheres« Wertesystem ersetzt werden müsse, das sich statt dessen auf Mitgefühl, Verantwortung und Liebe gründete, nicht allzu erstaunlich.

Seine Erkenntnis, daß unsere spirituelle Evolution durch eine auf Gewalt basierende Hierarchie, die alle zwischenmenschlichen Beziehungen strukturierte, blockiert worden war, hätte zu einer fundamentalen Gesellschaftsveränderung führen und uns vom androkratischen System befreien können. Aber der Widerstand des Systems erwies sich – wie auch zu anderen Zeiten der gylanischen Erneuerung – als zu stark. Am Ende hinterließen uns die Kirchenväter ein Neues Testament, in dem die gylanischen Aussagen durch Hinzufügen total gegensätzlicher, auf die Rechtfertigung der späteren androkratischen Struktur und Zielrichtung der Kirche zugeschnittener Dogmen entschärft wurden.

Restauratoren alter Meisterwerke gelingt es bisweilen, den Originalzustand eines Gemäldes wiederherzustellen. Sie müssen dafür aber Schicht um Schicht verzerrende Übermalungen, Schmutz und alten Firnis abkratzen. In ähnlicher Weise gelingt es derzeit Theologen und Religionshistorikern, die sich mit der Vor- und Nachgeschichte des Neuen Testaments befassen, den gylanischen Jesus wiederzuentdecken.

Um ein besseres Verständnis von der wahren Natur der frühen Christenheit zu erlangen, dürfen wir uns nicht auf die offiziellen Schriften beschränken, die im Neuen Testament enthalten sind, sondern müssen uns auch mit anderen Dokumenten aus der Frühzeit des Christentums beschäftigen, von denen einige erst in jüngster Zeit gefunden worden sind. Die wichtigsten davon sind die zweiundfünfzig gnostischen Evangelien, die 1945 in Nag Hammadi, einer abgelegenen Provinz in Oberägypten, ausgegraben wurden.[5]

Professor Elaine Pagels, Religionswissenschaftlerin in Princeton, schreibt in ihrem Buch *The Gnostic Gospels*, daß »diejenigen, die diese Texte schrieben und unter die Leute brachten, *sich selbst* nicht als ›Häretiker‹ betrachteten.«[6]

Nichtsdestoweniger stammt viel von dem, was zuvor über solche »häretischen« Schriften bekannt war, von der gegnerischen Seite, deren Interesse an objektiver Information für die Nachwelt naturgemäß nicht sonderlich groß war.

Tatsächlich ließen die Männer, die um 200 n. Chr. die Kontrolle über die »einzig wahre« (orthodoxe) Kirche übernahmen, sämtliche Abschriften jener Texte zerstören. »Irgend jemand«, schreibt Pagels, »vielleicht ein Mönch aus dem nahegelegenen Kloster von St. Pachomius, nahm die verbotenen Bücher an sich und versteckte sie, um sie vor der Zerstörung zu bewahren, in einem Tongefäß – und dort blieben sie dann 1600 Jahre lang vergraben.«[7] Nach einer Kette von Ereignissen, die sich wie ein Kriminalroman lesen, dauerte es nach der Wiederentdeckung weitere vierunddreißig Jahre, bis die unterdrückten gnostischen Evangelien wissenschaftlich ausgewertet waren und 1979 durch das Buch von Elaine Pagels der Öffentlichkeit vorgestellt wurden.

Nach Professor Helmut Koester von der Harvard Universität sind einige dieser neuentdeckten heiligen Schriften der Christenheit älter als die Evangelien des Neuen Testaments. »Sie sind«, schreibt er, »möglicherweise noch in der zweiten Hälfte des ersten Jahrhunderts (50–100 n. Chr.) entstanden, also ebenso alt oder noch etwas älter als die Evangelien des Markus, Matthäus, Lukas und Johannes.«[8]

Die gnostischen Evangelien wurden also zu einem Zeitpunkt geschrieben, da sich die Androkratie längst durchgesetzt hatte. Sie sind beileibe keine gylanischen Dokumente – und dennoch enthalten sie eine machtvolle Herausforderung an die Normen einer dominatorischen Gesellschaft.

Der Begriff *gnostisch* ist abgeleitet vom griechischen Wort *gnósis* (Wissen). Es steht im Gegensatz zu dem bis heute weitverbreiteten Begriff *agnostisch* und dient zur Bezeichnung von Menschen, die glauben, ein solches Wissen stelle keine *Gewißheit* dar oder sei überhaupt nicht erfahrbar. Wie andere mystische Traditionen in den Religionen Europas und Asiens vertraten die christlichen Gnostiker den nach außen hin unverfänglich erscheinenden Standpunkt, daß das Mysterium einer höheren oder göttlichen Wahrheit für alle Menschen durch religiöse Disziplin und moralischen Lebenswandel erfahrbar sei.

Die Frage lautet also, woran es nun eigentlich lag, daß der Gnostizismus als verdammungswürdige Häresie betrachtet wurde. Bei näherer Betrachtung finden wir in den gnostischen Evangelien denselben Gedanken, der die hebräische Priesterschaft zu der Verunglimpfung und Verfolgung Jesu veranlaßte – den Gedanken nämlich, daß der Mensch auch *ohne* Hilfe einer Hierarchie mit einem Oberrabbi, Erzbischof oder Papst an der Spitze Zugang zur Gottheit finden kann, und zwar *direkt* durch Gnosis oder göttliches Wissen. Und ohne Ehrerbietungsbekundungen oder Tributzahlungen an eine autoritäre Priesterschaft.

In den von den »orthodoxen« Christen unterdrückten Schriften finden wir auch die Bestätigung für die seit langem bestehende, auf die Lektüre der offiziellen Schriften und diverser schon bekannter gnostischer Fragmente zurückzuführende Vermutung, daß Maria Magdalena eine der bedeutendsten Persönlichkeiten der frühchristlichen Bewegung war.

Im *Evangelium der Maria* lesen wir erneut, daß sie die erste war, die den wiederauferstandenen Christus zu Gesicht bekam (ein Umstand, der beiläufig auch im Markus- und Johannesevangelium erwähnt wird).[9] Auch erfahren wir hier, daß Christus Maria Magdalena inniger liebte als alle anderen Jünger – eine Tatsache, die auch das gnostische *Evangelium des Philipp* bestätigt.[10] Welch bedeutende Rolle Maria Magdalena in der Geschichte der frühen Christenheit gespielt haben mag, läßt sich ausschließlich anhand der unterdrückten Schriften ermessen. Im *Marienevangelium* heißt es, daß Maria Magdalena nach dem Tode Jesu den Mut hatte, die Autorität des Petrus in Frage zu stellen, der seine Führerschaft in der neuen religiösen Hierarchie mit dem Anspruch begründete, daß nur er sowie seine Priester und Bischöfe über eine »direkte Verbindung« zu Gott verfügten.[11]

»Man denke nur an die politischen Implikationen des *Marienevangeliums*«, schreibt Pagels. »So wie Maria Petrus die Stirn bietet, so stellen die Gnostiker, deren Vorbild sie ist, die Autorität all jener Priester und Bischöfe in Frage, die sich selber als Nachfolger Petri sehen.«[12]

Zwischen der sich zunehmend hierarchisch entwickelnden Kirche, an deren Spitze Petrus stand, und anderen frühchristlichen Gemeinden, wie den meisten Gnostikern sowie Sekten wie den Montanisten und Markionisten, gab es eine ganze Reihe ähnlicher, ebenso grundlegender doktrinärer Unterschiede. Im Gegensatz zu den Männern, die heute als »Kirchenväter« bezeichnet werden, achteten diese Sekten Frauen als Jüngerinnen, Prophetinnen und Mitbegründerinnen des Christentums und nahmen sie, in strenger Befolgung der Lehren Jesu über die spirituelle Gleichheit von Mann und Frau, in die engsten Führungszirkel ihrer Gruppen auf.[13]

Das gylanische Grundprinzip des Konsenses und der Wille, die Bildung festgefügter Hierarchien zu vermeiden, kommen auch in der Praxis verschiedener gnostischer Sekten zum Ausdruck, bei jedem Treffen die jeweilige Führung per Los zu bestimmen – eine Vorgehensweise, die uns durch die Schriften der Gegenseite überliefert ist, zum Beispiel durch den Bischof Irenäus, der um 180 n. Chr. Bischof von Lyon war.[14]

»Zu einer Zeit, da die orthodoxen Christen die Unterschiede zwischen Klerus und Laien mehr und mehr betonten«, schreibt Pagels, »zeigten diese Gruppen gnostischer Christen demonstrativ, daß sie untereinander eine solche Diskriminierung nicht zu akzeptieren bereit waren. Anstatt ihre Mitglieder in höhere und niedrigere Rangstufen innerhalb einer Hierarchie einzuordnen, folgten sie dem Prinzip der strikten Gleichberechtigung. Alle Eingeweihten, Männer ebenso wie Frauen, waren gleichberechtigt an der Auslosung beteiligt. Das Los konnte daher jeden treffen und ihn/sie zum/zur Priester/in, Bischof/in oder Prophet/in bestimmen. Und da bei jeder Versammlung neuerlich das Los gezogen wurde, bestand nie die Gefahr, daß die so bestimmten Unterschiede zu dauerhaften ›Rängen‹ wurden.[15]

Für die androkratischen Christen, die inzwischen überall auf der Grundlage einer streng hierarchischen Rangordnung die Macht übernahmen, waren solche Praktiken verabscheuungswürdige Schandtaten. So regte sich zum Beispiel Tertullian, der um 190 n. Chr. die »orthodoxe« Position vertrat, gewaltig darüber auf, »daß sie alle gleichberechtigten Zugang haben, daß sie gleichberechtigt zuhören und gleichberechtigt beten – und das gilt selbst für Heiden, die zufällig dabei sind.« Besonders entrüstete ihn, daß »sie auch den Friedenskuß teilen mit allen, die kommen.«[16]

Am meisten erregte sich Tertullian jedoch über die Gleichstellung der Frau – und dies aus seiner Sicht gewiß zu Recht, denn damit waren die Fundamente der hierarchischen Infrastruktur bedroht, die er und seine Bischofskollegen der Kirche aufzuerlegen trachteten. »Tertullian protestiert vor allem gegen die Beteiligung von ›jenen Frauen unter den Häretikern‹, die ebenso wie

Männer Führungspositionen innehatten«, bemerkt Pagels. »›Sie lehren, sie beteiligen sich an Diskussionen, die exorzieren, sie heilen‹ – Tertullian argwöhnt, daß diese Frauen sogar tauften, was hieße, daß sie das Bischofsamt ausübten!«[17]

Für Männer wie Tertullian gab es lediglich eine »Häresie«, die noch schlimmer war als der Gedanke der spirituellen Gleichberechtigung von Männern und Frauen: Die Vorstellung von Gott in weiblicher Gestalt – eine enorme Bedrohung der ansonsten ständig wachsenden Macht der Männer, die gerade dabei waren, sich als neue »Kirchenfürsten« zu etablieren. Genau diese Vorstellung aber wurde, wie wir den gnostischen Evangelien und anderen heiligen Dokumenten der Christenheit entnehmen können, welche ebenfalls nicht in den offiziellen Schriftenkodex des Neuen Testaments aufgenommen wurden, von einigen frühen Gefolgsleuten gepredigt.

In der alten, offensichtlich nach wie vor unvergessenen Tradition, derzufolge die Göttin Ur-Mutter und Schöpferin war, beteten die Anhänger des Valentinus und des Markus die Mutter als »mystisches und ewiges Schweigen« an, als »Gnade, die allen Dingen vorausgeht« und als »Unbestechliche Weisheit«.[18] In einem anderen Text, der *Trimorphischen Protennoia* (wörtlich übersetzt: »Der Ur-Gedanke in dreierlei Gestalt«) werden Kräfte wie Nachdenklichkeit, Intelligenz und Voraussicht als weibliche Tugenden gepriesen, auch dies in Übereinstimmung mit der früheren Tradition, in der diese Eigenschaften als Attribute der Göttin betrachtet wurden. Der Text beginnt mit den Worten einer göttlichen Figur: »Ich bin Protennoia, der Gedanke, der im Licht wohnt... Sie, die es schon gab, bevor das All entstand... Ich rühre mich in jeder Kreatur... Ich bin die Unsichtbare Einzige im All... Ich bin die Wahrnehmung und das Wissen, und meine Stimme ist die des Gedankens. Ich bin die wahre Stimme.«[19]

In einem anderen Text, der dem gnostischen Lehrer Simon Magus zugeschrieben wird, wird das Paradies selbst – der Ort, an dem das Leben seinen Anfang nahm – als Schoß der Mutter beschrieben[20], während es in den Lehren, die man Markus oder Theodotus zuschreibt und ungefähr auf das Jahr 160 n. Chr. datiert, heißt, daß »die männlichen und weiblichen Elemente zusammen die schönste Schöpfung der Mutter darstellen, nämlich die Weisheit.«[21]

Welche Formen diese »Häresien« auch annahmen – sie waren eindeutig abgeleitet von jener älteren religiösen Tradition, die die Göttin verehrte und Priesterinnen als ihre irdischen Repräsentantinnen ansah. Die göttliche Weisheit war demgemäß fast einheitlich in weiblicher Gestalt personifiziert. Bis auf den heutigen Tag sind Wörter wie das hebräische *hokma* und das griechische *sophia*, die beide die Bedeutung »Weisheit« oder »göttliche Erkenntnis« haben, weiblichen Geschlechts. Auch in anderen mystischen Traditionen des Ostens und des Westens finden sich ähnliche Beispiele.[22]

Ein weiteres Merkmal jener »Häresien« war die »unorthodoxe« Art und Weise, in der sie die heilige Familie darstellten. »Eine Gruppe gnostischer Quellen behauptet, eine geheime Überlieferung erhalten zu haben, die von Jesus über Jakob und Maria Magdalena fortgesetzt wurde«, berichtet Pagels. »Die Mitglieder dieser Gruppe beteten sowohl einen göttlichen Vater als auch eine göttliche Mutter an: ›Von Dir, Vater, und durch Dich, Mutter, die zwei unsterblichen Namen, Eltern des göttlichen Wesens und du, Bewohner des Himmels, Menschheit, mit dem machtvollen Namen.‹«[23]

Der Lehrer und Dichter Valentinus lehrte, daß sich die Gottheit zwar im wesentlichen einer näheren Beschreibung entziehe, das Göttliche jedoch als eine Art Zweiheit, zusammengesetzt aus dem weiblichen und dem männlichen Prinzip, vorstellbar sei.[24] Andere hielten sich enger an den Wortlaut und betonten, das Göttliche müsse androgyn sein. Wieder andere bezeichneten den Heiligen Geist als weiblich; nach herkömmlichem katholischen Verständnis von der Dreieinigkeit wäre also der Messias Christus der Vereinigung des Vaters mit dem Heiligen Geist respektive der Göttlichen Mutter entsprungen.[25]

Die gylanischen Häresien

Die Gnostiker bedrohten in der Frühzeit des Christentums nicht nur die wachsende Macht der »Kirchenväter«; ihre Ideen stellten auch eine direkte Herausforderung der männerdominierten Familie dar. Sie unterminierten die göttliche sanktionierte Autorität des Männlichen über das Weibliche, auf dem die patriarchalische Familie basiert.

Bibelwissenschaftler haben mehrfach darauf hingewiesen, daß das Frühchristentum sowohl von den jüdischen als auch von den römischen Behörden als Bedrohung angesehen wurde. Dies lag nicht nur an der mangelnden Bereitschaft der Christen, dem Kaiser zu huldigen und Loyalität gegenüber dem Staat zu üben. Ein zwingender Grund, die Lehren Jesu und seiner Anhänger als radikal und gefährlich einzustufen, lag darin, daß hier bestehende Familientraditionen in Frage gestellt wurden. So die Meinung von Professor S. Scott Bartchy, dem ehemaligen Direktor des Instituts für die Geschichte des Frühchristentums an der Universität Tübingen. Für die Christen waren Frauen eigenständige Persönlichkeiten; ergo, so Bartchy, »mißachteten« die frühen Christen die zeitgenössischen Familienstrukturen von Römern und Juden, die beide gleichermaßen die Frauen unterdrückten.[26]

Betrachtet man die Familie als Mikrokosmos der Außenwelt (und als die einzige »Welt«, die ein kleines, beeinflußbares Kind wahrnimmt), so kann diese »Mißachtung« der männerbeherrschten Familie, in der Vaters Wort Gesetz ist, tatsächlich als ernsthafte Bedrohung eines Systems angesehen werden, das auf einer gewaltgestützten Rangordnung beruht. Verständlich, daß auch heute noch diejenigen, die das Rad der Geschichte zurückdrehen und uns in eine »gute alte Zeit« zurückversetzen wollen, in der Frauen und »niedere Männer« noch wußten, wo ihr Platz ist, allerhöchsten Wert auf die Restaurierung der »traditionellen Familie« legen. Auch der Konflikt, der vor zweitausend Jahren die Welt erschütterte, als Jesus sein Evangelium des

Mitleids, der Gewaltlosigkeit und der Liebe predigte, erscheint unter diesen Voraussetzungen in einem neuen Licht.

Es gibt eine Reihe interessanter Parallelen zwischen unserer Zeit und jenen turbulenten Jahren, in denen das mächtige Römische Reich – eine der stärksten dominatorischen Gesellschaften aller Zeiten – zusammenzubrechen begann. In beiden Fällen handelt es sich um Epochen eines »zunehmenden Ungleichgewichts des Systems«, wie »Chaos-Theoretiker« es ausdrücken würden, um Zeiten von beispiellosen und unvorhersehbaren Systemveränderungen. Wenn wir die Jahre unmittelbar vor und nach dem Tod Jesu unter der Prämisse eines akuten Konflikts zwischen Androkratie und Gylanie betrachten, dann stellen wir fest, daß damals wie heute eine enorme Wiedererstarkung gylanischer Ideen zu beobachten war bzw. ist. Überraschen kann uns das freilich nicht, denn gerade in Perioden heftiger sozialer Unruhe können anfänglich ganz kleine und unbedeutende »Fluktuationen«, wie der Thermodynamiker und Nobelpreisträger Ilya Prigogine schreibt, zu einer vollkommenen Neuformierung des Systems führen.[27]

Wenn wir also im Frühchristentum eine »anfänglich kleine unbedeutende Fluktuation« sehen, die sich in einem Randgebiet des Römischen Reiches (der kleinen Provinz Judäa) erstmals bemerkbar machte, so gewinnt sein Potential auch für unsere eigene kulturelle Evolution neue Bedeutung – und sein Scheitern zusätzliche Aktualität. In einem größeren Rahmen gesehen und unter der Prämisse, daß die Abläufe innerhalb aller Systeme in Zusammenhang miteinander stehen, können wir zudem erkennen, daß es sogar innerhalb Roms Manifestationen für das Wiederaufleben gylanischer Gedanken gab.

So änderte sich in Rom zum Beispiel das Erziehungs- und Bildungswesen dahingehend, daß Jungen und Mädchen aus der Aristokratie zum Teil die gleichen Lehrpläne angeboten wurden. Die Religionshistorikerin Constance Parvey schreibt: »Im ersten nachchristlichen Jahrhundert gab es im Römischen Reich viele gebildete Frauen. Einige von ihnen waren sehr einflußreich und genossen große Freiheit im öffentlichen Leben.«[28]

Nach wie vor gab es vom Gesetz her Einschränkungen. Die Römerinnen mußten unter dem Schutz eines Mannes stehen und erhielten niemals das Stimmrecht. Dennoch beteiligten sich vor allem Frauen aus den oberen Schichten zunehmend am öffentlichen Leben. Einige von ihnen wandten sich den Künsten zu, andere übten Berufe aus wie den der Ärztin, wieder andere engagierten sich bei Hofe oder im Geschäftsleben, trieben Sport, gingen ins Theater oder ins Konzert oder als Zuschauerinnen zu Sportveranstaltungen. Sie unternahmen Reisen, ohne sich männliche Begleitung aufzwingen zu lassen.[29] Kurzum, es gab, worauf sowohl Parvey als auch Pagels hinweisen, in jener Epoche eine Bewegung, deren Ziel die »Emanzipation« der Frauen war.

Das androkratische System wurde damals auch noch von anderer Seite herausgefordert: Es gab Sklavenaufstände, und in den Provinzen an der Peripherie brachen Unruhen aus. In Judäa kam es 132–135 n. Chr. zur Erhebung der Juden unter Bar Kokhba, welche mit der Zerschlagung der Provinz endete.[30] Je mehr sich jedoch das gewaltgestützte Rangordnungssystem der Androkratie durch die Gewaltlosigkeit der frühen Christengemeinden und ihrer Forderung nach mitfühlender und friedfertiger Lebensführung angegriffen sah, desto despotischer und gewalttätiger reagierten die Machthaber in Rom.

Die Gewaltexzesse der römischen Kaiser (einschließlich des Christen Konstantin) und die berüchtigten Grausamkeiten im Circus maximus sind tragische Beweise dafür, daß die gylanische Herausforderung jener blutrünstigen dominatorischen Gesellschaft scheiterte. Ja, sogar unter den Christen selbst war der Gylanie kein dauerhafter Erfolg beschieden.

»Trotz der vorherigen aktiven Beteiligung christlicher Frauen am öffentlichen Leben«, schreibt Pagels, »hatte die Mehrheit der christlichen Gemeinden um das Jahr 200 den pseudopaulinischen Brief des Timotheus, der das antifeministische Element in der Lehre des Paulus hervorhebt (und übertreibt), kanonisiert: ›Ein Weib lerne in der Stille mit aller Untertänigkeit. Einem Weibe aber gestatte ich nicht, daß sie lehre, auch nicht, daß sie des Mannes Herr sei, sondern stille sei.‹ ... Ende des zweiten Jahrhunderts wurde die Teilnahme von Frauen am Gottesdienst ausdrücklich verdammt; Gruppen, die nach wie vor Frauen in ihre Führungszirkel aufnahmen, wurden als Ketzer gebrandmarkt.«[31]

Weiterhin heißt es bei Pagels: »Wer immer sich mit der Geschichte der frühen Christenheit befaßt (das Fach nennt sich ›Patristik‹, das heißt die Wissenschaft von den ›Kirchenvätern‹), wird auf den Schlußabschnitt des Thomasevangeliums vorbereitet sein: Simon Peter sagte zu ihnen (den Schülern): »Laßt Maria uns verlassen, denn Frauen sind des Lebens nicht würdig.« Da sagte Jesus: »Ich selbst werde sie fortführen, um sie zum Manne zu machen, so daß auch sie ein lebendiger Geist werden kann, der euch Männern ähnelt. Denn jede Frau, die sich zum Manne macht, wird ins Himmelreich kommen.«[32]

Die so unverblümte Abqualifizierung einer Hälfte der Menschheit als »lebensunwürdig« – und zwar ironischerweise ausgerechnet jener Hälfte, deren Körper neues Leben gebären –, gibt überhaupt nur im Zusammenhang mit der androkratischen Regression und Repression einen Sinn, die zu jener Zeit bereits eingesetzt hatte. Sie konkretisiert auch einen Vorgang, dessen Existenz vielen von uns in ihrem tiefsten Innern bewußt war, freilich ohne daß sie ihn genau hätten benennen können: Mit dem ursprünglichen christlichen Evangelium der Liebe war etwas Furchtbares geschehen. Wie anders ist es sonst denkbar, daß solch ein Evangelium zur Rechtfertigung all jener Untaten herangezogen werden konnte, mit denen devote Christen in der Folgezeit Andersgläubige und Gleichgesinnte heimgesucht haben – eine nicht endenwollende Kette von Folterungen, Eroberungszügen und Gemetzeln, die in ihrer Gesamtheit einen nicht unbeträchtlichen Teil unserer Geschichte ausmachen.

Was stattgefunden hatte, war ein unvorhersehbarer, dramatischer Systemwandel. In dem Chaos, das der Zusammenbruch der klassischen römischen Welt hinterließ, nahm eine neue Ära Gestalt an. Was als kleinerer Mysterienkult begann, wurde zur neuen Religion des Abendlandes. Denn obwohl die Botschaft der neuen Religion weiterhin in der Forderung nach einem Wandel des einzelnen und einer Veränderung der Gesellschaft insgesamt bestand, wurde der »Eindringling aus den Randbezirken« selbst verwandelt. Wie schon andere Religionen vorher (sowie die meisten späteren) wurde auch das Christentum androkratisch umgepolt. Das Römerreich wurde durch das Heilige Römische Reich ersetzt.

Ein klassischer Fall von auf den Kopf gestellter Spiritualität: Schon ums Jahr 200 war der Prozeß, der aus der Christenheit ein hierarchisches, auf Zwang und Gewalt gestütztes System machen sollte – ein System, das sich von jenem, gegen welches Jesus aufbegehrt hatte, in nichts unterschied –, recht weit fortgeschritten. Und nach dem Übertritt des Kaisers Konstantin zum christlichen Glauben wurde es zum offiziellen Arm, das heißt, zum Büttel des Staates. »Als das Christentum im vierten Jahrhundert offiziell anerkannt wurde«, schreibt Pagels, »wurden christliche Bischöfe, die zuvor von der Polizei kriminalisiert worden waren, auf einmal zu Kommandanten der Sicherheitskräfte.«[33]

Nach der christlichen Überlieferung soll Konstantin am Vorabend jenes Tages, an dem er seinen Rivalen Maxentius besiegte und tötete, in der sinkenden Sonne eine von Gott gesandte Vision gehabt haben: ein Kreuz mit der Inschrift *In hoc signo victor eris* (in diesem Zeichen wirst du Sieger sein). Daß der erste christliche Kaiser nach der Überlieferung seine Frau Fausta bei lebendigem Leibe kochen und seinen Sohn Crispus ermorden ließ, wird von christlichen Historikern meist verschwiegen.[34] Das Blutvergießen und die Repressionen, die die Christianisierung Europas begleiteten, beschränkten sich freilich nicht auf die persönlichen Taten Konstantins, ja nicht einmal auf seine Politik oder die seiner christlichen Nachfolger, welche unter anderem verfügten, daß gegen die Kirche gerichtete Häresien von nun als verräterische Handlungen anzusehen seien, die mit Folter und Tod geahndet würden. Vielmehr wurde es zur Regel, daß die Kirchenführer selbst Folter- und Todesstrafen über Abweichler von der »neuen Ordnung« verhängten.[35] Auch die methodische Unterdrückung aller »häretischen« Informationen, die in irgendeiner Form die Herrschaft der neuen androkratischen Hierarchie bedrohen können, wurde zur Regel.

Gott war nun nicht mehr reiner Geist oder sowohl Mutter wie Vater, sondern Mann ohne jedes Wenn und Aber. Und weil »unser Herr ein Mann war« – so Papst Paul VI. noch im Jahr 1977, also fast zweitausend Jahre später –, wurde Frauen das Priesteramt versagt.[36] Gleichzeitig wurden die gnostischen Evangelien und verwandte Texte, die in den frühchristlichen Gemeinden frei im Umlauf gewesen waren, von jenen, die sich jetzt als »orthodoxe«, das heißt einzig legitimierte Kirche bezeichneten, in den Schmutz gezogen und als »Ketzereien« vernichtet.

All diese Quellen, schreibt Pagels – »geheime Evangelien, Offenbarungen, mystische Lehren –, wurden *nicht* in jene ausgewählte Textsammlung aufgenommen, die das Neue Testament darstellt... Jeder einzelne der von den gnostischen Gruppen verehrten geheimen Texte wurde aus der kanonischen Sammlung verbannt und von den selbsternannten orthodoxen Christen als Ketzerei gebrandmarkt. Als die Durchforstung der diversen Texte vorüber war – wahrscheinlich erst um das Jahr 200 –, *waren nahezu alle weiblichen Gottesdarstellungen aus der orthodoxen Tradition verschwunden*.«[37]

Die Verketzerung von Christen, die an die Gleichheit der Menschen glaubten, durch andere Christen, ist besonders grotesk, wenn man berücksichtigt, daß in den frühapostolischen

Gemeinden Frauen und Männer getreu dem Auftrag Jesu ihr Leben und ihre Arbeit von *agape*, der brüderlichen und schwesterlichen Nächstenliebe hatten leiten lassen und daß viele von diesen Frauen und Männern, die miteinander gearbeitet und gelebt hatten, als Christen den Märtyrertod gestorben waren. Für die Männer jedoch, die sich inzwischen des Christentums zur Festigung ihrer Herrschaft bedienten, war es unerläßlich, daß das christliche Leben und die christliche Ideologie der androkratischen Gußform angepaßt wurden.

Die Christianisierung der europäischen Heiden mußte in späteren Jahren dazu herhalten, dem dominatorischen Grundsatz, daß Macht darüber entscheidet, was Recht ist, erneut und mit besonderem Nachdruck Geltung zu verschaffen. Um dies zu erreichen, genügte es nicht, all jene zu besiegen oder zwangszutaufen, die das offizielle Christentum nicht mit offenen Armen begrüßten. Vielmehr mußten auch alle »heidnischen« Tempel, Schreine und »Idole« systematisch zerstört und die alten griechischen Akademien, in denen nach wie vor »häretische« Studien getrieben wurden, geschlossen werden. Die Beweisführung, daß »moralisches« Recht durch Macht festgelegt wird, gelang der Kirche mit durchschlagendem Erfolg: Bis zur Renaissance, über tausend Jahre später, gab es praktisch keine künstlerischen Ausdrucksformen und keinerlei empirisches Wissen mehr, die nicht den »Segen« der Kirche hatten. Die Vernichtung aller Informationen, die darüber hinausgingen, erfolgte mit so systematischer Gründlichkeit (u. a. mit Hilfe umfangreicher Bücherverbrennungen), daß sie sich sogar außerhalb Europas durchsetzte – und schließlich überall dort, wo christliche Autoritäten das Sagen hatten.

So legten im Jahr 391 u. Z. die nun vollkommen androkratisierten Christen unter Theodosius I. die große Bibliothek von Alexandria, eine der letzten Zufluchtstätten alter Weisheit und Bildung, in Schutt und Asche.[38] Unterstützt und angefeuert von dem später heiliggesprochenen Bischof von Alexandria, Cyrillus, zerfleischten christliche Mönche mit Austernschalen die bedeutende Mathematikerin, Astronomin und Philosophin Hypatia, die der neoplatonischen Schule in Alexandria angehörte. Für Cyrillus war diese Frau, die heute als eine der größten Wissenschaftlerinnen aller Zeiten gilt, ein aufrührerisches Weib, die sich sogar – gegen das ausdrückliche Gebot Gottes – erdreistet hatte, Männern Unterricht zu erteilen.[39]

In den offiziell sanktionierten Schriften behaupten paulinische – oder, wie die Forschung heute mehr und mehr feststellt, pseudopaulinische – Dogmen wieder und wieder, die Frau (und alles Weibliche) sei minderwertig und zudem so gefährlich, daß sie einer strengen Kontrolle unterworfen werden müsse. Noch immer gab es einige wenige Ausnahmen, vor allem die Schriften des Klemens von Alexandria, die nach wie vor Gott als gleichermaßen weiblich wie männlich charakterisierten und betonten, »daß die Bezeichnung ›Menschheit‹ Männer und Frauen gemeinsam umfaßt.«[40] Im großen und ganzen jedoch wurde das von Jesus entworfene Modell für das menschliche Zusammenleben, das männlich und weiblich, reich und arm, Heide und Jude vereinte, aus den Ideologien und der täglichen Praxis der orthodoxen Kirche getilgt.

Die Männer, die in der neuen orthodoxen Kirche das Sagen hatten, mochten bei rituellen Handlungen noch den alten Kelch erheben, der inzwischen zum Becher der heiligen Kommunion geworden war und das symbolische Blut Christi barg – in Wirklichkeit herrschte längst wieder das Schwert. Und dem Schwert und dem Feuer, der Allianz zwischen Christen und der herrschenden Klasse fielen nicht nur Heiden, wie die Anhänger des Mithraskults, Juden und Verehrer der alten Mysterienreligionen von Eleusis und Delphi zum Opfer, sondern auch alle Christen, die nicht nachgaben und sich der neuen Herrschaft nicht fügten. Nach wie vor behaupteten die Machthaber, es sei ihr Ziel, das Evangelium der Liebe des Jesus von Nazareth zu verbreiten. Doch was sie mit ihren barbarischen Kreuzzügen, Hexenverfolgungen und Inquisitionen sowie Menschen- und Bücherverbrennungen tatsächlich erreichten, war nicht die Verbreitung christlicher Nächstenliebe, sondern die Verbreitung von Unterdrückung, Verwüstung und Tod.

So wurde die gewaltlose Revolution Jesu, in deren Verlauf er den Tod am Kreuz fand, in eine gewalttätige Schreckensherrschaft umgekehrt. Von den Historikern Will und Ariel Durant stammt die Bemerkung, daß das mittelalterliche Christentum mit seiner Verdrehung und Pervertierung der Lehren Jesu ein moralischer Rückfall war.[41] Christsein stellte keine Bedrohung mehr dar für die etablierte androkratische Ordnung, sondern wurde – wie im Laufe der Zeit fast alle Religionen dieser Erde, die im Namen der geistigen Aufklärung und Freiheit entstanden waren – zu einer machtvollen Stütze derselben.

Der Kampf der Gylanie gegen die Androkratie war nichtsdestoweniger noch lange nicht vorüber. Zu verschiedenen Zeiten und an verschiedenen Orten flackerte der gylanische Wille zur Wiederaufnahme der kulturellen Evolution auch in den dunklen Jahrhunderten des androkratischen Christentums und der despotischen Monarchen und Päpste, die Europa in seinem Namen beherrschten, wieder auf. Wie wir in den folgenden Kapiteln sehen werden, war diese Auseinandersetzung die große unsichtbare Kraft, die die Geschichte des Abendlandes mitgestaltete. Und sie ist es auch, die in unseren Tagen einen neuen Höhepunkt erreicht.

Kapitel 10

Die Strukturen der Vergangenheit: Gylanie und Geschichte

Geschichte beschränkt sich, so wie sie an den meisten Schulen gelehrt wird, im wesentlichen auf die Darstellung von Machtkämpfen zwischen Einzelpersonen und rivalisierenden Nationen. Sie setzt sich zusammen aus den Daten wichtiger Schlachten sowie den Namen von Königen und Generälen, deren Ruhm sich entweder auf die Errichtung oder die Zerstörung von Festungen, Palästen und Sakralbauten gründet. Eine Geschichtsbetrachtung im Lichte der neuen Informationen, die wir untersucht haben, und unter Berücksichtigung des von uns entwickelten theoretischen Rahmens öffnet den Blick auf eine ganz andere Form der Auseinandersetzung: Hinter blutbesudelten Daten und Namen zeichnen sich die Konturen bislang im Verborgenen gebliebener Prozesse ab, die im Bereich der Naturwissenschaft von Forscherinnen und Forschern wie Ilya Prigogine, Isabelle Stengers, Edward Lorenz und Ralph Abraham entdeckt und studiert worden sind[1]: Fluktuation oder scheinbar strukturlose Bewegung; Oszillation oder zyklische Bewegung; Systemwandel an kritischen »Gabelpunkten«, an denen, wie Prigogine und Stengers schreiben, »das System unter mehr als einer möglichen Zukunft ›wählen‹ kann.«[2]

Schon ein oberflächlicher Blick auf die Geschichte zeigt Fluktuationen: ein ständiges Auf und Ab von kriegerischen und friedlicheren Epochen, von autoritären und freieren, kreativen Zeiten, von Phasen rigoroser Frauenunterdrückung und Perioden relativer Besserung, in denen zumindest einigen Frauen verschiedene Ausbildungswege und allgemein bessere Lebenschancen offenstanden. Für den traditionellen Historiker bieten derartige Fluktuationen kaum echte Überraschungen; sie sind einfach vorhanden und nicht unbedingt besonders interessant.

Aber handelt es sich tatsächlich um eine rein zufallsbestimmte, strukturlose Bewegung? Die nähere Betrachtung offenbart innerhalb der historischen Fluktuationen letztlich doch gewisse Gesetzmäßigkeiten. So läßt sich unter der Perspektive des Gegensatzes zwischen Androkratie und Gylanie zum Beispiel erkennen, daß kriegerische Epochen gewöhnlich auch besonders autoritäre Phasen waren, während in friedlichen Zeiten normalerweise größere Gleichberechtigung und Kreativität sowie eine aktivere kulturelle Entwicklung zu beobachten sind. Befassen wir uns noch eingehender mit der Materie, so erkennen wir auch Oszillationen oder zyklische Bewegungen und begreifen schließlich eine diesen Zyklen zugrundeliegende Dynamik, die bis heute von der Wissenschaft allenfalls sehr oberflächlich untersucht worden ist.

Ein holistischer Ansatz, der beide Hälften der Menschheit und den gesamten Verlauf unserer kulturellen Evolution berücksichtigt, zeigt, wie die zyklischen Strukturen in der Geschichte mit jenem fundamentalen vorgeschichtlichen Systemwandel zusammenhängen, der die Zielrichtung unserer kulturellen Evolution radikal verschob. Ziehen wir darüber hinaus in Betracht, was *nach* dem Wandel von einem partnerschaftlich orientierten zu einem dominatorischen Gesellschaftsmodell geschah und legen dabei die neuen naturwissenschaftlichen Prinzipien über Systemstabilität und Systemwandel zugrunde, so gewinnt die aufgezeichnete Geschichte auf der einen Seite neue Klarheit, auf der anderen zusätzliche Komplexität.

Mathematiker, die sich mit der Dynamik von Systemabläufen befassen, sprechen von sogenannten *Attraktoren*. Diese Attraktoren – in etwa vergleichbar mit Magneten – können »punktartig« oder »statisch« sein und regeln die Dynamik der Systeme im Gleichgewichtszustand. »Periodische« Attraktoren sind für zyklische oder oszillatorische Bewegungen verantwortlich; »chaotische« oder »fremde« Attraktoren können gelegentlich – hierin ein wenig an die »peripheren Isolate« von Gould und Eldredge erinnernd – zu den Kernzellen eines vollkommen neuen Systems werden.[3] Es kann allerdings auch zu eher graduellen, »subtileren« Transformationen kommen, wenn »punktartige« Attraktoren einen Teil ihrer Anziehungskraft verlieren und periodische Attraktoren zunehmend an Anziehungskraft gewinnen.[4]

Prigogine und Stengers sprechen in ähnlicher Form von Fluktuationen, die zunächst nur in einem kleinen Teil des Systems lokalisiert werden können. Ist das System stabil, so werden die durch diese Fluktuationen repräsentierten Funktionsmechanismen nicht überleben. Vermehren sich die »Innovatoren« jedoch schnell genug, so kann der neue Funktionsmechanismus vom gesamten System übernommen werden.[5] Mit anderen Worten: Sobald die Fluktuationen eine von Prigogine und Stengers »Kernbildungsschwelle« genannte Grenze überschreiten, werden sie sich »im ganzen System verbreiten«. Und während dieses Ausbreitungsprozesses der anfänglich so kleinen Fluktuationen eröffnen sich an verschiedenen Stellen kritische »Gabelpunkte«, das heißt also Wege zu möglichen Systemveränderungen. An diesen Gabelpunkten aber »scheitert die deterministische Beschreibung«; welcher »Ast« oder welche »Zukunft« gewählt wird, läßt sich nicht mehr voraussagen.[6]

Wie können wir diese aus naturwissenschaftlichen Beobachtungen gewonnenen Erkenntnisse nun auf gesellschaftliche Vorgänge übertragen? Zwischen chemischen und biologischen Systemen auf der einen und sozialen Systemen auf der anderen Seite gibt es natürlich ganz wesentliche Unterschiede, zu denen nicht nur die weitaus größere Komplexität gesellschaftlicher Prozesse, sondern auch das zunehmend stärkere Element der Wahlmöglichkeit gehören. Aber selbst wenn streng darauf geachtet wird, die Abläufe innerhalb gesellschaftlicher Systeme nicht auf das Niveau der Geschehnisse in einfacheren Organisationsformen zu reduzieren, fallen bei näherer Betrachtung aller lebenden Systeme bei den Strukturen, die auf allen Entwicklungsstufen für Stabilität und/oder Wandel verantwortlich sind, einige verblüffende Isomorphismen oder Ähnlichkeiten ins Auge. Übertragen auf die Geschichte, erlaubt die neue, dynamische Perspektive, die sich aus der Betrachtung von Systemen und Systemveränderungen entwickelt, die Formulierung einer neuen kulturellen Transformationstheorie oder, konkreter ausgedrückt, einer neuen Theorie des androkratisch/gylanischen Systemwandels.

Fluktuationen in der aufgezeichneten Geschichte können also nicht mehr als rein zufallsbestimmt angesehen werden, sondern reflektieren innerhalb des vorherrschenden androkratischen Systems eine periodische Bewegung in Richtung auf ein partnerschaftlich orientiertes Gesellschaftsmodell, das hier die Rolle eines »Attraktors« übernimmt. Auf struktureller Ebene spiegelt sich dieser Vorgang in den periodischen Veränderungen der Organisation zwischenmenschlicher Beziehungen wider, vor allem aber in den Beziehungen zwischen der weiblichen und der männlichen Hälfte der Menschheit; bei den Wertvorstellungen zeigt er sich in den auf allen Gebieten von der Literatur bis hin zur Gesellschaftspolitik zu beobachtenden periodischen Auseinandersetzungen zwischen stereotyp harten, »maskulinen«, durch das Schwert symbolisierten und stereotyp weichen, »femininen«, durch den Kelch symbolisierten Werten.

Die dynamischen Kräfte im Geschichtsverlauf können schließlich auch noch aus einer übergreifenden, evolutionären Perspektive betrachtet werden. Wie in den vorangegangenen Kapiteln dargestellt, orientiert sich die Spezies Mensch in den formativen Jahren der Zivilisation ursprünglich an einem »frühpartnerschaftlichen« oder protogylanischen Gesellschaftsmodell. Es war in den Anfängen für die Gestaltung unserer kulturellen Evolution bestimmend und erreichte einen frühen Höhepunkt in der besonders kreativen Kultur des minoischen Kreta.

Danach folgte eine Periode wachsenden Ungleichgewichts oder des Chaos. Durch eine Reihe von Invasionen und durch die allmählich einsetzende wechselseitige Gewalt von Schwert und Feder fungierte die Androkratie zunächst als »chaotischer« Attraktor, wandelte sich dann aber zum etablierten »statischen« oder »punktartigen« Attraktor, an dem sich die abendländische Zivilisation weitgehend orientierte. In all diesen Jahren, vor allem aber in Perioden gesellschaftlicher Instabilität, blieb das gylanische Modell jedoch ein zwar weit schwächerer, nichtsdestoweniger aber kontinuierlich wirkender und hartnäckiger »periodischer« Attraktor. Wie eine Pflanze, die sich allen Versuchen, sie auszurotten, entzieht, egal, wie oft sie abgeschnitten oder zertrampelt wird, hat die Gylanie immer wieder Anstrengungen unternommen, sich ihren Platz an der Sonne zurückzuerobern. Die folgende historische Betrachtung soll dies verdeutlichen.

Das Weibliche als historische Kraft

Die Vorstellung von Geschichte als dialektischer Bewegung rivalisierender Kräfte hat hegelianische, marxistische und andere Analysen geprägt. Geschichtliche Zyklen sind darüber hinaus auch von Arnold Toynbee, Oswald Spengler, Arthur Schlesinger sen. und anderen beobachtet worden.[7] Das gewaltige Hin und Her zwischen Perioden gylanischen Aufschwungs und androkratischer Regression findet dagegen in der konventionellen, männerzentrierten Geschichtsschreibung bezeichnenderweise keine Erwähnung. Wer diese zyklische, alternierende Bewegung (die inzwischen äußert kritisch geworden ist, da ein einziger weiterer Schwenk vom Frieden zum Krieg unser letzter sein könnte) begreifen will, muß sich daher mit den Werken unkonventioneller Historiker beschäftigen.

Einer von ihnen ist Henry Adams. Obwohl in mancher Beziehung ein Visionär, blieb Adams im wesentlichen ein konservativer Mensch, der sich für eine Rückkehr zu älteren, religiöseren

Werten einsetzte. Eine genauere Analyse seines Werks zeigt, daß Adams eine starke »feminine« Kraft in der Geschichte anerkannte, die sonst traditionell ignoriert wurde. Eine Geschichtsschreibung »ohne Verständnis für das bewegende Element des Geschlechts« sei »reine Pedanterie«. Der amerikanischen Geschichtsschreibung warf er vor, daß sie »kaum auch nur den Namen einer Frau« erwähne, der britischen, daß sie Frauen »so furchtsam behandelte, als handle es sich bei ihnen um eine neue, noch unbeschriebene Art.«[8] Die Hauptkraft in der zivilisatorischen Entwicklung des Westens war, so folgert Adams, »die Jungfrau«. So schrieb er: »Aller Dampf in der Welt konnte [die Kathedrale von] Chartres nicht erbauen. Die Jungfrau konnte es.« Sie war »die größte Kraft, die die westliche Welt jemals zu spüren bekam.«[9] Das Gegenstück zur positiven Macht der Jungfrau war eine negative, destruktive Macht. Adams nannte sie den »Dynamo« und verstand darunter eine überhandnehmende, entmenschlichende Technik.

Ebenfalls Vorläufer einer Geschichtsbetrachtung, die von einer Auseinandersetzung zwischen sogenannten femininen und maskulinen Werten ausgeht, ist das noch bemerkenswertere Werk *Sex in History* von G. Rattray Taylor.[10] Um Taylors Daten richtig zu verstehen, müssen wir allerdings – wie bei Adams – über das hinausgehen, was er zu beschreiben vorgibt, und erkennen, was er *tatsächlich* beschreibt. Ausgehend von den bekannten Theorien Wilhelm Reichs[11] und anderer Psychoanalytiker, die patriarchalische Gesellschaftsformen primär für sexuell repressiv halten, meint Taylor, daß sich hinter dem historischen Wechselspiel zwischen freieren, kreativeren Perioden und autoritären, weniger kreativen Phasen jeweils der Wandel von sexueller Freizügigkeit zu sexuell eher repressiven Haltungen verbirgt.[12] In Wirklichkeit dokumentiert Taylors Buch jedoch, daß es sich hierbei um einen zyklischen Wandel in den Wertevorstellungen handelt, die er selbst als entweder »mutter- oder vateridentifiziert« bezeichnet.

In der Tat beschreiben Taylors Begriffe *Matrismus* (Mutter-Identifikation) und *Patrismus* (Vater-Identifikation), die er erfinden mußte, weil es für die von ihm beobachteten Phänomene keine gängigen Ausdrücke gab, dieselben historischen Konstellationen wie *Gylanie* und *Androkratie*. In matristischen Epochen genießen Frauen und »feminine« (also »mutter-identifizierte«) Werte einen höheren gesellschaftlichen Status. Typisch für diese Phasen ist eine allgemein gesteigerte Kreativität, ein geringeres Maß an gesellschaftlicher und sexueller Repression, ein stärker ausgeprägter Individualismus und die Bereitschaft zur Durchführung sozialer Reformen.[13]

Als Beispiel für eine matristische Epoche im Mittelalter – in unseren Worten also für eine Phase gylanischen Wiedererstarkens – dient Taylor die Zeit der Troubadoure in Südfrankreich. Im zwölften Jahrhundert wurden an den Höfen der Eleonore von Aquitanien und ihrer Töchter Maria und Alix die höfische Liebe und die Verehrung der Frau zu zentralen Themen der Poesie und des Lebens.[14] Im Weltbild der Troubadoure hatte die Frau eine starke und geachtete Stellung, galt also nicht als zu unterwerfendes und verabscheuungswürdiges Wesen, während der Mann uns als ehrbar und freundlich, nicht aber als herrschsüchtig und brutal entgegentritt. Diese Sicht war freilich alles andere als neu; sie ruft Erinnerungen an Kreta und an das Neolithikum hervor. In einem Zeitalter, in dem männliche Rohheiten und Exzesse gleichsam an der Tagesordnung waren, müssen aber – worauf auch Taylor hinweist –, die von den Troubadouren propagierten Vorstellungen von Ritterlichkeit, Sanftmut, Ehre und romantischer Liebe einen geradezu revolutionären Klang gehabt haben.

Taylor führt aus, daß die »femininen« oder – in seiner Terminologie – »mutter-identifizierten«[15] – Werte der Troubadoure einen tiefen, humanisierenden Einfluß auf die europäische Geschichte hatten. Nicht nur »erblühten« diese Werte auch in späteren Zeiten immer dann, »wenn Matristen neuen Zulauf gewannen«; bis zu einem Grade »begann sogar der Patrist das Ideal der Milde und Sanftmut gegenüber den Schwachen, den Kindern und den Frauen zu übernehmen – vorausgesetzt, die Frauen entstammten seiner eigenen Klasse.«[16]

Über die Troubadoure schreibt Taylor des weiteren: »Sie waren Erneuerer und Fortschrittliche, zeigten Interesse an den Künsten und setzten sich gelegentlich mit großem Eifer für soziale Reformen ein. Die Anwendung von Gewalt war ihnen zuwider. Mit Vorliebe trugen sie Kleider in lebhaften, bunten Farben. Vor allem aber erhoben sie die Jungfrau Maria zu ihrer besonderen Schutzpatronin: Viele Gedichte sind ihr gewidmet, und im Jahre 1140 riefen sie in Lyon ein neues Fest ins Leben, das Fest der Unbefleckten Empfängnis, gegen das Bernhard von Clairvaux protestierte, weil es seiner Ansicht nach ›den Bräuchen der Kirche unbekannt ist, von der Vernunft nicht gebilligt und durch keine Traditionen gerechtfertigt wird.‹«[17] Bernhards Vorwurf, die Verehrung einer Mutter, die einen göttlichen Sohn gebiert, habe keine Tradition, war natürlich völlig unbegründet. Die Marienverehrung war eine Rückkehr zum alten Göttinnenkult. Der wütende Widerstand, den die Kirche ihr entgegensetzte, bedeutete einerseits die stillschweigende Anerkennung der nach wie vor relevanten Kraft dieser früheren Religion, war andererseits aber auch Ausdruck patristischen Widerstands gegen das für die Troubadour-Bewegung bezeichnende Wiedererstarken gylanischer Wertvorstellungen.

Wenn wir in Taylors Texten die Begriffe *matristisch* und *patristisch* durch *gylanisch* und *androkratisch* ersetzen, gewinnt vieles, was an der mittelalterlichen Geschichte bislang unbegreiflich schien, mit einemmal eine ganz bestimmte politische Bedeutung. Die kirchliche Verurteilung der Frau zu einem untergeordneten, mundtoten Wesen kann nun nicht mehr als kleineres historisches Rätsel gesehen werden, sondern erscheint als *wichtigste* Manifestation der Tatsache, daß die Kirche von androkratisch-dominatorischen Modell besessen war. Wenn androkratische Normen und mit ihnen die Macht der mittelalterlichen Kirche erhalten bleiben sollten, *mußten* die Frauen unterworfen und mundtot gemacht werden – und mit ihnen die ursprünglich auch von Jesus gepredigten »weiblichen« Werte.

Auch ein anderes, ansonsten unverständliches Phänomen der mittelalterlichen und frühneuzeitlichen Geschichte wird unter diesen Voraussetzungen begreiflich – und gewinnt entscheidende politische Bedeutung. Gemeint ist die beispiellose Herabwürdigung der Frauen zur »fleischlichen Quelle allen Übels« – so der *Malleus Maleficarum* oder *Hexenhammer*, das von der Kirche abgesegnete »Handbuch« der Hexenverfolger.[18]

Die sich mit Unterbrechungen und regionalen Abweichungen über Jahrhunderte hinziehenden Hexenverfolgungen werden in den meisten Geschichtsbüchern – wenn überhaupt – nur beiläufig erwähnt. Und wenn diese barbarischen Exzesse, bei denen Männer auf Geheiß der Kirche Tausende sogenannter »Hexen« sadistischen Folterqualen unterzogen und danach in vielen Fällen bei lebendigem Leibe auf dem Scheiterhaufen verbrannten, tatsächlich Erwähnung finden, dann werden sie meist als Ergebnisse einer Massenhysterie dargestellt. Man macht uns weis, daß die Landbevölkerung Europas zwischen dem dreizehnten und dem sechzehnten Jahrhundert gleichsam Amok lief – oder aber, andersherum, daß es sich bei den »Hexen« selbst um lauter Verrückte handelte. So schreibt beispielsweise Gregory Zilboorg, daß es sich bei den »Millionen von Hexen, Zauberern und Besessenen um eine gewaltige Schar von schweren Neurotikern [und] Psychotikern« handelte.[19] Barbara Ehrenreich und Deirdre English meinen dagegen: »Der Hexenwahn war weder eine Lynchveranstaltung noch ein Massenselbstmord von Hysterikerinnen. Er folgte vielmehr geordneten juristischen Prozeduren. Die Hexenjagden waren bestens organisierte Kampagnen, die von Kirche und Staat initiiert, finanziert und durchgeführt wurden.«[20]

Eine Ursache für die Verfolgungen lag darin, daß im dreizehnten Jahrhundert kirchlich ausgebildete »Ärzte« (denen nicht die geringste praktische Ausbildung der Heilkunst zuteil geworden war) bei der Behandlung von Monarchen und Adeligen in einen Konkurrenzkampf mit den traditionellen »weisen Frauen« gerieten. Man warf den Frauen vor, sie verfügten über »magische Kräfte«, mit denen sie auf die Gesundheit des Patienten Einfluß nehmen könnten – und verurteilte sie zum Tod auf dem Scheiterhaufen, weil sie sich beim Helfen und Heilen dieser Kräfte bedienten.[21] Ein weiterer Vorwurf war der, daß auf heimlichen Hexentreffen in den Wäldern die Heiden mit Teufeln verkehrten – ein Hinweis darauf, daß viele Frauen noch immer an älteren Glaubensvorstellungen festhielten und nach wie vor eine weibliche Gottheit und/oder ihren Sohn-Gefährten, den alten Stier-Gott, anbeteten (der inzwischen zum Teufel mit gespaltenem Huf geworden war). Der häufigste und verräterischste Vorwurf war jedoch der, daß man Hexen ganz einfach ihre Sexualität vorhielt, denn in den Augen der Kirche leiteten sich alle Hexenkräfte letztlich von der »sündhaften« weiblichen Sexualität ab.[22]

Die pathologische Misogynie, die in solchen Ansichten zum Ausdruck kommt, wird gemeinhin als irrationales Hirngespinst sexuell frustrierter Männer dargestellt. Aber die »moralische« Verdammung der Frauen seitens der Kirche war weit mehr als eine psychologische Schrulle. Sie war die Rechtfertigung der Männerherrschaft – keine angemessene (und in diesem Sinne auch rationale) Reaktion des androkratischen Systems auf die Restbestände früherer gylanischer Traditionen und die immer wiederkehrenden gylanischen Aufwallungen, die, wie Taylor schreibt, »des Vaters Aurorität bedrohten«.[23]

In anderen Worten: Die offiziell sanktionierten Hexenverfolgungen und die wiederholte Verächtlichmachung des weiblichen Geschlechts waren weder exzentrische Verirrungen noch handelte es sich hierbei um voneinander unabhängige Phänomene. Sie waren vielmehr entscheidende Werkzeuge zur Einführung und Festigung der Androkratie – notwendige (und in diesem Sinne rationale) Maßnahme gegen die sich wiederholenden Phasen gylanischen Wiedererstarkens.

Indem Taylor sich auf die hysterische Antisexualität der Kirche und die von ihr ausgehende gewalttätige Repression konzentriert, die das »moralische« Mittelalter zu einer »Kreuzung aus Leichenhaus und Irrenanstalt« machten[24], tendiert er dazu, den ganz wesentlich antifeministischen Charakter der kirchlichen Verdammung des Sexuallebens zu übersehen. Allerdings lassen die Daten, die er vorlegt, kaum noch Zweifel an dem, was die Kirche als ein besonders hervorstechendes Merkmal der

»Ketzerei« erachtet. Das gemeinsame Band, das die verschiedenen, von der Kirche rücksichtslos verfolgten häretischen Sekten vereinte, war, wie aus zahlreichen Stellen in Taylors Werk klar hervorgeht, ihre Identifikation mit sogenannten »weiblichen« Werten. Im typischen Fall verehrten sie die Jungfrau Maria als »Unsere Liebe Frau des Gedankens«. Und wie schon bei den frühchristlichen Sekten, die in der gylanischen Renaissance ihrer Zeit eine so wichtige Rolle spielten, standen bei ihnen Frauen oft in hohem Ansehen und übernahmen sogar Führungspositionen.[25]

Taylor selbst schreibt dazu: »Wir müssen die Frage stellen, woher das dumpfe Gefühl der Kirche kam, es müsse einen gemeinsamen Faktor geben, der Troubadoure, Katharer, Bagharden und die zahlreichen kleineren Sekten, die eine keusche Liebe predigten, verband... Die Antwort kann nur lauten, daß es einen solchen gemeinsamen Faktor tatsächlich gab... Bei großen Unterschieden in Dogma und Ritual, und obwohl einige von ihnen der Kirche nie abgeschworen hatten, hatten sie psychologisch eine gemeinsame Eigenschaft: die Mutter-Identifikation. Und dies war die einzige Häresie, die für die mittelalterliche Kirche wirklich interessant war.«[26]

Die Geschichte wiederholt sich

Sex in History zeigt, daß die wichtigsten Eigenschaften der mittelalterlichen Kirche ihr Patrismus oder ihre Vater-Identifikation war, das heißt, in unserer Terminologie, ihr androkratischer oder dominatorischer Charakter. Wir beginnen außerdem zu erkennen, daß den oszillierenden Schwingungen der Geschichte Konflikte zwischen dominatorischen und partnerschaftlichen Werten zugrunde liegen.

Taylor weist darauf hin, daß auch im Elisabethanischen Zeitalter, als eine Frau, Queen Elizabeth I., auf dem englischen Thron saß, »mutter-identifizierte« oder »weibliche« Wertvorstellungen neuen Zulauf gewannen. Im Elisabethanischen England gab es »ein erwachendes Verantwortungsbewußtsein für den Mitmenschen, das zum Beispiel in der Einführung des Armenrechts seinen Ausdruck fand.« Es gab ferner »eine neue Begeisterung für freien Unterricht, die sich in der Vergabe von Stipendien und der Gründung von Studentenkollegien ausdrückte« sowie »eine Welle kreativer Energie, vor allem auf dem Gebiet der lyrischen und dramatischen Dichtung, Englands beliebtester Kunstform, aber auch in der Malerei, der Architektur und der Musik.«[27]

Bezeichnend – und, wie wir sehen werden, unter systemtheoretischen Gesichtspunkten entscheidend – ist auch, daß in Perioden der gylanischen Wiederbelebung wie dem Elisabethanischen Zeitalter, der Zeit der Troubadoure und der Renaissance, Frauen aus hohen und höchsten Gesellschaftsschichten relativ mehr Freiheit und bessere Bildungsmöglichkeiten erlangten.[28]

Portia und andere Heldinnen Shakespeares waren zum Beispiel bemerkenswert gebildete Frauen und spiegeln den verbesserten Status der Frauen in jener Epoche wider. Gegen Ende des Elisabethanischen Zeitalters jedoch war – wie neben anderen literarischen Werken jener Zeit die Behandlung der ketzerisch-rebellischen Kate in Shakespeares *Der Widerspenstigen Zähmung* aufgezeigt – die gewaltsame androkratische Gegenreformation schon wieder in vollem Gange.

Das Wiederaufleben misogyner Dogmen ist in der Tat ein unverkennbares Zeichen dafür, daß das Pendel wieder in die andere Richtung auszuschlagen beginnt. Parallel zur Einführung neuer »Fakten«, mit denen man die Unterdrückung der Frauen zu rechtfertigen versucht, liegt hierin ein Signal für die – nach Taylor – »permanente Selbsttäuschung der Patristen, die stets von der Annahme ausgehen, daß Anstand und Sitte im Niedergang begriffen sind« und daß »vater-identifizierte« Werte, koste es, was es wolle, wieder ihren alten Rang erhalten müssen.[29] Die misogynen Dogmen sind vor allem auch ein frühes Warnsignal, das den Beginn einer noch repressiven, blutigeren Phase androkratischer Regression ankündigt.

Besondere Bedeutung kommt in diesem Zusammenhang dem erheblich jüngeren Werk des Psychologen David Winter zu. Zusammen mit anderen bekannten Forschern hat sich Winter mit einem Problem beschäftigt, das er – in einem Buch mit dem gleichen Titel – »das Machtmotiv« (*The Power Motive*) nennt.[30] Obwohl wir auch im Falle Winters über die vom konventionell männerzentrierten psychologischen Standpunkt vorgetragenen Argumente hinausgehen müssen, dokumentieren die Ergebnisse seiner Arbeit in dramatischer Weise, daß Epochen, in denen die Einstellung gegenüber den Frauen zunehmend repressiven Charakter annimmt, als Vorboten aggressiv-kriegerischer Phasen angesehen werden müssen.

Winter nimmt in seiner Arbeit, die sich vorrangig mit der Wiederholung bestimmter Themen in literarischen Quellen befaßt, die Gestalt des Don Juan unter die Lupe, also einen der berühmtesten romantischen »Frauenhelden« der Literatur- und Musikgeschichte. Dabei macht er die Beobachtung, daß Don Juan trotz der obligatorischen Verurteilung seiner Taten als »böse« und »verdammenswert« als »größter Verführer Spaniens« idealisiert wird. Aggressivität, Haß und der Wunsch, Frauen zu erniedrigen und zu bestrafen, sind, so Winter, die wahren Motive Don Juans, nicht etwa sexuelle Triebhaftigkeit. Von großer psychologischer und historischer Bedeutung ist Winters Erkenntnis, daß extrem frauenfeindliche Einstellungen besonders für jene Epochen typisch sind, in denen die Unterdrückung der Frauen durch die Männer bereits besonders stark ist. Als klassisches Beispiel dafür zitiert Winter das Land, in dem die Don-Juan-Legende entstand, Spanien. Die spanische Oberschicht hatte zu jener Zeit die »maurische Sitte« angenommen, »ihre Damen in strenger Abgeschiedenheit zu halten«.[31] Die psychologische Ursache, die hinter dieser erhöhten Feindseligkeit steckte, ist nach Winter darin zu suchen, daß in solchen Perioden das Mutter-Sohn-Verhältnis sowie ganz allgemein das Verhältnis zwischen den Geschlechtern besonderen Spannungen ausgesetzt ist.[32]

Im Zusammenhang ist klar ersichtlich, daß Winters »Machtmotiv« in unserer Terminologie dem androkratischen Eroberungs- und Herrschertrieb entspricht. Nachdem Winter den Beweis erbracht hat, daß die entwürdigende Behandlung der Frauen durch Don Juan eine Manifestation seines »Machtmotivs« ist, untersucht er, zu welchen Zeiten die Don-Juan-Figur in der literarischen Tradition eines Volkes besonders beliebt war und vergleicht den Befund mit den Epochen imperialistischer Expansion und intensiver Kriegführung. Das Ergebnis ist bei Anwendung des gylanisch-androkratischen Alternationsmodells voraussagbar: Die Geschichten über den berühmtesten Archetyp männlicher Dominanz waren besonders häufig kurz vor oder im Laufe von Perioden gesteigerten Militarismus' und Imperialismus'.[33]

Winter bestätigt, daß in systemtheoretischer Hinsicht männliche Dominanz untrennbar verknüpft ist mit Krieg als Form männlicher Gewaltanwendung. Und nicht nur das. Auch ein Aspekt der gylanisch-androkratischen Alternation, auf den schon früher Pioniere der feministischen Wissenschaft wie Kate Millett und Theodore Roszak hingewiesen haben, wird von Winter bestätigt: Die Re-Idealisierung männlicher Überlegenheit deutet einen Werte- und Verhaltenswandel an, der, wie die Geschichte zeigt, die Gewalt androkratischer Regressionen anheizt.[34]

Milletts brilliantes Werk *Sexual Politics* war Pionierarbeit auf einem Gebiet, das die Autorin intuitiv als den wichtigsten Faktor in unserer politischen Geschichte erkannt hatte: die männliche Dominanz.[35] Theodore Roszak verdankt seine Bekanntheit zwar hauptsächlich eher konventionellen, männerzentrierten Gesellschaftsanalysen, doch stellt sein Essay *The Hard and the Soft: The Force of Feminism in Modern Times* aus der Perspektive einer in der Entwicklung befindlichen Theorie des androkratisch-gylanischen Systemwandels ebenfalls eine Pionierarbeit dar.[36]

Hunderte von Wissenschaftlern haben sich bemüht, die eskalierende Gewalt und den wachsenden Militarismus, die in dem Blutbad des Ersten Weltkriegs einen furchtbaren Höhepunkt fanden, zu verstehen. Roszak verstand es, zwischen den Zeilen zu lesen und entdeckte bei seinem Versuch, der Sache auf den

Grund zu gehen, die – von ihm so genannte – »historische Krise der maskulinen Dominanz«.[37] Nach seiner Überzeugung hatte die feministische Bewegung des 19. Jahrhunderts nicht nur die konventionellen Sexualklischees von der männlichen Dominanz und der weiblichen Fügsamkeit herausgefordert, sondern bedeutete auch zugleich den ersten nennenswerten Frontalangriff auf das bestehende System, da sie auf dessen ideologischen Kern zielte. In herkömmlichen Geschichtsbüchern wird diese große Herausforderung des 19. Jahrhunderts bezeichnenderweise kaum erwähnt, obwohl die Diskussionen und Auseinandersetzungen ebenso leidenschaftlich ausgetragen wurden und ebenso hohe Wellen schlugen wie die heutige »Women's Lib«-Bewegung. Schließlich wurde nicht nur die traditionelle Männerherrschaft über die Frauen in Frage gestellt, sondern auch die Grundwerte unseres Systems, in dem Eigenschaften wie Zärtlichkeit, Mitleid und Friedfertigkeit als »weiblich« und vollkommen unpassend für echte oder »maskuline« Männer und die gesellschaftliche Führung gelten.[38]

Das androkratische System reagierte auf diese Herausforderung, indem es um so gewaltsamer die männlichen Klischees durchzusetzen suchte. Im ausgehenden neunzehnten Jahrhundert und in den ersten Jahren des zwanzigsten vor Ausbruch des Ersten Weltkriegs »beherrschte«, so Roszak, »zwanghafte Maskulinität den gesamten politischen Stil«. In den Vereinigten Staaten sprach Präsident Theodore Roosevelt von dem »Krebsgeschwür unkriegerischer und isolierter Bequemlichkeit« und »männlichen, abenteuerlustigen Tugenden«. In Irland verkündete der revolutionäre Dichter Patrick Pearse, daß »Blutvergießen etwas Reinigendes und Heiligendes« sei, und daß »die Nation, die darin das schlimmste Übel sieht, ihre Männlichkeit verloren hat«. In Italien rief Filioppo Marinetti aus: »Laßt uns dem Krieg huldigen, dem einzigen in der Welt, der uns Gesundheit bringt! Militarismus! Patriotismus! Der zerstörerische Arm des Anarchisten! Verachtung den Weibern!«[39]

Ebenso wie die geheiligte Legende von Don Juan war die brutale Verachtung der Frauen und all dessen, was man für weiblich hielt, ein Signal. Die Botschaft – die sämtliche nationalen und ideologischen Grenzen übersprang – lautete, daß der Wandel zu einer »unkriegerischen« und »unmännlichen« Welt, einer Welt, die nicht länger mehr vom »männlichen« Schwert beherrscht sein würde, unter keinen Umständen hingenommen werden könne.

Verborgen unter einer Fülle nationaler und ideologischer Differenzen entdeckte Roszak bei den Männern, die Anfang des Jahrhunderts einmal mehr die Menschheit in einen Krieg führten, eine Gemeinsamkeit: Es war dies die Gleichsetzung von Männlichkeit mit Gewalt, ohne die ein auf gewaltgestützten Rangordnungen basierendes System nicht aufrechterhalten werden kann. Roszak bestätigte darüber hinaus die von Winter beobachtete Dynamik, derzufolge die Re-Idealisierung »maskuliner« Klischees nicht nur einen regressiven Wandel in den Wertvorstellungen, sondern auch den Übergang vom Frieden zum Krieg ankündigt.

Eine nicht minder zwingende Bestätigung für die Existenz dieser nach wie vor weitgehend übersehenen gesellschaftlichen Dynamik findet sich in den Forschungen des Psychologen David McClelland. In seinem Buch *Power: The Inner Experience* berichtet er über seine Versuche, Epochen kriegerischer Auseinandersetzungen oder solche des Friedens vorherzusagen. Er begann damit, in Veröffentlichungen und Redetexten aus den diesen Epochen jeweils vorausgehenden Phasen nach Indikatoren zu suchen.[40] Die Ergebnisse bestätigen das, was wir nach dem gylanisch-androkratischen Geschichtsmodell ebenfalls hätten voraussagen können.

McClelland studierte literarische und andere historische Quellen zur amerikanischen Geschichte. Er kam zu dem Schluß, daß auf Phasen, in denen das »verbindende Motiv«, wie er es nannte (nach unserer Terminologie also die »weiblicheren«, friedlicheren, mitfühlenden Werte), stärker wurde, eine friedliche Epoche folgte. Als Belege dafür führt er die Stärkung des »verbindenden Motivs« vor den Friedensjahren 1800–1810 und 1920–1930 an. [41] Umgekehrt kulminierte eine in den Quellen nachzuweisende Stärkung des sogenannten »imperialen Macht-Motivs« (das in unseren Begriffen die »männlich«-dominatorische Motivation heißen würde), fast immer in einem Krieg. Auch in der englischen Geschichte läßt sich vor gewalttätigen Auseinandersetzungen, also zum Beispiel für die Zeit um 1550, 1650 und 1750 die Verbindung zwischen einem starken »imperialen Macht-Motiv« und einem entsprechend schwachen »verbindenden« Motiv feststellen[42], während friedlicheren Epochen ein niedriges Macht-Motiv in Verbindung mit einem hohen »verbindenden Motiv« vorausging.

Ebenso wie Taylors Arbeit bestätigt McClellands Untersuchung noch einen weiteren wichtigen Faktor: Die »weicheren«, »weiblicheren« Werte, die für ein partnerschaftlich orientiertes Gesellschaftsmodell typisch sind, sind Teil einer ganz bestimmten sozialen und ideologischen Konfiguration, in der das schöpferische Moment eine weitaus wichtigere Rolle spielt als das zerstörerische. Wie schon der Rückblick auf die Kultur des Neolithikums und die lebensfrohen Wandmalereien und Paläste des minoischen Kreta, aber auch die Beschäftigung mit den im Taylorschen Sinne »matristischen« Phasen der jüngeren Geschichte (also etwa mit dem Elisabethanischen Zeitalter) gezeigt haben, sind gylanischere Epochen in charakteristischer Weise auch Perioden großer kultureller Kreativität.

McClelland benutzt in seinem »Motivationssystem« die Kürzel »n Affiliation« für das Bedürfnis nach Verbindendem, »n Power« für das Bedürfnis nach Macht und so weiter. Er bedient sich dieser Begriffe, als er schreibt: »Das wirklich Bemerkenswerte an der Elisabethanischen Epoche liegt darin, daß die Motiv-Indikatoren alle bestätigen, daß es sich in jener Zeit recht gut leben ließ – so wie dies von Historikern schon immer behauptet wurde. Das Bedürfnis nach *Affiliation* war gestiegen, *Power* hatte an Einfluß verloren; beides symbolisierte eine Ära relativen Friedens. Das Leistungsniveau *(Achievement)* war hoch geblieben und deutete eine Phase der Prosperität an.«[43] Kurz danach kam es dann aber zu dem nur allzu bekannten Wandel. Während der Auseinandersetzungen zwischen Royalisten und Puritanern und im Bürgerkrieg nahm *n Power* wieder zu und *n Affiliation* ging rapide zurück, was darauf hindeutet, daß es sich um eine Epoche der Rücksichtslosigkeit und Gewalt handelte. Und genau dies war der Fall.[44] Mit unseren Worten: Unter dem vorherrschenden, von Männern dominierten System war für Bewegung, die eine höhere Entwicklungsstufe in der kulturellen Evolution anstrebte, an einem bestimmten Punkt das Ende der Fahnenstange erreicht. Die Erhaltung des Systems erforderte eine kulturelle Regression; einmal mehr verfiel es in die »normale« Dynamik androkratischer Gewalt.

Der Kreis der typischen androkratischen Systemkonfiguration, wie wir sie im Verlaufe dieses Buches beobachtet haben, schließt sich mit der durch McClellands Analyse ebenfalls bestätigten Tatsache, daß zu Zeiten, in denen aggressive Machtmotive dominierten, der Autoritarismus, die dritte Hauptkomponente des Systems, ebenfalls stärker wurde. »Hohe *n Power* in Verbindung mit niedriger *n Affiliation* ging in modernen Staaten einher mit Diktaturen, Rücksichtslosigkeit, Unterdrückung der Freiheit und interner wie internationaler Gewaltanwendung.«[45]

Die neue feministische Wissenschaft hat sich auch mit dem Phänomen der Macht auseinandergesetzt und dabei einige sehr aufschlußreiche Beobachtungen gemacht. Die bahnbrechenden Arbeiten der bekannten Soziologin Jessie Bernard, der Harvard-Psychologin Carol Gilligan und der Psychiaterin Jean Baker Miller weisen nach, wie Verbindungen (*Affiliation*) in männerbeherrschten Gesellschaften mit Weiblichkeit gleichgesetzt wird, wohingegen Macht (*Power*) – im konventionellen Sinne als Kontrolle über andere Menschen verstanden – mit Männlichkeit verbunden wird.[46]

Die erwähnten Studien enthüllen darüber hinaus noch eine andere, höchst bedeutsame Tatsache: Die Wertekonfiguration, die McClelland »Affiliation«, Taylor »matristisch« und wir »gylanisch« genannt haben, beschränkt sich in männerbeherrschten Systemen im allgemeinen auf eine separate Welt, die der größeren, »realen« oder »Männer«welt unter- oder allenfalls beigeordnet ist – die Welt der Frauen.

In dieser Welt ist die gylanische Definition von Macht als einer *befähigenden* Kraft, die imstande ist zu geben und zu erschaffen und die so bezeichnend war für das partnerschaftliche Ethos der Vorzeit, nach wie vor erkennbar. Miller weist darauf hin, daß Frauen bis auf den heutigen Tag mit diesem Machtverständnis leben: es ist für sie die Verantwortung der Mütter, ihren Kindern – vor allem ihren Söhnen – bei der Entwicklung ihrer Talente und Fähigkeiten zu helfen.[47] In dieser Welt – aber eben nur dort, also nur für Frauen – bleibt das »weibliche Ethos von Liebe/Pflicht« (Bernard) bis heute vorbildlich für alles Denken und Handeln.[48] Und hier regiert bis heute die »weibliche Moral des Anteilnehmens« (Gilligan) im Sinne der positiven Pflicht, andere so zu behandeln, wie wir von ihnen behandelt werden wollen[49], doch betrifft ihre Vorbildfunktion eben wiederum nur diejenigen, die in der »großen« Gesellschaft nicht regieren sollen: die Frauen.

All diese neuen Forschungen über die von der herkömmlichen Wissenschaft weitgehend ignorierte Hälfte der Menschheit zeigen uns, daß Perioden kriegerischer Auseinandersetzungen und zunehmender Repression vorausgesagt werden können. Sie künden sich an, wenn gylanische, *verbindende* Werte schwächer und androkratische Vorstellungen von aggressiver Macht oder auf Gewalt basierender Rangordnung entsprechend stärker werden. Auch können wir erkennen, daß sich hinter den scheinbar so unerklärlichen und sprunghaften Richtungswechseln im Geschichtsablauf der grundlegende Widerstand gegen den Fortschritt unserer kulturellen Evolution verbirgt: ein gesellschaftliches System, in dem die weibliche Hälfte der Menschheit beherrscht und unterdrückt wird.

Warum, so fragen wir uns unwillkürlich, ist die nach allem doch so einleuchtende androkratisch/gylanische Systemdynamik bisher so wenig erforscht worden? Warum haben die Verhaltensweisen, Aktivitäten und Ideen der Frauen – also immerhin einer Hälfte der Spezies Mensch – so geringes wissenschaftliches Interesse gefunden? Einmal mehr haben wir es hier mit einer jener Unterlassungssünden zu tun, über die Historiker und andere Wissenschaftler in kommenden Generationen nur noch den Kopf schütteln werden.

Die Tür für ein ganzheitliches Studium der menschlichen Gesellschaft steht auch heute erst einen Spalt breit offen. Sie öffnete sich zum erstenmal ein wenig, als Historikerinnen wie Lynn White jun. auffiel, wie selektiv die Geschichtsschreibung bisher vorgegangen war. Die jeweils herrschenden Gruppen hatten sich des Faches bemächtigt und weitgehend nur ihre eigene Geschichte aufgezeichnet.[50] Erst jetzt beginnt man langsam, ernsthaft von der fehlenden weiblichen Hälfte Notiz zu nehmen, weshalb auch erst jetzt eine neue Geschichts- und kulturelle Evolutionstheorie entwickelt werden kann, die die menschliche Gesellschaft *in ihrer Gesamtheit* berücksichtigt.

Daß unsere herkömmlichen Geschichtsbücher systematisch über alles hinweggehen, was in irgendeiner Form mit Frauen oder »Weiblichkeit« zu tun hat, kann kaum überraschen, wenn wir bedenken, daß Frauenforschung bis noch vor ganz kurzer Zeit an keiner einzigen amerikanischen Universität auf dem Lehrplan stand. Auch an der überwiegenden Mehrzahl unserer Grund- und Oberschulen gibt es nichts dergleichen. Dort, wo die Frauenforschung inzwischen existiert, ist die finanzielle Ausstattung der Lehrstühle dürftig und ihr Ansehen gering. Innerhalb der College- oder Universitätshierarchie rangieren sie unter ferner liefen. Höchstens eine Handvoll Colleges und/oder Universitäten verlangen den Nachweis über wenigstens ein abgeschlossenes Seminar in Frauenforschung als Prüfungsvoraussetzung. Kein Wunder, daß sich selbst »hochgebildete« Menschen bis heute mit dem Gedanken schwer tun, daß Frauen in der Geschichte etwas bewegt haben und daß solche Nebensächlichkeiten wie Frauen und »feminine« Werte in Wirklichkeit eine zentrale Kraft in unserer Vergangenheit gewesen sein sollen, die darüber hinaus auch noch einen entscheidenden Einfluß auf die Schaffung einer besseren Zukunft haben kann.

Zu den ersten historischen Arbeiten, mit denen in diesem Jahrhundert der Versuch unternommen wurde, die pathologische Verdrängung der Frauen aus der Geschichtsschreibung zu überwinden, ist Mary Beards *Woman as a Force in History* zu zählen.[51] Ihr Buch ist eine historische Pionierleistung. Es zeigt auf, wie stark – aller männlichen Dominanz zum Trotz – der Einfluß der Frauen auf die Gestaltung der abendländischen Zivilisation war. Mary Beards wies auf die Vorgeschichte als eine Quelle des versunkenen Erbes der Menschheit hin. Besondere Bedeutung kommt ihrem Werk vor allem deshalb zu, weil sie auf einen anderen Faktor aufmerksam machte, der konventionelle Historiker noch mehr in Rage versetzen mußte als die von Winter und McClelland aufgezeigten Korrelationen zwischen »femininen« und »maskulinen« Werten auf der einen und kritischen historischen Alternativen auf der anderen Seite. Sie wies nämlich anhand zahlreicher Dokumente nach, daß Epochen, in denen der Status der Frauen wuchs, in charakteristischer Weise auch Epochen kultureller Blüte waren.

Aus der Perspektive der kulturellen Transformationstheorie betrachtet, kommt die Entdeckung, daß es zwischen dem Status der Frauen und dem jeweiligen Zustand der Gesellschaft eine Verbindung besteht, kaum überraschend. Denn die Art und Weise, wie eine Gesellschaft die Beziehungen zwischen den beiden Geschlechtern gestaltet, hat, wie wir gesehen haben, tiefgreifende und weitgehend vorhersehbare Auswirkungen auf das System insgesamt. Erstaunlich ist dagegen, daß Beard bereits zu Beginn des 20. Jahrhunderts und ohne das theoretische Rüstzeug, das uns heute zur Verfügung steht, die entsprechenden Strukturen erkennen und kommentieren konnte. Bis heute zählt *Woman as a Force in History* zu den ganz wenigen Versuchen der Geschichtswissenschaft, die historischen Aktivitäten der Frauen nachzuvollziehen.

Mary Beard weist darin unter anderem auf »die weitreichenden und einflußreichen Aktivitäten italienischer Frauen bei der Verbreitung humanistischer Bildung« in der Renaissance hin. Es war dies eine Zeit, in der Frauen – und mit ihnen »verweiblichte« Wertvorstellungen wie künstlerischer Ausdruck und künstlerische Neugier – begannen, sich von der Kontrolle durch die mittelalterliche Kirche zu befreien. Beard weist nach, daß Frauen auch in der französischen Aufklärung im 17. und 18. Jahrhundert ähnlich entscheidende Rollen spielten. Wie wir sehen werden, keimten zu jener Zeit – in der die säkulare Revolte gegen die »Barbarismen und Mißbräuche« (Beard) des Ancien Régime begann – in den »Salons« von Frauen wie Madame Rambouillet, Ninon de Lenclos und Madame Geoffrin die Vorläufer unserer modernen, humaneren (oder, in unserer Terminologie, gylanischeren) Weltanschauungen auf.[52]

Bei alldem darf nicht verschwiegen werden, daß Frauen auch dazu beigetragen haben, Männer und »maskuline« Werte an der Macht zu halten. Obwohl es hier und da immer wieder große Persönlichkeiten gab, die über ihre Zeit hinausdachten, war die Rolle der Frau in historischer Zeit zwangsläufig weitgehend auf die vom androkratischen Umfeld vorgeschriebene Funktion der »Helferin« des Mannes beschränkt. Doch selbst wenn Frauen, wie Beard an verschiedenen Stellen zeigt, den Männern im Krieg halfen und bisweilen sogar persönlich in die Kampfhandlungen eingriffen, war die Aufgabe, die ihnen zufiel, meist ganz anderer Art. Da sie nicht zu Härte, Aggressivität und Eroberungslust erzogen und sozialisiert waren, waren Lebensstil, Denken und Handeln der Frauen in charakteristischer Weise »weicher«, das heißt weniger von Gewalt als von Mitgefühl und Nächstenliebe geprägt. »Zu den frühesten literarischen Rivalen (...) jener hymnischen Verherrlichung von Krieg, Haß und Rache, der Homer seine Unsterblichkeit verdankt, zählte die Dichtung einer äolischen Frau, die von ihren Landsleuten Sappha genannt wurde, in späteren Zeiten aber überall als Sappho bekannt war.«[53]

Ähnliche Erkenntnisse finden sich in einer weiteren verdienstvollen Arbeit über die Rolle der Frau in der Geschichte, *The First Sex* von Elizabeth Gould Davis.[54] Dem Buch wurde – wie einer Reihe vergleichbarer Bücher von Autorinnen, die ohne die Rückendeckung einflußreicher Institutionen oder bekannter Fachkollegen versucht haben, die Vergangenheit der Frauen vor der Vergessenheit zu bewahren – der Vorwurf gemacht, es verirre sich in allzu phantastische, wenn nicht sogar ausgesprochen esoterische Höhenflüge. Trotz ihrer Schwächen, ja, vielleicht gerade deshalb, weil sie bewußt von den herkömmlichen wissenschaftlichen Traditionen abweichen, sind Bücher dieser Art dank der Intuition ihrer Autorinnen Vorläufer einer zukünftigen Geschichtswissenschaft, in deren Mittelpunkt der Status der Frauen und sogenannter weiblicher Werte stehen wird.

Wie Mary Beard versetzt auch Davis die Frauen wieder zurück an jenen Platz, den androkratische Historiker ihnen streitig gemacht hatten. *The First Sex* bringt eine Fülle von Belegen, aus denen der Zusammenhang zwischen der Unterdrückung der Frau und der Unterdrückung femininer Werte gerade während kritischer historischer Umbruchperioden deutlich wird. So vergleicht die Autorin zum Beispiel das Elisabethanische Zeitalter mit der darauf folgenden puritanischen Regression, die durch eine Vielzahl äußerst frauenfeindlicher Maßnahmen – darunter zahlreiche Hexenverbrennungen – charakterisiert war.

Die meisten Informationen und Daten, die zur Begründung und Weiterentwicklung einer neuen holistischen Theorie gylanisch/androkratischer Transformation und Oszillation erforderlich sind, finden sich freilich in den Arbeiten anspruchsvollerer feministischer Historiker(innen) und Sozialwissenschaftler(innen) der Gegenwart. Gemeint sind hier die Werke von Frauen wie Renate Bridenthal, Gerda Lerner, Dorothy Dinnerstein, Eleanor Leacock, JoAnn McNamara, Donna Haraway, Nancy Cott, Elizabeth Pleck, Carroll Smith-Rosenberg, Susanne Wemple,

Joan Kelly, Claudia Koonz, Caroline Merchant, Marilyn French, Francoise d'Eaubonne, Susan Brownmiller, Annette Ehrlich, Jane Jaquette, Lourdes Arizpe, Itsue Takamure, Rayna Rapp, Kathleen Newland, Gloria Orenstein, Bettina Aptheker, Carol Jacklin und La Frances Rodgers-Rose sowie von Männern wie Carl Degler, P. Steven Sangren, Lester Kirkendall und Randolph Trumbach, die mit großer Sorgfalt und Genauigkeit und unter Heranziehung bisher kaum berücksichtigter oder stets ignorierter und schwer zu findender Quellen wie Frauentagebücher die geradezu unglaublich vernachlässigte eine Hälfte der Menschheitsgeschichte entdecken.[55] Ihre Arbeiten bilden die noch fehlenden Bausteine für das historische Paradigma, das zum Verständnis jener Einen-Schritt-vorwärts-einen-Schritt-zurück-Oszillationen in unserer Geschichte und zu deren Überwindung unerläßlich ist. Dank der feministischen Forschung erkennen wir, was hinter der Beobachtung des französischen Philosophen Charles Fourier steckt, der vor über einem Jahrhundert meinte, das Niveau der Frauenemanzipation sei ein Indikator für das Emanzipationsniveau der Gesellschaft insgesamt.[56]

Das weibliche Ethos

Wir haben bereits einen Eindruck davon bekommen, wie in Phasen besonders rigider androkratischer Herrschaft die »weicheren«, »weiblicheren« Werte auf die untergeordnete Welt der Frauen, also die Privatsphäre des – seinerseits von männlichen Einzelpersonen beherrschten – Heims beschränkt bleiben, während sie in Phasen gylanischer Wiederbelebung mehr ins öffentliche Bewußtsein, das heißt, in die Männerwelt vordringen und somit zum sozialen Fortschritt beitragen.

Die neue feministische Wissenschaft hat inzwischen den Nachweis erbracht, daß all dies nicht aufgrund irgendwelcher mystischer und unveränderlicher oder gar »schicksalhafter« Prinzipien geschieht (wie zum Beispiel in der Gegenüberstellung von »Jungfrau« und »Dynamo« bei Adams), sondern aus einem ganz einfachen, praktischen Grund, der für jeden Historiker leicht ersichtlich gewesen wäre, wenn er bei seinen Studien auch die Frauen der betreffenden Epoche berücksichtigt hätte. An Orten und zu Zeiten, da Frauen nicht rigoros in die private Welt der eigenen vier Wände verbannt sind, da sie sich frei bewegen und sich in großer Zahl an die Öffentlichkeit wagen können, wirken sie als Trägerinnen und Verbreiterinnen des »weiblichen Ethos« und sorgen dafür, daß gylanische Ansichten größeren Einfluß auf das Weltbild der Allgemeinheit gewinnen.

Der Anteil der Frauen bei der Durchsetzung sozialer Verbesserungen ist, wie am Beispiel des klassischen Griechenland und der Zeit Jesu deutlich wurde, schon immer sehr groß gewesen. Der vielleicht eindrucksvollste Fall ist jedoch eine Bewegung, deren humanisierende Wirkung alle anderen sozialen Bewegungen in der Neuzeit in den Schatten stellen dürfte und die trotzdem von der Geschichtsschreibung – feministische Quellen einmal ausgenommen – fast vollständig ignoriert worden ist. Gemeint ist die Frauenrechtsbewegung, die erstmalig im 19. Jahrhundert aufflackerte und gegenwärtig erneut von sich reden macht.

Obwohl wir in kaum einem Geschichtsbuch etwas darüber finden, steht außer Frage, daß die heute unbekannten oder ignorierten Arbeiten von Hunderten von Feministinnen des vergangenen Jahrhunderts wie Lucy Stone, Margaret Fuller, Mary Lyon, Elizabeth Cady Stanton und Susan Anthony, um nur einige zu nennen, die Situation der weiblichen Hälfte der Menschheit ganz wesentlich verbesserten. Innenpolitisch sorgten diese »Mütter« des modernen Feminismus für die Abschaffung von Gesetzen, die das Prügeln von Ehefrauen ausdrücklich sanktionierten. Ökonomisch trugen sie zur Änderung von Gesetzen bei, welche Ehemännern das alleinige Verfügungsrecht über das Eigentum ihrer Frauen einräumten. Sie öffneten Frauen den Weg in juristische und medizinische Berufe und erkämpften ihnen den Zugang zu höheren Bildungseinrichtungen, wodurch das Leben der Betroffenen und ihrer Familien enorm bereichert wurde. [57]

Mit der Befreiung der Frauen von den krassesten Formen männlicher Dominanz löste die feministische Bewegung des 19. Jahrhunderts nicht nur die gylanische Welle aus, deren Kraft bis heute ungebrochen ist, sondern beeinflußte auch ihre Richtung. Auch dies wird freilich erst deutlich, wenn wir über das Wissen hinausblicken, das uns durch unsere herkömmlichen Geschichtsbücher vermittelt wird: Indem es den Feministinnen gelang, den Frauen wenigstens einen kleinen Brückenkopf in der Welt außerhalb ihrer Familien zu verschaffen, trugen sie zu einer enormen Humanisierung der Gesellschaft insgesamt bei. Dem Einfluß des »weiblichen Ethos«, verkörpert in Frauen wie Florence Nightingale, Jane Addams, Sojourner Truth und Dorothea Dix, die nun in großer Zahl ins Rampenlicht der Öffentlichkeit traten, war es zu verdanken, daß sich neue soziale Berufe und Institutionen (wie ein organisiertes Krankenpflegewesen) entwickeln konnte, daß die Sklavenbefreiungsbewegung gerade auch bei der »Basis« weite Unterstützung fand und daß die Behandlung der Geisteskranken und Geistesschwachen humaner wurde.[58]

Die gleiche »weiblichere« oder »partnerschaftlichere« Einstellung, die eher durch Gemeinsamkeit als durch auf Gewalt basierende Rangordnungen definiert ist, verbreitete sich im 20. Jahrhundert dank der Feministinnen in weiten Kreisen der Bevölkerung. Ebenso wie ihre Vorgängerin im 19. Jahrhundert trug die Women's Lib-Bewegung zu einer erheblichen Verbesserung der Situation der Frauen bei. In einer Zeit, da aufgrund technologischer Veränderungen der Trend mehr und mehr dahin geht, Frauen aus ihren untergeordneten Rollen im Haushalt herauszuholen, nur um genauso untergeordnete Rollen in der Arbeitswelt mit ihnen zu besetzen, hat sich die Frauenbefreiungsbewegung mit Nachdruck für neue gesetzliche Regelungen zum Schutz der Frauen am Arbeitsplatz und zu Hause eingesetzt. Und weil es ihr gelang, gylanisches Bewußtsein in Tätigkeitsbereichen zu verbreiten, die zuvor fest in Männerhand waren, hat auch diese zweite Welle des modernen Feminismus einen entscheidenden Anteil an der Verbesserung der Lebensumstände von Frauen *und* Männern.

Spielten die Frauen im 19. Jahrhundert eine wichtige Rolle bei der Befreiung der Negersklaven, so setzten sie sich im 20. Jahrhundert massiv für die Bürgerrechte der Schwarzen ein (wobei einige von ihnen sogar ums Leben kamen). Dementsprechend zeichnen sich Hunderte von kleineren und größeren Organisationen überall in der westlichen Welt, die sich die Schaffung einer gerechteren, friedfertigeren und ökologisch verträglichen Sozialordnung zum Ziel gesetzt haben, durch einen hohen Frauenanteil aus.[59]

Selbstverständlich bringen nicht alle Frauen, die im öffentlichen Leben Karriere machen, gylanische Werte zur Geltung. Einzelne Frauen, die bisweilen in männerbeherrschten Hierarchien Spitzenstellungen bekleideten oder bekleiden, wie Indira Gandhi und Margaret Thatcher, verdanken ihren Aufstieg oftmals dem Umstand, daß sie immer wieder von neuem den Beweis erbringen, eben *nicht* »zu weich« oder »zu weiblich« zu sein. Umgekehrt steht es außer Frage, daß auch viele Männer sich inzwischen für soziale Verbesserungen und den Frieden einsetzen; das war in anderen Phasen gylanischen Wiedererstarkens nicht anders. Daß heute »weibliche« Werte – sowie die Frauen selbst – längst nicht mehr so »privatisiert« sind wie früher, erleichtert ihnen natürlich ihre Tätigkeit.

Ein gutes Beispiel für diese Entwicklung sind die Geschehnisse der sechziger und siebziger Jahre dieses Jahrhunderts, als viele Amerikanerinnen und Amerikaner gegen die »männliche« Vorstellung, der Vietnamkrieg sei »patriotisch« und »edel«, aufbegehrten. Nicht nur rebellierten die Frauen damals gegen ihre Verbannung in die Privatspäre eines männerbeherrschten Haushalts – es gab auch viele Männer, die sich entschieden gegen die »männliche« Klischeevorstellung wandten, »echte Männer« dürften – vor allem in der Öffentlichkeit – keine »weiblichen« Züge zeigen, sondern müßten vielmehr alle zärtlichen, friedfertigen und fürsorglichen Eigenschaften unterdrücken.

Damit soll nun nicht gesagt sein, daß es so etwas wie einen einfachen, linearen Kausalzusammenhang zwischen Veränderungen im Status der Frauen und dem Erstarken »weiblicher« Werte gäbe. Es ist vielmehr eher so, daß jedesmal, wenn eine nennenswerte Anzahl von Frauen mit Nachdruck Forderungen stellt oder gar Erfolge erzielt, der androkratische Gegenschlag nicht lange auf sich warten läßt.

In der »Gegenkultur« der sechziger und siebziger Jahre weigerten sich viele junge Männer, im Krieg etwas »Heroisches« oder »Männliches« zu sehen und pflegten in Kleidung und Haartracht einen eher »femininen« Stil. Auch die Bemühungen um die Gleichberechtigung der Frau verzeichneten zu jener Zeit bedeutende Erfolge. Doch kaum wurden die alten sexuellen Stereotypen ernsthaft in Frage gestellt, da erstarkten auch wieder die sogenannten konservativen und männlichen Kräfte und holten in Gruppen wie *anti-ERA, Moral Majority* und anderen rechten Vereinigungen zum Gegenschlag aus. Auch in der Renaissance und im Elisabethanischen Zeitalter lassen sich rückblikkend, parallel zum gylanischen Aufschwung, unverkennbare Anzeichen für einen erstarkenden androkratischen Widerstand nachweisen. Auf der einen Seite ist, zumindest in der Oberschicht, ein Trend zur gleichberechtigten Ausbildung der Frauen erkennbar, und es entstehen in Werken wie Christine de Pisans *Book of the City of Ladies*[60] die Vorläufer der modernen feministischen Literatur – andererseits beginnt eine neue Kampagne gegen die Frauen, beschneiden neue Gesetze ihre wirtschaftliche und politische Macht, kommt verstärkt eine neue Literaturgattung auf den Markt, deren Ziel es ist, Frauen in angepaßten »weiblichen«, das heißt unterwürfigen Rollen darzustellen.

All dies führt zu einem letzten Punkt von nichtsdestoweniger fundamentaler Bedeutung: Trotz periodischer Schwächung der androkratischen Infrastruktur in Phasen gylanischen Wiedererstarkens, blieb der untergeordnete Status der Frauen bis in die jüngste Zeit hinein im wesentlichen unverändert und mit ihm auch der Status von Werten wie Gemeinsinn, Fürsorglichkeit und Gewaltlosigkeit.

Die erste »Verteidigungslinie« des androkratischen Systems bestand in historischer Zeit, wie wir gesehen haben, immer darin, die Zügel der Männerherrschaft wieder fester anzuziehen. Solche Phasen der Regression, die stets zu verstärkter Unterdrükkung der Frauen führten, waren auch immer Vorläufer von *allgemein* repressiven und blutigen Geschichtsepochen. Die anschaulichen Untersuchungen von McClelland, Roszak und Winter laufen auf eine verhängnisvolle Schlußfolgerung hinaus: Wenn es nicht gelingt, die systembedingten Beziehungen zwischen der Unterdrückung der Frauen auf der einen sowie partnerschaftlichen und fürsorglichen Werten auf der anderen Seite aufzuarbeiten, steht uns unvermeidlich ein neuer, blutiger Aderlaß, das heißt, ein neuer Krieg ins Haus.

McClellands Untersuchungen zeigen, daß das Überhandnehmen von Gewalt in Literatur und Kunst eine neue Epoche von Krieg und Unterdrückung ankündigt. Winters Forschungen über den Vergewaltiger Don Juan beweisen, daß repressive Gewalt gegen Frauen ein noch spezifischerer Indikator für bevorstehende Gewalttätigkeiten und Kriege sind. Was aber ist heute allenthalben zu beobachten? Eine massive, weltweite Zunahme von Gewalt gegen Frauen – nicht nur in der Fiktion, sondern durchaus in der Realität.

Ideologisch gesehen, befindet sich unsere Welt gegenwärtig in den Fängen einer großen Regression, in der die frauenverachtenden Dogmen christlicher wie islamischer Fundamentalisten revitalisiert werden. Eine wahre Sturzflut von Gewalt gegen Frauen ergießt sich über uns in Literatur und Film. Gegenüber den heute üblichen realistischen Darstellungen von Vergewaltigungen und Frauenmorden verblaßt alles, was es in früheren Zeiten an literarischer Gewalt gegeben hat (z. B. *Der Widerspenstigen Zähmung* und *Don Juan*), schier zur Bedeutungslosigkeit. Ebenso beispiellos ist der gegenwärtige Wildwuchs an *hard-core*-Pornographie in Form von Büchern, Zeitschriften, Comic-

Strips, Videofilmen und sogar Kabelfernsehen, mit deren Hilfe ein milliardenschwerer Industriezweig in jedes Wohnzimmer die Botschaft brüllt, daß Brutalisierung, Versklavung, Folter, Verstümmelung, Mißachtung und Erniedrigung des weiblichen Geschlechts sexuelles Vergnügen bereitet.[61]

Theodore Roszak hat darauf hingewiesen, daß der Widerstand gegen die Frauenbewegung des 19. Jahrhunderts unter anderem durch eine Zunahme der registrierten Fälle von »schwerer Körperverletzung« im Privatbereich gekennzeichnet war. Frauen wurden bis aufs Blut geprügelt, verbrannt, oder man stach ihnen die Augen aus.[62] Und da das androkratische System in geschichtlicher Zeit auf jeden drohenden Wandel mit zunehmender Gewalt gegen Frauen reagiert hat, kam es auch im Gefolge der Women's-Lib-Bewegung des 20. Jahrhunderts zu einem substantiellen Anstieg derartiger Aggressionen. Beispiele dafür gibt es genug: Bräuteverbrennungen in Indien, öffentliche Exekutionen im Iran, Verhaftungen und Folter in Lateinamerika, geschlagene Ehefrauen überall auf der Welt sowie der globale Terrorismus der Vergewaltigung (nach wissenschaftlichen Schätzungen wird in den Vereinigten Staaten alle dreizehn Sekunden eine Frau vergewaltigt).[63]

Aus der Perspektive der kulturellen Transformationstheorie ist die Erklärung für die Funktion der massiven und brutalen Gewalt gegen Frauen innerhalb des Systems leicht zu erkennen. Wenn die Androkratie erhalten bleiben soll, müssen die Frauen unterdrückt werden – koste es, was es wolle. Und wenn diese Gewalt – und die Anstachelung zur Gewalt durch die Wiederbelebung religiös verbrämter Frauenfeindlichkeit sowie die Identifikation von sexueller Lust mit Folterei, Vergewaltigung und Mord – überall auf der Erde zunimmt, so liegt dies daran, daß es heute eine globale synergetische Frauenbewegung gibt, die sich aus den verschiedensten, einander stärkenden Quellen speist, deren Ziel die Befreiung des Menschen schlechthin ist und die für die Männerherrschaft eine bisher noch nicht dagewesene Bedrohung darstellt.[64]

Wie Pilze schießen überall in der Welt in bisher unbekannter

Zahl amtliche und nichtamtliche Organisationen aus dem Boden, die die Situation und den Status der Frauen verbessern wollen – die *All China Women's Federation*, die *National Women's Studies Association*, die *National Organization for Women* und die *Older Women's League*, um nur einige von ihnen zu nennen. Ihre Mitgliedschaft geht in die Millionen. Nie zuvor gab es ein von den Vereinten Nationen ausgerufenes und gefördertes »Jahrzehnt der Frauen«. Nie zuvor fanden rund um den Erdball so viele Konferenzen statt, auf denen Tausende von Frauen aus allen Teilen der Welt über die Probleme diskutierten, die sich aus der Männerherrschaft ergeben. Und niemals zuvor in geschichtlicher Zeit sind so viele Frauen aus allen Ländern der Welt zusammengekommen, um gemeinsam auf eine Zukunft hinzuarbeiten, in der die Gleichberechtigung der Geschlechter, Entwicklung und Frieden verwirklicht sind.[65]

Daß immer mehr Menschen erkennen, wie sehr diese drei Ziele zusammenhängen, liegt in der intuitiven Wahrnehmung der geschichtlichen Dynamik, mit der wir uns in diesem Buch schon mehrfach auseinandergesetzt haben. Denn wer erst einmal die Funktion der männlichen Gewalt gegen Frauen erkannt hat, vermag auch ohne große Schwierigkeiten nachzuvollziehen, daß Männer, denen von Kindesbeinen an beigebracht wurde, sie müßten die andere, physisch schwächere Hälfte der Menschheit beherrschen, meinen, es sei auch ihre »männliche« Pflicht, schwächere Völker und Nationen zu unterwerfen.

Krieg und Kriegsvorbereitung – sei es im Namen der nationalen Verteidigung wie in den Vereinigten Staaten und der Sowjetunion oder im Namen Gottes wie in der islamischen Welt – festigen nicht nur generell die Männerherrschaft und männliche Gewalt, sondern verstärken auch die dritte Hauptkomponente des androkratischen Systems, den Autoritarismus. Hitlers Deutschland und Stalins Rußland sind klassische Beispiele dafür. Kriegs- und Krisenzeiten dienen als Rechtfertigung für den Ruf nach dem »starken Mann an der Spitze« und die Suspendierung von bürgerlichen Freiheiten und Rechten – wie die Nachrichtensperre während der amerikanischen Invasion auf der Karibikinsel Grenada im Jahre 1983 und das chronische Kriegsrecht in den bürgerkriegsgeplagten Nationen in Afrika, Asien und Lateinamerika anschaulich demonstrieren.

In der Vergangenheit ist das Pendel zurückgeschwungen; auf Epochen des Friedens folgten unweigerlich Krieg und Zerstörung. Wann immer sich »feminine« Werte im Aufschwung befanden und einen Systemwandel heraufzubeschwören drohten, warf uns eine aufgescheuchte und furchtsame Androkratie gewaltsam zurück. Die Frage ist, ob dies immer so sein muß, ob auch die gegenwärtige Restaurationsphase zwangsläufig zu neuen innen- wie außenpolitischen Spannungen und Gewaltakten sowie der dazugehörigen Unterdrückung der bürgerlichen Rechte und Freiheiten führen muß.

Gibt es tatsächlich keinen Ausweg? Läuft alles unabwendbar und verhängnisvoll auf einen weiteren großen Krieg hinaus, der dieses Mal mit nuklearen Waffen geführt wird? Steht das Ende einer kulturellen Evolution, die im Zeitalter der Göttin und unter dem Zeichen des lebenspendenden Kelches so hoffnungsvoll begann, wirklich unmittelbar bevor? Oder sind wir unserer Freiheit schon so nahe, daß wir ein solches Ende vermeiden können?

Kapitel 11

Loslösung: Die unvollendete Transformation

Die Zeit, in der wir leben, gilt als die »Moderne«, das Zeitalter der Vernunft. Als diese Ära begann, hieß die Devise Aufklärung statt Aberglaube, Humanismus statt Barbarei, empirische Wissenschaft statt Frömmelei und Dogmatismus. Und doch wurden dem Wort wie nie zuvor magische Kräfte zugesprochen. Im Wort, dem Stoff, der dem menschlichen Geist bewußte, logische Denkprozesse ermöglicht, sah die Welt auf einmal ein Allheilmittel, mit dem die alte Irrationalität, die Irrtümer und Leiden der Menschheit kuriert werden sollten. Und nie zuvor wirkte das Wort, insbesondere das geschriebene, so weit, nie wog es so schwer.

Die Gründe dafür liegen auf der Hand: Niemals zuvor konnten so viele Menschen lesen und schreiben, niemals zuvor waren dank neuer Kommunikationsmedien so viele Bewohner des Erdballs erreichbar. Der Beginn des »Zeitalters der Ideologie«, wie es der Philosophie-Historiker Henry Aiken nennt[1], fiel zusammen mit einem großen Umbruch auf technologischem und gesellschaftlichem Gebiet, der »Zweiten Welle« in Alvin Tofflers Terminologie, die in ihren Ausmaßen vergleichbar war mit der agrarischen Revolution (oder »Ersten Welle«) viele Jahrtausende zuvor.[2] Die industrielle Revolution, wenngleich zunächst vorwiegend auf Europa und Nordamerika beschränkt, bescherte uns eine überwältigende Vielzahl neuer Technologien. Die Druckerpresse ermöglichte die Verbreitung von Büchern, Zeitschriften und Zeitungen. Es folgten die Sprachmedien Telegraf, Telefon und Radio, und weiter die visuellen Massenmedien Film und Fernsehen, die, Hand in Hand mit einer gigantischen Vermehrung von Zeitschriften, Zeitungen und Büchern, selbst die entlegensten Winkel unserer Erde mit Worten überschwemmten.

Die ideologische Expansion hatte indessen noch einen weiteren Grund: Die Schwächung der religiösen Ideologien im Gefolge der immer rascher voranschreitenden Industrialisierung ließ einen großen, ja beinahe verzweifelten Hunger nach neuen Wegen der Wahrnehmung, Einordnung und Einschätzung der Wirklichkeit, kurzum: nach neuen Ideologien aufkommen.

Es dauerte nicht lange, bis jene ihre Stimme erhoben, die mitunter als »säkulare Priesterschaft« bezeichnet werden: die Philosophen und Wissenschaftler. Überall in der westlichen Welt verschafften sie sich Gehör. Im 19. Jahrhundert beherrschten sie die intellektuelle Diskussion mit Neuinterpretationen, Neuordnungen und Neueinschätzungen frei nach den modernen Evangelien von Kant und Hegel, Kopernikus und Galilei, Darwin und Lavoisier, Mill und Rousseau, Marx und Engels – um nur einige der frühen Propheten des säkularen Worts beim Namen zu nennen.

Das Versagen der Vernunft

Sie sollten die Propheten einer kulturellen Transformation werden. Vom »rationalen Menschen«, jenem Produkt der Aufklärung des achtzehnten Jahrhunderts mit seinem durch die Vernunft befreiten Bewußtsein, wurde erwartet, daß er das Barbarentum der Vergangenheit ein für allemal hinter sich ließ.

Durch die industrielle Revolution war die technologische Evolution sprunghaft vorangekommen, und ihr sollte ebenso sprunghaft unsere kulturelle Entwicklung folgen. Es stand zu hoffen, daß sich in gleicher Weise, wie zum Beispiel im Maschinenbau und im Bereich der Medizin neue Technologien entstanden, auch neue soziale Techniken entwickeln würden, also beispielsweise bessere Methoden zur Organisation und Steuerung menschlicher Verhaltensweisen, die eine beschleunigte Verwirklichung höherer Ziele und Bestrebungen der Menschheit zur Folge haben würden. Endlich schien das uralte menschliche Streben nach Schönheit, Wahrheit und Gerechtigkeit realisierbar und galt nicht mehr nur als Ausdruck einer idealistischen Wunschvorstellung.

Mit der Zeit jedoch schwanden die vielversprechenden Hoffnungen dahin: Der »rationale Mensch« fuhr das ganze 19. und 20. Jahrhundert über fort, seine Mitmenschen bei jeder sich bietenden Gelegenheit zu töten, zu unterdrücken, auszubeuten und zu demütigen. An der ökonomischen Versklavung »minderer« Rassen, gerechtfertigt durch »wissenschaftliche« Doktrinen wie den Sozialdarwinismus, änderte sich gar nichts. Kolonialkriege wurden nunmehr, statt zur »Rettung heidnischer Seelen« oder zur höheren Ehre von Gott und König, aus »rationalen«, ökonomischen und politischen Erwägungen geführt. Man gab nun vor, den »freien Handel« fördern und die wirtschaftliche und politische Macht rivalisierender Staaten »eindämmen« zu wollen. Und da sich jetzt die männliche Herrschaft über die Frauen nicht mehr auf irrationale Gründe wie Evas Ungehorsam gegen den Herrn zurückführen ließ, rechtfertigte man sie durch neue »rationale« und »wissenschaftliche« Dogmen, die männliche Dominanz zur biologischen und/oder gesellschaftlichen Gesetzmäßigkeit erklärten.

Der »rationale Mann« sagte jetzt, er wolle die Natur »beherrschen« und die Elemente »bezwingen«. Die großen technischen Fortschritte des zwanzigsten Jahrhunderts beflügelten ihn zu der Vorstellung, er könne nun den Weltraum »erobern«. Kriege, so meinte er, seien dazu da, Frieden, Freiheit und Gleichheit zu schaffen. Die Ermordung unbeteiligte Frauen, Kinder und Männer in terroristischen Gewaltakten galt als Mittel zur Befreiung unterdrückter Völker und zur Wiederherstellung ihrer Würde. Gehörte er zur Elite – egal, ob im kapitalistischen oder kommunistischen Teil der Welt –, so fuhr er ungestört fort, Reichtümer aufzuhäufen und/oder sich Privilegien zu verschaffen. Zur Erlangung höherer Profite oder zur Erfüllung von Planzielen begann er mit der systematischen Vergiftung seiner Umwelt, raubte damit anderen Arten den Lebensraum, setzte seine Mitmenschen gefährlichen Krankheiten aus und erhöhte das Risiko von Mißbildungen bei Neugeborenen. Und bei alledem verkündete er unverdrossen und voll Überzeugung, all sein Tun sei patriotisch oder idealistisch motiviert – vor allem aber »vernünftig«.

Nach Auschwitz und Hiroshima wurde das Credo der Vernunft schließlich in Frage gestellt. Wie auch sollte man die »rationale« und effiziente Nutzung menschlichen Fetts zur Herstellung von Seife erklären? Wie die hochwirksame Verwendung einer hygienischen Einrichtung wie der Dusche als Giftgasschleuse? Wie waren die sorgfältig geplanten und durchgeführten Experimente zu erklären, mit denen militärische Stellen die Auswirkungen von Atombomben und radioaktiver Strahlung auf vollkommen hilflose Menschen »erforschten«? Konnten all diese hoch-, ja supereffizienten Methoden der Massenvernichtung noch als »Fortschritt« deklariert werden?

Bedeuteten die explosionsartige industrielle Überexpansion, die Abkommandierung ganzer Bevölkerungsgruppen an die Fließbänder der Fabriken, die computerisierte Erfassung von Einzelpersonen und ihre Umwandlung in reine Zahlen wirklich noch einen evolutionären Fortschritt für die Gattung Mensch? Oder waren diese »Errungenschaften«, ebenso wie die zunehmende Umweltschädigung zu Lande, zu Wasser und zur Luft, nicht vielmehr Zeichen kultureller Regression? Wäre es denn – da der »vernünftige Mann« sich anscheinend unwiderruflich der Entweihung und Zerstörung unseres Planeten verschrieben hatte –, nicht viel besser, sich wieder dem »religiösen Mann« zuzuwenden und zur »guten alten Zeit« zurückzukehren, in jene

Epoche vor dem durch wissenschaftliche Fortschritte hervorgerufenen Sturz ins weltlich-technologische Jammertal?

Zu Beginn des letzten Viertels unseres Jahrhunderts begannen Philosophen und Sozialwissenschaftler nicht nur die Vernunft an sich, sondern auch alle progressiven modernen Ideologien in Frage zu stellen. Weder Kapitalismus noch Kommunismus hielten, was sie einst versprochen hatten. Allenthalben war plötzlich die Rede vom »Ende des Liberalismus«, und »Realisten« verkündeten überall, eine freie, gleichberechtigte Gesellschaft sei nie etwas anderes gewesen als ein utopischer Traum.

Desillusioniert vom Versagen der progressiven weltlichen Ideologien wandten sich viele Menschen wieder den fundamentalistischen Lehren des Christentums, des Islam und anderer Religionen zu. In Angst und Schrecken versetzt von den sich mehrenden Anzeichen eines weltweit drohenden Chaos kehrten sie zu dem alten androkratischen Glauben zurück, daß unser Leben auf Erden wenig, das Leben nach dem Tode aber sehr viel bedeutet, und fragten sich, ob Ungehorsam gegen Gott – und gegen die Anordnungen der Männer, die auf Erden in seinem Namen sprechen – nicht die ewige Verdammnis nach sich ziehen würde.

Angesichts der globalen Bedrohung durch Atombomben und einer Weltanschauung, die zum vorherrschenden System keine realisierbaren Alternativen bietet, gibt es offenbar nur drei Auswege aus der scheinbar ausweglosen Weltkrise. Der erste besteht in der alten religiösen Überzeugung, eine wahre Lösung sei erst im Jenseits möglich, wo Gott all jene belohnen wird, die seinen Geboten Folge leisteten, diejenigen aber, die sich nicht daran hielten, bestraft. Wiedergeborene Christen und die Schiiten sind auf diese Lösung eingeschworen. Der zweite Ausweg trägt unverkennbar eskapistische Züge: Der Nihilismus, die Entsensibilisierung und die Hoffnungslosigkeit, die den Punk Rock beflügeln, sinnesbetäubender Drogen- und Alkoholmißbrauch, mechanischer Sex, die Dekadenz eines gierigen Supermaterialismus sowie die Abtötung jeglichen Mitgefühls durch eine moderne »Unterhaltungs«-Industrie, die immer mehr den blutrünstigen Gladiatorenspiele in der Endphase des Römischen Kaiserreichs ähnelt. Der dritte Ausweg schließlich ist der Versuch, die Gesellschaft wieder in eine »bessere« Vergangenheit zurückzuführen – in die angeblich »gute alte Zeit«, da weder die Frauen noch die »niederen« Männer ihren angestammten Platz in der »natürlichen Ordnung« in Frage stellten.

Die Perspektive, die wir nach sorgfältiger Überprüfung unserer Vergangenheit und Gegenwart entwickelt haben, läßt eine so umfassende Hoffnungslosigkeit jedoch kaum zu. Sehen wir erst einmal, daß es nicht die menschliche Natur, sondern das dominatorische Gesellschaftssystem unserer Zeit ist, das uns unerbittlich in einen Atomkrieg zu treiben scheint, so ist noch nicht alles verloren. Erkennen wir, daß es dieses System ist – und kein gnadenloses Gottes- oder Naturgesetz –, das selbst auf dic Gefahr hin, daß die Menschheit in den globalen Bankrott oder in den letzten, nuklearen Krieg getrieben wird, geradezu kategorisch von uns verlangt, alle technischen Neuerungen zur Erweiterung des Vernichtungspotentials im Kampf um Macht und Einfluß einzusetzen, ist nicht alles vergeblich. Mit anderen Worten: Aus der Perspektive der kulturellen Transformationstheorie gesehen zeigt sich, daß es durchaus Alternativen gibt zu einem System, welches auf der gewaltgestützten Herrschaft der einen Hälfte der Menschheit über die andere beruht. Was auf diese Weise zutage tritt, ist die Tatsache, daß die große Transformation der abendländischen Gesellschaft, die mit Beginn der Aufklärung im 18. Jahrhundert einsetzte, kein Fehlschlag war, sondern daß diese lediglich unvollendet blieb.

Die Herausforderung der androkratischen Prämissen

Die aus der Aufklärung des 18. Jahrhunderts entstandenen Gedanken sind im Grunde nur zum Teil wirklich neu. Es sind gylanische Ideen, deren Wurzeln, wie wir in den Anfangskapiteln dieses Buchs gesehen haben, weit in die Vergangenheit zurückreichen und die weit eher zu einem partnerschaftlichen System passen als zu einem dominatorischen. In ihrer Formulierung aktualisiert, tauchten sie im Zuge der Aufklärung wieder auf und fanden in den intellektuellen Salons einer Madame du Châtelet oder einer Madame Geoffrin einen neuen Nährboden. Nachdem sie jahrhundertelang brachgelegen hatten oder mißbraucht worden waren, stellten sie anfangs kaum mehr als modische Neuheiten dar, eine Art intellektuelles Spiel für eine kleine, hochgebildete Elite. Es dauerte jedoch nicht lange, bis sie dank der inzwischen verbesserten Techniken der Massenkommunikation (also zum Beispiel der Druckerpresse), später dann aber auch infolge des allgemein höheren Bildungsniveaus weite Teile der Bevölkerung erreichten.

Hierbei gehörte die Fortschrittsidee zu den frühesten und wichtigsten Ideen. Denn wenn das Universum *nicht*, wie es das religiöse Dogma wollte, die von einer allmächtigen Gottheit beherrschte, unveränderliche Einheit war und der Mensch *nicht* nach Gottes Ebenbild geschaffen – dann rückte die Verbesserung der Natur, der Gesellschaft, ja sogar des Menschen selbst durchaus in den Bereich des Möglichen. Auf diesen Punkt heben vor allem jene ab, die der Meinung sind, der große Bruch in der westlichen Kultur sei die Verdrängung der Religion und ihre Ersetzung durch weltliche Ideen gewesen. Sie übersehen dabei jedoch, daß damals nicht die Religion abgelehnt wurde, sondern die androkratische Prämisse, eine statische, hierarchische Sozialstruktur sei der Wille Gottes.[3]

Als der Abbé Saint-Pierre 1737 seine *Observations sur le progrès continué de la raison humaine* schrieb, vertrat er, vielleicht zum erstenmal in so unmißverständlicher Wortwahl, den Gedanken, der Menschheit stehe »die Aussicht auf ein äußerst langes, progressives Leben« bevor.[4] Die Vorstellung, das Leben des einzelnen und die Gesellschaft insgesamt ließen sich auf mannigfache Weise verbessern, war gleichbedeutend mit der Ablehnung jener christlichen Glaubensvorstellung, diese unsere Erde sei nichts als ein Prüfstand, auf dem die Menschen nach göttlichem Plan für ihre endgültige Bestimmung im Jenseits geschult und gedrillt werden. Der Fortschrittsgedanke, der den autoritären Status quo nicht mehr stützte, sondern den immer weiter reichenden Idealen und Hoffnungen der Menschheit entgegenkam, war während des 18. und 19. Jahrhunderts integraler Bestandteil zahlreicher, zweifellos progressiver Errungenschaften auf juristischem, sozialem und ökonomischen Gebiet.

Einen weiteren fundamentalen Bruch mit der androkratischen Ideologie repräsentierten die beiden miteinander verknüpften Ideale von Freiheit und Gleichheit. 1651 hatte Thomas Hobbes in seinem *Leviathan* geschrieben, daß »die Natur die Menschen sowohl hinsichtlich der Körperkräfte wie der Geistesfähigkeiten untereinander gleichmäßig begabt; und wenngleich einige mehr Kraft und Verstand als andere besitzen, so ist der hieraus entstehende Unterschied im ganzen betrachtet dennoch nicht so groß, daß der eine sich diesen oder jenen Vorteil versprechen könnte, welchen der andere nicht auch zu hoffen berechtigt sei.«[5]

Im darauffolgenden Jahrhundert schrieb Jean-Jacques Rousseau, »die Menschen« seien nicht allein frei geboren und gleich, sondern dies sei auch ein »natürliches Recht«, welches sie dazu berechtige, »ihre Ketten zu zerreißen«.[6] Es war ein Realitätsverständnis, das während der Amerikanischen und der Französischen Revolution eine zentrale Rolle spielen sollte. Im selben Jahrhundert behauptete die Engländerin Mary Wollstonecraft, jenes »Naturrecht« gelte für Frauen ebenso wie für Männer – und dieser Gedanke rückte in den Mittelpunkt der noch immer nicht beendeten feministischen Revolution.[7]

Auguste Comte schrieb im neunzehnten Jahrhundert über

Positivismus und das Gesetz der menschlichen Entwicklung. John Stuart Mill hielt die repräsentive Regierung für am besten geeignet zur Förderung einer wünschenswerten Moral und intellektueller Qualitäten. Und Karl Marx beschrieb, beeinflußt von den ersten Hinweisen auf eine präandrokratische Zeit, eine klassenlose Gesellschaft, in der »die freie Entwicklung eines jeden die Vorbedingung für die freie Entwicklung aller ist.«[8]

Was die modernen, säkularen Philosophen trotz aller Differenzen einte, war das anti-androkratische Postulat, daß unter den geeigneten gesellschaftlichen Bedingungen alle Menschen ein Leben in Freiheit und Harmonie führen würden. In anderen Worten (die damals freilich noch nicht fielen): Frauen und Männer hatten die Vision von einer nicht dominatorisch, sondern partnerschaftlich orientierten Gesellschaft.

Der Begriff Mensch *(human being)* wurde damals wie heute generell mit »Mann« *(man)* oder »Menschheit« *(mankind)* gleichgesetzt. Das Bekenntnis zu den Menschenrechten im achtzehnten und neunzehnten Jahrhundert bezog sich dementsprechend im allgemeinen nur auf die der Männer, und zwar zunächst auf jene, die frei und von weißer Hautfarbe waren und darüber hinaus Grundbesitz vorzuweisen hatten. Nichtsdestoweniger vollzog sich parallel zu diesem ideologischen Bruch mit der Vergangenheit ein nicht minder einschneidender Wandel im gesellschaftlichen Bereich mit weitreichenden Folgen für alle Menschen.

Erst forderte die Amerikanische, dann die Französische Revolution die Institution des Königtums heraus, die jahrhundertelang ein Eckpfeiler der androkratischen Gesellschaft gewesen war. Im Bewußtsein einer wachsenden Zahl von Menschen verdrängten neue Wörter wie *Gleichheit, Freiheit* und *Fortschritt* altgewohnte Begriffe wie *Treue, Befehl* und *Gehorsam*. In den meisten Ländern des Westens nahmen Republiken mit der Zeit den Platz der Monarchien ein, wurden Klosterschulen durch Staatsschulen ersetzt. Auch in den Familien, in denen zuvor das Wort des Vaters und Ehemanns höchstes Gesetz gewesen war, zogen allmählich weniger autokratische Verhältnisse ein.

Es gibt nicht wenige, die in der sich bis heute fortsetzenden Schwächung der innerfamiliären Männerherrschaft Anzeichen für eine bedenkliche Degeneration der Familie an sich zu erkennen glauben. In Wirklichkeit war und ist die allmähliche Erosion der absoluten Autorität von Vater und Ehemann entscheidende Voraussetzung für die in der Neuzeit zu beobachtende Entwicklung zu einer Gesellschaft, in der größere Gleichberechtigung und Gerechtigkeit herrschen. Ronald Fletcher, einer der wenigen Soziologen, die sich mit diesem wichtigen Phänomen befaßt haben, schreibt dazu in *The Family and Its Future:* »Tatsache ist, daß die Entstehung der modernen Familie unabdingbarer Bestandteil jenes umfangreichen Prozesses war, in dessen Verlauf die zentralen Vorstellungen von sozialer Gerechtigkeit Einfluß auf die Neugestaltung der Gesellschaft gewannen.«[9]

Ein jüngeres Werk, das diese wichtige, aber noch immer weitgehend übersehene psychohistorische Dynamik beleuchtet, ist Randolph Trumbachs *The Rise of the Equalitarian Family.*[10] In dem Umstand, daß sich die moderne, an der Gleichberechtigung orientierte Familie in England früher entwickelte als auf dem Kontinent, sieht Trumbach eine mögliche Antwort auf die Frage, warum es in England – anders als in Frankreich, Rußland und Deutschland – im 18. und 19. Jahrhundert nicht zu gewalttätigen antimonarchistischen Erhebungen kam. Seine Forschungen zeigen, daß die wachsende Macht der Frauen in der britischen Oberschicht das Denken der Männer, die England regierten, veränderte. Sie zeigten zunehmend größere Bereitschaft zur Durchführung gesellschaftlicher Reformen wie etwa der Einführung der parlamentarischen Staatsform, in der das Königtum im krassen Gegensatz zu den nach wie vor despotisch regierenden Monarchen in Rußland, Frankreich und Deutschland nur noch dem Titel nach die Herrschaft innehatte.

Die weltlichen Ideologien

Wenn wir die jüngere Geschichte aus der Perspektive des unterschwelligen Konflikts zwischen Androkratie und Gylanie betrachten, so gewinnt die Entstehung der progressiven, weltlichen Ideologien der Moderne eine ganz neue Bedeutung, die durchaus zu einigen Hoffnungen Anlaß gibt. Mit Hilfe der analytischen Methoden der kulturellen Transformationstheorie wird erkennbar, daß der Ruf nach Gleichheit und Freiheit allmählich Widerhall fand und zur Entstehung neuer Weltanschauungen führte. Die gylanischen Gedanken dienten als »Attraktoren«, um die herum sich neue Glaubenssysteme oder Ideologien formten, welche nach einem langsamen, aber stetigen Marsch durch die Institutionen schließlich zumindest teilweise das androkratische Paradigma ersetzen konnten. Sie nagten an den Fundamenten einer pyramidenartig gegliederten Welt, an deren Spitze ein männlicher Gott – und in dieser Rangfolge – über Männer, Frauen, Kinder und den Rest der Natur herrschte.

Es ist eine Ironie der Geschichte, daß ausgerechnet der Kapitalismus, der von den progressiven Kräften unserer Zeit heftig kritisiert wird, zu den ersten fortschrittlichen Ideologien der damaligen Zeit gehörte. Seine ideologische Basis war von der protestantischen Reformation im siebzehnten Jahrhundert geschaffen worden. Mit ihrer starken Hervorhebung merkantiler Tugenden wie Fleiß, persönliche Leistung und Anhäufung materiellen Wohlstands, denen die merkantilen »Sünden« Faulheit, persönliches Scheitern und Armut gegenüberstanden, war die protestantische Moral geradezu eine Vorbedingung für den Aufstieg des Kapitalismus[11], der jedoch erst im 18. Jahrhundert den Charakter einer säkularen Ideologie annahm. Im Hinblick hierauf erfüllte Adam Smith, der erste der sogenannten weltlichen Philosophen, unbestritten eine Vorreiterfunktion.[12] Als erster Wirtschaftstheoretiker pries Smith den freien Markt als Grundlage einer freien, prosperierenden Gesellschaft.

Der Kapitalismus war, da er radikal mit der älteren Überzeugung aufräumte, daß die soziale Stellung und der Reichtum der Männer prinzipiell eine Funktion der Herkunft sei, also alles davon abhänge, ob man als Adliger, Handwerker oder Leibeigener geboren war, in der Tat ein Schritt voran auf dem Weg zu einer freieren Gesellschaft. Er erschütterte insbesondere die starre früh- oder proto-androkatische Hierarchie, in der Krieger und Eroberer und ihre adligen und königlichen Nachfolger despotische Macht ausübten, die mit Hilfe religiöser Ideologien »göttlich« sanktioniert und gerechtfertigt wurde.

Als erste moderne Ideologie, die sich vorrangig auf ökonomische oder materialistische Argumente stützte, war der Kapitalismus somit ein wichtiger Schritt vorwärts auf dem Weg von der dominatorisch zur partnerschaftlich strukturierten Gesellschaft. Von seiner Dynamik profitierten auch neue Formen der politischen Organisation wie die konstitutionelle Monarchie und die Republik, die sich beide durch ein erhöhtes Maß an sozialem Verantwortungsbewußtsein auszeichneten. Die kapitalistische Ökonomie war der feudalen, die hauptsächlich auf Mord und Blutrache und auf einer von schier unersättlicher Gier nach mehr Land und landgestützter Macht getriebenen Raub- und Plünderungsstrategie beruhte, bei weitem vorzuziehen. Die Überbetonung des individuellen Erwerbstriebs des Wettbewerbs der Habgier (als Profitmotiv), die ihm innewohnende Hierarchie (der Klassenstruktur) und die stete Tendenz – zum Beispiel in den Kolonialkriegen –, seine Interessen mit Gewalt durchzusetzen, machten den Kapitalismus im Kern jedoch zu einem androkratischen System.

Entscheidend dabei ist, daß der Kapitalismus, wie George Gilder und andere moderne kapitalistische Ideologen unverblümt feststellen, auf Männerherrschaft basiert. In seinem Buch *Wealth and Poverty*, das Präsident Reagan als eines der wichtigsten Werke über den Kapitalismus seit Adam Smith' *The Wealth of Nations* pries, proklamiert Gilder insbesondere die »überlegene Aggression des Mannes« zum höchsten aller sozialen und ökonomischen Werte.[13]

Die nächsten großen Ideologien waren der Sozialismus und der Kommunismus. Die frühsozialistischen Theoretiker verwarfen viele der androkratischen Prämissen, die der Kapitalismus auf seine Fahnen geheftet hatte. So hatten »utopische Sozialisten« wie Charles Fourier und der »wissenschaftliche Sozialismus« von Marx und Engels großen Einfluß auf die Verbreitung des Gleichheitsideals. Sie waren Wegbereiter einer sozialen Organisation, die eher auf Konsens und Affiliation beruhte denn auf Rangordnung und Herrschaft.[14] Marx und Engels erkannten zudem, welche entscheidende Bedeutung der Unterdrückung der Frauen durch die Männer zukam. Engels sprach von der »ersten Klassenunterdrückung« und der »weltgeschichtliche(n) Niederlage des weiblichen Geschlechts«.[15] Im anfänglichen Gesamtwerk der beiden nimmt diese Erkenntnis allerdings nur einen verschwindend geringen Teil ein.

Die Umsetzung sozialistischer Ideen wie die kostenlose Schulbildung und eine gestaffelte Einkommensteuer trugen in weiten Teilen der Welt zu größerer sozialer Gerechtigkeit bei und befreiten Millionen von Bauern und Industriearbeitern aus dem Elend der schlimmsten Verarmung. Dennoch verloren Sozialismus und Kommunismus dadurch nicht ihren primär androkratischen Charakter. Zum Teil liegt das Problem in der kommunistischen Theorie. Der Marxismus, der sich zu einer der einflußreichsten Ideologen unserer Zeit entwickelte, hielt weiterhin an dem androkratischen Dogma fest, daß Macht nur mit Hilfe von Gewalt zu erlangen sei. Seine Anhänger verfuhren folglich nach dem Prinzip »Der Zweck heiligt die Mittel«. Weitere Probleme resultierten aus der Art und Weise, wie der Marxismus in jenem Land, das erstmals den Kommunismus zur offiziellen Ideologie erhob, in die Praxis umgesetzt wurde, also in der Sowjetunion. Marx und Engels hatten erkannt, daß ein tiefgreifender Wandel der Beziehungen zwischen Frauen und Männern in prähistorischer Zeit langfristig zu jener Klassengesellschaft geführt hat, die ihnen so sehr verhaßt war. In den ersten Jahren nach der Oktoberrevolution gab es daher eine Reihe von Versuchen, die Frauen den Männern gleichzustellen. Am Ende jedoch behielten die Männer – und, ebenso entscheidend, »männliche« Werte – die Oberhand.[16]

Zu den interessantesten Lektionen der jüngeren Geschichte gehört, daß der massive Rückfall in Gewalt und Autoritarismus unter Stalin zusammenfiel mit der Abkehr von Bestrebungen, deren Ziel die Ersetzung von patriarchalischen Familienstrukturen durch gleichberechtigte Beziehungen zwischen Frauen und Männern war. Trotzki bemerkte später (freilich erst nach seiner Entmachtung im Exil), daß die kommunistische Revolution vor allem deshalb ihre Ziele nicht erreichen konnte, weil ihre Führung nicht imstande war, die patriarchalischen Familienstrukturen aufzubrechen.[17] In unseren Begriffen ausgedrückt: Sie war unfähig, einen fundamentalen Wandel in den Beziehungen zwischen den beiden Hälften der Menschheit durchzusetzen, so daß diese auch weiterhin auf Rangordnungen anstatt auf Partnerschaft beruhten.

Im 19. und 20. Jahrhundert entstanden noch weitere moderne humanistische Ideologien: Abolitionismus, Pazifismus, Anarchismus, Antikolonialismus, Ökologismus. Ihre Protagonisten sahen indessen den Wald vor lauter Bäumen nicht: Alle beschrieben sie bestimmte Erscheinungsformen oder Einzelaspekte des androkratischen Monsters und stilisierten sie zum alles beherrschenden Hauptproblem hoch. Zum eigentlichen Kern der Sache, der Männerherrschaft über die Frauen, drangen sie indes nicht vor.

Die einzige Ideologie, die dieses Modell der zwischenmenschlichen Beziehungen und das Prinzip gewaltgestützter Rangordnungen frontal attackiert, ist der Feminismus, der aus diesem Grunde in der Geschichte der Neuzeit und in der Geschichte unserer kulturellen Evolution eine einzigartige Stellung einnimmt.

Aus der Jahrtausende währenden kulturellen Entwicklung, die wir in den vorangegangenen Kapiteln geschildert haben, geht hervor, daß der Feminismus keineswegs eine neue Ideologie ist. Während androkratische Systeme allenfalls Lippenbekenntnisse zu unserer engen Affiliation oder Bindung an andere Menschen gestatten, gab es im Laufe der Geschichte immer wieder Gesellschaftsformen, in denen dieser Gedanke auch in den politischen Alltag umgesetzt und ein höheres Maß an Gleichberechtigung und Friedfertigkeit erreicht wurde. Außerdem war die »Frauenfrage«, wie Marx und Engels sie nannten, ein ständig wiederkehrendes Thema in historischer Zeit: im antiken Griechenland ebenso wie im Römischen Reich, zu Zeiten der Troubadoure und im Elisabethanischen Zeitalter, in der Renaissance und in der Aufklärung.

Die moderne Form des Feminismus entstand um die Mitte des 19. Jahrhunderts. Obwohl viele seiner philosophischen Grundlagen schon wesentlich früher formuliert wurden – von Frauen wie Mary Wollstonecraft, Frances Whright, Ernestine Rose, George Sand, Margaret Fuller, Sarah und Angelina Grimké –, erblickte der Feminismus im Grunde erst am 19. Juli 1848 das Licht der Welt, und zwar in Seneca Falls im US-Bundesstaat New York.[18] Dort, auf der ersten Frauenrechtskonferenz in historischer Zeit, deren ausdrückliches Ziel es war, zum kollektiven Kampf gegen die Unterdrückung und Erniedrigung der Frauen aufzurufen, traf Elizabeth Cady Stanton eine entscheidende Feststellung: »Unter den vielen wichtigen Fragen, die vorgebracht wurden«, sagte sie, »ist keine, die die Menschheit stärker betrifft als jene, die unter der Fachbezeichnung ›Frauenrechte‹ bekannt ist.«[19] Bis heute hat diese Feststellung nichts an Aussagekraft verloren. Im Gegenteil: Sie ist immer mehr zu einer Schicksalsfrage unseres Systems geworden. Trotzdem meinen viele Menschen auch heute noch, Feminismus sei »nur ein Frauenthema«. Da der Feminismus deshalb weiterhin mehr oder weniger eine Sonderexistenz führt, werden andere progressive Ideologien von der politischen Mitte bis zur Linken nach wie vor von massiven inneren Widersprüchen erschüttert.

In einer vierten Gruppe moderner Ideologen hingegen gibt es keine derartigen Schwierigkeiten, keinerlei Probleme mit widersprüchlichen Kräften, die in entgegengesetzte Richtungen wirken. Gemeint sind jene Weltanschauungen, die sich geradeheraus und unverfroren zur Androkratie bekannten. Ihre Wurzeln liegen im 18. und 19. Jahrhundert; ihre bekanntesten Protagonisten waren Männer wie Edmund Burke, Arthur Schopenhauer und Friedrich Nietzsche.[20]

Nietzsche, der in seiner Philosophie die Kultur der Früh- oder Protoandrokratie idealisiert, wird noch immer gerne zitiert und sehr bewundert. Offen und ohne jede Heuchelei erklärt er, daß so, wie es den Männern gegeben sei, die Frauen zu beherrschen, auch einige wenige »von der Natur auserlesene«, »gesellschaftlich reine« Männer über den Rest der Menschheit zu herrschen hätten. Religion war für Nietzsche ein ebenso anstoßender wie verächtlicher Aberglaube; seine Opposition gegen »degenerierte« und »weibische« Ideen wie Gleichheit, Demokratie, Sozialismus, Frauenemanzipation und Humanismus basierte auf strikt »rationalen« und nichtreligiösen Gründen.[21]

Nietzsches Philosophie, nach der die »Adligen und Mächtigen« »gegenüber niedriger Gestellten handeln dürfen, wie es ihnen beliebt«, ist der Vorläufer des modernen Faschismus. Auf indoeuropäischen Mythen zurückgreifend, verwarf er die jüdisch-christliche Tradition als nicht ausreichend androkratisch, weil sie, wie er es nannte, eine »weibische Sklavenmoral« enthalte: Ideen wie »Selbstlosigkeit«, »Nächstenliebe«, »Güte« und »nachbarschaftliche Zuneigung«. Die ideale moralische Ordnung war für ihn, wie in den »noblen« Zeiten der arischen und indoeuropäischen Krieger, eine Welt, in der »die Herrschenden« allein bestimmten, was »gut« sei, und »Übermenschen« glorreiche Kriege ausfochten. In dieser Welt herrschten Männer, deren Credo sich auf schlichte Äußerungen wie »Das gefällt mir, das will ich haben!« beschränkt, die wissen, wie sie »eine Frau beherrschen und Unbotmäßigkeiten bestrafen und in Schach halten können«, denen sich die Schwachen »willig unterwerfen..., wohin sie von Natur aus gehören«. Kurzum, es war dies eine Welt, die jener sehr nahe kam, die später in *dem* neoandrokratischen Dokument des zwanzigsten Jahrhunderts beschrieben wurde: in Adolf Hitlers *Mein Kampf*.[22]

Der Aufstieg des Faschismus und anderer rechter Ideologien in unserem Jahrhundert wird vor allem von jenen heftig beklagt, die die Hoffnung auf eine Fortsetzung unserer kulturellen Evolution noch nicht aufgegeben haben. Zutiefst beunruhigt erkennen sie die Gefahren, die von den rechten Ideologien und ihren Protagonisten ausgehen, droht doch die Renaissance autoritärer Herrschaftsformen und ein Rückfall in Zeiten des Unrechts und der Ungleichheit. Ganz besonders alarmiert sie der Militarismus der alten und neuen Rechten und die in diesen Kreisen übliche Idealisierung von Gewalt, Krieg und Blutvergießen, die unmittelbar unsere Sicherheit, ja sogar das Überleben der Menschheit bedroht. Hinzu kommt noch ein dritter Aspekt, der nur selten berücksichtigt wird: Rechtsideologen aller Couleur, von der Action Française zu Beginn dieses Jahrhunderts bis hin zu den amerikanischen Neokonservativen der Gegenwart, nehmen die Systemverwandtschaft zwischen Männerherrschaft, Kriegslüsternheit und autoritären Regierungssystemen nicht nur hin, sondern erkennen sie auch unverblümt an.[23]

Eine objektive Überprüfung der politischen Systeme unserer Zeit zeigt mit aller Deutlichkeit, daß die brutalsten und repressivsten Diktaturen dieses Jahrhunderts von rigider Männerherrschaft und einseitiger Bevorzugung »männlicher« Werte geprägt waren. Die Häufung schließt den Zufall aus: Hitlers Deutschland, Francos Spanien und Mussolinis Italien gehören in diese Kategorie; Gewaltherrschaften wie die Diktaturen Idi Amins in Uganda, Zia-ul-Haqs in Pakistan, Trujillos in der Dominikanischen Republik und Ceaucescus in Rumänien verdeutlichen nur noch, worum es geht.[24]

Die Regierung der Vereinigten Staaten, der »Wiege der modernen Demokratie«, gibt sich nach außen hin als Hüter von Recht und Ordnung, führt aber gleichzeitig verdeckte Kriege und streicht die öffentlichen Sozialprogramme zusammen, um so das höchste Militärbudget der amerikanischen Geschichte zu finanzieren. Sie blockiert die Verabschiedung eines Verfassungszusatzes, der die rechtliche Gleichstellung der Frau garantieren würde, unterstützt dafür aber einen anderen, mit dem den Frauen die freie Entscheidung darüber, ob sie Kinder haben wollen oder nicht, genommen werden soll. Ein Blick auf die zwei auffälligsten religiös-neoandrokratischen Ideologien der Gegenwart zeigt ein noch düstereres Bild: Aus den Worten und Taten amerikanischer Fundamentalisten wie Jerry Falwell (einem guten Freund und geistlichen Berater Präsident Reagans) und des Ayatollah Khomeini im Iran wird die Interdependenz zwischen institutionalisierter Gewalt, Frauenunterdrückung und Freiheitsbeschränkungen nur allzu deutlich.

Jerry Falwell hat Millionen von amerikanischen Fernsehzuschauern gepredigt, Gott sei gegen den Verfassungszusatz für Gleichberechtigung *(Equal Rights Amendment)*. Falwell attackiert die Rede- und Glaubensfreiheit und spricht den Menschen das Recht ab, frei darüber zu entscheiden, ob sie Kinder haben wollen oder nicht. Die Freiheit wird durch solche Forderungen ernsthaft bedroht. Falwell unterstützt öffentlich die zunehmende Militarisierung und »Stärkung« Amerikas, das brutale Unterdrückungsregime Südafrika und eine Reihe anderer rechtsgerichteter Diktaturen, welche ihre eigenen Völker mit Waffen foltern und töten, die ihnen die »gottesfürchtigen amerikanischen Führer« geliefert haben. Damit drückt er der Gewalt sozusagen das göttliche Siegel auf. Die Falwells der androkratischen Christenheit stellen auf diese und ähnliche Weise Tag für Tag unter Beweis, daß sie die enge Verknüpfung von Männerherrschaft, männlicher Gewalt und autoritären Regierungsstrukturen anerkennen und gutheißen.

Auch Ayatollah Khomeini zollte dieser Interdependenz Anerkennung, indem er die Frauen zwang, den Tschador zu tragen, den traditionell islamischen bodenlangen Umhang, und ihn zum Symbol der iranischen Rückkehr zur theokratischen Androkratie erklärte, an deren Spitze er und seine Mullahs stehen.[25] Aus der Perspektive der kulturellen Transformationstheorie betrachtet, ist die sogenannte »islamische Renaissance«

nichts anderes als die Renaissance eines androkratischen Systems, das sich der starken gylanischen Tendenz der Gegenwart mit Gewalt widersetzt.

Ayatollah Khomeini war ursprünglich aus dem Iran ausgewiesen worden, weil er eine zweitägige Protestaktion gegen die verbesserte Rechtsstellung der Frau angezettelt hatte. Nach seiner Rückkehr bestand eine seiner ersten Amtshandlungen darin, das Gesetz zum Schutz der Familie aus dem Jahre 1967 außer Kraft zu setzen, welches den Frauen mehr Rechte in Scheidungs-, Heirats- und Erbschaftsfragen einräumte. Er trieb seine Gefolgsleute dazu an, das Tragen des Schleiers wieder zur Pflicht zu machen[26], und brachte neue strenge Gesetze ein, mit denen die Geschlechtertrennung an Schulen und Stränden eingeführt und das Mindestheiratsalter für Mädchen auf dreizehn Jahre herabgesetzt wurde.[27]

Khomeinis neue »moralische« Ordnung sympathisierte nicht nur mit der gewalttätigen Geiselnahme amerikanischer Diplomaten, sondern befahl sie sogar. Sie stürzte den Iran in einen »heiligen Krieg« gegen den Irak und erklärte jeglichen Ungehorsam gegen die neuen Machthaber zum Verbrechen gegen den Islam, das mit Gefängnis, Folter oder gar der Todesstrafe geahndet wird. Es gab weder Rede- noch Pressefreiheit. Jeder Versuch, eine Oppositionspartei zu gründen, wurde als Häresie gebrandmarkt.[28] Für das »Verbrechen«, der Baha'i-Sekte anzugehören, die sich für die Gleichberechtigung von Frau und Mann einsetzt, und wegen des Versuchs, eine Frauenorganisation zu gründen, wurden 1983 zehn Frauen, unter ihnen die erste iranische Physikerin, eine Konzertpianistin, eine Krankenschwester und drei minderjährige College-Schülerinnen, öffentlich hingerichtet.[29]

Zusammenfassend läßt sich folgendes sagen: Für all jene, die heute wieder von der Herrschaft eines starken Mannes träumen, sind sogenannte Frauenfragen wie die Gleichberechtigung und die Abtreibungsgesetze wichtige politische Themen. Die Rechten in aller Welt – von den amerikanischen Neokonservativen bis hin zu ihren religiösen Pendants in Ost und West –

beweisen durch ihr Handeln, daß die Rückkehr der Frauen in ihre traditionell untergeordnete Position Hauptanliegen ihrer Politik ist.[30]

Die Protagonisten von Fortschritt, Gleichberechtigung, Frieden und verwandter Ideale sind merkwürdigerweise noch immer nicht in der Lage, die Verbindung zwischen »Frauenfragen« und der Durchsetzung progressiver Ziele zu erkennen. Bei Liberalen, Sozialisten, Kommunisten und ihren Mitstreitern von der politischen Mitte bis Linksaußen gilt die Frauenbefreiung als Sekundäres, nebensächliches Thema – mit dem man sich, wenn überhaupt, erst dann befassen wird, wenn die »wichtigeren« Probleme auf unserer Erde gelöst sind.

Für die ideologische Verwirrung unserer Zeit und das von zahlreichen Rückschlägen verlangsamte Tempo der kulturellen Evolution sind nicht zuletzt jene verantwortlich, die sich zwar für den Fortschritt einsetzen, dabei aber nicht imstande sind einzusehen, daß es logisch schlicht und einfach unmöglich ist, eine gerechte und gleichberechtigte Gesellschaft zu schaffen, solange das dominatorische Beziehungsmodell unangetastet bleibt. Was die Unfähigkeit betrifft, die Unvereinbarkeit zwischen den Ansprüchen einer gleichberechtigten Gesellschaft und der fortbestehenden Ungleichheit der beiden Menschheitshälften zu erkennen, scheint uns unser Verstand tatsächlich im Stich zu lassen. Die Situation erinnert fatal an Hans Christian Andersens Erzählung von des Kaisers neuen Kleidern, in der allein ein kleines, von Schul- und anderer Bildung unverdorbenes Kind die Nacktheit des Herrschers wahrnimmt. Erzogen zu einem Realitätsverständnis, das der Aufrechterhaltung des herrschenden Systems dient, haben wir trotz unseres hochentwickelten logischen Denkvermögens große Schwierigkeiten, die im Grunde ganz selbstverständliche Verbindung zwischen einem dominatorischen Modell menschlicher Beziehungen auf der einen und einem dominatorisch beherrschten Gesellschaftssystem auf der anderen Seite nachzuvollziehen.

Grundsätzlich gibt es nur zwei verschiedene Menschentypen: Mann und Frau. Die Beziehungen zwischen Mann und Frau sind daher das Grundmodell aller zwischenmenschlichen Beziehungen überhaupt. Infolgedessen verinnerlicht jedes Kind, das in einer herkömmlichen, vom Mann beherrschten Familie aufwächst, von Geburt an eine Beziehungsstruktur, in der es einen dominatorischen und einen dominierten Pol gibt.[31]

Der Rassismus ist lediglich die Übertragung dieses Modells von den Angehörigen des anderen Geschlechts auf die Angehörigen einer anderen Rasse. Der Kolonialismus, ein verwandtes Phänomen, geht noch eine Stufe weiter, indem er es auf die Angehörigen einer anderen Nation (und somit oftmals auch einer anderen Rasse) ausdehnt. Im Laufe der Geschichte diente das Schema immer wieder als moralisches Deckmäntelchen für alle möglichen Abarten der sozialen und ökonomischen Ausbeutung.

Vorwärts oder zurück?

Die Geschichte der Neuzeit erfährt, sobald wir erst einmal die alten ideologischen Klischeegegensätze »fortschrittlich – konservativ«, »religiös – weltlich« oder »links – rechts« hinter uns gelassen haben, in vielen entscheidenden Punkten eine radikale Klärung. So können zum Beispiel die modernen, progressiven Ideologien als Teil einer ständig stärker werdenden, kontinuierlichen Revolte gegen die Androkratie begriffen werden.

Die verschiedenen Rebellionen – der Bürger, Arbeiter und Bauern (der Bourgeoisie und des Proletariats in der marxistischen Terminologie), der schwarzen Sklaven, der Kolonien und der Frauen – sind ebenfalls Bestandteile jener nach wie vor aktuellen Bewegung, deren Ziel es ist, die Androkratie durch Gylanie zu ersetzen. Alle diese Massenrebellionen waren und sind sich in einem Punkt grundsätzlich einig: Sie kämpfen gegen ein System, in dem eine Rangordnung oberstes Prinzip der sozialen Organisation ist.

Trotz aller Anstrengungen ist es bisher nur stellenweise gelungen, die Androkratie ideologisch zu unterminieren. Rechte beziehungsweise neoandrokratische Ideologien bieten ein in sich geschlossenes Weltbild, das alle Aspekte des öffentlichen und privaten Lebens umfaßt. Von den progressiven Ideologien ist es dagegen bisher nur dem Feminismus gelungen, inhärente Ungereimtheiten zu vermeiden, da er seine Hauptziele wie Gleichheit und Freiheit für die gesamte Menschheit durchsetzen möchte – anstatt nur für die männliche Hälfte. Nur der Feminismus hat eine konkrete Vorstellung von der Neuordnung der Familie, jener sozialen Institution, die die Grundlage der menschlichen Gesellschaft ist. Und nur der Feminismus zeigt die Verbindungen auf zwischen individueller männlicher Gewalt gegen Frauen in Form von Vergewaltigung und anderen Formen der Mißhandlung, sowie öffentlicher männlicher Gewalt im Krieg.[32]

In der Terminologie unseres modernen ideologischen Systems könnte man den Feminismus als starken »Attraktor« bezeichnen. Schon im 19. und frühen 20. Jahrhundert, zu einer Zeit also, da er noch immer an der Peripherie des Systems angesiedelt war, hatte der Feminismus periodisch als Attraktor Gewicht: Es gelang ihm, die intellektuelle Entwicklung dahingehend zu beeinflussen, daß Frauen und Weiblichkeit schlechthin nicht mehr von vornherein als minderwertig abgekanzelt werden. In einer Zeit wie der gegenwärtigen, in der das Gleichgewicht der Systeme mehr und mehr aus den Fugen gerät, könnte der Feminismus zur Keimzelle einer neuen, diesmal voll integrierten gylanischen Weltanschauung werden. Unter Einbeziehung humanistischer Elemente aus unseren religiösen und weltlichen Ideologien könnte sich daraus auf lange Sicht jener in sich geschlossene Überbau entwickeln, dessen es bedarf, um eine männerbeherrschte Gesellschaft durch eine partnerschaftlich orientierte zu ersetzen.

Die ersten Ansätze zu einer solchen Ideologie existieren bereits. So wurde zum Beispiel 1985 auf einem von Fritjof Capras Elmwood Institute gesponserten *New Paradigm Symposium* das neue Denken ausdrücklich als »post-patriarchal« und die neue

Epistemologie (Erkenntnislehre) als Repräsentantin der »Transformation von der Naturbeherrschung und -bändigung zur Kooperation und Gewaltlosigkeit« bezeichnet.[33] Männliche Futurologen wie Robert Jungk, David Loye und John Platt erkennen ebenfalls an, daß zwischen der Gleichberechtigung der Frauen und dem Frieden ein untrennbarer Zusammenhang besteht.[34] Das 1985 an alle Staatsoberhäupter der Welt versandte *Statement of the Baha'i Universal House of Justice* weist ausdrücklich darauf hin, daß »die volle Gleichberechtigung der Geschlechter« eine Voraussetzung für den Weltfrieden ist.[35]

Feministische Philosophinnen und Aktivistinnen in der ganzen Welt haben eine für Frauen und Männer gleichermaßen verbindliche neue Ethik gefordert, die auf »femininen« Werten wie Gewaltlosigkeit und Fürsorge beruht; dazu gehörten Frauen wie Wilma Scott Heide, Helen Caldicott, Betty Friedan, Alva Myrdal, Elise Boulding, Fran Hosken, Hilkka Pietila, Charlene Spretnak, Celina Garcia, Gloria Steinem, Dame Nita Barrow, Patricia Ellsberg, Patricia Mische, Barbara Deming, Mara Keller, Bella Abzug, Pam McAllister, Allie Hixson und Elizabeth Dodson-Gray.[36] Darüber hinaus schaffen zahllose feministische Künstlerinnen, Schriftstellerinnen, Theologinnen und Wissenschaftlerinnen neue Theorien und Visionen, die nicht mehr in eine dominatorische Gesellschaft passen, sondern auf eine partnerschaftlich strukturierte Welt zugeschnitten sind: Jessie Bernard, Carol Christ, Abida Khanum, Susan Griffin, Karen Sacks, Judith Plaskow, June Brindel, Gita Sen, Rosemary Radford-Ruether, Dale Spender, Nawal El Saadawi, Jean O'Barr, Betty Reardon, Starhawk, Paula Gunn Allen, Carol Gilligan, Charlotte Bunche, Judy Chicago, Mayumi Oda, Alice Walker, Margaret Atwood, Georgia O'Keeffe, Peggy Sanday, Holly Near, Ursula Le Guin, E. M. Broner, Marge Piercy, Ellen Marie Chen und Alix Kates Shulman, um nur einige von ihnen zu nennen.[37]

Vielerorts werden politische Organisationen gegründet oder entstehen politische Bewegungen, die nicht mehr auf Rangordnungen, sondern auf Konsens beruhen sollen und daher im wesentlichen gylanisch strukturiert sind. So hat zum Beispiel Petra

Kellys Vision von einer ökologisch-feministischen Friedenspartei den westdeutschen Grünen enormen Schwung verliehen.[38] Bei den amerikanischen Präsidentschaftswahlen 1984 unterstrich Sonia Johnsons *Citizen's Party Platform* die zentrale Bedeutung des Feminismus für jede auch noch so geringfügige Veränderung im sozialen, ökonomischen und politischen Bereich.

All diese Schritte tragen zu einer voll integrierten, kohärenten Realitätswahrnehmung bei, ohne die eine partnerschaftlich orientierte Gesellschaft nicht zu verwirklichen ist. Obwohl wir es uns kaum je bewußt machen: Die meisten gesellschaftlichen Einrichtungen, wie Schulen, Krankenhäuser, Wertpapierbörsen, politische Parteien und Kirchen sind Umsetzungen von Ideen, die zuvor lediglich in den Köpfen einiger Frauen und Männer existierten. Das gleiche gilt für die Abschaffung der Sklaverei, die Ersetzung von Monarchien durch Republiken und jeden anderen Fortschritt, der den Menschen im Laufe der Jahrhunderte gelungen ist.[39] Selbst Gegenstände wie Tische, Bücher, Töpfe, Flugzeuge, Geigen existierten anfangs als bloße Idee. Zur Umsetzung neuer Ideen in neue Realitäten bedarf es allerdings nicht nur klarer Vorstellungen, sondern auch der Gelegenheit, alte Gegebenheiten zu verändern.

Unser modernes Zeitalter, in dem sich beispiellose technische Veränderungen vollziehen, ist eine Epoche der Gärung. Sie bietet auch Gelegenheiten zu gesellschaftlichen Veränderungen, möglicherweise sogar zu einer fundamentalen gesellschaftlichen Transformation. Überall um uns herum sorgt der rasche technologische Wandel für soziale Instabilität. Unstabile Zustände aber sind, wie die Transformationstheorie zeigt, der potentielle Nährboden für den Übergang von einem System zum anderen.

Es waren große technologische Neuerungen, in deren Folge Frauen und Männer gegen eine dominatorisch strukturierte Gesellschaft zu rebellieren begannen. Zudem verlieh jeder größere technische Umschwung, indem er sowohl bei Frauen als auch bei Männern eine Veränderung des Rollenverhaltens erzwang, den gylanischen Kräften neuen Auftrieb. Heute scheint sogar die Natur gegen die Androkratie zu rebellieren: mit der Erosion des Bodens und der Erschöpfung der Ressourcen, mit saurem Regen und den Folgen der Umweltverschmutzung. Ihre Rebellion richtet sich indes nicht, wie gelegentlich behauptet wird, gegen die Technik, sondern gegen eine ausbeuterische und destruktive Nutzung der Technik durch die dominatorische Gesellschaft, in der Männer ständig irgend etwas erobern müssen – egal, ob es sich dabei um die Natur, die Frauen oder um andere Männer handelt.

Die moderne Technologie, so ist bisweilen zu hören, stelle nicht nur für unsere biologische Evolution eine Gefahr dar. Gehen wir noch einen Schritt weiter: Sollte die Androkratie ihren Platz behaupten, so wird die moderne Technik zu einer ernsthaften Gefahr für das Überleben der Menschheit. Umgekehrt erzeugt gerade diese Bedrohung weitere Schubkraft für einen grundlegenden Systemwechsel. In diesem Sinne läßt sich die gegenwärtig zu beobachtende gylanische Renaissance als Anpassungsprozeß sehen, der uns vom arteigenen Überlebenstrieb des Menschen aufgezwungen wird. Wie wir im folgenden Kapitel noch genauer sehen werden, läßt sich anhand einer Fülle von Belegen aus den verschiedensten Gebieten nachweisen, daß das herrschende System rapide seinem logischen, evolutionären Ende entgegentreibt, dem Ende eines fünftausend Jahre währenden androkratischen Irrwegs. Es ist nicht auszuschließen, daß der letzte Versuch des sterbenden Systems, mit Gewalt seinen Platz zu behaupten, zu einem finalen Blutbad führt – doch könnten die letzten Zuckungen der Androkratie ebenso gut die Geburtswehen der Gylanie sein und die Tür in eine ganz andere Zukunft öffnen.

Kapitel 12

Eine dominatorische Zukunft: Der Zusammenbruch der Evolution

Bis vor nicht allzu langer Zeit war es allenfalls ein Science-fiction-Szenario, inzwischen ist es längst eine reale Möglichkeit: Die Welt nach einem Atomkrieg, menschenleer, aber beherrscht von Küchenschaben, einer der wenigen Lebensformen, die gegen radioaktive Strahlung immun sind. Sollte es je so weit kommen, so hätte die Androkratie ein ihr angemessenes Finale gefunden – und die Evolution uns allen einen bösen Streich gespielt. Das System, das unsere kulturelle Evolution immer wieder gehemmt hat, hätte somit erfolgreich jenen Kreaturen zum Sieg verholfen, für die es von vornherein wie geschaffen war: Insekten, nicht Menschen.

Norbert Wiener weist in seinem grundlegenden Werk *The Human Use of Human Beings* darauf hin, daß die streng hierarchische Organisation bei Ameisen, Bienen und anderen staatenbildenden Insekten perfekt auf die Bedürfnisse dieser weniger hoch entwickelten Lebensformen zugeschnitten ist.[1] Der Insektenkörper, so Wiener, sitzt in einem harten Außenskelett oder Panzer wie in einem Gefängnis. Ebenso gefangen und beschränkt auf winzige Gehirne, die für komplizierte Vorgänge wie die Speicherung und Verarbeitung von Informationen – Voraussetzung allen Lernens – nicht über die erforderliche Kapazität verfügen, sind die geistigen Fähigkeiten. Eine soziale Organisation, in der jedes Mitglied eine genau umrissene, vorherbestimmte Rolle erfüllt und die Geschlechter ganz bestimmte, spezialisierte Aufgaben übernehmen, ist daher die für Bienen, Ameisen und andere staatenbildende Insekten angemessene Lebensweise. Die einzige Funktion der Bienen- oder Ameisenkönigin besteht darin, Eier zu legen, die einzige Funktion der Drohne liegt in der Befruchtung. Die Arbeiterbienen oder Ameisen sind dagegen ausschließlich auf die nichtreproduktive Tätigkeit des Nestbaus und der Futterbeschaffung beschränkt.

Die physischen Strukturen des Menschen dagegen sind die flexibelsten und am wenigsten spezialisierten. Frauen und Männer zeichnen sich gleichermaßen durch den aufrechten Gang aus, der die Hände befreit und ihnen die Möglichkeit gibt, Werkzeuge herzustellen und zu benutzen. Beide Geschlechter haben hochentwickelte Gehirne mit enormen Speicher- und außerordentlichen Informationsverarbeitungskapazitäten, denen wir unsere Flexibilität und Anpassungsfähigkeit – kurz: unsere Menschlichkeit – verdanken.[2]

Streng hierarchische Sozialstrukturen wie die Androkratie, die beide Hälften der Menschheit in unflexiblen, fest umschriebenen Rollen gefangen halten, sind daher für Menschen denkbar unangemessen und können an einem entscheidenden Wendepunkt unserer technologischen Evolution tödliche Konsequenzen haben.[3]

Die unlösbaren Probleme

Wieners Buch über kybernetische Prozesse war ein Vorläufer jenes neuen, dynamischen Weltbilds, das heute die Naturwissenschaften prägt. Der evolutionäre Vorsprung unserer Art, so hebt Wiener hervor, liegt in der allen anderen Lebewesen weit überlegenen Fähigkeit, in Reaktion auf sogenanntes »Feedback« unser Verhalten zu ändern. Unter Feedback versteht Wiener sich verändernde Informationen über die Wirksamkeit oder Unwirksamkeit unseres Verhaltens in der Vergangenheit und neue Informationen über bestehende Verhältnisse.[4]

Ein weiterer evolutionärer Vorsprung des Menschen liegt nach Wiener darin, daß wir unser Verhalten *schnell* ändern können. Auch andere Lebewesen entwickeln unter veränderten Bedingungen neue Verhaltensmuster. Tun sie es nicht, so sterben sie aus. Doch während bei den meisten Arten solche Veränderungen relativ langsam im Rahmen der biologischen Evolution stattfinden und mit Änderungen in der körperlichen und geistigen Struktur verbunden sind, können wir Menschen dank unserer weit überlegenen Gehirne im Notfall Verhaltensmuster sehr schnell ändern, ja sogar von einem Augenblick zum anderen.

Um dies mit Erfolg zu tun, müssen allerdings drei Voraussetzungen erfüllt sein: Wir müssen das Feedback erkennen, wir müssen es richtig interpretieren und wir müssen willens sein, uns zu ändern.

Futurologen fassen das auf uns einprasselnde Feedback über die bestehenden Verhältnisse unter dem Begriff *the world problematique* zusammen.[5] Auf der Basis von Computeranalysen gehen die Autoren des ersten und zweiten Berichts des *Club of Rome*, regierungsamtlicher Studien wie *Global 2000* sowie einer Vielzahl anderer internationaler Untersuchungen, die zum Teil von den Vereinten Nationen in Auftrag gegeben wurden, davon aus, daß unsere Welt bei gleichbleibenden Trends Zeiten zunehmend chaotischer Zustände mit massiven politischen, wirtschaftlichen und ökologischen Erschütterungen entgegengehen wird.[6]

Das ökologische Gleichgewicht auf der Erde ist, wie zahlreiche Umweltschäden deutlich zeigen, schon jetzt erheblich gestört. Die Auswirkungen des sauren Regens, die wachsende Belastung durch radioaktive Strahlung, giftverseuchte Mülldeponien und andere Formen industrieller und militärischer Umweltverschmutzung sind unverkennbar. Wissenschaftler warnen vor klimaverändernden Folgen durch ozonzerstörende

Chemikalien, dem sogenannten »Treibhaus-Effekt«. Auch die rapide fortschreitende Zerstörung der tropischen Regenwälder gibt Anlaß zu großer Sorge. Viele Tier- und Pflanzenarten sterben aus, und es gibt Voraussagen, daß im Jahr 2000 bereits Hunderttausende von Arten – insgesamt bis zu 20 Prozent des ursprünglich vorhandenen Bestandes – unwiderbringlich verschwunden sein werden.[7]

Ein weiteres Problem ist der gravierende Rückgang der agrarisch nutzbaren Flächen, vor allem in Afrika, das ohnehin schon von Hungersnöten geplagt wird. Jedes Jahr verödet dort Acker- und Weideland von zusammengerechnet annähernd der Größe des US-Bundesstaates Maine; den Prognosen zufolge wird sich der Vormarsch der Wüste in den kommenden Jahren noch beschleunigen.[8]

Hunger und Armut haben längst katastrophale Ausmaße erreicht. Im Jahre 1983 starben auf der Welt elf Millionen Babys vor Vollendung ihres ersten Lebensjahrs. Zwei Milliarden Menschen verdienten weniger als umgerechnet 500 Dollar pro Jahr, 450 Millionen litten an Hunger und schwerer Unterernährung, 2 Milliarden hatten keine zuverlässige Trinkwasserversorgung.[9] In den Vereinigten Staaten, einem der reichsten Länder der Welt, war die Zahl der Menschen, die unterhalb der offiziellen Armutsgrenze leben, mit 34 Millionen so hoch wie seit siebzehn Jahren nicht mehr.[10]

Sollten sich die gegenwärtigen Trends bestätigen, wird sich – darin stimmen alle Prognosen überein – die Situation keineswegs verbessern, sondern im Gegenteil noch enorm verschlimmern. Die Kluft zwischen arm und reich sowie zwischen reichen und armen Ländern wird sich weiter vergrößern. Und obwohl es zu einer Zunahme der Güterproduktion kommen wird, werden sich die Lebensbedingungen der Armen aufgrund des Bevölkerungswachstums in Zukunft weiter verschlechtern.[11]

Auf einen Nenner gebracht: Von allen Seiten empfangen wir Warnsignale – Feedback, das auf den bevorstehenden Zusammenbruch des globalen Systems hinweist. Zu den gravierendsten Problemen gehört die Bevölkerungsexplosion: Da immer mehr Menschen geboren werden, die ihrerseits immer mehr Kinder haben, steigt die Geburtenrate in atemberaubender Weise.[12] Bei gleichbleibender Beschleunigung werden Prognosen zufolge gegen Mitte des 21. Jahrhunderts *pro Jahr* mehr Menschen zusätzlich unseren Planeten bevölkern als während der ersten *fünfzehnhundert* Jahre nach dem Tode Christi zusammengenommen![13]

Die Bevölkerungskrise und die Tatsache, daß bisher alle politischen Maßnahmen zur Verlangsamung der Wachstumsrate fehlgeschlagen sind, bilden den Kern jenes schier unlösbaren Problemkomplexes, den die Futurologen *world problematique* nennen. Denn hinter der Bodenerosion, der Ausdehnung der Wüsten, der Luft- und Wasserverschmutzung und allen anderen ökologischen, sozialen und politischen Belastungen unserer Zeit steht der Bevölkerungsdruck. Während das verfügbare Land und die Ressourcen begrenzt sind, suchen immer mehr Menschen ein Auskommen; die Zahl der Fabriken, Autos, Lastkraftwagen und anderer verschmutzender Einrichtungen nimmt zu, damit die Versorgung der Menschen mit Gütern gewährleistet werden kann. Gleichzeitig verschlimmern sich die durch die Bedürfnisse und Erwartungen so vieler Menschen angeheizten Spannungen.[14] Am Beispiel der Bevölkerungsexplosion zeigt sich sehr deutlich, warum eine Lösung unserer Probleme unter einem androkratischen System de facto unmöglich ist.

Frauenfragen und Menschheitsfragen

Wir haben gesehen, wie in der Vergangenheit das jeweils vorherrschende Paradigma die Wissenschaftler derart blendete, daß sie zum Beispiel in prähistorischen Darstellungen der Mutter-Gottheit nur dicke »Venusse« erkennen konnten – übergewichtige Sexobjekte für Männer. Wer mit ähnlich vorgefaßten Meinungen in die Zukunft blickt, sieht auch die Probleme, die uns gegenwärtig zu schaffen machen, nur verzerrt.

Es fängt schon damit an, daß das von Experten zusammengetragene Quellenmaterial bezüglich der Frauen an einem chronischen Informationsdefizit leidet. Die meisten politischen Verantwortlichen treffen ihre Entscheidungen daher auf einer nur halbfertigen Datenbasis. Sie wären allerdings, solange das gegenwärtige System Bestand hat, selbst mit allen Informationen nicht in der Lage, die richtigen Entscheidungen zu treffen.

In zahlreichen übervölkerten und wirtschaftlich unterentwikkelten islamischen Staaten werden hohe Geburtenraten gar nicht als Problem gesehen. Politische Führer wie der Ayatollah Khomeini und der ehemalige pakistanische Präsident Zia-ul-Haq scheinen überhaupt keinen Zusammenhang zu erkennen zwischen der furchtbaren Armut in ihren Ländern und der Tatsache, daß in ihrem Kulturkreis Frauen als männerbeherrschte Fortpflanzungstechnologien gelten. Und auf der UNO-Bevölkerungskonferenz 1984 in Mexico City – der notorisch übervölkertsten Stadt der Welt, in einem Land, aus dem Jahr für Jahr Millionen illegaler Wanderarbeiter gen Norden in die Vereinigten Staaten fliehen, um der durch die rapide Bevölkerungsexplosion hervorgerufenen katastrophalen Armut zu entrinnen – verkündeten die Abgesandten der Reagan-Administration unverblümt, daß ein Bevölkerungsproblem nicht existiere.[15]

In der Presse, aber auch in hochwissenschaftlichen Studien werden Vorfälle wie dieser oft damit zu erklären versucht, daß es den betreffenden Regierungen im wesentlichen an Intelligenz und/oder Problembewußtsein fehlt. Derartige Interpretationen können allerdings zu gefährlichen Fehlschlüssen führen: In Wirklichkeit zeigen Regierungen und Politiker, die solche Standpunkte vertreten, daß sie ganz genau wissen, wie man das androkratische System weltweit am Leben hält.

Eines der frappierendsten Beispiele für eine solche Politik kommt ironischerweise aus einem Land, das einst in seinem Streben nach den gylanischen Idealen Gerechtigkeit, Gleichheit und sozialem Fortschritt auf ganz andere Weise beispielhaft war. Die Vereinigten Staaten, die einen überproportionalen Einfluß auf die Politik der übervölkerten Länder ausüben und gleichzeitig einen überproportionalen Prozentsatz der Rohstoffe dieser Erde verbrauchen, verfielen erst kürzlich wieder in eine Politik, die eher zur Hebung als zur Senkung der Geburtenraten beitragen dürfte. Die Reagan-Regierung kürzte nicht nur radikal die Gelder für Familienplanungsprogramme in der Dritten Welt, sondern setzte sich – zu einem Zeitpunkt, da Hunger und Armut im eigenen Land wieder zunahmen – für eine Verfassungsänderung ein, deren Ziel es ist, die Abtreibung neuerlich zu verbieten. Indem sie darüber hinaus verhement gegen den Vorschlag anging, die Verfassung um einen die Gleichberechtigung von Mann und Frau garantierenden Zusatz zu erweitern, versuchte die Reagan-Regierung gezielt, den Frauen einen fairen und gleichberechtigten Zugang zu fortpflanzungsunabhängigen Lebensoptionen zu versagen. Außerdem wurden frühere Gesetze, die eine größere Chancengleichheit der Frau in Beruf und Ausbildung zum Ziel hatten, von der Regierung ignoriert oder abgeschafft.[16]

Auch in anderen Teilen der Welt genießt die Familienplanung keineswegs politische Priorität, sieht man einmal ab von Ländern wie China, Indonesien und Taiwan sowie in jüngster Zeit auch Kenia und Zimbabwe. Ganz im Gegenteil: In einem der ärmsten Länder des Ostblocks, in Rumänien, verkündet Präsident Nicolae Ceauscescu, vier Kinder auf die Welt zu setzen sei »patriotische Pflicht« der Frauen. Von den Rumäninnen wird verlangt, sich an ihrem Arbeitsplatz allmonatlich einem Schwangerschaftstest zu unterziehen und bei »andauernder Nichtschwangerschaft« eine medizinische Begründung vorzulegen.[17]

Gerade unter den ärmsten und von der Überbevölkerung am meisten betroffenen Entwicklungsländern gibt es viele, in denen Frauen der Zugang zu empfängnisverhütenden Mitteln ausdrücklich untersagt ist.[18]

Obwohl die Internationale Bevölkerungskonferenz 1984 in einer historischen Erklärung verkündete, daß eine weltweite »Statusverbesserung der Frauen« sowohl um ihrer selbst willen als auch aufgrund der sich daraus ergebenden Senkung der Geburtenrate anzustreben sei[19], fehlt es fast überall an den entsprechenden Chancen und Motivationen, rangieren politische Maßnahmen mit dieser Zielsetzung allenfalls unter ferner liefen.[20] Und obwohl Bevölkerungsexperten überall auf der Welt deutlich hervorheben, daß Familienplanung nur dann Erfolg haben kann, wenn Frauen auch in anderen Rollen als der der Ehefrau und Mutter Befriedigung und gesellschaftliche Anerkennung finden, ja daß ein solcher Wandel sogar noch wichtiger ist als eine allseits verfügbare Aufklärung über Empfängnisverhütung, ändert sich offensichtlich nichts oder nur sehr wenig.[21]

Die Alternativen sind ebenso logisch wie einfach. Die traditionellen Ursachen und Mittel der Eindämmung des Bevölkerungswachstums waren Seuchen, Hungersnöte und Kriege. Heute liegt die einzige »Lösung« des Bevölkerungsproblems darin, der Gleichberechtigung der Frauen und ihrem Recht auf freie Entscheidung für oder gegen die eigene Fortpflanzung höchste Priorität einzuräumen. Wäre letzte aber erst einmal realisiert, so würde dies das Ende des gegenwärtig herrschenden Systems und den Wandel von der dominatorischen zur partnerschaftlich orientierten Gesellschaft bedeuten. Im androkratischen Bewußtsein – und damit im Bewußtsein der meisten Spitzenpolitiker – ist diese Alternative natürlich nicht existent. Lieber suchen sich diese Männer teure Experten, die ihnen genau das erzählen, was sie hören wollen. Die von extrem konservativen Gruppen finanzierte *Heritage Foundation* in den Vereinigten Staaten hat ihrerseits Untersuchungen finanziert, in denen – neben anderen – der bekannte Zukunftsforscher Herman Kahn und der Wirtschaftswissenschaftler Julian Simon behaupten, daß es überhaupt kein Bevölkerungsproblem gäbe.[22] Ihre Voraussagen laufen im wesentlichen darauf hinaus, daß, kurzfristig gesehen, ausgedehnte Hungersnöte die Übervölkerung eindämmen, langfristig jedoch die Männer, die die Wirtschaftsimperien der Zukunft leiten, durch ungezügelten, aggressiven Wettbewerb soviel Reichtum produzieren werden, daß das, was »durchsickert«, allein schon zur Ernährung kommender Bevölkerungsmilliarden ausreichen wird.[23]

Diese modernen Nachfolger jener Männer, die in vorgeschichtlicher Zeit die Realität auf den Kopf stellten, bedienen sich bei der »Lösung« von Problemen wie Hunger und Armut genau der gleichen Methoden wie ihre Vorfahren. Zunächst einmal wird die Existenz eines globalen Ernährungsproblems und weitverbreiteter Armut schlichtweg abgestritten oder verharmlost.[24] Konfrontiert mit unwiderlegbaren Beweisen – etwa der statistisch belegten Tatsache, daß in jeder Minute dreißig Kinder auf der Erde aus Mangel an Nahrungsmitteln und billigen Impfstoffen sterben[25] – erwidern sie, daß diese »unglückliche Situation« nur vorübergehender Natur sei. Sobald sich erst der »freie Markt« durchgesetzt habe, so meinen sie, würden Armut und Hunger peu à pau von allein verschwinden.[26]

Diesen an sich durchschaubaren Argumenten, die die Realität verschleiern und verdrehen, gehen selbst Leute auf den Leim, denen niemand vorwerfen kann, menschliches Leiden lasse sie kalt. Aufrichtig betroffen äußern sie sich über Hunger und Armut – aber nach wie vor in den üblichen Redewendungen, obwohl unmißverständlich klar ist, daß in der Rangordnung des androkratisch-dominatorischen Systems Armut und Hunger überwiegend »Frauenthemen« sind.[27]

Nach offiziellen Statistiken der amerikanischen Regierung gehören Familien mit weiblichen Familienvorständen zu den ärmsten im Lande. Die Armutsrate ist bei ihnen dreimal so hoch wie bei anderen Familien. Zwei von drei älteren Bürgern des Landes, die in Armut leben, sind Frauen.[28] In den Entwicklungsländern herrschen noch schlimmere Verhältnisse[29]. In Afrika, wo innerhalb und außerhalb der Flüchtlingslager Tausende an Unterernährung leiden, sind die Ärmsten der Armen und die Hungrigsten der Hungrigen Frauen und ihre Kinder.[30] Und wenn wir den Angaben des UN-Reports *State of the World's Woman 1985* sowie anderen offiziellen und inoffiziellen Dokumentationen folgen, so sieht die Situation in großen Teilen Asiens und Lateinamerikas kaum anders aus.[31]

Auch hier spricht die Logik eigentlich dafür, daß sich die Regierungen der Welt auf nationaler und internationaler Ebene zusammensetzen und Programmen zur Bekämpfung des Hungers und der Armut unter den Frauen höchste Priorität einräumen. Doch wie sieht die Realität aus?

In den Vereinigten Staaten werden in den siebziger und achtziger Jahren zahlreiche Beschäftigungsprogramme verabschiedet. Bezeichnenderweise betrafen sie aber trotz hoher Frauenarbeitslosigkeit zum ganz überwiegenden Teil männerbeherrschte Branchen wie das Bauwesen und den Straßenbau. Trotz großer Hungersnöte und obwohl dort zwischen 60 und 80 Prozent der Nahrungsmittelproduktion in den Händen von Frauen liegen, werden in Afrika Kredite und Unterstützungsgelder fast ausschließlich an Männer ausgezahlt, profitieren fast ausschließlich Männer von technischer Hilfe in der Landwirtschaft und staatlichen Landzuteilungsprogrammen. In Lateinamerika und Asien, wo Frauen durch ihre Benachteiligung in Erziehung und Ausbildung ohnehin zu den am schlechtesten bezahlten Arbeiten verdammt sind, kommen Entwicklungshilfegelder und vom Ausland geförderte Hilfsprogramme ebenfalls fast ausnahmslos Männern zugute.[32]

Ein Grundsatz des androkratischen Systems ist der, daß der Mann als »Oberhaupt der Familie« für Frau und Kinder sorgt. Die Realität bestätigt diesen Spruch längst nicht mehr, denn er ignoriert eine Fülle von Informationen, die das genaue Gegenteil beweisen: Daß so viele Frauen und Kinder auf der Welt in erbärmlicher Armut leben, liegt darin, daß sowohl in »intakten« als auch in »zerbrochenen« Familien die Männer eben *nicht* angemessen für ihre Frauen und Kinder sorgen.

Das Problem ist nicht nur, daß in Industrieländern wie den Vereinigten Staaten mehr als die Hälfte aller geschiedenen Männer den gerichtlich festgesetzten Zahlungsverpflichtungen gegenüber Kindern und ehemaligen Partnerinnen nicht nachkommen.[33] Auch die Tatsache, daß in Afrika und Asien immer mehr Männer in die großen Städte abwandern, Frau und Kinder daheim auf dem Land sich selbst überlassen und nur gelegentlich zurückkehren, um das nächste Kind in die Welt zu setzen, ist keine ausreichende Erklärung.[34]

Das Problem, daß viele Frauen in männerbeherrschten Gesellschaften in Hunger und Armut leben, hat noch erheblich tiefere Wurzeln. Es beschränkt sich keineswegs auf Familien, denen Frauen vorstehen, sondern ist integraler Bestandteil einer Familienstruktur, in der der männliche »Haushaltsvorstand« über die gesellschaftlich sanktionierte Macht verfügt, darüber zu bestimmen, wie die Ressourcen verteilt werden und wofür das Geld ausgegeben wird.

Unsere eigene abendländische Geschichte ist voller Beispiele dafür, daß viele Männer – von russischen Leibeigenen über irische Bergarbeiter bis hin zu amerikanischen Bauarbeitern – es für einen Affront gegen ihre Männlichkeit hielten, ihre Einkünfte beziehungsweise ihren Arbeitslohn der Ehefrau »auszuhändigen« und es ihr somit zu ermöglichen, Lebensmittel für die Familie zu kaufen. Statt dessen vertranken oder verspielten sie das Geld. Wenn die Ehefrauen dagegen aufbegehrten, das heißt die männliche Autorität herausforderten, wurden sie wegen »Meckerei« verprügelt. Bis heute sind derartige Verhaltensweisen überall in der westlichen Welt sowie in zahlreichen lateinamerikanischen und afrikanischen Ländern weit verbreitet.

In vielen Entwicklungsländern gilt heute noch die Regel, daß Frauen, die für die Zubereitung der Lebensmittel zuständig sind – und oft auch für den Anbau –, erst essen dürfen, wenn die Männer sich bereits den Bauch vollgeschlagen haben.[35] Aber auch auf die Anprangerung selbst solch diskriminierender Tischsitten gibt es eine scheinbar »vernünftige« Standardreplik. Ausgerechnet dort, wo Frauen von früh bis spät harte Knochenarbeit leisten, heißt es oft, daß Männer von Natur aus mehr Nahrung bräuchten oder aus »unserer Sicht«, daß es sich hierbei um »ethnische Traditionen« handele, in die wir als »Westler« uns am besten nicht einmischen. Die gleichen Erklärungen werden bei der Tabuisierung von Lebensmitteln herangezogen, wodurch den Frauen – besonders wenn sie schwanger sind – oft genau jene Speisen vorenthalten werden, die sie zur Erhaltung ihrer Gesundheit brauchen. Nach Untersuchungen der Weltgesundheitsorganisation (WHO) leiden in der Dritten Welt fast die

Hälfte der Frauen im fortpflanzungsfähigen Alter und sechzig Prozent der Schwangeren an ernährungsbedingter Blutarmut![36]

Geschlechtsdiskriminierende Verhaltensweisen bei der Verteilung der Ressourcen machen aber nicht »nur« Frauen sehr zu schaffen, sondern haben auch furchtbare Konsequenzen für Männer – und die menschliche Evolution insgesamt. Kinder unterernährter Mütter – Jungen und Mädchen gleichermaßen – sind bekanntlich sehr krankheitsanfällig. Neben körperlichen Mangelerscheinungen treten bei ihnen oft auch geistige Schäden auf, und selbst in glimpflich verlaufenden Fällen ist ihre Intelligenz oft geringer entwickelt als bei Kindern, deren Mütter sich während der Schwangerschaft angemessen ernähren konnten.

Millionen Menschen beiderlei Geschlechts werden ihres Geburtsrechts, das heißt der Chance auf ein gesundes, produktives und zufriedenes Leben beraubt, weil die Welt systematisch jene Probleme ignoriert, die, obwohl sie längst alle Menschen betreffen, noch immer als »Frauenfragen« bezeichnet werden. Und weil die Frauenrechte nicht als Menschenrechte angesehen werden, wird nicht nur unsere kulturelle, sondern auch unsere biologische Evolution völlig unnötig behindert und gebremst.

Auch hier erscheint es nur logisch, sofort alles Notwendige in die Wege zu leiten, um die sexuell diskriminierenden Strukturen der Nahrungsmittelverteilung zu ändern, doch machen – wie schon im Fall der Bevölkerungs- und Entwicklungspolitik – übergreifende Systemzwänge der androkratischen Gesellschaft alle derartigen Hoffnungen zunichte.

Das Hauptproblem liegt darin, daß in männerbeherrschten Gesellschaften zwei fundamentale Hindernisse der Formulierung und Durchsetzung jener Politik entgegenstehen, die imstande wäre, die wachsenden Probleme dieser Welt erfolgreich zu lösen. Das erste Hindernis besteht darin, daß die zur Erhaltung der Männerherrschaft erforderlichen Realitätsmodelle die Nichtbeachtung oder Trivialisierung aller Dinge verlangen, die sich auf die andere Hälfte der Menschheit beziehen. In jedem anderen Zusammenhang würde eine derart massive Datenunterdrückung sofort die Wissenschaft auf den Plan rufen und als katastrophaler methodologischer Fehler gebrandmarkt. Doch selbst wenn es irgendwie gelingen sollte, dieses erste Hindernis zu überwinden und die verantwortlichen Politiker mit einer vollständigen und unvoreingenommenen Informationsgrundlage zu versorgen, bliebe die zweite, noch entscheidendere Hürde unangetastet: Sie besteht darin, daß in einem männerbeherrschten System die Erhaltung der Männerherrschaft höchste Priorität genießt.

Eine Politik, die die Männerherrschaft schwächen würde – und damit auch jene politischen Maßnahmen, die allein noch Hoffnung auf eine menschliche Zukunft bieten – wird und kann daher nicht durchgeführt werden. Selbst die besten Pläne müssen infolge mangelnder finanzieller Unterstützung oder andersartiger Hemmnisse Makulatur bleiben.

Die totalitäre Lösung

Wenn ihre gewählten politischen Führer sich als unfähig erweisen und nicht imstande sind, die anstehenden wirtschaftlichen, sozialen und politischen Probleme zu lösen, suchen die Betroffenen die Antworten auf ihre Fragen bei anderen. Das androkratische Bewußtsein, das Rangordnungen über alles stellt und darauf konditioniert ist, Recht mit Macht gleichzusetzen, neigt dazu, solche Fragen mit Gewalt und dem Ruf nach dem »starken Mann« zu beantworten.

So kann es nicht überraschen, wenn neben fortschreitendem Systemverfall und/oder nuklearem Holocaust ein weltweiter Totalitarismus zu den häufigsten Zukunftsszenarien gehört. Die Science-fiction hat sich wiederholt mit diesem Thema beschäftigt, etwa in Orwells prophetischem Roman *1984*, aber auch in Filmen wie *Rollerball* und *Fahrenheit 451*, doch haben auch wissenschaftlich fundierte futorologische Arbeiten ähnliche Ergebnisse gezeigt – z. B. Jacques Elluls Voraussage einer enthumanisierten, von unmenschlichen Technokraten beherrschten Welt.[37] Selbst das vom Hudson Institute unter Federführung von Herman Kahn entworfene »optimistische« Szenario einer geradezu unglaublich wohlhabenden Gesellschaft, die sich ganz von allein entwickelt, wenn man den Militärs, den Großkonzernen und anderen Kunden des Instituts nur freie Hand läßt, sieht die Welt der Zukunft unter der Regierung eines neuen »Augustinischen Reichs«.[38]

Oft ist zu hören, der große psychologische Reiz einer totalitären Zukunft liege in der verheißungsvollen Gestalt eines »starken Führers«, der sich wie der »starke Vater« in der Kindheit als Gegenleistung für treuen Gehorsam »um alles kümmert«. Bei einem von Anfang an im Sinne der Männerherrschaft sozialisierten Bewußtsein wird sicherlich besonders in Krisenzeiten die Bereitschaft zunehmen, sich diesem »Schutz« anzuvertrauen. Aber es gibt auch noch einen anderen Grund für die starke Anziehungskraft – und große Gefahr – des modernen Totalitarismus.

Nach herkömmlicher Lesart ist der Totalitarismus eine Plage der Moderne, ein besonderer Schrecken unseres säkularen, wissenschaftlichen Zeitalters.[39] Zweifellos stimmt es auch, daß die technische Effizienz der deutschen Vernichtungslager ohne Beispiel ist. Versuche, ganze Bevölkerungsgruppen auszurotten, hat es jedoch in vorgeschichtlicher und geschichtlicher Zeit immer wieder gegeben, und auch ein »Regime des Schreckens« ist keineswegs alleiniges Kennzeichen des modernen Totalitarismus.

Dank der Wiederentdeckung unserer versunkenen Vergangenheit sind wir heute imstande zu erkennen, daß der moderne Totalitarismus sowohl von seinen Kontrollmechanismen als auch von seiner gesamten Struktur her der logische Höhepunkt einer auf dem dominatorischen Modell sozialer Organisation beruhenden kulturellen Evolution ist. Das erfolgreiche »Regime des Schreckens« ist das absolute Nonplusultra dieser Gesellschaftsform. Im Grunde handelt es sich um eine Fortentwicklung jener streng androkratischen Stadtstaaten, die sich erstmals in vorgeschichtlicher Zeit entwickelten – allerdings auf hohem technologischen Niveau.

Der totalitäre Staat des zwanzigsten Jahrhunderts ist der moderne Nachfolger des theokratischen Stadtstaats der Antike, wo die Volksmassen, wie der Kulturhistoriker Lewis Mumford schreibt, nicht mehr waren als streng überwachte Zahnräder in einer gigantischen gesellschaftlichen Maschinerie.[40] Ebenso sind die Eliten faschistischer und kommunistischer totalitärer Staatshierarchien im wesentlichen die Nachfolger der alten dominatorischen Krieger-/Priesterkasten. Sie alle behaupteten und behaupten, exklusiv und aus erster Hand die Wahrheit und das Wort empfangen zu haben – sei es nun das Wort Gottes oder die Wahrheit von Karl Marx, des Führers, Stalins oder Maos. Und alle meinten und meinen, sie allein hätten das Recht, das Wort und die Wahrheit per Gesetz zu interpretieren und die Gesetze dann mit Gewalt oder Gewaltandrohung durchzusetzen.

Genauso wie in androkratischen Theokratien, die keine Trennung von Kirche und Staat kannten, verfügen die Herrscher in faschistischen und kommunistischen Gesellschaften sowohl über die weltliche als auch über die spirituelle Macht. Genauso wie androkratische Religionen dulden weder Kommunismus noch Faschismus irgendeine Form der Abweichung vom »wahren« Glauben. Und im Gegensatz zu anderen politischen Ideologien, aber in Übereinstimmung mit androkratischen Religionen, warten sie mit einer geschlossenen Weltanschauung auf, die nahezu alle Aspekte des familiären, gesellschaftlichen und politischen Lebens vereinnahmt.

Manche Rechtsextremisten verweisen zur Rechtfertigung der Männerherrschaft in der Familie nach wie vor auf die Autorität der Bibel. Im nationalsozialistischen Deutschland verkündete der »Führer«, daß nicht nur Frauen, sondern auch »schwache« und »verweiblichte« Männer wie Juden von Natur aus seiner neuen Rasse von »Übermenschen« unterlegen seien. Und in der Sowjetunion wird in einer schier endlosen Folge von Geschichten und bildlichen Darstellungen von Frauen, die ihren Männern das Essen servieren, ein offizielles Familienbild präsentiert, das sich von dem in der Nazipropaganda idealisierten Bild der deutschen *Hausfrau* nicht unterscheidet.[41]

Die höchsten Tugenden in kommunistisch- und faschistisch-totalitären Staaten sind, wie in der Bibel, im Koran und anderen traditionellen Texten, Gehorsam und Konformismus. In beiden Gesellschaftsordnungen ist Gewalt nicht nur erlaubt, sondern zwingend geboten, solange sie nur im Dienst der offiziell anerkannten Ideologie ausgeübt wird. Die Schreckensherrschaften mittelalterlicher und frühneuzeitlicher Priesterschaften mit Bücher- und Menschenverbrennungen sowie die »effizienteren« Techniken moderner totalitärer Regime wie Folter und Gehirnwäsche liegen auf ein und derselben Linie.

Ein weiterer gemeinsamer Charakterzug des modernen und des traditionellen Totalitarismus ist der charismatische, hypnotische »Führer«, der seine Anhänger erfolgreich dazu anstachelt, »den Feind zu vernichten«. Im Mittelalter provozierten Männer wie Papst Urban II. und Bernhard von Clairvaux auf pompösen Mammut-Veranstaltungen androkratisch-religiöse Inbrunst und Habgier und stürzten damit Europa und Kleinasien in das sich über Jahrhunderte hinziehende Blutbad der Kreuzzüge.[42] Auf nicht minder pompösen Veranstaltungen mit endlosen Fackelzügen stürzte Hitlers wilde Rhetorik die Welt zum zweitenmal in einen fast den ganzen Erdball umfassenden Krieg. In jüngster Zeit bedient sich ein neuer Schlag charismatischer Demagogen des hypnotischen Mediums Fernsehen, um in Millionen amerikanischer Haushalte zum Kampf gegen die »Heiden und unmoralischen Humanisten, Feministinnen und Kommunisten« aufzurufen, die ihrer Auffassung nach für alles Unheil in der Welt verantwortlich sind.

Sowohl traditionelle wie moderne totalitäre Regierungen verlangen von ihren Untertanen das permanente Studium heiliger oder offiziell sanktionierter Schriften – ob es sich nun um die Bibel oder den Koran, um *Mein Kampf* oder die *Worte des Vorsitzenden Mao* handelt. In diesen Texten finden sich alle Antworten – die »letzte Wahrheit«. Darüber hinaus sind die Massenmedien im modernen Totalitarismus rigoros gleichgeschaltet und erfüllen die gleichen Aufgaben wie die strenge religiöse Zensur in prähistorischen und historischen Androkratien.

Das vielleicht auffälligste Merkmal moderner totalitärer Gesellschaften (und des Orwellschen Staates in *1984*) ist die Fabrikation von Mythen. Sie gehört zu ihren wichtigsten Industriezweigen, ohne indessen die gleichen Ausmaße wie zur Zeit des prähistorischen androkratischen Umsturzes zu erreichen. Im nationalsozialistischen Deutschland gelang es Adolf Hitler, einem unattraktiven dunkelhaarigen Mann, sich zum starken »Führer« »rassisch reiner«, blonder, blauäugiger und schöner arischer »Übermenschen« hochzustilisieren. In Rußland wurden Gottvater und sein Surrogat, das tyrannische »Väterchen« Zar, zunächst durch Lenin ersetzt, den Vater der Revolution, dessen mumifizierte Leiche zum Objekt kultischer Verehrung wurde. Ihm folgte Stalin, der kaltblütig Millionen Landsleute hinschlachten ließ.

In kommunistischen und faschistischen Mythologien lassen sich genau dieselben Prozesse beobachten, die bereits im Laufe der ersten androkratischen Machtübernahme dazu dienten, die Realität auf den Kopf zu stellen. Nicht nur neue Mythen, sondern auch neue Symbole wurden geschaffen: Hakenkreuz und Hammer und Sichel erwiesen sich im 20. Jahrhundert als nahezu ebenso mächtig wie das Symbol des gekreuzigten Christus bei der Mobilisierung der Massen zu »heiligen« Kreuzzügen und Kriegen. An die Stelle der alten Zeremonien und Rituale traten neue Zeremonien und Rituale: Massenveranstaltungen, Fackelzüge, rhythmische Aufmärsche und der »rechtschaffene Zorn« des »Führers«, der die »Erleuchteten« mit donnernder Stimme dazu aufruft, gewaltsam »die Wahrheit« zu verbreiten.

Neue Realitäten und alte Mythen

Aus der Perspektive der kulturellen Transformationstheorie betrachtet, ist es kein Zufall, daß die Nazi-Mythen ein Rückfall in die Mythologie der indoeuropäischen oder arischen Eindringlinge waren. Denn das nationalsozialistische Deutschland fiel nicht nur in die Mythen, sondern auch in die Realitäten der Kurgan-Zeiten zurück.

Die systematische Abschlachtung der Juden – deren Häuser, Geschäfte und Privateigentum bis hin zu den Goldplomben in ihren Zähnen der Bereicherung des Regimes und seiner Paladine dienten und zur Belohnung verdienter Parteigenossen herangezogen wurden – war eine simple Wiederholung jener Methoden, mit denen sich vormals die Kurgan-Stämme bereichert hatten: auch sie raubten, mordeten und plünderten.

Auch ihre Einstellung zur Frau war ein Rückfall in die Normen der Kurgan-Stämme. Sie galt als Privateigentum des Mannes. Für die neuen arischen Übermenschen war die Frau, um einen Ausdruck Nietzsches zu gebrauchen, so etwas wie ein »angenehmes Haustier«, dessen sich der Mann zum Zwecke sexuellen Lustgewinns, persönlicher Bedienung, Unterhaltung und Fortpflanzung bedienen sollte.[43] Mit seinem Plan, hochdekorierten Soldaten das Recht auf mehrere Ehefrauen einzuräumen, ging Hitler sogar noch darüber hinaus; die Frau wurde somit für den Nationalsozialisten dasselbe, was sie für den Angehörigen eines Kurgan-Stammes gewesen war: Kriegsbeute.[44]

Die Herrschaft des allmächtigen »Führers« war ein vergrößertes Ebenbild der autokratischen Herrschaft des »starken Mannes«, die der Häuptling des Kurgan-Stammes ausübte. Die gefürchteten nationalsozialistischen Elite-Korps SA und SS entsprachen der Kriegerkaste bei den Kurgan-Stämmen, die als lebende Beispiele »männlicher« Tugenden mit Hilfe von Zerstörung und Terror Ruhm, Ehre und Macht suchten.

Nazi-Deutschland, die getreue Neuauflage einer rigorosen, autoritären und weitgehend auf institutionalisierter männlicher

Gewalt basierenden Männerherrschaft, war eine der schärfsten Reaktionen auf die gylanische Wiedererstarkung. Zudem war es einer der ersten modernen Rückfälle in die frühesten und brutalsten Formen der Proto-Androkratie – und der Vorläufer einer neo-androkratischen Zukunft.

Denn sei sie nun rechts- oder linksgestrickt, christlich oder islamisch: Die totalitäre Lösung ist nichts mehr und nichts weniger als eine Modernisierung der androkratischen Lösung. Ihre Prämissen sind die Verachtung von »verweiblichten« oder friedlichen Einstellungen; die Überzeugung, daß Gehorsam, egal, ob göttlichen oder weltlichen Befehlen gegenüber, die höchste Tugend sei; und der Glaube, daß – angefangen mit der Trennung zwischen weiblich und männlich – die Menschheit in In-Gruppen und Aus-Gruppen aufgeteilt sei, die sich permanent bekriegen müssen.

Daß diese Lösung noch immer von so vielen Menschen akzeptiert wird, liegt keineswegs daran, daß sie vielleicht doch eine realisierbare Antwort auf die Probleme unserer Welt bietet. Ihre Anziehungskraft resultiert vielmehr aus der alteingesessenen Kraft der androkratischen und neo-androkratischen Symbole und Mythen – Bilder und Geschichten, die in unserem Unterbewußtsein die Furcht erzeugen, jegliche Abweichung von androkratischen Prämissen und Lösungen werde strengstens bestraft – und zwar nicht nur in diesem Leben, sondern noch über den Tod hinaus.

Der Siegeszug des modernen Totalitarismus lehrt uns, daß es ein tödlicher Fehler sein kann, die Kraft der Mythen zu unterschätzen. Der menschlichen Psyche scheint ein tiefsitzendes Bedürfnis nach einem System von Erzählungen und Symbolen innezuwohnen, welches uns die Grundprinzipien des Universums und unsere eigene Position darin zu »enthüllen« verspricht. Es ist ein Hunger nach Sinn und Bedeutung, den rationale und logische Systeme offensichtlich nicht befriedigen können.

Unter dem Leitstern androkratischer Mythen war die Menschheit, wie die Geschichte der Neuzeit zeigt, einer Schrekkensherrschaft unterworfen, die sie gewiß erst dann abschütteln kann, wenn sie aufhört, weiterhin alles zu unterdrücken, was sich nicht auf »maskuline« Vernunft reduzieren läßt. Sie darf nicht versuchen, weiterhin die intuitiven, nicht-linearen, nicht-rationalen Funktionen unseres Bewußtseins kleinzuhalten, die im neo-androkratischen Dogma so oft als »das Feminine« bezeichnet werden.[45] Das Problem liegt nicht darin, daß Symbole und Mythen einen niedrigeren und daher weniger erstrebenswerten Rang einnehmen als Logik und Rationalität, sondern besteht eher darin, *welche* Symbole und Mythen unser Bewußtsein erfüllen und leiten sollen: menschliche oder unmenschliche, gylanische oder androkratische.

So wie einst die Invasionen der Kurgan-Völker die Entwicklung unserer kulturellen Evolution in einem frühen Stadium unterbrachen, so blockieren die Totalitaristen und Möchtegern-Totalitaristen auch heute noch bei jeder Gelegenheit ihren Fortschritt und werden dabei von alten und neuen androkratischen Mythen unterstützt. In den letzten Jahrhunderten hat ein leichter Trend von dominatorischen zum partnerschaftlich orientierten Gesellschaftsmodell stattgefunden und zu einer partiellen Befreiung der Menschheit geführt, was wiederum zaghafte Fortschritte auf dem Weg zu einer gerechteren, auf mehr Gleichberechtigung beruhenden Gesellschaft erlaubte. Gleichzeitig kam es jedoch – sowohl auf der linken wie auf der rechten Seite des politischen Spektrums – zu einer starken Gegenbewegung mit dem Ziel, die dominatorische Gesellschaft in ihrer modernen und totalitären Form festzuschreiben.

Angesichts des starken Beharrungsvermögens der sozialen und ideologischen Organisation der Androkratie und in Anbetracht der neuen Techniken zur Kontrolle von Körper und Bewußtsein (moderne Propaganda, Drogen, Nervengase, ja sogar Experimente zur Kontrolle der Psyche) liegt eine totalitäre Zukunft durchaus im Bereich des Möglichen. Freilich würde eine solche Weltordnung voraussichtlich nicht sehr lange Bestand haben.

Denn alle religiösen oder weltlichen, historischen oder zeitgenössischen totalitären Führer oder Möchtegern-Führer, ob sie nun im Westen oder im Osten an der Macht sind, haben eines gemeinsam: Sie vertrauen auf die Macht des tödlichen Schwerts, sehen in ihm den einzigen Weg zur Erlösung. Eine dominatorische Zukunft wird daher mit an Sicherheit grenzender Wahrscheinlichkeit früher oder später zu einem globalen Atomkrieg führen – und damit alle Probleme und Sehnsüchte der Menschheit ein für allemal beseitigen.

Kapitel 13

Der evolutionäre Durchbruch: Eine Zukunft in Partnerschaft

In den Zukunftsvisionen der Science-fiction-Autoren wimmelt es nur so von unglaublichen technischen Neuheiten. An sozialen Neuerungen hingegen ist ihre Welt überaus arm, und wer genau hinsieht, erkennt bald, daß viele dieser Visionen, die auf den ersten Blick so fortschrittlich wirken, im Falle ihrer Realisierung eher einen Rückschritt bedeuten würden. Frank Herberts *Dune*[1] und George Lucas' *Star Wars* zum Beispiel transportieren eine von Kaisern und mittelalterlich anmutenden Feudalherren beherrschte Gesellschaftsordnung auf eine »High-Tech«-Welt, in der intergalaktische Kriege toben.

Nach fünftausend Jahren dominatorischer Gesellschaftsordnung fällt uns die Vorstellung, daß es auch anders gehen könnte, außerordentlich schwer. Charlotte Perkins Gilman hat sich daran versucht. Ihr 1915 geschriebener Roman *Herland*[2] ist die ironische Utopie einer friedfertigen, überaus kreativen Gesellschaft, die der physischen, geistigen und spirituellen Entwicklung der Kinder höchste soziale Priorität einräumt und die damit verbundenen Tätigkeiten entsprechend hoch achtet und belohnt. Der Haken an der Sache ist freilich, daß es sich um eine Welt handelt, in der sich die Männer in einer letzten Kriegsorgie samt und sonders vernichtet haben, während es einer Handvoll überlebender Frauen dank einer erstaunlichen Mutation gelungen ist, die Fähigkeit zur Selbstreproduktion zu erwerben und somit ihre Hälfte der Menschheit vor dem Aussterben zu bewahren.

Das Problem allerdings liegt, wie wir gesehen haben, nicht im männlichen Geschlecht als solchem, sondern in der Art und Weise, wie Männer und Frauen in einem dominatorischen System sozialisiert werden. Auch im Neolithikum und im minoischen Kreta gab es Männer und Frauen, ebenso wie die friedfertigen !Kung und BaMbuti aus beiden Geschlechtern bestehen. Und nicht einmal in unserer männerbeherrschten Welt ist jede Frau nur sanft und friedfertig oder jeder Mann ein dominatorisches Ungeheuer.

Daß Männer und Frauen das biologische Potential für die verschiedensten Verhaltensweisen besitzen, steht außer Frage. Doch ebenso wie Hauptpanzer oder Außenskelette manche Insekten und andere Gliederfüßler einengen, zwängt die androkratische Gesellschaftsordnung beide Hälften der Menschheit in ein starres, hierarchisches Korsett, das ihre Entwicklung hemmt. Wer in Androkratie und Gylanie die einzigen alternativen Evolutionsmodelle für die Organisation menschlicher Sozialordnungen sieht, erkennt, daß Soziobiologen, die derzeit der androkratischen Ideologie mit einem Schuß Sozialdarwinismus aus dem neunzehnten Jahrhundert auf die Sprünge helfen wollen, nicht zufällig die Insektenstaaten zur Untermauerung ihrer Theorien heranziehen. Ebensowenig ein Zufall ist, daß von dieser Seite erneut die Ansicht vertreten wird, das normative Modell für streng hierarchische Gesellschaftsordnungen – also das »Der-Mann-herrscht-die-Frau-wird-beherrscht«-Modell der zwischenmenschlichen Beziehungen – sei schon in unseren Genen vorprogrammiert.[3]

Nach dem Urteil zahlreicher Forscher ist die Evolution indessen nicht vorherbestimmt.[4] Ganz im Gegenteil: Wir haben den Kurs unserer eigenen Evolution von Anfang an aktiv mitgestaltet. So wies Sherwood Washburn darauf hin, daß die Erfindung von Werkzeugen sowohl Ursache als auch Ergebnis des aufrechten Gangs war, der die Hände befreite und ihnen somit die Möglichkeit zur Herstellung immer ausgefeilterer Technologien eröffnete.[5] Mit zunehmender Komplexität von Technik und Gesellschaft wuchs die menschliche Abhängigkeit – und zwar nicht von der Richtung, die die biologische Evolution einschlug, sondern von dem Kurs, den die kulturelle Evolution nahm. Die menschliche Evolution steht derzeit an einem Scheideweg. Die zentrale Aufgabe der Menschheit besteht heute – aufs Wesentliche reduziert – darin, zwischenmenschliches Zusammenleben so zu organisieren, daß das Überleben der Art und die Entwicklung unserer einzigartigen Potentiale gewährleistet bleibt. Daß die Androkratie aufgrund der ihr innewohnenden Vorliebe für Zerstörungstechnologien, ihrer Abhängigkeit von Gewalt als Mittel zur Ausübung sozialer Kontrolle sowie aufgrund der chronischen Spannungen, die durch das ihr zugrundeliegende Beziehungsmodell des Herrschers und Beherrschtwerdens hervorgerufen werden, diese Voraussetzungen nicht erfüllen kann, haben wir in diesem Buch immer deutlicher gesehen. Wir wissen jetzt, daß eine gylanische oder partnerschaftlich orientierte Gesellschaft – symbolisiert durch den lebenerhaltenden Kelch, und nicht durch das todbringende Schwert – eine realistische Alternative darstellt. Die Frage ist nur: Wie schaffen wir den Übergang?

Ein neues Realitätsverständnis

Wissenschaftler wie Ilya Prigogine und Niles Eldredge sagen uns, daß bei Bifurkationen oder evolutionären Verzweigungen in chemischen und biologischen Systemen der Zufall eine große Rolle spielt.[6] Der Evolutionstheoretiker Erwin Laszlo hat indessen darauf hingewiesen, daß bei Bifurkationen in menschlichen Sozialsystemen auch dem Element der freien Wahl große Bedeutung zukommt. Menschen, so schreibt er, »haben die Fähigkeit, bewußt und kollektiv zu handeln«; sie können also mit Bedacht »ihren eigenen evolutionären Weg wählen«. Laszlo fügt hinzu, daß wir in »einer entscheidenden Epoche wie der gegenwärtigen die Wahl des nächsten Schrittes in der Evolution der menschlichen Gesellschaft und Kultur nicht dem Zufall überlassen dürfen. Wir müssen ihn zielbewußt und entschlossen planen.«[7] Der Biologe Jonas Salk meint, es komme jetzt vor allem darauf an, jenem wunderbaren Instrument, das uns mit dem menschlichen Geist zur Verfügung steht, die Gelegenheit zu verschaffen, sich eine bessere Welt auszudenken und sie dann auch zu verwirklichen.[8]

Auf den ersten Blick erscheint diese Aufgabe unlösbar. Wie wir jedoch gesehen haben, sind unsere Realitätsbegriffe und die Vorstellungen von dem, was möglich und wünschenswert ist, historisch gewachsen. Und der vielleicht beste Beweis dafür, daß unsere Ideen, Symbole, Mythen und Verhaltensweisen geändert werden können, besteht darin, daß solche Veränderungen in unserer Vorgeschichte tatsächlich stattgefunden haben.

Wir haben gesehen, daß in weiten Teilen der alten Welt das Bildnis der Frau verehrt und respektiert wurde und daß erst nach den androkratischen Eroberungen die Frau hauptsächlich als reines Sexobjekt dargestellt wurde, ausgeliefert den Besitzansprüchen und der Verfügungsgewalt der Männer. Wir sahen auch, wie sich nach jener entscheidenden Gabelung in unserer kulturellen Evolution die Bedeutung von Symbolen in ihr Gegenteil verkehrte; erinnert sei nur an den Baum der Erkenntnis und die Schlange, die in immer wiederkehrender Erneuerung ihre Haut abstreift. Was heute aufs engste mit der furchtbaren Strafe assoziiert wird, die dem Aufbegehren gegen Männerherrschaft und Autokratie folgte, galt vor – evolutionär gesehen – nicht allzu langer Zeit als Manifestation des menschlichen Durstes nach Befreiung durch tieferes und/oder mystisches Wissen.

Wir haben gesehen, daß die Bedeutung unserer wichtigsten Symbole nach der Einführung der androkratischen Herrschaft infolge diverser Phasen des gylanischen Wiedererstarkens und androkratischer Regressionen radikalen Änderungen unterworfen war. Ein geradezu schlagendes Beispiel hierfür ist das

Kreuz. Die ursprüngliche Bedeutung jener Kreuze, die in Statuetten der Göttin und andere religiöse Objekte aus vorgeschichtlicher Zeit eingeritzt wurden, scheint in der Identifikation der Göttin mit der Geburt und dem Wachstum pflanzlichen, tierischen und menschlichen Lebens gelegen zu haben. In den ägyptischen Hieroglyphen überlebte diese Bedeutung, denn das Kreuz steht dort für Leben und Lebendigsein und ist Bestandteil von Begriffen wie *Gesundheit* und *Zufriedenheit*.[9] Später dann, als das Pfählen zu einer weitverbreiteten Hinrichtungsmethode wurde – die Kunst der Assyrer, der Römer und anderer androkratischer Gesellschaften kennt zahlreiche Darstellungen –, wandelte sich das Kreuz zum Symbol des Todes. Noch später versuchten die eher gylanischen Anhänger Jesu, das Kreuz, an dem er gestorben war, erneut in ein Symbol der Wiedergeburt zu transformieren – in das Symbol einer sozialen Bewegung, deren Ziel es war, die Gleichheit der Menschen und so »weibliche« Konzepte wie Zärtlichkeit, Mitgefühl und Frieden zu predigen und vorzuleben.[10]

Noch heute, Jahrhunderte, nachdem auch diese Bewegung vom androkratisch-dominatorischen System vereinnahmt wurde, spielt die Interpretation alter Symbole und Mythen bei der Gestaltung unserer Gegenwart und unserer Zukunft eine wichtige Rolle. Zur gleichen Zeit, da einige unserer religiösen und politischen Führer uns weismachen wollen, ein nukleares Armageddon könne durchaus dem Willen Gottes entsprechen[11], wächst der Wunsch nach Leben, erleben wir eine immer stärker werdende, bislang beispiellose Bewegung mit dem Ziel, den alten Mythen und Symbolen ihre ursprüngliche gylanische Bedeutung zurückzugeben.[12]

So finden wir bei Künstlerinnen wie Imogene Cunningham und Judy Chicago erstmals in historischer Zeit Darstellungen des weiblichen Geschlechts, die auffallende Ähnlichkeiten mit dem Geburts-, Wiedergeburts- und Transformationssymbolismus des Paläolithikums, des Neolithikums und des minoischen Kreta aufweisen.[13] Ebenfalls zum erstenmal in geschichtlicher Zeit werden durch die ökologische Bewegung aus der Natur entlehnte Symbole wie Seehunde, Vögel, Delphine, grünende Wälder und Wiesen – in früherer Zeit Symbole der Einheit allen Lebens unter der Macht der Göttin – dazu herangezogen, von neuem das Bewußtsein in uns wachzurütteln, daß wir aufs engste mit unserer natürlichen Umwelt verbunden sind.[14]

Von vielen kaum bemerkt, hat eine neue Entwicklung eingesetzt: Der Gobelin unserer Mythen wird aufgetrennt, seine Fäden werden zu einem neuen, eher gylanischen Muster verwoben, in dem »männliche« Tugenden wie »die Unterwerfung der Natur« nicht länger idealisiert werden.[15] Was nach wie vor fehlt ist die »kritische Masse« neuer Symbole und Mythen, derer es dringend bedarf, sollen ihre Inhalte und Leitideen von einer ausreichenden Zahl von Menschen in die Wirklichkeit umgesetzt werden.

Von größter Bedeutung ist die Tatsache, daß immer mehr Männer und Frauen die Grundthese der androkratischen Gesellschaft, Männerherrschaft und Krieg als Ausdruck männlicher Gewalt seien unvermeidbar, in Frage stellen. Eine kulturvergleichende Untersuchung der Anthropologen Shirley und John McConahay zu dieser Frage ergab eine auffällige Korrelation zwischen den strengen sexuellen Klischees, die zur Aufrechterhaltung der Männerherrschaft nötig sind, und der Häufigkeit von Kriegen, Frauen- und Kindesmißhandlungen und Vergewaltigungen.[16] Wie in einem späteren Buch noch genauer auszuführen sein wird, finden solche Zusammenhänge Bestätigung in einer wachsenden Zahl von Untersuchungen, die von vornherein überhaupt nur deshalb in Angriff genommen wurden, weil inzwischen eine ganze Reihe von Forschern und Forscherinnen unterschiedlichster Fachrichtungen die vorherrschenden Realitätsmodelle in Zweifel zieht.[17] Da sie nun endlich *beiden* Hälften der Menschheit ihre Aufmerksamkeit schenkt, dringt die heutige Wissenschaft in Erkenntnisbereiche vor, die bislang völlig unbeachtet waren, und entdeckt somit neue Möglichkeiten für die Gestaltung der menschlichen Gesellschaft und die zukünftige Evolution unseres Bewußtseins.[18]

Aus der Perspektive der kulturellen Transformationstheorie

kann die vielbeschriebene moderne »Bewußtseinsrevolution« in der Tat als Transformation vom androkratischen zum gylanischen Bewußtsein angesehen werden.[19] Daß viele Männer und Frauen heutzutage zum erstenmal in historischer Zeit aktiv Front machen gegen destruktive Mythen wie den »mordenden Helden«, ist ein wichtiger Indikator für diesen Wandel.[20] Sie erkennen, was uns mit »Heldengeschichten« von Theseus bis Rambo und James Bond beigebracht werden soll, und fordern, Kindern beiderlei Geschlechts statt Eroberungslust und Herrschsucht Werte wie Fürsorglichkeit und Gemeinsinn nahezubringen.[21] In Schweden ist die allmähliche Abschaffung des Verkaufs von Kriegsspielzeug, das traditionell die Funktion erfüllte, Jungen jegliches Mitgefühl für die von ihnen verletzten Menschen auszutreiben und ihnen all die anderen Eigenschaften anzutrainieren, die zur Tötung von Artgenossen unerläßlich sind, bereits gesetzlich verankert.[22] Und überall auf diesem Planeten demonstrieren Millionen für den Frieden und legen damit in dramatischer Form Zeugnis ab für das wiederentdeckte Zusammengehörigkeitsgefühl der Menschheit.

Frauen und Männer in bislang ungekannter Zahl fordern überall auf der Welt das herkömmliche »Der-Mann-herrscht-die-Frau-wird-beherrscht«-Schema des menschlichen Zusammenlebens heraus – und legen damit Hand an die Fundamente der dominatorischen Weltanschauung.[23] Und zur selben Zeit, da die Vorstellung von einem »Krieg der Geschlechter« als unmittelbare Folge eben dieser Weltanschauung entlarvt wird, geht es auch dem daraus resultierenden »Feindbild«-Denken an den Kragen.[24] Vor allem aber wächst die Erkenntnis, daß die sich gegenwärtig entwickelnde höhere Einsicht in die Notwendigkeit einer globalen »Partnerschaft« untrennbar verknüpft ist mit einer grundlegenden Neubewertung und Veränderung des weiblichen und männlichen Rollenverhaltens.[25]

Die Psychologin Jean Baker Miller schreibt, daß in einer Gesellschaft, die so beschaffen ist wie die unsere, nur Frauen »darauf eingerichtet sind, Träger des Grundbedürfnisses nach menschlicher Gemeinschaft« zu sein[26], das heißt, ihrer Verbindung mit anderen einen höheren Wert beizumessen als sich selbst als Einzelperson. Im Gegensatz zu den Männern, die von ihrer Sozialisation her eher dazu neigen, eigene Ziele zu verfechten, führt die Sozialisation der Frauen dazu, daß sie sich primär für das Wohlergehen anderer verantwortlich fühlen, auch auf die Gefahr hin, daß dies zu Lasten des eigenen Wohlbefindens geht.[27]

Diese Zweiteilung der menschlichen Erfahrungen führt, wie Miller an zahlreichen Beispielen nachweist, zu psychischen Verformungen bei Frauen *und* Männern. Frauen neigen dazu, sich so sehr mit anderen zu identifizieren, daß der drohende Verlust oder Bruch einer Gemeinschaft mitunter »nicht nur als Verlust einer Beziehung empfunden wird, sondern als etwas, was dem totalen Verlust des eigenen Ich nahekommt«. Männer dagegen sehen in ihrem allgemein menschlichen Bedürfnis nach Gemeinschaft oft »ein Hindernis« oder »eine Gefahr«. Für sie ist der Dienst am Nächsten daher kein zentraler Punkt, sondern eher ein sekundärer Aspekt ihres Bildes von sich selbst, etwas, das ein Mann »sich erst wünschen oder leisten kann, wenn er die primären Erfordernisse des Mannseins längst erfüllt hat.«[28]

Geschlechterrollen und Realitätsvorstellungen wie diese sind, wie wir gesehen haben, fundamentale Bestandteile der androkratischen Gesellschaft. Laut Miller jedoch ist es »außerordentlich wichtig zu erkennen, daß der Drang nach Gemeinschaft, den Frauen in sich spüren, keineswegs falsch oder rückständig ist... Bisher hat die Einsicht gefehlt, daß in dieser psychischen Ausgangsposition das Potential für eine von Grund auf andere (und fortschrittlichere) Lebenseinstellung liegt – eine völlig andere jedenfalls als die, die von der herrschenden Kultur gefördert wird... (Diese Einstellung) öffnet der Wahrheit die Tür, daß für jeden Menschen – also für Männer und Frauen gleichermaßen – eine individuelle Entwicklung *nur* mittels Affiliation möglich ist.«[29]

Die neuen Realitätsvorstellungen, die sich Frauen und Männern bieten, führen auch zu neuen Modellen der menschlichen Psyche. Das ältere, Freudsche Modell sah den Menschen primär als ein von elementaren Trieben wie dem Bedürfnis nach Nahrung, Sex und Sicherheit geleitetes Wesen. Das neuere Modell, wie es von Abraham Maslow und anderen humanistischen Psychologen entwickelt wurde, akzeptiert diese elementaren »defensiven« Bedürfnisse durchaus, erkennt aber auch, daß Menschen im Gegensatz zu Tieren auch »Wachstums-« und »Verwirklichungsbedürfnisse« haben.[30]

Der Wandel von defensiven Bedürfnissen zu Verwirklichungsbedürfnissen ist ein wichtiger Schlüssel für die Transformation einer dominatorischen Gesellschaft in eine partnerschaftlich orientierte. Durch Gewalt oder Gewaltandrohung aufrechterhaltene Hierarchien erfordern defensive Bewußtseinsstrukturen. In einer Gesellschaft wie der unseren ist das erste Feindbild des Mannes seine menschliche Zwillingsschwester, die Frau, der die herrschende Mythologie nichts Geringeres zum Vorwurf macht als die Schuld an unserer Vertreibung aus dem Paradies. Und sämtliche zwischenmenschlichen Beziehungen werden, worauf schon Alfred Adler hingewiesen hat, sowohl für Frauen als auch für Männer vergiftet, wenn eine Hälfte der Menschheit der anderen rangmäßig übergeordnet ist.[31]

Aus Freuds Beobachtungen geht hervor, daß die androkratische Psyche in Wirklichkeit ein Bündel voller innerer Konflikte, Spannungen und Ängste ist.[32] Je weiter wir uns jedoch von der Androkratie entfernen und der Gylanie nähern, desto besser wird es einer zunehmenden Zahl von Menschen gelingen, ihre defensive Haltung aufzugeben und statt dessen an das Wachstum und die Erweiterung ihrer Fähigkeiten zu denken. Wie Maslow bei seinen Untersuchungen an sich selbst verwirklichenden und kreativen Menschen feststellte, werden wir im Laufe dieses Prozesses nicht etwa in noch schlimmere Selbstsucht und Egozentrik verfallen, sondern Schritt für Schritt einer neuen Realität näherkommen: dem »Gipfelerlebnis«-Bewußtsein, daß wir und unser Schicksal aufs engste mit allen anderen Menschen verbunden sind.[33]

Eine neue Wissenschaft und eine neue Spiritualität

Das Thema unseres Miteinanderverbundenseins – Jean Baker Miller spricht von »Affiliation«, Jessie Bernard vom »weiblichen Ethos aus Liebe/Pflicht«, während Jesus, Gandhi und andere geistliche Führer es ganz einfach Liebe nannten – beschäftigt mittlerweile auch die Wissenschaft. Die »neue Wissenschaft«, die sich gegenwärtig herausbildet und deren integrale Bestandteile unter anderem die »Chaos«-Theorie und die feministischen Forschungen sind, zeichnet sich vor allem dadurch aus, daß hier – erstmals in der Geschichte – das Augenmerk mehr auf Beziehungen denn auf Hierarchien gelegt sind.

Wie der Physiker Fritjof Capra schreibt, bedeutet dieser holistische Ansatz eine radikale Abwendung von dem hierarchischen, übermäßig aufgesplitterten und oftmals mechanistischen Denken, das bisher für die herkömmliche Wissenschaft des Westens charakteristisch war.[34] Dieser neue Ansatz ist in mehrfacher Hinsicht »weiblicher«; nicht umsonst heißt es, daß Frauen »intuitiv« denken, also eher aus der Gesamtheit gleichzeitiger Eindrücke zu Schlußfolgerungen kommen als durch schrittweise, »logische« Analyse.[35]

Salk schreibt von einer neuen Wissenschaft der Einfühlsamkeit, einer Wissenschaft, die sich sowohl der logischen Vernunft als auch der Intuition bedienen wird, »um eine Veränderung im kollektiven Bewußtsein zu erreichen, die ihrerseits einen konstruktiven Einfluß auf die Gestaltung der menschlichen Zukunft haben wird.«[36] Der neue Ansatz – den die Genetikerin und Nobelpreisträgerin von 1983, Barbara McClintock, bereits erfolgreich erprobte – sieht in der menschlichen Gesellschaft ein lebendiges System, dem jeder und jede von uns angehört.[37] Die neue Wissenschaft wird, wie Ashley Montagu es ausdrückt, auch in Einklang stehen mit der wahren und ursprünglichen Bedeutung des Wortes Ausbildung: dem »Heraus-bilden« und Fördern der dem Menschen innewohnenden Potentiale.[38] Vor allem aber wird sie, wie Hillary Rose in *Hand, Brain, and Heart: A Feminist Epistemology for the Natural Sciences* schreibt, nicht länger eine Wissenschaft sein, »deren Ziel es ist, die Natur oder die Menschheit als Teil der Natur zu beherrschen.«[39]

Evelyn Fox Keller, Carol Christ, Rita Arditti und andere Forscherinnen haben darauf hingewiesen, wie die Wissenschaft unter dem Deckmantel der »Objektivität« und der »Feld-Unabhängigkeit« die von der traditionellen Schule für überwiegend »weiblich« gehaltene Fürsorglichkeit und verwandte Eigenschaften als »unwissenschaftlich« und »subjektiv« abgetan hat.[40] Auf diese Weise schloß die Wissenschaft Frauen als Forscherinnen bislang generell aus und konzentrierte sich in ihren Untersuchungen fast ausnahmslos auf Männer. Außen vor blieb auch, was als »fürsorgliches Wissen« bezeichnet werden könnte: jenes Wissen, das wir, wie Salk schreibt, gerade jetzt dringend brauchen, um uns aus allen menschlichen Lebensformen jene herauszusuchen, die »mit der Evolution zusammenarbeiten, statt sich dem Überleben und der Evolution zu widersetzen«.[41]

Die neue Wissenschaft bringt uns auch einen wichtigen Schritt vorwärts auf dem Weg zur Überwindung der Kluft zwischen Wissenschaft und Spiritualität – einer Kluft, die auf eine Weltsicht zurückgeht, in der Einfühlungsvermögen weitgehend als Eigenschaft von Frauen und »verweiblichten Männern« abqualifiziert wurde. Außerdem beginnt die Forschung langsam einzusehen, daß wir uns nicht nur mit den künstlichen Konflikten zwischen Geisteswelt und Natur, zwischen Frau und Mann sowie zwischen unterschiedlichen Rassen, Religionen und ethnischen Gruppen befassen müssen, die allesamt durch die dominatorische Mentalität geschürt werden, sondern generell mit unserer Einstellung zu Konflikten und Konfliktlösungen.

Miller zufolge, deren Untersuchungen sich weniger auf die herkömmliche defensive Haltung als auf die Verwirklichungsproblematik konzentrieren, lautet die Frage *nicht*, wie wir Konflikte ein für allemal aus der Welt schaffen können. Ein solches Vorhaben wäre aussichtslos, denn wo immer Individuen mit unterschiedlichen Bedürfnissen, Wünschen und Interessen miteinander in Kontakt kommen, sind Konflikte unvermeidlich. Die Frage, ob es uns gelingt, unsere Welt von gewalttätigen Auseinandersetzungen zu befreien und statt dessen die friedliche Koexistenz durchzusetzen, ist vielmehr weitgehend davon abhängig, inwieweit wir es schaffen, die herkömmlich stets destruktiven Konflikte in produktive umzuwandeln.[42]

Miller führt aus, wie Einzelpersonen, Organisationen und Nationen als Ergebnis »produktiver Konflikte« gedeihen und sich verändern können. Wenn zwei Gruppen, die unterschiedliche Interessen und Ziele vertreten, miteinander Kontakt aufnehmen, sind beide Parteien gezwungen, die eigenen Anliegen und Vorgehensweisen ebenso zu überprüfen wie die der Gegenseite. Unter dem Strich bedeutet dies für beide Seiten produktiven Wandel statt unproduktiver Erstarrung. »Destruktive Konflikte« dagegen sind Konflikte, die von vornherein mit der für die Erhaltung dominatorischer Hierarchien erforderlichen Gewalt gleichgesetzt werden.

Unter dem vorherrschenden System, schreibt Miller, »werden Konflikte so dargestellt, als handele es sich *jedesmal* um einen Extremfall. In Wirklichkeit jedoch fehlt es an der Bereitschaft, die Notwendigkeit von Konflikten anzuerkennen und angemessene Formen für ihre Austragung zu finden, und darin liegt die eigentliche Gefahr. Diese extrem destruktive Form ist furchterregend – und im Grunde kein echter Konflikt mehr, sondern eher das Gegenteil: Sie zeigt, was dabei herauskommt, wenn versucht wird, alle Konflikte zu meiden und zu unterdrücken.«[43]

Obwohl der repressive, dominatorische Ansatz noch immer eindeutig überwiegt, gibt der Erfolg weniger brutaler, eher »weiblicher« oder »passiver« Methoden zur Konfliktbewältigung Anlaß zu konkreten Hoffnungen auf eine baldige Veränderung. Die neuen Methoden haben uralte Wurzeln. In geschichtlicher Zeit bedienten sich ihrer Sokrates und Jesus, in der Moderne finden sie ihre Verkörperung in Männern wie Ghandi und Martin Luther King jun. Die Androkratie behandelte sie alle gleich, indem sie sie zuerst ermordete und dann heilig sprach. Auf breiter Ebene waren es im übrigen hauptsächlich Frauen, die sich die alternativen Methoden zu eigen machten, etwa in ihrem gewaltlosen Kampf gegen ungerechte Gesetze im 19. und 20. Jahrhundert. Bei ihrem Einsatz für das Frauenwahlrecht und den freien Zugang zu Informationen über Familienplanung und Empfängnisverhütung ließen sie sich eher ins Gefängnis werfen oder brachten durch Hungerstreiks ihren Protest zum Ausdruck, als daß sie ihre Ziele mit Gewalt oder Androhung von Gewalt verfolgt hätten.[44]

Gewaltlose Konfliktstrategie als Mittel zur Durchsetzung gesellschaftlicher Veränderungen beschränkt sich nicht allein auf passiven oder gewaltlosen Widerstand. Die Weigerung, mit gewaltsamen und ungerechten Mitteln der Gewalt und der Ungerechtigkeit Vorschub zu leisten, erzeugt jene positive transformative Energie, die Gandhi einst *satyagraha* oder »die Kraft der Wahrheit« nannte. Ziel sei es, so meinte er, Konflikte *umzuwandeln* anstatt sie zu unterdrücken oder gewaltsam zum Ausbruch kommen zu lassen.[45]

Nicht minder entscheidende Bedeutung bei dem Versuch, den Strom der kulturellen Evolution umzuleiten, kommt der gegenwärtigen Diskussion um eine Neudefinition des Machtbegriffs zu. Über das momentan noch vorherrschende Machtverständnis schreibt Miller, daß das angebliche Bedürfnis, Kontrolle auszuüben und andere zu beherrschen, psychologisch gesehen nicht Funktion eines bestimmten Machtgefühls, sondern eher Ausdruck eines Gefühls der Ohnmacht ist. Miller, die zwischen »Macht *für* sich selbst und Macht *über* andere« unterscheidet, fährt fort: »Die Macht einer anderen Person oder einer Gruppe galt generell als gefährlich: Entweder man kontrollierte sie, oder man wurde von ihr kontrolliert. Für den Bereich der menschlichen Entwicklung taugt diese Formulierung freilich nicht. Ganz im Gegenteil: Im Grunde gilt die Regel, daß Individuen mit zunehmendem Entwicklungsniveau ihre Fähigkeiten ständig besser zu nutzen lernen und daß hierbei ihr Bedürfnis, die Freiräume anderer zu beschneiden, sinkt.«[46]

Ein zentrales Motiv der feministischen Literatur des zwanzigsten Jahrhunderts ist neben der Untersuchung existierender Machtstrukturen die Erforschung alternativer Machtbegriffe und alternativer Formen der Machtausübung, wobei Macht hier als Affiliation verstanden wird. Robin Morgan, Kate Millett, Elizabeth Janeway, Berit Aas, Peggy Antrobus, Marielouise Janssen-Jurreit, Tatyana Mamonova, Kathleen Barry, Devaki Jain, Caroline Bird, Birgit Brock-Utne, Diana Russell, Perdita Huston, Andrea Dworkin und Adrienne Rich – um nur einige zu nennen – haben sich mit diesem Thema auseinandergesetzt.[47] In Schlagworten wie *Sisterhood is powerful* auf einen Nenner gebracht, gewinnt dieser nicht-destruktive Machtbegriff durch Frauen, die ihren »angestammten« Platz verlassen und in die »Männerwelt« vordringen, immer mehr an Bedeutung. Macht in diesem Sinne beinhaltet im Gegensatz zum herkömmlichen Gewinn/Verlust-Verständnis psychologisch gesehen einen Doppelaspekt: Sie dient dem eigenen Fortkommen und der eigenen Entwicklung, *ohne* zwangsläufig die Entwicklung anderer hemmen zu müssen.

Visuell oder symbolisch gesehen, ist dies die Repräsentation der Macht als *verbindendes* Element. Seit undenklichen Zeiten war ihr Symbol der Kreis oder das Oval – das kosmische Ei oder der Große Kreis der Göttin –, nicht die scharfkantigen Linien der Pyramide, die die streng hierarchische Herrschaft von Männern, sei es als Götter, Staatslenker oder Familienoberhäupter, symbolisierten. Das Geheimnis der Transformation, das lange Zeit von der androkratischen Ideologie unterdrückt worden war und seinen Ausdruck im Kelchsymbol fand, galt in früheren Zeiten als das Bewußtsein unserer Einheit oder Verbindung untereinander und mit der Gesamtheit des Universums. Große Seher und Mystiker haben diese Vision weitergetragen und als die transformative Kraft dessen beschrieben, was die frühen Christen *agape* nannten – jene elementare Verbundenheit der Menschen untereinander, die in androkratisch-charakteristischer Verzerrung als »brüderliche« Liebe bezeichnet wird. In ihrem Kern ist sie jene Art selbstloser Liebe, wie sie eine Mutter ihren

Kindern entgegenbringt und wie sie ehedem ihre mystische Entsprechung in der göttlichen Liebe der Großen Mutter für ihre menschlichen Kinder fand.

Wenn wir heute also alte Fäden wiederaufnehmen und an die frühere spirituelle Tradition des mit einem partnerschaftlich orientierten Gesellschaftsmodell verbundenen Göttinnen-Kults anknüpfen, so ist dies weit mehr als die Wiederanerkennung der Würde und des Werts der einen Hälfte der Menschheit. Es ist auch mehr als nur eine tröstlichere und zuversichtlichere Vorstellung von den Mächten, die das Universum regieren. Hier bietet sich uns vielmehr ein positiver Ersatz für all die Mythen und Bilder, die so lange in eklatanter Verfälschung der elementarsten Prinzipien aller zwischenmenschlichen Beziehungen Mord, Totschlag und Ausbeutung höher achteten als Gebären und Nähren.

In den Anfangskapiteln dieses Buches haben wir gesehen, daß das zu Beginn unserer kulturellen Evolution in der Göttin verkörperte weibliche Prinzip nicht nur Abbild der Wiederauferstehung nach dem Tode oder der Regeneration des Lebens schlechthin war, sondern auch die Erleuchtung des menschlichen Bewußtseins durch göttliche Offenbarung symbolisierte. Der Psychoanalytiker und Jungianer Erich Neumann weist darauf hin, daß die Göttin in alten Mysterienkulten die Kraft der physischen Transformation »der Gottheit als dem rotierenden Rad des Lebens« in seiner »Geburt und Tod bringenden Totalität« repräsentierte. Die Göttin war aber auch das Symbol der spirituellen Transformation: »die Kraft der Mitte, die sich innerhalb dieses Kreises auf Bewußtsein und Erkenntnis, auf Transformation und Erleuchtung – die seit undenklichen Zeiten höchsten Ziele der Menschheit – zubewegt.«[48]

Eine neue Politik und ein neues Wirtschaftsverständnis

»Transformation« oder »Wandel« sind heute in aller Munde. Futurologen wie Alvin Toffler beschreiben große technologische Veränderungen, die sich, ausgehend von der »ersten (oder agrarischen) Welle«, über die »zweite (oder industrielle) Welle« bis in die gegenwärtige »dritte Welle« der postindustriellen Gesellschaft fortsetzen.[49] In der Tat hat es in historischer Zeit eine Fülle bedeutender technologischer Transformationen gegeben. Aus der Perspektive der kulturellen Transformationstheorie betrachtet, wird indes deutlich, daß Ereignisse, die oft als entscheidende kulturelle Wendepunkte angesehen werden – zum Beispiel der Umbruch von der klassischen Antike zur christlichen Epoche oder in jüngerer Zeit der Beginn des säkularen oder wissenschaftlichen Zeitalters –, lediglich Veränderungen innerhalb des androkratischen Systems waren: eine dominatorische Gesellschaft wurde durch eine andere abgelöst.

Es gab immer wieder andere »Bifurkationspunkte«, Zeiten gesellschaftlicher Unruhe, in denen eine grundlegende Systemtransformation möglich gewesen wäre und neue Fluktuationen oder gylanische Fluktuationsmuster auftauchten. Sie haben jedoch nie die entscheidende Schwelle überschritten, die den Übergang von der Androkratie zur Gylanie markiert. Ein einfacher Vergleich: Das androkratische System funktionierte bislang wie ein Gummiband. In Phasen gylanischer Renaissance – also z. B. zur Zeit Jesu – wurde das Band stark gedehnt, um dann jedesmal, wenn die Belastungsgrenze der Androkratie erreicht war, wieder zurückzuschnellen. Zum erstenmal in historischer Zeit stehen wir heute vor einer Situation, in der das Band vielleicht nicht zurückschnellt, sondern reißt – und unsere kulturelle Evolution endlich aus jenem Käfig ausbrechen kann, in dem sie, zu unser aller Schaden, jahrtausendelang gefangen war.

Welche politischen und ökonomischen Implikationen hätte

beim gegenwärtigen Stand der technischen Entwicklung der vollständige Übergang von einer dominatorischen zu einer partnerschaftlich orientierten Gesellschaft? Wir verfügen über Technologien, die in einer nicht mehr vom Schwert beherrschten Welt zu einer rasanten Beschleunigung unserer kulturellen Evolution beitragen könnten. Die Entwicklungskosten für eine Interkontinentalrakete sind, wie Ruth Sivard in ihrem jährlichen Bericht *World Military and Social Expenditures* ausführt, so hoch, daß dafür fünfzig Millionen Kinder ernährt, 160000 Schulen gebaut und 340000 Krankenhäuser eröffnet werden könnten. Für den Preis eines einzigen neuen atomgetriebenen Unterseeboots, das soviel kostet wie die jährlichen Ausgaben für Erziehung und Ausbildung von dreiundzwanzig Entwicklungsländern zusammengenommen, in denen es für 120 Millionen Kinder keine Schulen gibt und elf Millionen Babys vor ihrem ersten Geburtstag sterben, ließen sich Lebenschancen für Millionen Menschen schaffen, die derzeit zu einem Leben in Armut und Unwissenheit verdammt sind.[50]

Futurologen weisen in ihren Arbeiten immer wieder darauf hin, daß uns gesellschaftliche Richtlinien fehlen, übergeordnete Wertvorstellungen, die die Verwendung unserer Ressourcen – einschließlich unseres hochentwickelten technischen Wissens – höheren Zielen unterstellen.

Willis Harman, der am Stanford Research Institute eine Reihe bedeutender futurologischer Projekte geleitet hat, schreibt, daß gegenwärtig eine »Metamorphose der grundlegenden kulturellen Prämissen sowie aller Aspekte gesellschaftlicher Rollen und Institutionen« erforderlich und tatsächlich bereits in der Entwicklung begriffen sei. Er versteht darunter ein neues Bewußtsein, in dem Kooperation als Gegengewicht zur Konkurrenz und Liebe als Gegengewicht zum Individualismus fungiert. Es wird ein »kosmisches Bewußtsein«, eine Art »höheres Wissen« sein, das »Eigeninteresse mit den Interessen von Mitmenschen und denen zukünftiger Generationen verbindet«. Und es wird zu nichts weniger als einem fundamentalen Wandel von »wahrhaft« ehrfurchtgebietender Größe« führen.[51]

Auch der zweite Bericht des *Club of Rome* schlägt ähnliche Töne an. »Zur Vermeidung großer regionaler und letztlich globaler Katastrophen«, heißt es dort, müssen wir eine neue Weltordnung entwickeln, »die von einem rationalen Plan für langfristiges organisches Wachstum geleitet« und von »einem Geist aufrichtiger, in freier Partnerschaft gestalteter Kooperation zusammengehalten werden muß«.[52] Die neue globale Ethik, die diese Weltordnung beherrschen würde, würde zugleich auf einem geschärften Bewußtsein für und einer stärkeren Identifikation mit den lebenden und den zukünftigen Generationen basieren. Sie würde von uns verlangen, daß Kooperation statt Konfrontation und Harmonie mit der Natur anstelle ihrer Unterwerfung zu unseren normativen Idealen werden.[53]

Bei all diesen Szenarien fällt auf, daß Technologie und Ökonomie in den Überlegungen der Futurologen keine entscheidende Rolle spielen. Sie gehen statt dessen davon aus, daß menschliche Wertvorstellungen und gesellschaftliche Konstellationen für unseren Weg in die Zukunft maßgeblich sein werden. Mit anderen Worten: Unsere Zukunft wird primär durch jene Vorstellungen bestimmt, die wir Menschen uns von ihren Möglichkeiten, Potentialen und Implikationen machen. Der Futurologe John McHale drückt es so aus: »Unsere geistigen Konzepte sind ihr Arbeitsplan.«[54]

Besonders bemerkenswert ist, daß viele Futurologen bei unterschiedlicher Wortwahl in einem Punkt praktisch übereinstimmen: Wir müssen, so meinen sie, die harten, eroberungsorientierten Wertvorstellungen aufgeben, die traditionell mit Männlichkeit verbunden sind. Denn was ist die Forderung nach einem »Geist aufrichtiger globaler Kooperation in freier Partnerschaft«, nach »Liebe als Gegengewicht zum Individualismus« und nach dem normativen Ziel der »Harmonie mit der Natur anstelle ihrer Unterwerfung« anders als eine Wiederbesinnung auf ein »eher weibliches Ethos«? Und welchem Zweck könnten »drastische Veränderungen im Normenbereich« oder eine Metamorphose der grundlegenden kulturellen Prämissen sowie aller Aspekte gesellschaftlicher Rollen und Institutionen« dienen, wenn nicht der Abschaffung der dominatorischen Gesellschaft und ihre Ersetzung durch eine partnerschaftlich orientierte?

Der Wandel von der dominatorischen zur partnerschaftlichen Gesellschaft würde natürlich einhergehen mit einem Richtungswandel in der Technologie: Hochentwickelte Techniken dienten nicht mehr zur Vernichtung oder Unterwerfung anderer, sondern kämen lebenerhaltenden und lebensverbessernden Zwekken zugute. Verschwendung und übermäßiger Konsum, die Geißeln der Bedürftigen unserer Zeit, gingen allmählich zurück. Denn der Kern dieses in der westlichen Zivilisation weitverbreiteten Übels liegt nach Ansicht vieler Beobachter in der Tatsache, daß wir kulturell geradezu besessen sind von Raff- und Kaufgier, Bausucht und Verschwendung, kurzum: vom Streben nach *Dingen*, die uns als Ersatz dienen für befriedigende emotionale Beziehungen, welche uns die Erziehungsmethoden und Wertvorstellungen der Erwachsenen im bestehenden System versagt haben.[55]

Vor allem aber würde der Wandel von der Androkratie zur Gylanie der Politik der Beherrschung und der Ausbeutungsökonomie, die in unserer Welt bis heute Hand in Hand gehen, ein Ende bereiten. Denn wie schon John Stuart Mill vor über hundert Jahren in seinem Standardwerk *Principles of Political Economy* feststellte, richtet sich die Verteilung der wirtschaftlichen Ressourcen nicht nach irgendwelchen unerbittlichen ökonomischen Gesetzen, sondern nach politischen, das heißt menschlichen, Auswahlkriterien.[56]

Viele Menschen erkennen heutzutage, daß weder Kapitalismus noch Kommunismus in ihren gegenwärtigen Erscheinungsformen einen Ausweg bieten aus den wachsenden ökonomischen und politischen Problemen unserer Zeit. Erst wenn die Androkratie endgültig abgedankt hat, rückt ein politisch und wirtschaftlich gerechtes System in den Bereich des Möglichen. Westliche Länder wie die Vereinigten Staaten, wo Kandidaten für politische Ämter gleich listenweise von mächtigen Sonderinteressen finanziert werden, haben noch längst keine politische Demokratie erreicht. Und für Nationen wie die Sowjetunion, die von einer mächtigen, privilegierten und überwiegend männlichen Managerklasse regiert werden, ist selbst der Weg zur Wirtschaftsdemokratie noch weit.

Dominatorische Politik und Ausbeutungsökonomie sind in *allen* Androkratien durch eine »duale Wirtschaft« typisiert, in der die Frauen und ihre produktiven Tätigkeiten unbezahlt oder günstigenfalls unterbezahlt bleiben und somit systematisch ausgebeutet werden. Im UNO-Report *State of the World's Women 1985* heißt es, daß Frauen weltweit die Hälfte der Bevölkerung stellen, in Stunden umgerechnet zwei Drittel der auf der Erde anfallenden Arbeiten erledigen, ein Zehntel des Einkommens der Männer verdienen und nur ein Hundertstel von dem besitzen, was Männer ihr Eigentum nennen.[57] Darüber hinaus wird unbezahlte Frauenarbeit bei der Berechnung des Bruttosozialproduktes routinemäßig nicht berücksichtigt – obwohl Frauen in Afrika einen Großteil der Landarbeit erledigen und, global gesehen, unbezahlt mehr Leistungen im Gesundheitswesen erbringen als alle formalen Institutionen auf diesem Sektor zusammengenommen.[58]

In ihrem Buch *The Politics of the Solar Age* beschreibt Hazel Henderson eine positive ökonomische Zukunft, in der die Rollen von Mann und Frau von Grund auf anders verteilt und ausbalanciert sind.[59] Voraussetzung dafür ist unter anderem die Einsicht, daß unser »maskuliner« Militarismus »die energieintensivste entropische Aktivität des Menschen ist, da sie gespeicherte Energie direkt in Verschwendung und Zerstörung umwandelt, ohne dabei auch nur den geringsten Beitrag zur Erfüllung menschlicher Grundbedürfnisse zu leisten.« Auf die gegenwärtige Phase, die »durch den Niedergang des Patriarchats innerhalb der Systeme gekennzeichnet ist«, wird es nach Hendersons Voraussage keine ökonomische oder ökologische Wirklichkeit mehr geben, in der »maskulinisierte« Werte dominieren, »die noch heute aufs engste mit der männlichen Identität verbunden sind.«[60]

Der englische Autor James Robertson stellt in seinem Buch *The Sane Alternative* zwei Zukunftsszenarien einander gegenüber: Die »hyper-expansionistische« oder »HE«-Zukunft und eine »vernünftige, humane und ökologische« oder »SHE«-Zukunft.[61] Professor Joseph Huber nennt sein negatives ökonomisches Zukunftsbild »patriarchisch«, während in der positiven Version »die Geschlechter gesellschaftlich gleichgestellt sind. Männer und Frauen teilen sich den bezahlten Brotberuf, die Hausarbeit, die Erziehung der Kinder und andere soziale Aktivitäten.«[62]

Das zentrale Thema, das diese und andere wirtschaftliche Analysen eint, schlägt sich publizistisch bisher kaum nieder, obwohl es für unsere Zukunft richtungweisend ist. Gemeint ist hier, daß herkömmliche Wirtschaftssysteme, und zwar kapitalistische wie kommunistische gleichermaßen, auf einem Prinzip aufbauen, das wir in Anlehnung an die marxistische Terminologie als *Entfremdung von fürsorglicher Arbeit* bezeichnen könnten.[63] Eine volle Integration dieser Arbeit – das heißt, der Ernährung anderer, der Hilfsbereitschaft und der praktizierten Nächstenliebe – in das Wirtschaftsleben wird zu fundamentalen ökonomischen und politischen Veränderungen führen.[64] Und wenn die weibliche Hälfte der Menschheit und die in der Androkratie als »weiblich« bezeichneten Wert- und Zielvorstellungen voll in die gesellschaftspolitischen Richtlinien integriert werden, wird sich peu à peu auch ein politisch und ökonomisch gesundes und ausgeglichenes System herausbilden. Dann wird unsere Spezies Mensch, geeint in einer globalen Familie, wie sie die Visionen feministischer, friedensbewegter, ökologischer, humanitärer und ähnlicher Bewegungen ausmalen, endlich anfangen können, das reiche Potential ihrer eigenen Evolution zu erfahren und auszukosten.

Wandel

Die neue Welt der psychischen und gesellschaftlichen Wiedergeburt wird Veränderungen mit sich bringen, die wir uns heute noch gar nicht vorstellen, geschweige denn voraussagen können. Nachdem in der Vergangenheit die Hoffnungen auf gesellschaftliche Reformen ein ums andere Mal bitter enttäuscht wurden, stoßen positive Zukunftsvisionen verständlicherweise vielerorts auf Skepsis. Dennoch bleibt die Erkenntnis, daß Strukturveränderungen auch Funktionsveränderungen sind. Daß während des Wandels von der dominatorischen zur partnerschaftlich orientierten Gesellschaft unsere alten Denkstrukturen, unsere Gefühle und unser Handeln allmählich andere Formen annehmen werden, ist daher eine Binsenweisheit. Man kann in einem runden Zimmer nicht in der Ecke sitzen.

Die Fesseln der Androkratie haben den menschlichen Geist Jahrtausende hindurch gefangen gehalten. Unser Bewußtsein blieb blockiert, unsere Herzen waren gefühllos. Dennoch ist unser Streben nach Wahrheit, Schönheit und Gerechtigkeit niemals erloschen. Und mit der Befreiung unseres Bewußtseins, unserer Herzen und unserer Hände befreien wir auch unsere kreative Phantasie.

Die Metamorphose von der Raupe zum Schmetterling ist für mich ein besonders prägnantes Bild für den Wandel von der Androkratie zur Gylanie. Als Symbol jener Vision von einer Menschheit, die zu den höchsten für sie erreichbaren Zielen aufstrebt, erscheint es mir auch deshalb besonders passend, weil der Schmetterling ein uraltes Symbol der Regeneration ist und zugleich eine Epiphanie der transformativen Kräfte, die einst der Göttin zugesprochen wurden.

In zwei weiteren Büchern, *Breaking Free* und *Emergence*, werden wir uns eingehend mit diesem Wandel auseinandersetzen und einen konkreten Plan für die Umsetzung dieser Ideen in die gesellschaftliche Praxis vorlegen. Es wird keine Utopie sein (die ursprüngliche Bedeutung dieses Wortes im Griechischen ist

»kein Platz«), sondern eine *Pragmatopie,* ein realisierbares Szenario für eine partnerschaftlich orientierte Zukunft. Obwohl ich mir darüber im klaren bin, daß ich auf den wenigen noch verbleibenden Seiten auch nicht annähernd vorwegnehmen kann, was später in zwei Büchern gesagt werden soll, möchte ich dieses Kapitel mit einem kurzen Augenblick auf die Veränderungen beschließen, die uns nach meiner Überzeugung bevorstehen, wenn unsere lange Zeit blockierte kulturelle Evolution wieder Tritt gefaßt hat.[65]

Die wohl einschneidendste Veränderung in einer partnerschaftlich orientierten Welt wird darin bestehen, daß wir, unsere Kinder und Enkel endlich einmal wieder erfahren werden, was es bedeutet, ohne Angst vor einem Krieg zu leben. In einer Welt, die sich von der Zwangsvorstellung befreit hat, daß Männer zum Beweis ihrer »Männlichkeit« Herrschaft ausüben müssen, wird bei gleichzeitiger Hebung des gesellschaftlichen Status' der Frauen und der zunehmenden Bedeutung eher »weiblicher« sozialer Prioritäten die Gefahr der nuklearen Vernichtung allmählich abnehmen. Und mit wachsender sozialer und wirtschaftlicher Gleichberechtigung der Frauen werden sich die Geburtenraten langsam den verfügbaren Ressourcen anpassen, so daß die malthusianische »Notwendigkeit« von Hungersnöten, Seuchen und Kriegen immer mehr an Bedeutung verlieren wird.[66]

Verschmutzung, Ausbeutung und Zerstörung der Natur werden, da sie ihre Ursachen ebenfalls hauptsächlich in der Übervölkerung, der »Eroberung der Natur durch den Menschen« und in der Tatsache haben, daß ein schonender Umgang mit der Natur in Androkratie keine »maskuline« Priorität besitzt, in den Jahren des Umbruchs ebenfalls merklich zurückgehen. Das gleiche gilt für die daraus resultierenden Engpässe in der Energieversorgung und bei anderen Rohstoffen sowie für Gesundheitsprobleme durch chemische Verunreinigungen.[67]

Davon, daß Frauen nicht länger systematisch von Finanzhilfen, Landzuteilungen und Unterweisungen in modernen Techniken ausgeschlossen werden, profitiert die Entwicklungshilfe:

Pädagogische und technische Projekte sowie die Bemühungen zur Hebung des Lebensstandards in der Dritten Welt werden effektiver. Wirtschaftlicher Schlendrian und menschliches Leid, worunter heute noch Millionen Menschen in den Entwicklungsländern und anderswo zu leiden haben, nehmen ab. Ein System, in dem Frauen nicht mehr nur als Zucht- und Lasttiere behandelt werden, sondern freien Zugang zu medizinischer Versorgung, Bildung und Ausbildung genießen sowie politisch gleichberechtigt sind, kommt der gesamten Menschheit zugute.[68]

Während den hungernden Massen – unter ihnen vor allem Frauen und Kinder – durch vernünftigere Hilfsprogramme geholfen werden kann, wird mit der Zeit das allgemein geschärfte Bewußtsein für das, was uns mit unseren Artgenossen verbindet, die Überwindung der Kluft zwischen reichen und armen Nationen ermöglichen – ja, es ist nicht auszuschließen, daß Hunger und Armut durch die riesigen Geldbeträge und Arbeitsstunden, die heute noch der Entwicklung von Zerstörungstechnologien dienen, im neuen System freigesetzt werden für lebenerhaltende und – erleichternde Zwecke – und später einmal nur noch Erinnerungen an eine grausame androkratische Vergangenheit sein werden.[69]

Positive Auswirkungen auf das Leben innerhalb der Gemeinden und Familien sind zu erwarten, wenn Mißtrauen und gegenseitige Beschuldigungen, wie sie heute in hohem Maße die Beziehungen zwischen Mann und Frau belasten, langsam durch mehr Offenheit und Vertrauen ersetzt werden. Ebenso ist mit positiven Veränderungen in der Politik zu rechnen, sowohl im nationalen wie im internationalen Rahmen. Die Probleme – von Geisteskrankheiten, Selbstmorden, Scheidungen, Frauen- und Kindesmißhandlungen, Vandalismus und Mord bis hin zum internationalen Terrorismus –, die uns täglich in der einen oder anderen Form heimsuchen, werden allmählich abnehmen. Wie im zweiten Buch unserer Untersuchung näher auszuführen sein wird, ist heute wissenschaftlich erwiesen, daß solche Probleme ihre Ursache größtenteils in enormen zwischenmenschlichen

Spannungen haben, die jeder männerbeherrschten Sozialordnung innewohnen und die ihrerseits Ergebnis einer dominatorischen, weitgehend auf Zwang und Gewalt beruhenden Kindererziehung sind. Gleichberechtigte und ausgeglichene Beziehungen zwischen Frauen und Männern im Verbund mit einer Erziehung, die bei Jungen und Mädchen gleichermaßen sanftere, menschlichere und fürsorglichere Verhaltensweisen fördert, erlauben daher die realistische Hoffnung auf grundlegende psychische Veränderungen, die das Tempo der Transformation in relativ kurzer Zeit exponentiell beschleunigen werden.

In der Welt der Zukunft, in der Frauen und Männer in gleichberechtigter Partnerschaft leben, wird es selbstverständlich nach wie vor Familien, Schulen, Regierungen und andere gesellschaftliche Institutionen geben. Die sozialen Strukturen der Zukunft werden allerdings – dies zeigen bereits existierende Vorformen wie die egalitäre Familie und verschiedene Alternativ-Netzwerke – nicht mehr auf unterschiedlichen Rangordnungen, sondern auf Konsens beruhen. Sie werden keine hierarchisch aufgebauten Pyramiden mehr sein, denen die einzelnen sich anzupassen haben, sondern Heterarchien mit variablen, flexiblen Entscheidungsprozessen und Handlungsvorgaben. Infolgedessen wird die weibliche und männliche Rollenfixierung stark aufgeweicht, wodurch sich der Menschheit insgesamt optimale Entfaltungsmöglichkeiten bieten werden.[70]

Zahlreiche neue Institutionen werden – in konsequenter Fortsetzung sich gegenwärtig bereits abzeichnender Tendenzen – nationale Grenzen überschreiten und sich über die ganze Erde ausbreiten. Je stärker das Bewußtsein, daß wir alle in einem Boot sitzen und Teil unserer natürlichen Umwelt sind, von den Menschen Besitz ergreift, desto eher können wir damit rechnen, daß der alte Nationalstaat als eine überwiegend mit sich selbst beschäftigte politische Einheit verschwindet. Anstelle von mehr Gleichmacherei und Konformität, die der dominatorisch geprägte Geist erwarten mag, werden Individualität und Vielfalt aufblühen. Auf zahlreichen Gebieten wird es zur Bildung kleinerer, miteinander vernetzter gesellschaftlicher Einheiten kommen, die sich mit so unterschiedlichen Aufgaben wie beispielsweise der kooperativen Kultivierung und Nutzung der Ozeane, der Erforschung des Weltraums sowie der Verbreitung und Förderung der Kunst und künstlerischer Bildung befassen.[71] Viele andere globale Unternehmungen, deren gemeinsames Ziel eine gerechtere und effizientere Nutzung natürlicher Ressourcen und menschlicher Fähigkeiten sein wird, lassen sich gegenwärtig allenfalls andeutungsweise erkennen; das gleiche gilt für Innovationen auf materiellem und sozialem Gebiet.

Die weltweite Einführung eines partnerschaftlich orientierten Systems wird auch zahlreiche technologische Fortschritte mit sich bringen. Bereits existierende Techniken werden den Anforderungen der neuen Gesellschaft angepaßt werden. So ist, wie Schumacher und andere vorausgesagt haben, im handwerklichen Bereich mit besseren, arbeitsintensiveren Techniken zu rechnen – unter anderem infolge eines wiederzuentdeckenden Stolzes auf kreative, individuelle Leistungen etwa in der Webkunst, der Töpferei und im Schreinerhandwerk, aber auch in anderen angewandten Künsten. Eine Rückkehr zu arbeitsintensiven Techniken auf *allen* Gebieten ist damit freilich nicht gemeint, denn zu den Zielen der neuen Gesellschaft gehört auch die Befreiung der Menschheit von insektenhafter Plackerei. Mechanisierung und Automatisierung werden eine zunehmend bedeutendere Rolle spielen; sie ersparen uns Zeit und Energie, die wir auf die Entwicklung und Umsetzung unserer schöpferischen Möglichkeiten verwenden können. Und sowohl klein- als auch großtechnische Produktionsmethoden werden in einer Weise zum Einsatz kommen, die die aktive Beteiligung der Arbeiter und Arbeiterinnen nicht nur begünstigt, sondern geradezu voraussetzt – ganz im Gegensatz zu den Verhältnissen in einem dominatorischen System, das den Arbeiter zur Maschine oder zum Automaten macht.

Die Entwicklung sicherer und verläßlicherer Empfängnisverhütungsmittel wird höchste Priorität genießen. Auch wird sich die neue Gesellschaft viel intensiver als je zuvor mit der Erforschung des Alterungsprozesses und seiner Verlangsamung beschäftigen, wobei unter anderem dem bereits heute praktizierten Austausch verbrauchter oder funktionsunfähiger Körperteile, aber auch Methoden zur Regeneration der Zellen besonderes Augenmerk geschenkt wird. Zu rechnen ist auch mit einer Perfektionierung der Techniken zur Schaffung künstlichen Lebens im Labor. Hier werden jedoch Frauen und Männer gemeinsam dafür Sorge tragen, daß die Technik nicht die natürliche Mutterschaft verdrängt oder die Frauen zu lebenden Brutkästen für künstlich entwickelte Zellen umfunktioniert werden. Ferner sollen alle neuen Entwicklungen auf diesem Gebiet der Ausschöpfung und Verwirklichung der menschlichen Fähigkeiten und Talente unterstellt werden.[72]

Da Zerstörungstechnologien bei weitem keinen so großen Teil unserer natürlichen und persönlichen Ressourcen mehr verschlingen würden wie heute, ließen sich auf ökonomischem Gebiet Projekte realisieren, von denen bisher noch niemand zu träumen wagte. Sie werden zu einer wirtschaftlichen Blüte führen, wie sie unsere gylanische Vorzeit bereits vorwegnahm. Es käme nicht nur zu einer gerechteren Verteilung des materiellen Wohlstands, sondern auch zu einer Wirtschaftsordnung, in der das planlose Anhäufen von immer mehr Geld und Besitz nicht mehr als Schutz gegen andere und als Mittel zu deren Beherrschung angesehen würde, sondern als das, was es ist: eine krankhafte oder abartige Erscheinung.

Der wirtschaftliche Umbruch wird verschiedene Stadien durchlaufen: Zunächst wird sich – Anzeichen dafür gibt es bereits – eine Art Mischwirtschaft herausbilden, die jeweils die besten Elemente von Kapitalismus und Kommunismus in sich vereint. Außerdem wird es zu einer Form des Anarchismus im Sinne einer Vielzahl dezentralisierter kooperativer Produktionseinheiten kommen.[73] Die sozialistische Auffassung, daß der Mensch nicht nur politische, sondern auch ökonomische Grundrechte hat, wird in einer gylanischen Wirtschaftsordnung zweifellos eine zentrale Rolle spielen; die Sorge um die Mitmenschen, nicht ihre Ausbeutung ist das Hauptanliegen. Mit zunehmender Veränderung der dominatorischen Gesellschaft wird darüber hinaus wirtschaftlichen Innovationen aller Art Tür und Tor geöffnet.

Herzstück der neuen ökonomischen Ordnung wird die Abschaffung der »dualen Wirtschaft« sein, in der, wie Henderson nachweist, der männerbeherrschte, mit Geld, Status und Macht bezahlte Sektor der Volkswirtschaft in seiner industriellen Ausprägung »die sozialen und ökologischen Systeme auffrißt«. Das Versagen dieser Ordnung ist schon heute offenkundig. Es steht zu erwarten, daß die nicht-monetarisierte »informale« Ökonomie – Produktions- und Wartungstätigkeiten im Haushalt, Elternschaft, ehrenamtliche Aufgaben im Gemeindebereich und all die anderen kooperativen Tätigkeiten, die es zur Zeit noch den »überbezahlten Aktivitäten der Konkurrenzwirtschaft« ermöglichen, »erfolgreich zu erscheinen« – endlich in ihrer Bedeutung erkannt, anerkannt und entsprechend entlohnt werden.[74] Dadurch würde die zur Zeit noch fehlende Basis für ein Wirtschaftssystem geschaffen, in dem das Eintreten für den Mitmenschen nicht mehr nur Lippenbekenntnis, sondern die höchstbezahlte und damit höchstgeschätzte menschliche Tätigkeit wäre.

Sexuelle Verstümmelungen und all die anderen mehr oder weniger brutalen Formen der Mißhandlung, mit denen die Androkratie die Frauen »in ihre Schranken verweist«, werden nicht länger als geheiligte Traditionen gelten, sondern als Verbrechen und unausweichliche Folge einer unmenschlichen Einstellung der Männer gegenüber der Frau.[75] Männliche Gewalt, Zeichen einer nicht minder unmenschlichen Einstellung der Männer gegenüber ihren eigenen Geschlechtsgenossen, wird nicht länger durch Heldenkult und Heldensagen verklärt, und die sogenannten »Männertugenden« wie Herrschsucht und Eroberungsgier werden endlich als grausame und barbarische Verirrungen einer Spezies entlarvt, die sich an der eigenen Art vergreift.

Die gylanische Gesellschaft entdeckt die durch den Kelch symbolisierten, transformativen Mysterien neu und zelebriert sie auf ihre Weise. Neue Mythen erwecken in uns jenes verlorengegangene Gefühl der Dankbarkeit und Lebensfreude, das uns aus der neolithischen und minoisch-kretischen Kunst vertraut ist. Die neue Mythologie knüpft an die verlorenen Fäden einer unbelasteten seelischen Vergangenheit an, einer Zeit, bevor Kriege, hierarchisches Denken und Männerherrschaft zur verbindlichen Norm erhoben wurden. Sie wird uns jedoch nicht zurückwerfen auf den psychischen Zustand unserer Vorfahren in der technologischen Kindheit unserer Art – im Gegenteil: Durch die Verschmelzung der Mythen und Symbole unseres gylanischen Erbes mit den fortgeschrittensten Ideen unserer Zeit gelingt uns ein entscheidender Schritt vorwärts auf dem Weg zu einer »rationaleren« Welt im ureigensten Sinne des Wortes: einer Welt, die beseelt und geleitet wird von dem Bewußtsein, daß wir Menschen ökologisch und sozial aufeinander angewiesen und untrennbar mit unserer natürlichen Umwelt verbunden sind.

So wie wir das Leben feiern, werden wir die Liebe schätzen und in Ehren halten, natürlich auch die sexuelle Liebe zwischen Mann und Frau. Sexuelle Bindungen, die wir heute als Ehen oder eheähnliche Gemeinschaften bezeichnen, wird es höchstwahrscheinlich auch in Zukunft geben; sie werden jedoch in Kameradschaft, sexueller Lust und Liebe ihre Erfüllung suchen. Das Kinderkriegen wird nicht länger mit der Weitergabe männlicher Nachnamen und Eigentumsübertragungen verbunden sein, und neben den heterosexuellen Paaren werden auch andere auf gegenseitiger Zuneigung beruhende Lebensgemeinschaften volle Anerkennung finden.[76]

Alle gesellschaftlichen Institutionen – also keinesfalls nur die, die sich speziell der Sozialisation der Kinder widmen – werden das gemeinsame Ziel haben, dem großen menschlichen Potential, das in jedem von uns steckt, die denkbar besten Entfaltungsmöglichkeiten zu bieten. Eine solche Zielsetzung ist allerdings nur in einer Welt möglich, in der anstelle der Quantität die Qualität des menschlichen Lebens Priorität genießt. Kinder wird es daher, wie von Margaret Mead vorausgesagt, weniger geben als heute, aber sie werden so geachtet sein wie nie zuvor.[77]

Frauen und Männer werden den prägenden Jahren der Kindheit besondere Aufmerksamkeit widmen, und nicht nur die biologischen Eltern, sondern eine Vielzahl anderer Erwachsener übernehmen in den verschiedensten Bereichen Verantwortung für das Kind, das nun als wertvollstes Produkt der Gemeinschaft gilt. Vernünftige Ernährung sowie ein physisches und mentales Training, das hochentwickelte Formen von Yoga und Meditation einschließt, gelten als unabdingbare Grundvoraussetzungen einer gesunden geistigen und körperlichen Entwicklung. Erziehung und Ausbildung haben die Aufgabe, das Lernen als einen erst mit dem Tode endenden Prozeß zur Erlangung größtmöglicher Flexibilität und Kreativität in allen Lebensphasen begreifbar zu machen, anstatt das Kind auf Anpassung und die Übernahme einer bestimmten Rolle in einer hierarchisch gegliederten Welt zurechtzutrimmen.

In jener Welt, in der die Verwirklichung unserer höchsten evolutionären Potentiale – das heißt einer durch Erkenntnis und Wissen gewonnenen Freiheit – gesellschaftspolitisches Hauptanliegen ist, wird sich die Wissenschaft primär mit der Verhütung persönlich und gesellschaftlich bedingter Krankheiten befassen, seien sie nun körperlicher oder seelischer Art. Darüber hinaus werden die bis heute unerschlossenen Kräfte unseres Bewußtseins in zunehmendem Maße erkannt, gefördert und zum Gegenstand intensiver wissenschaftlicher Untersuchungen werden. Von den mentalen und physischen Möglichkeiten, mit deren Entdeckung und Weiterentwicklung dann zu rechnen ist, kann man heute nur träumen.[78]

Vor allem aber werden in der gylanischen Welt dem kindlichen Bewußtsein keine Fesseln mehr angelegt. Es wird keine Mythen mehr geben, die vor der abgrundtiefen Bosheit und Perversion des Menschen warnen und somit den Mädchen und Jungen systematische Beschränkungen auferlegen und Ängste anerziehen. »Helden«epen, in denen Männergewalt verherrlicht wird, und Märchen von Kindern, die sich in schauerlichen Wäldern verlaufen, in denen Frauen bösartige Hexen sind, gehören in der gylanischen Welt endgültig der Vergangenheit an.

In den neuen Mythen und Märchen kommen nur gute Menschen vor, die Männer sind friedfertig und das herrschende Prinzip ist die durch den heiligen Kelch symbolisierte Kraft der Kreativität und Liebe. In der gylanischen Welt werden unser Streben nach Gerechtigkeit, Gleichberechtigung und Frieden, unser Wissensdurst, unser Wunsch nach spiritueller Erleuchtung und unsere Sehnsucht nach Liebe und Schönheit endlich befreit sein, so daß Frauen und Männer nach der langen blutigen Irrfahrt durch die androkratische Geschichte endlich imstande sind herauszufinden, was es heißt, ein Mensch zu sein.

Anmerkungen

Einführung: Die Zukunft der Großen Göttin (S. 14)

1 Vgl. z. B. Fritjof Capra, *The Turning Point: Science, Society, and the Rising Culture,* New York 1982; Marilyn Ferguson, *The Aquarian Conspiracy: Personal and Social Transformation in the 1980s,* Los Angeles 1980; George Leonard, *The Transformation: A Guide to the Inevitable Changes in Humankind,* New York 1972.

2 Spyridon Marinatos publizierte als erster die These, daß die minoische Zivilisation von Erdbeben und Gezeitenwellen zerstört worden sei: *The Volcanic Destruction of Minoan Crete* in: *Antiquity* 13, 1939, S. 425–439. Mittlerweile wird allgemein davon ausgegangen, daß die von Naturkatastrophen geschwächte, aber nicht vollends zerstörte Insel für achäische (mykenische) Eroberer eine leichte Beute war. Es gibt keinen Beleg dafür, daß eine großangelegte bewaffnete Invasion stattgefunden hat.

3 James Mellaart, *The Neolithic of the Near East,* New York 1975.

4 P. Steven Sangren, *Female Gender in Chinese Religious Symbols: Kuan Yin, Ma Tsu, and the »Eternal Mother«* in: *Signs:* 9, Herbst 1983, S. 6.

5 Im Zusammenhang mit dem Herrschaftsmodell muß klar unterschieden werden zwischen Herrschafts- und Funktionshierarchien *(actualization hierarchies).* Der Begriff Herrschaftshierarchien beschreibt Hierarchien, deren Grundlage die Gewalt oder die ausdrückliche und/oder unterschwellige Androhung von Gewalt sind. Beides ist typisch für die menschliche Rangordnung in von Männern dominierten Gesellschaften. Hierarchien dieser Art sind scharf zu trennen von Hierarchien, wie sie in Progressionen von niederen zu höheren Funktionsstufen gefunden werden – also etwa bei der Progression von Zellen zu lebenden Or-

ganismen. Diese Art von Hierarchie mag am besten mit dem Terminus *Funktionshierarchie* umschrieben werden, da ihre Aufgabe darin besteht, die Potentiale des betreffenden Organismus zu maximieren. Im Gegensatz dazu – wie soziologische und psychologische Forschungsarbeiten belegen – hemmen menschliche Hierarchien, die auf Gewalt oder der Androhung von Gewalt basieren, nicht nur jede individuelle Kreativität, sondern schaffen auch soziale Systeme, in denen die niedrigsten menschlichen Eigenschaften gefördert, alle höheren humanitären Ziele dagegen (Züge wie Mitgefühl und Einfühlungsvermögen sowie die Suche nach Wahrheit und Gerechtigkeit) systematisch unterdrückt werden.

6 Eine faszinierende Analyse über die Transformation der aztekischen Kultur in eine rigide Männer- und Gewaltherrschaft findet sich bei June Nash, *The Aztecs and the Ideology of Male Dominance,* in: *Signs* 4, Winter 1978, S. 349–362. Wie im Text beschrieben, beziehen sich einige der ältesten Mythen vieler Kulturen auf eine friedlichere und gerechtere Zeit, in der Frauen einen hohen Status innehatten. Das chinesische Tao-te-ching beispielsweise nimmt, wie R. B. Blakney schreibt, Bezug auf eine Zeit vor der Einführung der Männerherrschaft (vgl. dazu z. B. R. B. Blakney, Hg. und Übs., *The Way of Life: Tao Te Ching,* New York 1955). Gleichermaßen berichtet auch Joseph Needham von der taoistischen Doktrin der »regressiven Evolution« (dem kulturellen Rückschritt im Gegensatz zu früheren, zivilisierteren Zeiten). Er schreibt, daß einige der Kernsätze der frühen taoistischen Periode über die »Große Gemeinsamkeit« oder *Ta Chung* im aus dem zweiten Jahrhundert v. u. Z. stammenden *Hua Nan Tsu* und dem späteren, konfuzianischen *Li Chi* vorkommen (Joseph Needham, *Time and Knowledge in China and the West,* in: Julius T. Fraser, Hg., *The Voices of Time,* New York 1966).

7 Marija Gimbutas, *The First Wave of Eurasian Steppe Pastoralists into Copper Age Europe,* in: *The Journal of Indo-European Studies* 5, Winter 1977, S. 281.

8 Zu menschlichem Verhalten, das nicht genetisch vorprogrammiert, sondern das Produkt einer komplexen Interaktion zwischen biologischen und sozialen/umweltbedingten Faktoren ist, vgl. auch R. A. Hinde, *Biological Bases of Human Social Behavior,* New York 1974; Ruth Hubbard und Marian Lowe, Hg., *Genes and Gender II,* New York 1979; Helen Lambert, *Biology and Equality: A Perspective on Sex Differences,* in: *Signs* 4, Herbst 1978, S. 97–117; Riane Eisler und Vilmos Csanyi, *Human Biology and Social Structure* (noch in Arbeit); Ethel Tobach und Betty Rosoff, Hg., *Genes and Gender I,* New York 1978; Ruth Bleier, *Science and Gender,* Elmsford (New York) 1984; Ashton Barfield, *Biological Influences on Sex Differences in Behavior,* in: M. Teitelbaum, Hg., *Sex Differences: Social and Biological Perspectives,* New York 1976; Linda Marie Fedigan, *Primate Paradigms: Sex Roles and Social Bonds,* Montreal 1982; R. C. Lewontin, Steven Rose und Leon

Kamin, *Not in Our Genes,* New York 1984. Eine ausgezeichnete Übersicht über aggressives Verhalten (und gleichzeitig eine sehr wirkungsvolle Widerlegung der modischen soziobiologischen Wiedererweckung des Sozialdarwinismus aus dem neunzehnten Jahrhundert) findet sich bei Ashley Montagu, *The Nature of Human Aggression,* New York 1976.
Selbst die Frage der Instinkte von Tieren ist nicht so klar umrissen, wie einst geglaubt wurde. So weisen z. B. neuere Forschungen nach, daß sogar bei Vögeln Training und Erfahrung erforderlich sind, um eine Anlage zur Fähigkeit werden zu lassen. Vgl. dazu Gilbert Gottlieb, *Development of Species Identification in Birds: An Inquiry into the Determinants of Prenatal Perception,* Chicago 1971; Daniel Lehrman, *A Critique of Konrad Lorenz's Theory of Instinctive Behavior,* in *Quarterly Review of Biology* 28, 1953, S. 337–363; John Crook, Hg. *Social Behavior in Birds and Mammals,* New York 1970; Peter Klopfer, *On Behavior: Instinct Is a Cheshire Cat,* Philadelphia 1973.

9 Diese System-Konfigurationen werden in einem zweiten Buch genauer untersucht (Riane Eisler und David Loye, *Breaking Free,* noch in Arbeit). Vgl. außerdem Riane Eisler und David Loye, *Peace and Feminist Thought: New Directions,* in: *The World Encyclopedia of Peace,* London 1986; Riane Eisler, *Violence and Male Dominance: The Ticking Bomb,* in: *Humanities in Society* 7, Winter—Frühjahr 1984, S. 3–18; Riane Eisler und David Loye, *The Failure of Liberalism; A Reassessment of Ideology from a New Feminine-Masculine Perspective,* in: *Political Psychology* 4, 1983, S. 375–391.

10 Vgl. Anm. 9. Detailliertere anthropologische Materialien finden sich z. B. in: Colin Turnbull, *The Forest People: A Study of the Pygmies of the Congo,* New York 1961; Pat Draper, *!Kung Women: Contrasts in Sexual Egalitarianism in Foraging and Sedentary Contexts,* in: Raya Reiter, Hg., *Toward an Anthropology of Women,* New York 1975. Vgl. auch Richard Leakey und Roger Lewin, *People of the Lake,* New York 1978. Es sei außerdem darauf hingewiesen, daß im hier vorliegenden Buch das Wort *gleichberechtigt* anstelle des konventionelleren *gleich* verwendet wird. Der Grund ist darin zu suchen, daß in der Vergangenheit mit *gleich* lediglich die Gleichheit zwischen Männern und Männern beschrieben wurde (wie die Werke von Locke, Rousseau und anderen Philosophen über die Menschenrechte – sprich: Rechte der Männer – ebenso belegen wie die moderne Geschichtsschreibung). *Gleichberechtigt* hingegen beschreibt soziale Relationen in einer partnerschaftlich strukturierten Gesellschaft, in der Frauen und Männern (und »männlich« und »weiblich«) der gleiche Wert zugesichert wird. Dies ist auch der Grund, weshalb das Wort gleichberechtigt immer häufiger von Feministinnen verwendet wird.

11 Vgl. Riane Eisler, *The Blade and the Chalice: Technology at the Turning Point,* Vortrag vor der General Assembly der World Futures Society, Washington, D. C., 1984; Riane Eisler, *Cultural Evolution: Social Shifts and Phase*

Changes, in: Ervin Laszlo, Hg., *The New Evolutionary Paradigm,* Boston 1987; Riane Eisler, *Women, Men, and the Evolution of Social Structure,* in: *World Futures* 23, Frühjahr 1987.

12 Vgl. z. B. Alfred Marrow, *The Practical Theorist,* New York 1969; Chris Argyris, *Action Science,* San Francisco 1985.

13 Dieser Ansatz zur kulturellen Evolution gründet auf der Annahme, daß, wie im neunzehnten Jahrhundert von Männern wie Auguste Comte und Lewis Henry Morgan formuliert, die Gesellschaft in einer vorgegebenen Folge eine feststehende, begrenzte Anzahl von Entwicklungsstadien durchlaufen muß. Morgan nannte diese Stadien Wildheit, Barbarentum und Zivilisation, und diese Art evolutionärer Progression wurde später auch von Marx und Engels übernommen (vgl. dazu z. B. Friedrich Engels, *Der Ursprung der Familie, des Privateigentums und des Staates,* Hottingen-Zürich 1884). Herbert Spencer sah eine soziale Progression von kleinen zu großen Gruppen, vom Homogenen zum Heterogenen (*The Study of Sociology,* New York 1873, S. 471). Siehe auch Emile Durkheim, *The Division of Labor in Society,* Glencoe 1933; ein einflußreiches Werk, das eine Zwei-Stadien-Evolution der Gesellschaft postulierte, die sich von einer kleinen und wenig spezialisierten zu einer größeren und höher spezialisierten Gesellschaft fortentwickelt, ein Schema, das den von dem deutschen Soziologen Ferdinand Tönnies schon früher vorgeschlagenen Stadien in *Gemeinschaft und Gesellschaft* ([8]1935) in etwa entspricht. Eine interessante Variation dieses Ansatzes bieten die sogenannten Zyklen-Theorien der sozialen Evolution, wie zum Beispiel Pitirim Sorokins Theorie von den »Ideenbildungs-«, »sinnlichen Wahrnehmungs-« und »idealistischen« Phasen der Kultur. In diesen Theorien mögen sich die Stadien zwar immer aufs neue wiederholen, doch jeder Zyklus folgt unveränderlich dem vorangegangenen in vorgegebener Abfolge. (Pitirim Sorokin, *Social and Cultural Dynamics,* Boston 1957).

14 Die vermutlich bekannteste jüngere Arbeit über die technologischen Stadien der Evolution ist Alvin Tofflers *The Third Wave,* New York 1980. Eine ganze Reihe von Anthropologen – wie Leslie White und William Ogburn – gründen ihre Theorien ebenfalls auf einer technologische Stadien durchlaufenden sozialen Evolution, wenngleich sie nicht behaupten, daß jede Gesellschaft sie alle durchlaufe (siehe dazu Leslie White, *The Science of Culture,* New York 1949; William Ogburn, *Social Change with Respect to Culture and Original Nature,* New York 1950; Bela Banathy *System Inquiring and the Science of Complexity: Conceptual Bases* in: *ISI Monograph* 84-2, Far West Laboratory, San Francisco 1984).

15 Diese Rückschritte währten mehrere hundert Jahre lang. Das griechische »Dunkle Zeitalter« dauerte über dreihundert Jahre, von ca. 1100 bis 800 v. u. Z., das Mittelalter in Europa beinahe ein ganzes Jahrtausend.

16 Vgl. z. B. Ilya Prigogine und Isabelle Stengers, *Order Out of Chaos,* New

York 1984; Ralph Abraham und Christopher Shaw, *Dynamics: The Geometry of Behavior*, Santa Cruz (Kalif.) 1984; Humberto Maturana und Francisco Varela, *Autopoeisis and Cognition: The Realization of the Living*, Boston 1980.

17 Fritjof Capra, *The Tao of Physics*, Boston 1975; ders., *The Turning Point* (s. Anm. 1).

18 Niles Eldredge and Stephen J. Gould, *Punctuated Equilibria: An Alternative to Phyletic Gradualism*, in: *Models of Paleobiology*, Hg. T. J. Schropf, San Francisco 1972; Vilmos Scanyi, *General Theory of Evolution*, Budapest 1982; Ervin Laszlo, *Evolution: The Grand Synthesis*, Boston 1987; Erich Jantsch, *The Self-Organizing Universe*, New York 1980; David Loye und Riane Eisler, *Chaos and Transformation: Implications of Nonequilibrium Theory for Social Science and Society*, in: *Behavioral Science* 32, 1987, S. 53–65.

19 Diese Übereinstimmungen bei Forschungsergebnissen aus unterschiedlichen Gebieten stehen im Einklang mit früheren Schlußfolgerungen allgemeiner Systemanalytiker, wie z. B. Ludwig von Bertalanffy in: *General Systems Theory*, New York 1968, und Ervin Laszlo in: *Introduction to Systems Philosophy*, New York 1972.

20 Niles Eldredge, *Time Frames*, New York 1985; Eldredge and Gould, *Punctuated Equilibria*.

21 Vgl. z. B. Jessie Bernard, *The Female World*, New York 1981; Ester Boserup, *Woman's Role in Economic Development*, London 1970; Dale Spender, *Feminist Theorists: Three Centuries of Key Women Thinkers*, New York 1983; Gita Sen with Caren Grown, *Development, Crisis, and Alternative Visions: Third World Women's Perspectives*, New Delhi 1985; Mary Daly, *Gyn/Ecology: The Metaethics of Radical Feminism*, Boston 1978; Carol Gilligan, *In a Different Voice*, Cambridge, Mass., 1982; Catherine MacKinnon, *Feminism, Marxism, Method, and the State: An Agenda for Theory*, in: *Signs* 7, S. 517–544; Wilma Scott Heide, *Feminism for the Health of It*, Buffalo 1985; Jean Baker Miller, *Toward a New Psychology of Women*, Boston 1976; Carol Christ und Judith Plaskow, *Womenspirit Rising: A Feminist Reader in Religion*, San Francisco 1979; Charlene Spretnak, Hg., *The Politics of Women's Spirituality*, New York 1982. Ich habe versucht, im Laufe dieses Buches möglichst vielen bedeutenden feministischen Wissenschaftlerinnen meine Anerkennung zu zollen, doch ist die Liste inzwischen so umfangreich, daß viele aus rein technischen Gründen nicht erwähnt werden konnten.

22 Spender, *Feminist Theorists*. Feminismus als modernes Phänomen geht bis ins achtzehnte Jahrhundert zurück. Es gibt jedoch noch viel frühere Beispiele für weibliche Gelehrte, die das etablierte Wissen ihrer Zeit in Frage stellten, so zum Beispiel Christine de Pisan, die zwischen 1390 und 1429 achtundzwanzig Bücher schrieb, von denen einige, wie *Cité des Dames* (Stadt der Frauen), die Misogynie der gelehrten Männer ihrer Zeit aufs Korn nehmen.

Kapitel 1: Reise in eine versunkene Welt (S. 32)

1 Edwin Oliver James, *Prehistoric Religion,* New York 1957, S. 146. James war einer der frühesten Religionswissenschaftler, der dieser Ansicht kritisch gegenüberstand. Eine neuere und exzellente Kritik der erstaunlichen Blindheit vieler Gelehrter gegenüber der mythischen Bedeutung weiblicher Darstellungen aus dem Paläolithikum bietet Marija Gimbutas' *The Image of Woman in Prehistoric Art* in: *The Quarterly Review of Archaeology,* Dez. 1981, S. 6–9. Um unnötige Mißverständnisse von vornherein zu vermeiden, wird hier erklärt, daß die Termini *Paläolithikum* und *Spätpaläolithikum* mitunter austauschbar verwendet werden. Dieser Praxis wurde auch hier gefolgt, obwohl sich der größte Teil der Diskussion auf das Spätpaläolithikum bezieht: auf die Periode von ca. 30000 bis 10000 v. u. Z. In diesen Zeitraum gehören die meisten der außergewöhnlichen Höhlenmalereien von Tieren sowie die Statuen und Reliefs, wie sie im Text beschrieben sind. Das Paläolithikum oder Steinzeitalter reicht vermutlich zurück bis ca. 65000 v. u. Z., doch über die früheren Perioden dieser Ära ist so gut wie nichts bekannt.

2 Edwin Oliver James, *The Cult of the Mother Goddess,* London 1959, S. 19.

3 Ibid., S. 16; James, *Prehistoric Religion,* S. 148.

4 James, *Cult of the Mother Goddess,* S. 16.

5 Vgl. Anm. 10, Einführung.

6 Vgl. z. B. Elizabeth Fisher, *Woman's Creation,* New York 1979, S. 140.

7 John Pfeiffer, *The Emergence of Man,* New York 1972, S. 251–265. Ein neues Modell für die menschliche Evolution, das konsequenter mit dem verfügbaren Quellenmaterial umgeht, bietet Nancy Tanner, *On Becoming Human,* Boston 1981. Ähnliche Modelle finden sich in den Arbeiten von Adrienne Zihlmann, Jane Lancaster u. a. feministischen Wissenschaftlerinnen, deren Ansatz nicht mehr den alten Vorstellungen vom »Mann als Jäger« unterliegt. Vgl. auch Adrienne Zihlmann, *Woman in Evolution, Part II: Subsistence and Social Organization among Early Hominids,* in: *Signs* 4, Herbst 1978, S. 4–20; Jane Lancaster, *Carrying and Sharing in Human Evolution,* in: *Human Nature* 1, Febr. 1978, S. 82–89. Vgl. außerdem Kapitel 5.

8 Gimbutas, *Image of Woman.*

9 Vgl. dazu z. B. Gertrude Rachel Levy, *Religious Conceptions of the Stone Age,* New York 1963, zuerst veröffentlicht unter dem Titel *The Gate of the Horn,* London 1948. Levy bemerkte dazu, daß die Höhle selbst vermutlich ein Symbol für den Mutterleib der Göttin (der Creatrix, der Mutter, der Erde) darstellte und daß die dort durchgeführten Rituale Manifestationen des Wunsches waren, an ihren schöpferischen Akten teilzunehmen und sie gleichzeitig zu beeinflussen. Zu diesen Akten gehörte auch die Geburt von Tieren aus ihrem Leib (die für den Unterhalt der Men-

schen des Paläolithikums sorgten). Aus diesem Grunde wurden häufig Tiere auf den Höhlenwänden dargestellt.

Eine weitere jüngere Wissenschaftlerin ist Z. A. Abramowa, die die offizielle Anthologie der Ritzungen und Skulpturen des Spätpaläolithikums auf dem Territorium der UdSSR publizierte. Wie der sowjetische Archäologe A. P. Okladnikow glaubt auch Abramowa, daß »die beiden verschiedenen Aspekte in der paläolithischen Darstellung der Frau... einander nicht widersprechen, sondern sich vielmehr gegenseitig ergänzen.« Sie wurde dargestellt als »Herrin von Heim und Herd, Hüterin des heimischen Feuers... und Frau als... die souveräne Herrin der Tiere und insbesondere der jagdbaren Tiere« (Z. A. Abramowa, *Palaeolithic Art in the USSR,* in: *Arctic Anthropology* 4, 1967, S. 1–179, hg. von Chester S. Chard und übs. von Catharine Page, zit. in: Alexander Marshack, *The Roots of Civilization,* New York 1967, S. 338f.

Ein demnächst erscheinendes Buch, Elinor Gadens *The Once and Future Goddess: A Symbol of Our Time,* San Francisco 1988, versorgt uns mit multikulturellen Beweisen für die zentrale Stellung der Göttin sowohl in menschlichen Intuitiv-Vorstellungen von Geheiligtem als auch in der rituellen Praxis seit Urzeiten.

10 Marshack, *Roots of Civilization,* S. 219.

11 Peter Ucko und Andrée Rosenfeld, *Palaeolithic Art,* New York 1967, S. 100, 174–195, 229.

12 Marshack, *Roots of Civilization,* S. 173 u. 219. Auch Marshack erkennt die Bedeutung weiblicher Statuetten in der paläolithischen Kunst an. Sein Buch *Roots of Civilization* ist ein grundlegender und faszinierender Versuch, neue Wege bei der Erforschung der paläolithischen Kunst zu beschreiten. Seine äußerst originelle Analyse der Zeitenfolge in paläolithischen Aufzeichnungen liefert eine eindrucksvolle Materialquelle für die Erforschung zeitlich folgerichtiger Geschichten über zyklische Phänomene (wie die Zyklen der Menstruation, der Jahreszeiten, des Mondes und der Sonne), die, wie die neunmonatige Schwangerschaft der Frauen, unsere Ahnen offensichtlich beobachteten. Sie versuchten sie zu erklären (und vermutlich auch zu kontrollieren), indem sie saisonale und kalendrische Mythen und Rituale anwendeten.

13 André Leroi-Gourhan, *Préhistoire de l'Art Occidental,* Paris 1965, S. 120.

14 Ibid. Eine kurze Zusammenfassung seiner Entdeckungen findet sich in André Leroi-Gourhan, *The Evolution of Palaeolithic Art,* in: *Scientific American,* Febr. 1968, S. 61.

15 James, *Prehistoric Religion,* S. 147–149. Eine neuere und umfassendere Analyse dieser religiösen Evolution sowie der Kultur, die sie reflektierte, findet sich in Marija Gimbutas *Evolution of Old Europe and Its Indo-Europeanization: The Prehistory of East Central Europe* (unveröffentlichtes Manuskript).

Der Begriff der *Göttin*, wie er in diesem Buch verwendet wird, bezieht sich auf die alte Vorstellung von den Mächten, die das Universum in weiblicher Gestalt regieren. Daher wird hier nicht nur Göttin groß geschrieben, sondern auch Große Mutter und ähnliche Begriffe.

16 James Mellaart, *Çatal Hüyük*, New York 1967, S. 24.

17 Ibid., S. 23.

18 Ibid., S. 23f.

19 Merlin Stone, *When God Was a Women*, New York 1976, S. 15.

20 James Mellaart, *The Neolithic of the Near East*, New York 1975, S. 152, S. 52f.

21 James, *Prehistoric Religion*, S. 157.

22 Ibid., S. 70f.; James, *Cult of the Mother Goddess*.

23 Mellaart, *Çatal Hüyük*, S. 11.

24 Mellaart, *Neolithic of the Near East*, S. 275.

25 Ibid., S. 10.

26 Marija Gimbutas, *The Goddesses and Gods of Old Europe, 7000–3500 B. C.*, Berkeley/Los Angeles 1982, S. 17. Im weiteren Sinne umfaßt das »Alte Europa« ganz Europa westlich der Pontischen Steppe vor den räuberischen Einfällen der Steppen- (oder Kurgan-)Nomaden. Vgl. auch Marija Gimbutas, *The Language of the Goddess: Images and Symbols of Old Europe*, New York 1987. Im engeren Sinne bezieht sich der Begriff »Altes Europa« auf die erste europäische Zivilisation, die sich auf den Südosten konzentrierte. (Siehe Karte S. 409)

27 Ibid., S. 18.

28 Ibid., S. 17.

29 Marija Gimbutas, *The Early Civilization of Europe* (Monograph for Indo-European Studies 131, University of California at Los Angeles, 1980), Kap. 2, S. 17.

30 Mellaart, *Çatal Hüyük*, S. 53.

31 Gimbutas, *Early Civilization of Europa*, Kap. 2, S. 32f.

32 Ibid., Kap. 2, S. 33f.

33 Ibid., Kap. 2, S. 35f.

34 Gimbutas, *Goddesses and Gods of Old Europe*, S. 11f.

Kapitel 2: Botschaften aus der Vergangenheit (S. 54)

1 Marija Gimbutas, *Goddesses and Gods of Old Europe*, 7000–3500 B. C., Berkeley/Los Angeles 1982, S. 37f.

2 Vgl. die Illustrationen in James Mellaart, *Çatal Hüyük*, New York 1967, Gimbutas, *Goddesses and Gods of Old Europe*.

3 *Goddesses and Gods of Old Europe*, Tafel 17 und Abb. 148 im Text.

4 Nicolas Platon, *Crete*, Genf 1966, S. 148.

5 Beispiele dazu finden sich unter den Illustrationen in: Erich Neumann,

The Great Mother, Princeton 1955; in: Mellaart, *Çatal Hüyük*, und in: Gimbutas, *Goddesses and Gods of Old Europe*.

6 Gimbutas, *Goddesses and Gods of Old Europe*, Beispiele (der Reihenfolge nach) auf den Tafeln 58f., 105ff., 140, 144; Tafel 53; Abb. 50–58 auf den Seiten 95–103; 114, 181, 173, 108, 136.

7 Ibid., S. 66; Tafeln 132, 341, 24, 25; S. 101–107.

8 Mellaart, *Çatal Hüyük*, S. 77–203.

9 Vgl. z. B. Tafeln 179–181 mit Bienen-Göttin; Tafeln 183ff., Göttin mit Tiermaske; Tafel 146, minoische Schlangen-Göttin mit Vogelschnabel. Alle in: Gimbutas, *Goddesses and Gods of Old Europe*.

10 Auch in der minoisch-kretischen Kunst fehlen auffallenderweise solche Darstellungen vollkommen. Siehe dazu Jacquetta Hawkes, *Dawn of the Gods: Minoan and Mycenaean Origins of Greece*, New York 1968, S. 75f. Die Doppelaxt der minoischen Göttin ist ein Anklang an die Hacken, die zur Rodung von Ackerland benutzt wurden und, Gimbutas zufolge, außerdem ein Symbol für den Schmetterling, der zur Epiphanie der Göttin gehört. Wie Gimbutas bemerkt, wurde die Göttin weiterhin auf Doppeläxten abgebildet, und zwar in Gestalt eines eingeritzten Schmetterlings (Gimbutas, *Goddesses and Gods of Old Europe*, S. 78, 186.)

11 Joseph Campbell, *Classical Mysteries of the Goddess* (Workshop am Esalen Institute, Kalifornien, 11.–13. Mai 1979). Die Kulturhistorikerin Elinor Gadon hebt diesen Aspekt des prähistorischen Göttinnen-Kults ebenfalls hervor, geht jedoch noch einen wichtigen Schritt weiter. Gadon schreibt, das Wiederauftauchen der Göttin in heutiger Zeit sei ein Schlüssel zu »dem so dringend notwendigen Radikal-Pluralismus, der als Gegengewicht zum vorherrschenden Ethnozentrismus und kulturellen Imperialismus gebraucht wird« (aus der Ankündigung für Elinor Gadon, *The Once and Future Goddess: A Symbol for Our Time*, San Francisco 1988); außerdem aus Korrespondenz mit Gadon, 1986.

12 Ibid.

13 Vgl. z. B. Joseph Campbell, *The Mythic Image*, Princeton 1974, S. 157, 77.

14 Gimbutas, *Goddesses and Gods of Old Europe*, S. 112–150, 112, 145; Abb. 87f., 105ff.; 149.

15 Mellaart, *Neolithic of the Near East*, New York 1975, S. 279.

16 Gimbutas, *Goddesses and Gods of Old Europe*, S. 238.

17 Mellaart, *Çatal Hüyük*, vgl. z. B. S. 108f.

18 Ibid., S. 113.

19 Vgl. z. B. Neumann, *The Great Mother*.

20 Mellaart, *Çatal Hüyük*, S. 77.

21 Gimbutas, *Goddesses and Gods of Old Europe*, S. 80.

22 Vgl. z. B. Jane Harrison, *Prolegomena to the Study of Greek Religion*, London 1962, S. 260–263.

23 Mellaart, *Çatal Hüyük*, S. 225.

24 Mellaart, *Neolithic of the Near East,* S. 100; ders., *Çatal Hüyük,* Kap. 6.

25 Mellaart, *Çatal Hüyük,* Kap. 9.

26 Ibid., S. 201.

27 Harrison, *Prolegomena to the Study of Greek Religion,* S. 262.

28 Mellaart, *Çatal Hüyük,* S. 60.

29 Ibid., S. 202, 208.

30 Gimbutas, *Goddesses and Gods of Old Europe,* S. 232, Abb. 248. Vgl. auch Abb. 84–91 in: Mellaart, *Çatal Hüyük,* zu Beispielen für männliche Statuetten.

31 Gimbutas, *Goddesses and Gods of Old Europe,* S. 217. Gimbutas schreibt, daß Göttinnen-Statuetten aus dem siebten und sechsten Jahrtausend v. u. Z. oftmals lange, zylindrische Hälse besaßen, die an einen Phallus erinnern, daß es außerdem phallische Darstellungen in Form simpler Ton-Zylinder gab, die mitunter mit weiblichen Brüsten ausgestattet waren, und daß die Kombination von weiblichen mit männlichen Charakteristika in einer einzigen Figur nach dem sechsten Jahrtausend v. u. Z. nicht vollkommen ausstarb.

32 Edwin Oliver James, *The Cult of the Mother Goddess,* London 1959, S. 87.

33 Mellaart, *Çatal Hüyük,* S. 184.

34 Gimbutas, *Goddesses and Gods of Old Europe,* S. 237.

35 Dazu siehe z. B. Kate Millett, *Sexual Politics,* New York 1970, S. 28, Nr. 9: »der Vorbehalt, daß solch eine soziale Ordnung nicht notwendig auch die Dominanz eines Geschlechts bedeutet, was der Begriff ›Matriarchat‹ durch seinen semantischen Analogismus zum Patriarchat andeutet«; oder siehe Adrienne Rich, *Of Woman Born,* New York 1976, S. 42f., wo sie kommentiert, daß »die Begriffe ›Matriarchat‹, ›Mutterrecht‹ oder ›Gynokratie‹ dazu neigen, unpräzise und häufig austauschbar verwendet zu werden.« Rich bemerkt außerdem, daß »Robert Briffault sich große Mühe gibt, aufzuzeigen, daß das Matriarchat in primitiven Gesellschaften nicht einfach ein Patriarchat mit einem anderen Geschlecht an der Spitze war« (S. 43). Zur Diskussion darüber, wie der Terminus *Gylanie* dieses semantische Durcheinander beheben könnte, siehe Kapitel 8.

36 Abraham Maslow, *Toward a Psychology of Being,* New York 1968, 2. Aufl.

37 Mellaart, *Çatal Hüyük,* S. 184.

38 Diese Unterscheidung wird ausführlich diskutiert in Riane Eisler und David Loye, *Breaking Free* (erscheint demnächst). Sie steht außerdem im Mittelpunkt der neuen feministischen Ethik, die gegenwärtig von vielen Denkerinnen entwickelt wird. Vgl. z. B. Jean Baker Miller, *Toward a New Psychology of Women,* Boston 1976; Carol Gilligan, *In a Different Voice,* Cambridge, Mass., 1982; Wilma Scott Heide, *Feminism for the Health of It,* Buffalo 1985. In diesem Kontext von besonderem Interesse ist Anne Barstow, *The Uses of Archaeology for Women's History: James Mellaart's Work on the Neolithic Goddess at Çatal Hüyük* in: *Feminist Studies* 4, Okt. 1978,

S. 7–18, wo sie selbständig eine ähnliche Schlußfolgerung darüber entwickelt, wie Macht in den die Göttin verehrenden Gesellschaften möglicherweise begriffen wurde (vgl. S. 9).

Kapitel 3: Der grundlegende Unterschied: Kreta (S. 74)

1 Walter Emery, zit. in: Merlin Stone, *When God Was a Woman,* New York 1976, S. xxii.

2 Ibid. Das androzentrische Vorurteil, das Stone in der Archäologie auffällt, hat seine entsprechenden Pendants auch in fast allen anderen Wissenschaftsgebieten. Es wird jedoch ausdrücklich angemerkt, daß es auch männliche Wissenschaftler gibt, die wichtige Beiträge zum Erkenntnisstand über die Frauen und sogenannten Frauenthemen geleistet haben. Ein bemerkenswerter Zeitgenosse dieser Art ist Ashley Montagu, der in *The Natural Superiority of Women,* New York 1968, und anderen Werken viele weitverbreitete misogyne Fehlinterpretationen über die weibliche Hälfte der Menschheit und »die Unvermeidbarkeit des Patriarchats« korrigiert. Ein weiteres Beispiel ist Fritjof Capra, der in *The Turning Point: Science, Society, and the Rising Culture,* New York 1982, sowie anderen Werken der zentralen Position des Feminismus in der Bewegung für eine friedlichere und humanere Zukunft Anerkennung zollt.

3 Nicolas Platon, *Crete,* Genf 1966, S. 15.

4 Ibid., S. 16, S. 25.

5 Ibid., S. 26–47.

6 Jacquetta Hawkes, *Dawn of the Gods: Minoan and Mycenaean Origins of Greece,* New York 1968, S. 153.

7 Ibid., S. 109.

8 Platon, *Crete,* S. 148, S. 143.

9 Hawkes, *Dawn of the Gods,* S. 45, S. 73; Platon, *Crete,* S. 148, S. 161.

10 Hans-Günter Buchholz und Vassos Karageorghis, *Altägäis und Altkypros,* Tübingen 1971, S. 20; Platon, *Crete,* S. 148. Vgl. auch Hawkes, *Dawn of the Gods,* S. 186.

11 Woolley, zit. in: Hawkes, *Dawn of the Gods,* S. 73.

12 Ibid., S. 73f.

13 Platon, *Crete,* S. 178.

14 Ibid., S. 147, 163.

15 Ibid., S. 148, 161f.

16 Ibid., S. 161, 165.

17 Hawkes, *Dawn of the Gods,* S. 90.

18 Ibid., S. 58.

19 Ibid., S. 50; Platon, *Crete,* S. 181.

20 Platon, *Crete,* S. 179.

21 Ibid., S. 181f.

22 Reynold Higgins, *An Archaeology of Minoan Crete,* London 1973, S. 21.
23 Hawkes, *Dawn of the Gods,* S. 124f.
24 Diese minoischen Rituale vollzogen sich oftmals in Form kultischer Opfer von Blumen, Früchten, Wein oder Getreide, wie es noch heute in den meisten Weltreligionen der Brauch ist. Im Gegensatz zu späteren mesopotamischen und ägyptischen Funden zahlreicher und offenbar allgemein üblicher Menschenopfer (z. B. die Grabstätte eines Pharaos mit seinem gesamten Gefolge an Höflingen und Sklaven), scheint der einzige Fund eines Menschenopfers auf Kreta (am Fuße eines Berges, der als Zeus' Geburtsort gilt) laut Joseph Alsop »eine verzweifelte Maßnahme« dargestellt zu haben, »etwas abzuwenden, das ganz so wirkte, als bräche das Ende der Welt an«. Für die Protagonisten des jüngst von Archäologen zutage geförderten Dramas war es das gewiß. Die Erschütterungen eines gewaltigen Erdbebens brachten das Tempeldach zum Einstürzen, verhinderten anscheinend eben noch die Erdolchung eines jungen Mannes durch einen Priester und begruben beide unter sich (Joseph Alsop, *A Historical Perspective,* in: *National Geographic* 159, Februar 1981, S. 223f. Vgl. auch Anm. 67, Kap. 5.
25 Platon, *Crete,* S. 148.
26 Hawkes, *Dawn of the Gods,* S. 75f.
27 Ibid., S. 75f. Auch Platon hebt hervor, daß der Übergang von der minoischen zur mykenischen Epoche ein Wandel von der »Lebensfreude« zur Beschäftigung mit dem Tod war und daß die Mykener für die »Einführung der Heroenverehrung« verantwortlich waren (Platon, *Crete,* S. 68).
28 Ruby Rohrlich-Leavitt, *Women in Transition: Crete and Sumer,* in: Renate Bridenthal und Claudia Koonz, Hg., *Becoming Visible,* Boston 1977, S. 49, 46.
29 Platon, *Crete,* S. 167, 147, 178.
30 Rohrlich-Leavitt, *Women in Transition,* S. 49.
31 Rohrlich-Leavitt meint sogar, der Status der Frauen sei noch höher gewesen als im Neolithikum (ibid., S. 42).
32 Vgl. z. B. William Masters und Virginia Johnson, *The Pleasure Bond: A New Look at Sexuality and Commitment,* Boston 1975.
33 Hawkes, *Dawn of the Gods,* S. 156.
34 Arnold Hauser, zit. in: ibid., S. 73. Platon formuliert es folgendermaßen: »Das feine Gespür für Künstlerisches, die Freude an Schönheit, Anmut und Bewegung, Lebenslust und Naturnähe waren die Eigenschaften, die die Minoer von allen anderen großen Zivilisationen ihrer Zeit unterschieden.« (*Crete,* S. 143.)
35 Charles Darwin, *The Descent of Man,* New York 1879, einbänd. Ausgabe, S. 168. Die Anm. gilt J. C. Nott und George R. Gliddon, *Types of Mankind,* Philadelphia 1854.
36 Diese Einstellung der Ägyptologen setzte sich in den USA bis in die sech-

ziger Jahre fort; dann erzwang die Bürgerrechtsbewegung eine Veränderung des wissenschaftlichen Ansatzes. Vgl. z. B. John Hope Franklin, *From Slavery to Freedom*, New York 1967, oder David Loye, *The Healing of a Nation*, New York 1971, worin über schwarze Pharaonen im alten Ägypten nachzulesen ist.

37 Arthur Evans, zit. in: Higgins, *An Archaeology of Minoan Crete*, S. 40.

38 Buchholz und Karageorghis, *Altägäis und Altkypros*, S. 22.

39 Platon, *Crete*, S. 161, 177.

Kapitel 4: Dunkle Ordnung aus dem Chaos (S. 94)

1 James Mellaart, *Çatal Hüyük*, New York 1967, S. 67.

2 Ibid., S. 225: »Die Bevölkerung von Çatal Hüyük scheint aus zwei unterschiedlichen Rassen bestanden zu haben.«

3 So waren auch, im Gegensatz zu späteren Priesterunterkünften in der Nähe monumentaler Sakralbauten, die Tempel in Çatal Hüyük, die den Priesterinnen und Priestern gleichzeitig als Wohnung dienten, zerstreut zwischen den Häusern der Bevölkerung zu finden und besaßen auch, wenngleich sie manchmal größer waren, den gleichen Grundriß (ibid., Kap. 6). In Kreta gibt es ebenfalls keine Monumentaltempel für strenge und strafende Götter des Donners und des Krieges, die von einer männlichen Priesterschaft im Dienste eines allmächtigen männlichen Herrschers verwaltet worden wären.

4 Dieser Frage sowie verschiedenen Theorien über die Anfänge männlicher Dominanz wird ein späteres Buch nachgehen.

5 James Mellaart, *The Neolithic of the Middle East*, S. 280.

6 Ibid., S. 275f.

7 Marija Gimbutas, *The First Wave of Eurasian Steppe Pastoralists into Copper Age Europe*, in: *Journal of Indo-European Studies* 5, Winter 1977, S. 277. Daten zur ersten Kurgan-Welle: Gimbutas, persönl. Mitt.

8 Die moderne Wissenschaft benutzt den Terminus *indo-europäisch* nicht mehr zur Rassenidentifikation. Indoeuropäisch bezieht sich nur mehr auf eine Gruppe von Sprachen mit gemeinsamen Wurzeln, die sich von den Britischen Inseln bis zum Golf von Bengalen finden lassen. Die moderne anthropologische Feldforschung zeigt auf, daß die sogenannten Indo-Europäer (die im deutschen Sprachgebrauch auch heute noch mitunter als »Indogermanen« bezeichnet werden – Anm. d. Übs.) von ganz unterschiedlicher rassischer Herkunft waren. Der von westeuropäischen Gelehrten im ausgehenden 18. Jahrhundert eingeführte und das ganze neunzehnte Jahrhundert hindurch verwendete Terminus bezog sich ursprünglich sowohl auf die Rasse als auch auf die Sprache und entsprang der allgemein üblichen Ideologie, die die Welt in Rassen einzuteilen versuchte. Dabei wurde größter Wert auf »Reinrassigkeit« gelegt,

wie sie das Kasten-System des Hinduismus zu bestätigen schien. – Zur früheren Besiedlung Indiens findet sich eine interessante Diskussion in Louis Fisher, *The Life of Mahatma Gandhi,* New York 1950, S. 138–141.

9 Vgl. z. B. James Mallaart, *The Chalcolithic and Early Bronze Ages in the Near East and Anatolia,* Beirut 1966.

10 Vgl. z. B. Cyrus Gordon, *Common Background of Greek and Hebrew Civilization,* New York 1965; Merlin Stone, *When God was a Woman,* New York 1976.

11 Friedrich Engels, *Der Ursprung der Familie, des Privateigentums und des Staates,* Hottingen-Zürich 1884.

12 Der Film *2001 – Odyssee im Weltraum* und Robert Ardreys *African Genesis,* New York 1961, sind Beispiele für berühmte Werke, die das Heraufdämmern des menschlichen Bewußtseins als Entdeckung, wie Werkzeuge als Tötungsinstrumente einzusetzen sind, schildern. Eine ganz andere Ansicht darüber findet sich in Richard Leakey und Roger Lewin, *People of the Lake,* New York 1978, das weitgehend auf den Entdeckungen der Leakey-Familie beruht und eine sorgfältige Analyse der fossilen Überreste unserer ältesten Vorfahren im afrikanischen Rift Valley liefert.

13 Vgl. Marija Gimbutas, *The Beginning of the Bronze Age in Europe and the Indo-Europeans: 3500–2500 B. C.,* in: *Journal of Indo-European Studies* 1, 1973, S. 166.

14 Ibid., S. 168.

15 Engels, *Der Ursprung der Familie.*

16 Gimbutas, *Beginning of the Bronze Age,* S. 174f.

17 Ibid. Vgl. auch Gimbutas, *First Wave of Eurasian Steppe Pastoralists.*

18 Gimbutas, *Beginning of the Bronze Age,* S. 166.

19 Gemessen an unserem gewohnten Standard erscheint uns selbst relativ rascher evolutionärer Wandel als eine lange Zeitspanne. Worauf es ankommt, ist jedoch, daß Wandel generell weder unbedingt graduell noch unbedingt in einer einzigen Richtung von niedrigeren zu höheren Stadien verlaufen muß.

20 Vgl. z. B. Gimbutas, *First Wave of Eurasian Steppe Pastoralists,* S. 281.

21 Ibid.

22 Gimbutas, *Beginning of the Bronze Age,* S. 201.

23 Ibid., S. 202.

24 Ibid., S. 203f.

25 Gimbutas, *First Wave of Eurasian Steppe Pastoralists,* S. 297.

26 Ibid., S. 302.

27 Ibid., S. 294, 302.

28 Ibid., S. 302, 293, 285.

29 Ibid., S. 304f.

30 Ibid., S. 284f.

31 Ibid., S. 297.

32 Ibid., S. 281.
33 Ibid., S. 285. Gimbutas, *Beginning of the Bronze Age*, S. 177.
34 V. Gordon Childe, *The Dawn of European Civilization*, New York 1958, 6. Aufl., S. 109.
35 Ibid., S. 119.
36 Ibid., S. 123.
37 Gimbutas, *First Wave of Eurasian Steppe Pastoralists*, S. 289.
38 Ibid., S. 288, 290.
39 Ibid., S. 292.
40 Ibid., S. 294.
41 Jacquetta Hawkes, *Dawn of the Gods: Minoan and Mycenaean Origins of Greece*, New York 1968, S. 186.
42 Zur Diskussion einiger wissenschaftlicher Kontroversen über das Ende der minoischen Zivilisation sowie über den generellen Niedergang in Kultur und Kunst während der mykenischen Epoche vgl. z. B. Nicolas Platon, *Crete*, Genf 1966, S. 198–203.
43 Hawkes, *Dawn of the Gods*, S. 233.
44 Ibid., S. 235.
45 Ibid., S. 236.
46 Ibid., S. 241.
47 Ibid.
48 Platon, *Crete*, S. 202.
49 Homer, *Die Odyssee*.
50 Um es ganz deutlich zu sagen: Die Tendenz zu größerer technologischer und sozialer Komplexität ist nicht das gleiche wie die Tendenz zu einer Technologie und einer Gesellschaft, die das menschliche Dasein verbessern sollen und werden. Die Relationen zwischen sozialer, technologischer und kultureller Evolution werden noch detailliert in einem zweiten Buch untersucht, Riane Eisler und David Loye, *Breaking Free*.
51 *The Dartmouth Bible*, kommentiert von Roy Chamberlain und Herman Feldman unter Hinzuziehung eines Beratungsausschusses von Bibelforschern, Boston 1950, S. 78f.
52 Richter 3:2; Josua 23:13; 2. Mose 23:29. Vgl. auch den Kommentar der Bibelforscher in: *The Dartmouth Bible*, S. 187f.

Kapitel 5: Erinnerungen an eine versunkene Zeit (S. 119)

1 Hesiod, *Works and Days*, zit. in: John Mansley Robinson, *An Introduction to Early Greek Philosophy*, Boston 1968, S. 12f.
2 Ibid., S. 13f.
3 Ibid., S. 14.
4 Ibid., S. 15.
5 Ibid., S. 16.

6 Ibid., S. 15f.

7 J. V. Luce, *The End of Atlantis,* London 1968, S. 137, 20.

8 Nicolas Platon, *Crete,* Genf 1966, S. 69. Platon betont, daß sich das »griechische Wunder« nur erklären läßt, wenn wir die prä-hellenistische Tradition betrachten. Eine andere Wissenschaftlerin, die darauf besonderen Wert legt, ist Jacquetta Hawkes (*Dawn of the Gods: Minoan and Mycenaean Origins of Greece,* New York 1968).

9 Vgl. z. B. Spyridon Marinatos, *The Volcanic Destruction of Minoan Crete,* in: *Antiquity* 13, S. 425–439, eine der ersten wissenschaftlichen Arbeiten zu diesem Thema. Einen ebenso guten, wenngleich neueren Einblick bietet Luce, *End of Atlantis.*

10 Luce, *End of Atlantis,* S. 158. Zu einigen kontroversen Ansichten über das Wie, Wann und Warum des Untergangs der kretischen Zivilisation vgl. z. B. Arthur Evans, *The Palace of Minos,* Bd. 1–4, London 1921–35; Leonard Palmer, *Mycenaeans and Minoans,* London 1921; Platon, *Crete.*

11 Marinatos, *Volcanic Destruction of Minoan Crete;* Luce, *End of Atlantis;* Platon, *Crete,* S. 69.

12 Merlin Stone, *When God Was a Woman,* New York 1976, S. 82. In ihrer Einleitung berichtet Stone, daß sie auf ihren Archivreisen von Museum zu Museum und von Bibliothek zu Bibliothek, wo sie ihr Material über frühe weibliche Gottheiten zusammentrug, viele der von ihr benutzten Quellen in die hintersten Regale verbannt fand. Ebenso erbittert stellte sie fest, daß so viele wichtige »alte Schriften und Statuen absichtlich zerstört worden sein müssen«. Zusätzlich mußte sie sich »damit abfinden, daß selbst das vorhandene Material in der populärwissenschaftlichen Literatur und in der Ausbildung beinahe vollständig übergangen wurde« (S. xvi–xvii).

13 Ibid., S. 219.

14 Ibid., S. 42f.

15 H. W. F. Saggs, zit. in: ibid., S. 39. Vgl. auch Walter Hinz, zit. in: ibid., S. 41.

16 Ruby Rohrlich-Leavitt, *Women in Transition: Crete and Sumer,* in: Renate Bridenthal und Claudia Koonz, Hg., *Becoming Visible,* Boston 1977, S. 53.

17 Vgl. z. B. Leonard Woolley, *The Sumerians,* New York 1965, S. 66; George Thompson, *The Prehistoric Aegean,* New York 1965, S. 161.

18 Stone, *When God Was a Woman,* S. 41.

19 Ibid. Vgl. auch Rohrlich-Leavitt, *Woman in Transition,* S. 55.

20 Stone, *When God Was a Woman,* S. 82.

21 Ibid.

22 Ibid., S. 3.

23 Ibid., S. 84.

24 Vgl. z. B. Jacquetta Hawkes und Leonard Woolley, *Prehistory and the Beginning of Civilization,* New York 1963, S. 265, wo es heißt: »Es wird allgemein angenommen, daß die Frau dank ihrer alten Rolle als Nahrungs-

sammlerin auch für die Erfindung und Entwicklung des Ackerbaus verantwortlich war.« Vgl. dazu auch Ester Boserup, *Women's Role in Economic Development*, London 1970, und Stones Diodorus-Zitat in: *When God Was a Woman*, S. 36.

25 Vgl. z. B. James Mellaart, *Çatal Hüyük*, New York 1967, insbes. Kap. 4 (Architektur), Kap. 5 (Stadtplan), Kap. 6 (Tempel und Reliefs), Kap. 7 (Wandmalereien), Kap. 8 (Skulpturen), Kap. 10 (Handwerk und Handel), Kap. 11 (Menschen und Wirtschaft). In *The Neolithic of the Near East*, New York 1975, schreibt Mellaart: »Zwar hat die Archäologie im vergangenen Vierteljahrhundert große Fortschritte gemacht, doch konnte die Interpretation der Entdeckungen nicht Schritt halten, so daß viele Theorien zur kulturellen Entwicklung altmodisch wirken.« (S. 276.)

26 Vgl. z. B. Mellaart, *Çatal Hüyük*, Kap. 10, S. 213: »Bergbau und Handel waren von höchster Bedeutung für die Ökonomie der Stadt und trugen zweifellos stark zu ihrem Reichtum und Wohlergehen bei.«

27 Vgl. z. B. Jane Harrison, *Prolegomena to the Study of Greek Religion*, London 1962, S. 261, wo sie ein poetisches Gebet von Aischylos zitiert: »vor allen anderen Göttern... die uranfängliche Prophetin«.

28 Vgl. z. B. Stone, *When God Was a Woman*, insbes. Einleitung und Kap. 2f.

29 Zu Gelehrten, die schon früher darauf hingewiesen haben, daß Frauen einen enormen Beitrag zu unserer technischen und spirituellen Entwicklung leisteten, vgl. Robert Briffault, *The Mothers*, New York 1969, und Erich Neumann, *The Great Mother*, Princeton, New Jersey, 1955.

30 Nancy Tanner, *On Becoming Human*, Boston 1981; Jane Lancaster, *Carrying and Sharing in Human Evolution* in: *Human Nature* 1, Februar 1978, S. 82–89; Lila Leibowitz, *Females, Males, Families: A Biosocial Approach*, North Scituate, Mass., 1978; Adrienne Zihlman, *Motherhood in Transition: From Ape to Human* in: Warren Miller und Lucille Newman, Hg., *The First Child and Family Formation*, Chapel Hill 1978. Einen guten Überblick über verschiedene Theorien zur Hominiden-Abstammung (sowie faszinierende Daten über weibliche Primaten) bietet Linda Marie Fedigan, *Primate Paradigms: Sex Roles and Social Bonds*, Montreal 1982. Vgl. auch Ashley Montagu, *The Nature of Human Aggression*, New York 1976, worin sich eine exzellente Widerlegung von Robert Ardreys Behauptung findet, »daß der Mensch nur aus einem einzigen Grund aus dem anthropoiden Dunkel herausgetreten sei, nämlich weil er ein Mörder war«. (Robert Ardrey, *African Genesis*, New York 1961, S. 29.)

31 Vgl. Anm. 30. Vgl. auch Richard Leakey und Roger Lewin, *People of the Lake*, New York 1978.

32 Tanner, *On Becoming Human*, S. 190.

33 Ibid., Kap. 10 und 11. Vgl. insbes. S. 258–262 die Ausführungen über den Gebrauch von Werkzeugen, erweiterte Schädelkapazität und Zahnverkleinerung.

34 Ibid., S. 268.
35 Ibid., S. 146, 268.
36 Vgl. Anm. 25.
37 Ester Boserup, *Woman's Role in Economic Development*, London 1970; *The State of the World's Women 1985*, für die Vereinten Nationen erstellt von New Internationalist Publications, Oxford 1985; Barbara Rogers, *The Domestication of Women: Discrimination in Developing Societies*, New York 1979.
38 Vgl. z. B. Stone, *When God Was a Woman*, Diodorus-Zitat über Isis S. 36; über Ninlil S. 3.
39 Vgl. z. B. Neumann, *The Great Mother;* Mara Keller, *The Mysteries of Demeter and Persephone, Ancient Greek Goddesses of Fertility, Sexuality, and Rebirth*, unv. Manuskript. Kellers tiefschürfende Studie der Eleusinischen Mysterien ist ein bedeutender Beitrag zum Verständnis des Systems von Ritualen bei der Verehrung der Göttin. Sie weist außerdem nach, wie diese Praktiken zu Blutopfern degenerierten und in der griechischen Klassik kommerzialisiert wurden.
40 Briffault, *The Mothers*, S. 473f.; Neumann, *The Great Mother*, S. 134ff., Hervorhebung im Original.
41 Stone, *When God Was a Woman*, S. 4.
42 Neumann, *The Great Mother*, S. 178.
43 Stone, *When God Was a Woman*, S. 200.
44 Ibid., S. 201f. Vgl. auch Barbara G. Walker, *The Woman's Encyclopedia of Myths and Secrets*, San Francisco 1983.
45 Harrison, *Prolegomena to the Study of Greek Religion*, S. 261.
46 Diodorus Siculus, zit. in: Stone, *When God Was a Woman*, S. 36.
47 Harrison, *Prolegomena*, S. 343.
48 Stone, *When God Was a Woman*, S. 199, 3.
49 Marija Gimbutas, *The Early Civilization of Europe*, Los Angeles 1980, Kap. 2, S. 17.
50 Das Zitat von Prof. Vasić findet sich in Marija Gimbutas, *The Goddesses and Gods of Old Europe, 7000–3500 B. C.*, Berkeley und Los Angeles 1982, S. 22f.
51 Ibid., S. 22–25.
52 Ibid.,
53 Ibid.
54 Gimbutas, *Early Civilization of Europe*, Kap. 2, S. 72.
55 Ibid., Kap. 2, S. 78.
56 Ibid., Kap. 2, S. 75ff.
57 Ibid., Kap. 2, S. 78.
58 Vgl. auch Hawkes, *Dawn of the Gods*, S. 68.
59 Vgl. Anm. 24.
60 Die Wissenschaft ist sich uneinig, ob die Göttinnenverehrung auch ritu-

elle Opferungen erforderte oder nicht. Die Vielzahl von Menschenopfern, die in ägyptischen und babylonischen Gräbern gefunden wurden, taucht erst später auf; dabei scheint es sich um Verfeinerungen der von den Indoeuropäern in Indien und Europa eingeführten Praxis der Opferung von Ehefrauen, Konkubinen und/oder Diener/innen eines Mannes gehandelt zu haben. Doch deuten einige archäologische Quellen darauf hin, daß schon das Neolithikum rituelle Opferungen kannte. Vgl. z. B. Gimbutas, *Goddesses and Gods of Old Europe*, S. 74. Das meiste geht jedoch auf Mythen zurück; vgl. dazu Sir James Frazer, *The Golden Bough*, New York 1922. Frazer, ein Mann des 19. Jahrhunderts, war ein führender Vertreter der Theorie, daß Könige in von ihm so genannten matriarchalen Gesellschaften regelmäßig geopfert wurden. Das ist durchaus möglich. Es ist aber ebenso möglich, daß rituelle Opferungen nur in Notzeiten praktiziert wurden und drohende Katastrophen abwenden sollten. Der einzige Beleg dafür aus minoischer Zeit deutet darauf hin, daß höchstwahrscheinlich letzteres der Fall war. Wie bereits geschildert unterbrach ein Erdbeben einen Priester bei der Opferung eines jungen Mannes und tötete beide (Yannis Sakellarakis und Efi Sapouna-Sakellarakis, *Drama of Death in a Minoan Temple* in: *National Geographic* 159, Februar 1981, S. 205–222). Auch der Umstand, daß niemals ein weiterer Hinweis auf minoische Ritualopferungen gefunden wurde, läßt, wie Joseph Alsop schreibt, den Schluß zu, daß dies keine generelle Praxis war. Eher scheint es, wie bei ähnlichen Vorkommnissen in der griechischen Klassik, »ein verzweifelter Versuch« gewesen zu sein, »etwas abzuwenden, das wie das Ende der Welt erschienen sein muß« (Joseph Alsop, *A Historical Perspective*, in: *National Geographic* 159, Februar 1981, S. 223f.). Genau wissen wir nur, daß die alten Griechen im fünften Jh. v. u. Z. hin und wieder in einem Akt der rituellen Reinigung einen *pharmakos* oder Sündenbock opferten, wobei es sich gemeinhin um einen zum Tode verurteilten Verbrecher handelte (vgl. dazu Harrison, *Prolegomena*, S. 102–105). Allerdings gehen die Meinungen zu der Frage, ob Opferungen regelmäßig vorgenommen wurden oder nicht, weit auseinander. Elinor Gadon etwa weist darauf hin – und versichert gleichzeitig, dies sei nicht allgemein üblich gewesen –, daß die Indus- oder Harappakultur (etwa 3000–1800 v. u. Z.) durchaus rituelle Menschenopferungen kannte (persönl. Information von Gadon 1986). Andere Wissenschaftlerinnen wie Nancy Jay und Mara Keller behaupten, daß die bäuerlichen Stämme, die die Göttin verehrten, nicht einmal Tieropfer kannten. In der allseits bekannten Geschichte von Kain und Abel beispielsweise opfert Kain, als Repräsentant der Bauern von Kanaan, Jehowa »von den Früchten des Feldes«, die Jehowa jedoch zurückweist; statt dessen nimmt er das Blutopfer Abels an, der die nomadischen Invasoren repräsentiert. (Eine frühe Untersuchung dieses Mythos bietet E. Cecil Curwen, *Plough and*

Pasture, London 1946.) Auch in *Çatal Hüyük* fanden sich keine Hinweise auf irgendwelche Blutopfer. Die Verehrung der Demeter, die auf die Zeiten vor der indoeuropäischen Invasion zurückgeht, kannte ebenfalls ursprünglich nur die Opferung von Feldfrüchten (Mara Keller, *The Mysteries of Demeter and Persephone, Ancient Greek Goddesses of Fertility, Sexuality, and Rebirth).*

61 Die Definition von »rational« und »irrational« verdanke ich der Diskussion der Vernunft in Herbert Marcuses *One-Dimensional Man,* Boston 1964, S. 236f.

62 Julian Jaynes, *The Origin of Consciousness in the Breakdown of the Bicameral Mind,* Boston 1977.

63 Vgl. auch C. A. Newham, *The Astronomical Significance of Stonehenge,* Leeds 1972. Ähnlich schreibt Mellaart über Çatal Hüyük, es habe über »fortgeschrittene Technologien in der Webkunst, Holzbearbeitung und Metallverarbeitung« sowie über »entwickelte Kenntnisse in Ackerbau und Viehzucht« verfügt (*Çatal Hüyük,* S. ii).

64 J. E. Lovelock, *Gaia,* New York 1979.

65 James Mellaart, *Excavations at Hacilar,* Edinburg 1970, S. iv.

66 Ibid., S. vi.

67 Ibid., S. 249.

Kapitel 6: Die Wirklichkeit auf den Kopf gestellt Teil 1 (S. 148)

1 Aischylos, *Oresteia,* Chicago 1953, S. 158.

2 Ibid.

3 Ibid., S. 161.

4 Ibid., S. 163.

5 Vgl. z. B. Hugh Lloyd-Jones' Einführung zu *Agamemnon, The Libation Bearers, The Eumenides,* Englewood Cliffs, New Jersey, 1970.

6 Joan Rockwell, *Fact in Fiction: The Use of Literature in the Systematic Study of Society,* London 1974, Kap. 5.

7 George Thompson, *The Prehistoric Aegean,* New York 1975; H. D. F. Kitto, *The Greeks,* Baltimore 1951, S. 19.

8 Rockwell, *Fact in Fiction,* S. 163.

9 Ibid., S. 162.

10 Ibid.

11 Aischylos, *Oresteia,* S. 167.

12 Rockwell, *Fact in Fiction,* S. 150.

13 Aischylos, *Oresteia,* S. 164.

14 Eine ausgezeichnete Analyse Spencers und anderer androzentrischer Theoretiker des 19. Jh. findet sich in Martha Vicinus, Hg., *Suffer and Be Still: Women in the Victorian Age,* Bloomington 1972, insbes. S. 126–145.

15 Vgl. z. B. 4. Buch Mose 32, 1. Chronik 5.

16 Vgl. David Loye und Riane Eisler, *Chaos and Transformation: Implications of Nonequilibrium Theory in Natural Science for Social Science and Society* in: *Behavioral Science* 32, 1987, S. 53–65.

17 Vgl. z. B. Humberto Maturana, *The Organization of the Living: A Theory of the Living Organization* in: *Journal of Man-Machine Studies* 7, 1975, S. 313–332; Vilmos Csanyi, *General Theory of Evolution*, Budapest 1982.

18 Vgl. z. B. Vilmos Csanyi und Georgy Kampis, *Autogenesis: The Evolution of Replicative Systems* in: *Journal of Theoretical Biology* 114, 1985, S. 303–321.

19 Vgl. z. B. 2. Könige 18:4, 4. Mose 31; 2. Chronik 33.

20 George Orwell, *1984*, New York 1971, ursprüngl. erschienen unter dem Titel *Nineteen Eighty Four*, London 1949.

21 Diese wichtige Erkenntnis findet sich in *Mary Daly, Gyn/Ecology: The Metaethics of Radical Feminism*, Boston 1978.

22 Ein Forschungsbericht über die jahrhundertelang währende Zusammenstellung und Umformulierung der Bibeltexte seitens diverser Rabbi- und Priester-»Schulen« findet sich in: *The Dartmouth Bible*, Boston 1950, insbes. S. 5–11.

23 Ibid., S. 9.

24 Ibid., S. 10.

25 Ibid., S. 10.

26 Ibid.

27 Ibid.

28 Marija Gimbutas, *The Goddesses and Gods of Old Europe, 7000–3500 B. C.*, Berkeley und Los Angeles 1982, S. 93.

29 Ibid., S. 149. Vgl. auch Erich Neumann, *The Great Mother*, Princeton 1955, Tafel 59.

30 Zur Allgegenwart von Schlangendarstellungen in Verbindung mit der Göttin in nahöstlichen, europäischen, asiatischen und sogar amerikanischen Kulturen vgl. die Tafeln in: Neumann, *The Great Mother*.

31 Vgl. z. B. Joseph Campbell, *The Mythic Image*, Princeton 1974, S. 295.

32 Vgl. ibid., S. 296, sowie Jane Harrison, *Prolegomena to the Study of Greek Religion*, London 1903, 1962, worin sich eine Übersicht über die Ursprünge der Schlange in der griechischen Mythologie findet.

33 Gimbutas, *The Goddesses and Gods of Old Europe*, S. 149.

34 Merlin Stone, *When God Was a Woman*, New York 1976, S. 67.

35 *The Dartmouth Bible*, S. 146; 2. Könige 18:4.

36 Campbell, *The Mythic Image*, S. 294.

37 2. Könige 18:4.

38 Zur Diskussion der Ursprünge Evas vgl. Robert Graves und Raphael Patai, *Hebrew Myths*, New York 1963, S. 69.

39 1. Mose 3, 16: »Und zum Weibe sprach er: Ich will dir viel Mühsal schaffen, wenn du schwanger wirst; unter Mühen sollst du Kinder gebären.

Und dein Verlangen soll nach deinem Manne sein, aber er soll dein Herr sein.« Der vollständige Sinn dieser Passage erschließt sich, sobald wir die Geschichte von der Vertreibung aus dem Paradies als androkratische Sage über ein egalitäres, bäuerliches (oder Gartenbau treibendes) Volk betrachten, das die Göttin verehrte und von einem von Männern beherrschten, kriegerischen Nomadenvolk erobert wurde, was das Ende der sexuellen Freiheit und Selbstbestimmung für Frauen bedeutete. Die Zeilen im englischen Bibeltext lauten: »I will greatly multiply thy sorrow and thy conception« und deuten nachdrücklich darauf hin, daß die Frauen in jener Zeit nicht nur des Rechts verlustig gingen, sich selbst aussuchen zu dürfen, mit wem sie Geschlechtsverkehr haben wollten, sondern auch des Rechts auf die Anwendung von Methoden zur Schwangerschaftsverhütung. Daß solche Methoden schon sehr früh bekannt waren, belegt ein ägyptischer Papyrus, der die Anwendung von Spermiziden beschreibt; vgl. dazu Norman Himes, *Medical History of Contraception,* New York 1970, S. 64.

40 Ein außergewöhnliches Werk aus dem neunzehnten Jahrhundert, das nicht nur die konventionelle Wissenschaft der Zeit, sondern sogar die Bibel selbst angreift, ist Elizabeth Cady Stantons *The Woman's Bible,* Reprint in: *The Original Feminist Attack on the Bible* mit einem Vorwort von Barbara Welter, New York 1974. *The Woman's Bible,* das erstmals 1895 trotz der Einwände vieler anderer Feministinnen erschien, die es entweder für ein furchtbares Sakrileg hielten oder in einer Zeit des Säkularismus und der Aufklärung für irrelevant erachteten, ist das Werk mehrerer feministischer Wissenschaftlerinnen. Manche von ihnen machten zwar den Versuch, die Bibel mit feministischen Zielen in Einklang zu bringen, doch Elizabeth Cady Stanton, die wahrscheinlich die bemerkenswerteste Feministin des neunzehnten Jahrhunderts ist, drang direkt zum Kern der Sache vor, indem sie die vielen Textstellen, in denen Frauen als nach göttlichem Ratschlag mindere Kreaturen dargestellt werden, zusammentrug und widerlegte. Seit damals, insbesondere aber in den siebziger und achtziger Jahren dieses Jahrhunderts, haben viele Frauen die Bibel erneut studiert und wichtige Beiträge zur Religionswissenschaft geleistet. Vgl. z. B. Gail Graham Yates, *Spirituality and the American Feminist Experience,* in: *Signs* 9, Herbst 1983, S. 59–72; Anne Barstow Driver, *Review Essay: Religion,* in: *Signs* 2, Winter 1976, S. 434–442; Rosemary Ruether, *Feminist Theology in the Academy,* in: *Christianity and Crisis* 45, 1985, S. 55–62. Vgl. auch Carol P. Christ und Judith Plaskow, Hg., *Womanspirit Rising,* New York 1979; Nancy Auer Falk und Rita Gross, Hg., *Unspoken Words,* New York 1980; Charlene Spretnak, Hg., *The Politics of Women's Spirituality,* New York 1982; Elisabeth Schussler Fiorenza, *In Memory of Her,* New York 1983; Rosemary Radford Ruether, Hg., *Religion and Sexism: Images of Women in Jewish and Christian Traditions,* New York 1974;

Mary Daly, *Beyond God the Father,* Boston 1973; Susannah Herschel, Hg., *On Being a Jewish Feminist,* New York 1982. Ein neuer und ausgezeichneter Beitrag ist Carol P. Christs *Toward a Paradigm Shift in the Academy and in Religious Studies,* in: Christy Farham, Hg., *Transforming the Consciousness of the Academy,* Bloomington, Indiana, 1987. Eine faszinierende Neuinterpretation der biblischen Geschichte von Sarah findet sich in Savina J. Teubal, *Sarah the Priestess: The First Matriarch of Genesis,* Chicago 1984.

Kapitel 7: Die Wirklichkeit auf den Kopf gestellt Teil 2 (S. 167)

1 Marija Gimbutas, *The First Wave of Eurasian Steppe Pastoralists into Copper Age Europe,* in: *Journal of Indo-European Studies* 5, Winter 1977, S. 297.

2 4. Mose 31; Josua 6, 7, 8, 10, 11.

3 In der Moderne schafft die größere technologische und soziale Komplexität auch neue Rollen, und eine der gegenwärtig wichtigsten Fragen ist, ob die lukrativen und prestigeträchtigen darunter wiederum hauptsächlich den Männern zufallen sollen. Diese Frage wird von mir im Folgeband *Breaking Free* eingehend untersucht. Eine interessante Diskussion dieser Frage der Technologie und der sozialen Organisation in der Frühgeschichte – vom rein männlichen Standpunkt betrachtet – findet sich in Lewis Mumford, *The Myth of the Machine: Technics and Human Development,* New York 1966.

4 Vgl. Kapitel 3. Dort ist dargestellt, daß größere technologische und soziale Komplexität nicht zwangsläufig zur Männerherrschaft führen müssen und daß in Kreta die Frauen ihre Machtpositionen und ihren Status so lange beibehielten, wie das Partnerschaftsmodell der sozialen Organisation vorherrschte.

5 Edwin Oliver James, *The Cult of the Mother Goddess,* London 1959, S. 89. Merlin Stone bemerkt in diesem Zusammenhang in: *When God Was a Woman,* New York 1976, ausdrücklich, wie wichtig die Unterscheidung zwischen den Formen der Göttinnen-Verehrung *vor* und *nach* der Aufoktroyierung der Männerherrschaft ist. Unglücklicherweise jedoch trennt sie selbst die beiden Formen in ihrem ansonsten hervorragenden Buch nicht deutlich voneinander. Daher finden sich oftmals weibliche Gottheiten aus den Zeiten der Männerherrschaft im gleichen Kontext wie jene, die die frühere Göttin repräsentieren, ohne daß unterschieden wird zwischen Athene, Ischtar oder Kybele (alle Göttinnen, die mit Krieg assoziiert werden) und der Göttin der Vorgeschichte, wie sie beispielsweise in den schwangeren »Venus«-Statuetten des Paläolithikums und der Großen Muttergöttin von Çatal Hüyük repräsentiert ist, die beide vornehmlich mit der Regeneration des Lebens assoziiert werden.

6 Rohrlich-Leavitt, *Woman in Transition: Crete and Sumer,* in: Renate Briden-

thal und Claudia Koonz, Hg., *Becoming Visible,* Boston 1977, S. 55. Eine ausgezeichnete Sammlung wissenschaftlicher Aufsätze, die sich im weitesten Sinne mit der Frage befassen, wie spätere Religionen die Erniedrigung und Unterwerfung der Frauen reflektieren und perpetuieren, findet sich in: Rosemary Radford Ruether, *Religion and Sexism: Images of Women in Jewish and Christian Traditions,* New York 1974. Einige jüngere Arbeiten zu diesem Thema sind Carol Christ und Judith Plaskow, *Womanspirit Rising: A Feminist Reader in Religion,* San Francisco 1979; Charlene Spretnak, Hg., *The Politics of Women's Spirituality,* New York 1982; Mary Daly, *Gyn/Ecology: The Metaethics of Radical Feminism,* Boston 1978. Vgl. auch Riane Eisler, *Our Lost Heritage: New Facts on How God Became a Man,* in: *The Humanist* 45, Mai/Juni 1985, S. 26ff.

7 Raphael Patai, *The Hebrew Goddess,* New York 1978, S. 12f. Selbst in der Bibel können wir nachlesen, daß der Tempel Salomons nicht ausschließlich der Verehrung Jehowas, sondern auch anderer Götter und Göttinnen diente.

8 Ibid., S. 48ff. Trotz des reichen Materials, das dieses Buch über die Gynozentrik unseres religiösen Erbes bietet, bleibt Patais Interpretation weitgehend im Rahmen des dominatorischen Paradigmas. Einen anderen Ansatz, und zwar aus feministischer Perspektive, bietet Carol P. Christ mit *Heretics and Outsiders: The Struggle over Female Power in Western Religion,* in: *Soundings* 61, Herbst 1978, S. 260–280.

9 Vgl. z. B. Jeremia 44: 17. Stones *When God Was a Woman* enthält eine ausgezeichnete Diskussion dieses Themas. Vgl. auch Elizabeth Gould Davis, *The First Sex,* New York 1971, das eine interessante Dokumentation der enormen Intensität der Göttinnenverehrung enthält, die bis ins Mittelalter nicht nur von Frauen, sondern auch von Männern praktiziert wurde. So zitiert Davis die Briefe des Kyrillos von Alexandria, worin nachzulesen ist, daß die Einwohner von Ephesus auf offener Straße tanzten, als sie erfuhren, daß die Kirche hinfort willens sei, ihnen die »Verehrung der Jungfrau Maria als der Mutter Gottes« zu gestatten (S. 246).

10 Eine interessante Analyse der Etymologie des hebräischen Wortes *Elohim* (Gottheit) findet sich in S. L. MacGregor Mathers, *The Kabbalah Unveiled,* London 1957, eine Diskussion dazu in June Singer, *Androgyny,* New York 1977, S. 84. Mathers weist nicht nur darauf hin, daß *Elohim* das feminine Substantiv für »Gottheit« mit einer maskulinen Endung ist, sondern daß auch das hebräische Wort *ruach* (Heiliger Geist) ebenso feminin ist wie das Wort *hochma* (Weisheit) – alles Bezeichnungen, mit denen die Alten die Göttin anriefen.

11 Auf überzeugende Weise analysiert Daly in: *Gyn/Ecology,* insbes. in Kap. 2, wie ältere Mythen und Symbole »gestohlen und ins Gegenteil verkehrt, verzerrt und entstellt wurden« (S. 75). Faszinierend an dieser und anderen Analysen zu diesem Thema ist vor allem die Tatsache, daß

heute viele Gelehrte unabhängig voneinander und mit verschiedenen Methoden zu der gleichen fundamentalen Einsicht gelangen: Die Umformulierung der Mythen zu Herrschaftsmythen war derart erfolgreich, daß Orwells »Prophezeiungen« in *1984* »Beschreibungen dessen sind, was sich bereits ereignet hat«. Denn nicht nur wurde unsere wahre Vorgeschichte – und mit ihr die Göttin – ausgelöscht; die Verkrüppelung des Denkens infolge der Bereinigung unserer Sprache von sexuell gleichwertigen Wörtern hat es unmöglich gemacht, »den ketzerischen Gedanken weiter zu verfolgen als bis zu der Empfindung, daß er ketzerisch *war*«. Die Wörter, die wir brauchen, gibt es nicht mehr – wie in *1984* (Daly, *Gyn/Ecology*, S. 330f.; Orwell, *1984*, S. 252). Frühere, nicht-feministische Versuche, aus der Fülle der religiösen und klassischen Mythen jene zu identifizieren, die auf prä-dominatorische Zeiten zurückgehen, finden sich z. B. in: Robert Briffault, *The Mothers*, New York 1969; Jane Harrison, *Prolegomena to the Study of Greek Religion*, London 1903, 1962; M. Esther Harding, *Woman's Mysteries*, New York 1971; Erich Neumann, *The Great Mother*, Princeton, New Jersey, 1955; Robert Graves, *The White Goddess*, New York 1958; Helen Diner, *Mothers and Amazons*, New York 1971; Frazer, *The Golden Bough*, New York 1922; Johann Jakob Bachofen, *Das Mutterrecht*, o. O. 1861 (*Myth, Religion, and Mother Right*, übs. von Ralph Manheim, Princeton, New Jersey, 1861, 1967). Mit dem Begriff *Mutterrecht* ist, wenngleich er mitunter anders gebraucht wird, einfach die matrilineare statt der patrilinearen Erbfolge gemeint, d. h. in anderen Worten, daß die Abstammung von der Mutter statt – wie in unserer Zeit – vom Vater hergeleitet wird.

12 Vgl. z. B. Josua 6: 21, 5. Mose 12: 2–3. Da die christliche Tradition oftmals die Juden der Ermordung des Gottessohnes und anderer »Greueltaten« für schuldig befand, ist es dringend geboten hervorzuheben, daß derartige Praktiken keine Erfindung der Juden waren, sondern typisch für dominatorische Gesellschaften sind. Zwei wichtige Artikel, die die irrige Behauptung (oder Implikation), die Juden seien für das Patriarchat verantwortlich, frontal angehen, sind Judith Plaskows *Blaming Jews for Inventing Patriarchy* und Annette Daums *Blaming Jews for the Death of the Goddess*, beide in: *Lilith* 1980, Nr. 7, S. 11ff.

13 *The Dartmouth Bible*, Boston 1950, S. 146. Wie die meisten konventionellen Quellen nennt auch die *Dartmouth Bible* den ersten Teil der jüdisch-christlichen Bibel »Altes Testament«, obwohl jüdische Gelehrte darauf hinweisen, daß es für Juden nur eine einzige Heilige Schrift gibt und daher Begriffe wie *Jüdische Schriften* oder *Jüdische Bibel* angemessener wären als *Altes Testament*. Ich selbst hätte in diesem Buch gerne den Begriff *Jüdische Bibel* benutzt, doch wurde mir bald klar, daß dies ziemlich viel Verwirrung stiften würde. Die meisten Leute, die ich dazu befragte, glaubten, damit seien die Apokryphen gemeint oder gar die erst in jüngerer

Zeit gefundenen Schriftrollen (wie die vom Toten Meer), jedoch keinesfalls der erste Teil der Bibel.

14 Vgl. 4. Mose 31: 18.

15 2. Mose 12: 7.

16 4. Mose 31: 9, 17, 18.

17 Richter 19: 24. Daß sowohl Bibelleser als auch Bibelforscher so lange Zeit hindurch seelenruhig ignorieren konnten, was derartige Passagen über das unmenschliche Verhalten von Männern gegen Frauen aussagen, ist ein geradezu entsetzliches Zeugnis für die Macht des vorherrschenden Paradigmas. Daß heute jedoch eine neue Generation von Bibelanalytikern derlei Passagen unabhängig von anderen aufs neue erforscht und unabhängig von anderen zu den gleichen Schlüssen gelangt (vgl. z. B. Mary Daly, *Beyond God the Father*, Boston 1973), ist ein ermutigendes Zeugnis für die Macht der gegenwärtigen Renaissance einer auf Partnerschaft beruhenden Weltsicht – ein Thema, auf das wir noch einmal zu sprechen kommen werden.

18 Richter 19: 25–28.

19 1. Mose 19.

20 3. Mose 12: 6f.

21 Neumann, *The Great Mother*, S. 313.

22 Ibid., S. 312.

23 *New Catholic Encyclopedia*, Bde. 2 u. 5: *Hastings Encyclopedia of Religion and Ethics*, Bd. 1.

24 Vgl. z. B. Joseph Campbell, *The Mythic Image*, Princeton, New Jersey, 1974, S. 59–64.

25 Daly, *Gyn/Ecology*, S. 17. f., S. 39. Die Theologin Daly schreibt zornig, daß nicht nur der Baum des Lebens ersetzt worden sei durch »das nekrophile Symbol eines toten Körpers, der von einem toten Stück Holz herabhängt«, sondern daß auch »das Patriarchat selbst auf dem gesamten Planeten die vorherrschende Religion und deren Hauptbotschaft die Nekrophilie« ist.

Kapitel 8: Die andere Hälfte der Geschichte, Teil 1 (S. 188)

1 Im Englischen sollte *gylany* mit Betonung auf der ersten Silbe und mit einem *g* wie in *gift* ausgesprochen werden: *gi-lan-ee.* (Im Deutschen ergibt sich die Aussprache von selbst. Die Übersetzerin.)

2 Jane Harrison, *Prolegomena to the Study of Greek Religion*, London 1903, 1962, S. 646.

3 Jacquetta Hawkes, *Dawn of the Gods: Minoan and Mycenaean Origins of Greece*, New York 1968, S. 261.

4 Dies wird von späteren griechischen Schauspielen (wie etwa Aischylos' *Orestie*) bestätigt, worin Königinnen wie Klytämnestra eindeutig

die Macht haben und ihre Ehegatten als »Gefährten« bezeichnet werden.

5 Hesiod, *Works and Days*, zit. in: John Mansley Robinson, *An Introduction to Early Greek Philosophy*, Boston 1968, S. 4.

6 Heraklit, zit. in Edward Hussey, *The Pre-Socratics*, New York 1972, S. 49.

7 Hesiod, zit. in: Robinson, *Early Greek Philosophy*, S. 5.

8 J. V. Luce, *The End of Atlantis*, London 1958, S. 158.

9 Ibid., S. 159.

10 Ibid.

11 So hat z. B. Anaximander (geb. um 612 v. u. Z.) gewissermaßen und rudimentär Darwins Evolutionstheorie vorweggenommen. Über die Ursprünge des menschlichen Lebens sagte er, der menschliche Prototyp sei im Anfang ein fischähnliches Geschöpf gewesen, das bei Erreichen der Reife das Wasser verließ, an Land ging, seine fischartige Hülle abwarf und in menschlicher Gestalt heraustrat. Diese Gedanken lassen vermuten, daß Anaximander einiges Wissen über die Entwicklung des menschlichen Embryos besaß (Hussey, *The Pre-Socratics*, S. 26; Robinson, *Early Greek Philosophy*, S. 33f.).

12 Robinson, *Early Greek Philosophy*, S. 46.

13 Hussey, *The Pre-Socratics*, S. 14.

14 Ibid., S. 13.

15 Ibid.

16 Die kretischen Wurzeln der griechischen Zivilisation haben, wie bereits bemerkt, Gelehrte wie Nicolas Platon und Jacquetta Hawkes dargestellt. Platon z. B. schreibt: »Eine solch großartige, von so dynamischen Menschen hervorgebrachte Zivilisation konnte nicht untergehen, ohne Spuren zu hinterlassen« (Nicolas Platon, *Crete*, Genf 1966, S. 69). Von nicht zu unterschätzender Bedeutung ist auch die Tatsache, daß führende vorsokratische Philosophen und Wissenschaftler wie Xenophanes aus Kolophon, Pythagoras von Samos und Thales, Anaximander und Anaximenes aus Milet auf Inseln des östlichen Mittelmeers und in Küstenstädten Südanatoliens lebten – Stätten einer seit Jahrtausenden die Göttin verehrenden Kultur, die erst mit dem dorischen Ansturm, der das dunkle Zeitalter in Griechenland einleitete, zerstört wurden.

17 Die Vorstellung von einem geeinten, zusammenhängenden Universum, in dem alles miteinander in Beziehung steht oder verbunden ist – statt einer Rangordnung unterworfen zu sein wie in androkratischen Theologie- und Wissenschaftstheorien –, findet sich in einigen Aussagen von Anaxagoras. Er schrieb: »In allem sind alle Dinge in der einen einzigen Weltordnung nicht voneinander getrennt oder mit der Axt abgespalten – weder die Hitze von der Kälte noch die Kälte von der Hitze« (zit. in: Robinson, *Early Greek Philosophy*, S. 177–181).

18 Hussey, *The Pre-Socratics*, S. 17.

19 Ibid., S. 19.

20 Vgl. z. B. Robinson, *Early Greek Philosophy*, S. 34f., S. 89, S. 94, S. 137, S. 168.

21 Marija Gimbutas, *The Goddesses and Gods of Old Europe, 7000–3500 B. C.*, Berkeley und Los Angeles 1982, S. 102, S. 196.

22 Ibid., S. 198.

23 Erich Neumann, *The Great Mother*, Princeton, New Jersey, 1955, S. 275.

24 Hussey, *The Pre-Socratics*, S. 14.

25 Robinson, *Early Greek Philosophy*, S. 70.

26 Ibid., S. 80.

27 Harrison zit. Aristoxenos als Quelle für die Information, daß Pythagoras seine Morallehre von Themistokleia empfing (*Prolegomena*, S. 646). Hawkes schreibt, Pythagoras habe sich bei der Reform des Orphismus »einen starken Feminismus« zu eigen gemacht. (*Dawn of the Gods*, S. 283.)

28 Harrison, *Prolegomena*, S. 646.

29 Ibid.; Hawkes, *Dawn of the Gods*, S. 284.

30 Harrison, *Prolegomena*, S. 647.

31 Plato, *Republic*, Buch 4.

32 Vgl. auch Darstellungen von Initiationszeremonien auf einer Totenurne: Demeter wird inthronisiert, und ihre große Schlange, die sich um sie ringelt, wird von den Initiierten gestreichelt. Zur Linken Demeters eine zweite weibliche Figur, ihre Tochter und Zwillingsgöttin Persephone (Harrison, *Prolegomena*, S. 546). Eine neue und überaus faszinierende Untersuchung der Eleusinischen Mysterien findet sich in: Keller, *The Mysteries of Demeter and Persephone, Ancient Greek Goddesses of Fertility, Sexuality, and Rebirth* (unveröff. Manuskript). Wie Keller hervorhebt, konservierten die Eleusinischen Mysterien viele Elemente der alten Göttinnenverehrung. Sie schreibt: »Die Rituale um Demeter und Persephone sprechen jene Lebenserfahrungen an, die durch alle Zeiten hindurch die rätselhaftesten geblieben sind: Geburt, Sexualität, Tod sowie das größte aller Mysterien, die dauerhafte Liebe. In dieser Mysterien-Religion drückten die Alten im Mittelmeerraum ihre Freude am Leben und am Überfluß der Natur, einschließlich der vorsorglichen Ernte ihrer Feldfrüchte, aus; ihre Freude an menschlicher Liebe, Sexualität und Fortpflanzung und an der Wiedergeburt des menschlichen Geistes, wenngleich durch Leid und Tod. Cicero schrieb über diese Rituale: ›Sie geben uns einen Grund dafür, das Leben nicht nur zu genießen, sondern auch mit größerer Hoffnung zu sterben‹« (S. 2).

33 Augustinus, zit. in: Harrison, *Prolegomena*, S. 261.

34 Hawkes, *Dawn of the Gods*, S. 286.

35 Elise Boulding, *The Underside of History*, Boulder, Colorade, 1976, S. 260ff. Wie die feministische Philosophin Mara Keller schreibt, ist es von nicht zu unterschätzender Bedeutung, daß Aspasia aus Anatolien zu

stammen scheint, wo die Göttin noch immer an erster Stelle stand und die Frauen noch immer weitgehend unabhängig waren (private Mitteilung, 1986). Aspasia, die um 450 v. u. Z. nach Athen kam, eröffnete eine Schule für Frauen und hielt zahlreiche Vorlesungen, die auch von Sokrates, Perikles und anderen berühmten Männern gehört wurden (Will Durant, *The Life of Greece*, New York 1939, S. 253).

36 Harrison, *Prolegomena*, S. 646.

37 Mary Beard, *Woman as a Force in History*, New York 1946, S. 326.

38 *Sappho: Lyrics in the Original Greek*, übs. von Willis Barnstone, New York 1965. (Eine poetische, wenngleich nicht eben feministische Übertragung ins Deutsche in: Joachim Schinkel, Übs. u. Hg., *Sappho, Strophen und Verse*, Frankfurt 1978, S. 13: »Dieser sagt von Reitern und der vom Fußvolk, / mancher auch von Schiffen: auf schwarzer Erde / seien sie das Schönste; doch ich nenn so, wonach einer sehnt sich.« – Die Übersetzerin.) Die meisten Werke von Sappho wurden, zusammen mit anderen »heidnischen« Schriften, von christlichen Zeloten verbrannt. Doch Keller stellt die Frage, weshalb ausgerechnet Homer (der den Krieg pries) davon ausgenommen wurde, aber die Werke von Frauen wie Sappho (die die Liebe pries) der Zerstörung anheimfielen. Zur Diskussion über Sappho, die Plato »die zehnte Muse« nannte, vgl. z. B. Hawkes, *Dawn of the Gods*, S. 286; Boulding, *Underside of History*, S. 260ff.

39 Boulding, *Underside of History*, S. 262f.

40 Beispiele dafür sind Aristophanes' Satiren *Die Weiber am Feste der Demeter, Thesmophoros* und *Die Weibervolksversammlung*.

41 Robinson, *Early Greek Philosophy*, S. 269f.

42 Ibid., S. 286f.

43 Thukydides, *History of the Peloponnesian War*, S. 267.

44 Robinson, *Early Greek Philosophy*, S. 287.

45 Aristoteles, *Politik*.

46 1. Mose 1–3.

47 Fritjof Capra, *The Turning Point: Science, Society, and the Rising Culture*, New York 1982, S. 282.

Kapitel 9: Die andere Hälfte der Geschichte, Teil 2 (S. 212)

1 Leonard Swidler, *Jesus was a Feminist*, in: *The Catholic World*, Januar 1971, S. 177–183.

2 Vgl. z. B. Johannes 20:1–18.

3 Interview mit Professor S. Scott Bartchy, in: *Tracing the Roots of Christianity, The UCLA Monthly* 11, November–Dezember 1980, S. 5.

4 Vgl. z. B. Elisabeth Schussler Fiorenza, *Women in the Early Christian Movement*, in: Carol Christ und Judith Plaskow (Hg.), *Womanspirit Rising: A Feminist Reader in Religion*, San Francisco 1979, S. 91–92; Elise Boulding, *The*

Underside of History, Boulder/Colorado 1976, S. 359–360. Fiorenzas Buch *In Memory of Her*, New York 1983, ist ein bedeutendes Werk zum wissenschaftlichen Verständnis des Neuen Testaments aus feministischer Sicht.

5 James Robinson (Hg.), *The Nag Hammadi Library*, New York 1977. Damit soll der androkratische Charakter der urchristlichen Evangelien keineswegs geleugnet werden. Inwieweit hier eine Funktion der diversen Übersetzungen vorliegt, ist schwer zu beurteilen. So war beispielsweise die letzte Übersetzung aus dem Koptischen ins Englische eine Arbeit des *Coptic Gnostic Library Project* am *Institute for Antiquity and Christianity*. Die vorherrschenden Sprechbilder zeigen eindeutig, daß die Dokumente in einer Zeit entstanden, in der Männer und maskuline Entwürfe der Gottheit bereits dominant waren. Andererseits steht außer Frage, daß die in einigen dieser Evangelien enthaltene Rückkehr zu präandrokratischen Vorstellungen von jenen Mächten, die in weiblicher Gestalt das Universum beherrschen, sowie diverse Anspielungen auf die kreativen Kräfte und die Weisheit der Mutter als gefährliche Häresien angesehen wurden. (Vgl. z. B.: *Gospel of Thomas*, S. 129; *Gospel of Philip*, S. 136–142; *The Hypostasis of the Archons, The Sophia of Jesus Christ*, S. 206; *The Thunder, Perfect Mind*, S. 271; *The Second Treatise of the Great Seth*, S. 330.)
Die vielleicht auffallendste Häresie, die diese ansonsten recht unterschiedlichen und aus einer Vielzahl verschiedener philosophischer und religiöser Traditionen gespeisten Evangelien wie ein roter Faden durchzieht, besteht darin, daß sie die Gottgegebenheit menschlicher Rangordnungen in Frage stellen. Über typisch gylanische Motive wie die Symbolisierung göttlicher Macht in weiblicher Gestalt und die Darstellung Maria Magdalenas als Lieblingsjüngerin und engste Vertraute Jesu hinaus finden wir hier die unverblümte Zurückweisung der These, daß *gnósis* (Erkenntnis) nur durch die Kirchenhierarchie vermittelt werden kann, also durch Päpste, Bischöfe und Priester. Sie wurden damals zum Markenzeichen des orthodoxen Christentums – und ist es bis heute geblieben.

6 Elaine Pagels, *The Gnostic Gospels*, New York 1979, S. XIX.

7 Ibid., S. XIX. Das Edikt von Mailand (313 n. Chr.) unter Konstantin besiegelte bekanntlich die Allianz zwischen der Christlichen Kirche und den herrschenden Klassen des Römischen Reichs.

8 Helmut Koester, *Introduction to the Gospel of Thomas:* in *The Nag Hammadi Library*, S. 117.

9 Markus 16:9–20; Robinson (Hg.), *Nag Hammadi Library*, S. 471–474; Pagels, *The Gnostic Gospels*, S. 11.

10 Robinson (Hg.), *Nag Hammadi Library*, S. 43, 138. Eine hervorragende Analyse dieser Passagen findet sich bei Pagels, *The Gnostic Gospels*, Kap. 1.

11 Vgl. Pagels, *The Gnostic Gospels*, S. 11–14.

12 Ibid., S. 14. Spuren dieser gylanischen Botschaft sind in verschiedenen

offiziellen christlichen Schriften erhalten geblieben, vgl. z. B. Johannes 8:32: »und werdet die Wahrheit erkennen, und die Wahrheit wird euch freimachen.«

13 Ibid., Kap. 3.

14 Ibid., S. XVII, 41.

15 Ibid., S. 41–42 (Hervorhebung im Original).

16 Ibid., S. 42–43.

17 Ibid., S. 42.

18 Ibid., S. 54.

19 Robinson (Hg.), *Nag Hammadi Library*, S. 461–462.

20 Pagels, *The Gnostic Gospels*, S. 52.

21 Ibid., S. 56–57.

22 Ibid., S. 52–53.

23 Ibid., S. 49.

24 Ibid., Kap. 3, insbesondere S. 50ff.

25 Ibid., S. 52–53.

26 Interview mit Professor S. Scott Bartchy in: *Tracing the Roots of Christianity*, S. 5.

27 Ilya Prigogine und Isabelle Stengers, *Order Out of Chaos*, New York 1984, insbesondere Kap. 5 und 6.

28 Constance Parvey, *The Theology and Leadership of Women in the New Testament*, in: Rosemary Radford Ruether (Hg.), *Religion and Sexism: Images of Women in Jewish and Christian Traditions*, New York 1974, S. 118.

29 Pagels, *The Gnostic Gospels*, S. 62–63.

30 Abba Eban, *My People: The Story of the Jews*, New York 1968.

31 Pagels, *The Gnostic Gospels*, S. 63.

32 Ibid., S. 49.

33 Ibid., S. XVIII.

34 Vgl. z. B. *New Columbia Encyclopedia*, New York 1975, S. 634; H. G. Wells, *The Outline of History*, New York 1920, S. 520; Elizabeth Gould Davis, *The First Sex*, New York 1971, S. 234, 237; Hendrik Van Loon, *The Story of Mankind*, New York 1921, S. 135.

35 Vgl. z. B. Wells, *Outline of History*, S. 522–526; Davis, *The First Sex*, Kap. 14; G. Rattray Taylor, *Sex in History*, New York 1954.

36 Pagels, *The Gnostic Gospels*, S. 69.

37 Ibid., S. 57 (Hervorhebung von der Verfasserin).

38 Vgl. z. B. *New Columbia Encyclopedia*, S. 61; Davis, *The First Sex*, S. 420.

39 *New Columbia Encyclopedia*, S. 705, 1302; Davis, *The First Sex*, S. 420.

40 Pagels, *The Gnostic Gospels*, S. 68.

41 Will Durant und Ariel Durant, *The History of Civilization*, New York 1939–67, Bd. 4, *The Age of Faith*, S. 843.

Kapitel 10: Die Strukturen der Vergangenheit (S. 234)

1 Ilya Prigogine und Isabelle Stengers, *Order out of Chaos*, New York 1984; Edward Lorenz, *Irregularity: A Fundamental Property of the Atmosphere*, in: *Tellus*, Nr. 36 A, 1984, S. 98–110; Ralph Abraham und Christopher Shaw, *Dynamics: The Geometry of Behavior*, Santa Cruz/Kalifornien 1984.

2 Prigogine und Stengers, *Order out of Chaos*, S. 169–170.

3 Vgl. Abraham und Shaw, *Dynamics: The Geometry of Behavior*.

4 Ibid.

5 Prigogine und Stengers, *Order out of Chaos*, S. 189–190.

6 Ibid., Zitate (in Reihenfolge) von S. 187, 176–177.

7 Über zyklische Geschichts- bzw. Wirtschaftstheorien vgl. z. B. Walter Kaufman, *Hegel: A Reinterpretation*, Garden City/New York 1965; Oswald Spengler, *Der Untergang des Abendlandes*, 2 Bde., München 1927–29; Pitirim Sorokin, *The Crisis of Our Time*, New York 1941; R. Hamil, *Is the Wave of the Future a Kondratieff?*, in: *The Futurist*, Oktober 1979; Arthur Schlesinger sen., *The Tides of Politics*, Boston 1964; David Loye, *The Leadership Passion*, San Francisco 1977.

8 Henry Adams, *The Education of Henry Adams*, New York 1918, S. 441–442.

9 Ibid., S. 388. Eine interessante Interpretation, die vor allem Adams hohe Einschätzung des »Femininen« hervorhebt, bringt Lewis Mumford, *Apology to Henry Adams*, in: *Interpretation and Forecasts: 1922–1972*, New York 1973, S. 363–365.

10 G. Rattray Taylor, *Sex in History*, New York 1954.

11 Vgl. z. B. Wilhelm Reich, *Die Massenpsychologie des Faschismus*, Köln 1971.

12 Taylor, *Sex in History*, Kap. 5.

13 Ibid., vgl. insbesondere die Vergleichstabelle Patrismus/Matrismus auf S. 81.

14 Eine hervorragende Biographie (und Geschichte ihrer Zeit) schrieb Marion Meade: *Eleanor of Aquitaine*, New York 1977. Vgl. a. Robert Briffault, *The Troubadours*, Bloomington/Indiana 1965.

15 Taylor, *Sex in History*, S. 84.

16 Ibid., S. 91.

17 Ibid., S. 85.

18 Jakob Sprenger und Heinrich Institoris (d. i. Heinrich Krämer), *Malleus Maleficarum*, ins Deutsche übertragen von J. W. R. Schmidt, 3 Teile, Berlin 1922–1923. Der erstmalig 1490 veröffentlichte, mit dem Segen des Papstes versehene *Hexenhammer* war das »Handbuch« der Inquisitoren bei der Hexenjagd.

19 Gregory Zilboorg, zit. bei Barbara Ehrenreich und Deirdre English, *Witches, Midwives, and Nurses: A History of Women Healers*, Old. Westbury/New York 1973, S. 7.

20 Ibid.

21 Ibid., S. 10. Eine hervorragende Darstellung der Thematik findet sich bei Wendy Faulkner, *Medical Technology and the Right to Heal*, in: Wendy Faulkner und Erik Arnold (Hg.), *Smothered by Invention: Technology in Women's Lives*, London 1985. Die Autorin berichtet in ihrem gut dokumentierten Aufsatz, daß die traditionellen Wundheilerinnen (weise Frauen oder »Hexen«, von denen es auf einmal hieß, sie seien mit magischen Kräften begabt) in dem Moment diskreditiert und ausgeschaltet werden mußten, als sich die Kirche anschickte, die Ärzteausbildung in den von ihr sanktionierten Universitäten zu übernehmen. Frauen waren von dieser Ausbildung ausgeschlossen. Des weiteren wurde angeordnet, daß bei »Hexenprozessen« ein ärztliches Urteil darüber entscheiden solle, ob der – gute oder schlechte – Gesundheitszustand eines Menschen auf natürliche Ursachen oder auf Hexerei zurückzuführen sei. Es gelang der Kirche nicht nur, die Frauen zu verdrängen – und zwar sowohl die gebildeten wie die einfachen Wundheilerinnen –, sondern sie schaffte es auch, viele der uralten Heilmethoden jener Frauen zu diskreditieren. So erklärten die neuen Mediziner beispielsweise frische Luft und Bäder für ungesund und ersetzten sie durch Aderlaß, Blutegeltherapie, giftige Abführmittel und andere »heroische Heilmittel«. Noch bis ins neunzehnte Jahrhundert hinein waren »Kuren« dieser Art durchaus an der Tagesordnung.

22 Daß der Teufel sich – wie schon einst im Garten Eden – der Frau bedient, um durch sie Böses zu wirken, ist ein zentrales Thema des *Hexenhammers.* »Alle Hexerei kommt von der Fleischeslust, die in den Frauen unersättlich ist«, heißt es dort. Es sei daher »kein Ding der Verwunderung, daß mehr Frauen als Männer mit der Häresie der Hexerei infiziert sind ... Und gesegnet sei der Höchste, weil Er bisher das männliche Geschlecht vor einem so großen Verbrechen bewahrt hat.« (Zit. nach Ehrenreich und English, *Witches, Midwives, and Nurses,* S. 10.) Die Argumentation, daß es sich bei der »Hexerei« zum Teil um überlebende Elemente einer vorchristlichen Religion gehandelt haben könnte, vertrat explizit erstmals Margaret Alice Murray in ihrem Buch *The Witch-Cult in Western Europe* (London 1921), Anklänge daran finden sich jedoch bereits bei Jules Michelet.

In der modernen feministischen Literatur wird herausgestellt, wie die Hexenverfolgungen als Mittel zum Zweck der Frauenunterdrückung dienten. Vgl. z. B. Elizabeth Gould Davis, *The First Sex,* New York 1971, Kap. 18; Mary Daly, *Gyn/Ecology: The Metaethics of Radical Feminism,* Boston 1978. Arbeiten, die sich mit der Naturreligion der »Hexen« *(Wicca)* und ihren Fähigkeiten als Hebammen und Heilerinnen beschäftigen, sind u. a.: Starhawk, *Dreaming the Dark: Magic, Sex, and Politics,* Boston 1982; Margot Adler, *Dreaming Down the Moon: Witches, Druids, Goddess Worshippers, and Other Pagans in America Today,* Boston 1981; Starhawk, *The Spiral Dance,* New York 1979.

23 Taylor, *Sex in History*, S. 77.

24 Ibid., S. 126.

25 Ibid., S. 99–103. Da sie Frauen als gleichberechtigte Menschen betrachteten, waren Freundschaften und nicht-sexuelle Verhältnisse zwischen den Geschlechtern ein katharisches Prinzip. Dies hatte bezeichnenderweise zur Folge, daß die offizielle Kirche die »keusche Liebe« oder »agape« öffentlich brandmarkte. Sie warfen den »Ketzern«, die ganz im Sinne der Lehren Jesu ihre Kirche die »Kirche der Liebe« nannten, nicht nur vor, sie wollten durch Zeugungsabstinenz die Menschheit ausrotten, sondern bezeichneten sie auch der verschiedensten sexuellen Perversionen.

26 Ibid., S. 125.

27 Ibid., S. 151.

28 Nach wie vor umstritten in Kreisen feministischer Wissenschaftlerinnen ist Joan Kelly-Gadols Frage, ob es für Frauen überhaupt jemals eine Renaissance gegeben hat (Kelly-Gadol, *Did Women Have a Renaissance?* in: Renate Bridenthal und Claudia Koonz (Hg.), *Becoming Visible*, Boston 1977. Die – frühere – Burckhardt-Beardsche Schule vertrat den Standpunkt, daß sich die Lage der Frauen in der italienischen Renaissance in der Tat verbessert hat (Mary Beard, *Woman as a Force in History*, New York 1946, S. 242). Ruth Kelso und Kelly-Gadol meinen dagegen, gegenüber der Feudalherrschaft hätte sich die Situation der Frauen in der Renaissance eher verschlechtert. Sicher genossen während des Feudalismus einige Frauen aus den herrschenden Klassen – namentlich Eleonore von Aquitanien und ihre Tochter Marie de la Champagne – ein gewisses Maß an Unabhängigkeit (obwohl Eleonore von ihrem Ehemann jahrelang gefangen gehalten wurde). Auch war ihr Einfluß auf die Entwicklung und Popularisierung des Troubadour-Ideals der Frauenverehrung (statt -verachtung) beträchtlich. Doch ob die Frauen insgesamt auf gesellschaftlichem und juristischem Gebiet während des Mittelalters Fortschritte verbuchen konnten, ist, wie E. William Monter und andere ausführen, zumindest stark umstritten. (Vgl. E. William Monter, *The Pedestal and the Stake*, in: Bridenthal und Koonz (Hg.), *Becoming Visible*, S. 125). In ähnlicher Weise war – nach Kelly-Gadol – auch die Frau in der italienischen Renaissance, von ein paar bemerkenswerten Ausnahmen abgesehen, weder politisch noch wirtschaftlich unabhängig – und dies, obwohl sich maßgebliche Schriftsteller wie Castiglione für Gleichberechtigung in Ausbildung und Erziehung einsetzten, die ständische Überzeugung von der vorrangig auf Haus und Hof beschränkten Rolle der Frau ablehnten und die sexuelle Doppelmoral zumindest in Frage stellten. Mit anderen Worten: Weder für die eine noch für die andere Epoche läßt sich eine tiefgreifende Änderung des Untertanenverhältnisses der Frau zum Mann konstatieren. Unbestreitbar ist das Vordringen »weiblicherer«, humani-

stischer Wertvorstellungen sowohl während der feudalen Zeit der Troubadoure als auch während der italienischen Renaissance. Auch können wir in mancherlei Hinsicht eine Verbesserung in der Rechtsposition der Frauen und eine Vergrößerung ihrer Chancen feststellen – und zumindest hier und da eine direkte Herausforderung ihrer Untertanenrolle (wie sie z. B. in der Infragestellung der sexuellen Sklaverei und Herabsetzung der Frau zum Ausdruck kommt). Die Idealisierung der Frauen durch die Troubadoure, die Würdigung ihrer sexuellen Unabhängigkeit und die Idealvorstellung von einer gleichberechtigten Ausbildung und Erziehung für Frauen während der Renaissance sind Beispiele dafür. Insgesamt gesehen jedoch schlug die gylanische Attacke auf das verschanzte androkratische System, ob es nun feudalistisch wie im dreizehnten oder etatistisch orientiert war wie im fünfzehnten, fehl. Wir erkennen hieran auch, daß die nach wie vor nicht beendete und sich immer wieder krisenhaft zuspitzende Auseinandersetzung zwischen gylanischen und androkratischen Kräften bis heute andauert.

29 Taylor, *Sex in History*, S. 126. Die gewaltsame Wiedereinführung androkratischer Kontrollen spielt, historisch gesehen, eine wichtige Rolle bei allen Versuchen, das »Der-Mann-herrscht-die-Frau-wird-beherrscht«-Modell der zwischenmenschlichen Beziehungen und damit das Herzstück der Androkratie aus den Angeln zu heben. Mit anderen Worten: Wenn der androkratische Charakter des Systems Bestand haben sollte, konnten sämtliche Versuche, den Status der Frauen (und mit ihm auch das Ansehen »femininer« Werte) zu heben, nur bis zu einem bestimmten Punkt geduldet werden. Eine wirklich substantielle Änderung war ausgeschlossen und mußte mit allen Mitteln verhindert werden. Damit soll freilich nicht behauptet werden, daß es jeweils zu Beginn einer gylanischen Renaissance überhaupt noch keinen androkratischen Widerstand gab. Selbstverständlich gab es den. Im ständigen Wechselspiel zwischen »gylanischeren« und »androkratischeren« Epochen zeigt sich jedoch wieder und wieder, daß die Stärkung der gylanischen Elemente auch den androkratischen Widerstand verstärkt, was im Endeffekt – zumindest vorübergehend – ein androkratisches Regiment zur Folge hat, das noch repressiver ist als seine Vorgänger. Die protestantische Reformation, eine Rebellion gegen die absolute Autorität der Kirchenväter und die Erniedrigung der sexuellen Beziehungen zwischen Frau und Mann durch das Ideal der priesterlichen Keuschheit, gab in ihren Anfängen durchaus Anlaß zu Hoffnungen auf eine Verbesserung der Situation der Frauen. Einige progressive katholische Humanisten wie Erasmus von Rotterdam und Thomas Morus, die heute als Wegbereiter der Reformation gelten, hatten sich ausdrücklich dafür eingesetzt, Mädchen und Frauen eine Ausbildung zukommen zu lassen, und verkündet, daß die »christliche Doktrin niemanden wegen seines Alters oder seines Ge-

schlechts, seines Vermögens oder seiner gesellschaftlichen Stellung ausschließt« (Erasmus, in: *Paraclesis*). Auch die technologischen Veränderungen jener Epoche vor Beginn der industriellen Revolution sorgten für eine soziale und ökonomische Unrast, in der ein grundlegender Wandel im Bereich der Institutionen und der Rollenverteilung möglich gewesen wäre. Im Endeffekt behielten jedoch die Puritaner die Oberhand und zogen mit verschärften Strafmaßnahmen die Zügel der androkratischen Kontrolle wieder an; was die Unterordnung der Frau und den von Grund auf hierarchischen Charakter dieser von neuem institutionalisierten christlichen Glaubensrichtung betraf, blieb weitgehend alles beim alten. (Eine interessante Darstellung der Reformation unter besonderer Berücksichtigung der Frauen bietet Sherrin Marshall Wyntje, *Women in the Reformation Era*, in: Bridenthal und Koonz, *Becoming Visible*.)

30 David Winter, *The Power Motive*, New York 1973.

31 Ibid., S. 172.

32 Ibid.

33 Ibid., Kap. 6, 7.

34 Kate Millett, *Sexual Politics*, New York 1970; Roszak, *The Hard and the Soft*, in: Betty Roszak und Theodore Roszak (Hg.), *Masculine/Feminine*, New York 1969.

35 Millett, *Sexual Politics*.

36 Roszak, *The Hard and the Soft*.

37 Ibid., S. 90.

38 Ibid., s. v. a. S. 102.

39 Ibid.; die ersten beiden Zitate stammen von S. 92, das dritte von S. 91.

40 David McClelland, *Power: The Inner Experience*, New York 1975.

41 Ibid., S. 340.

42 Ibid., S. 324.

43 Ibid., S. 320–321.

44 Ibid.

45 Ibid., S. 319.

46 Jessie Bernard, *The Female World*, New York 1981; Carol Gilligan, *In a Different Voice*, Cambridge/Mass. 1982; Jean Baker Miller, *Toward a New Psychology of Women*, Boston 1976.

47 Miller, *Toward a New Psychology of Women*; dies., *Women and Power*.

48 Bernard, *The Female World*.

49 Gilligan, *In a Different Voice*.

50 Lynn White jun., *Medieval Technology and Social Change*, New York 1962, S. V.

51 Beard, *Woman as a Force in History*.

52 Ibid., S. 255, 323–329.

53 Ibid., S. 312.

54 Davis, *The First Sex*.

55 Vgl. z. B. Bridenthal und Koonz (Hg.), *Becoming Visible;* Elise Boulding, *The Underside of History*, Boulder/Colorado 1976; Nancy Cott und Elizabeth Pleck (Hg.), *A Heritage of Her Own*, New York 1979; Nawal El Sadawii, *The Hidden Face of Eve: Women in the Arab World*, London 1980; Gerda Lerner, *The Majority Finds Its Past: Placing Women in History*, New York 1979; La Frances Rodgers-Rose (Hg.), *The Black Woman*, Beverly Hills/Kalifornien 1980; Martha Vicinus (Hg.), *Suffer and Be Still: Women in the Victorian Age*, Bloomington/Indiana 1972; Susan Mosher Stuard (Hg.), *Women in Medieval Society*, Philadelphia 1976; Tsultrim Alione, *Women of Wisdom*, London 1984; Marilyn French, Beyond Power: *Women and the Family in America from the Revolution to the Present*, New York 1980; Lester A. Kirkendall und Arthur E. Gravatt (Hg.), *Marriage and the Family in the Year 2020*, Buffalo 1984 – um nur einige Werke zu nennen, die sich mit dem je nach Ort und Epoche sich wandelnden Status der Frau beschäftigen.

56 Charles Fourier, zit. nach Sheila Rowbotham, *Woman, Resistance, and Revolution*, New York 1974, S. 51.

57 Vgl. z. B. Eleanor Flexner, *A Century of Struggle*, Cambridge/Mass. 1959.

58 Ibid. Vgl. a. Boulding, *The Underside of History;* Carol Hymowitz und Michele Weissman (Hg.), *A History of Women in America*, New York 1978; Ruth Brin, *Contributions of Women: Social Reform*, Minneapolis 1977.

59 Vgl. z. B. Riane Eisler, *Women and Peace*, in: *Women Speaking* 5, Oktober–Dezember 1982, S. 16–18; Boulding, *The Underside of History*. Die Historikerin Gerda Lerner weist auf »die dringende Notwendigkeit einer historischen Interpretation der Gemeinschaftsbildung durch Frauen« hin (*The Majority Finds Its Past*, S. 165–167).

60 Eine hervorragende Diskussion des *Book of the City of Ladies* von Christine de Pisan in diesem Zusammenhang findet sich bei Joan Kelly, *Early Feminist Theory and the ›Querelles des Femmes‹, 1400–1789*, in: *Signs* 8, Herbst 1982, S. 4–28.

61 Vgl. z. B. Laura Lederer (Hg.), *Take Back the Night*, New York 1980.

62 Roszak, *The Hard and the Soft*.

63 Vgl. z. B. Caryl Jacobs, *Patterns of Violence: A Feminist Perspective on the Regulation of Pornography*, in: Harvard *Women's Law Journal* 7, 1984, S. 5–55. Nach FBI-Unterlagen, die in diesem Aufsatz zitiert werden, stieg die Zahl der Vergewaltigungen während der sechziger Jahre in den Vereinigten Staaten um fünfundneunzig Prozent an. Selbst wenn man berücksichtigt, daß verglichen mit früheren Jahren die Dunkelziffer wahrscheinlich etwas zurückging, ist diese Zunahme enorm. Im gleichen Zeitraum kam es zu einem gewaltigen Anstieg in Produktion und Verkauf pornographischer Erzeugnisse, in denen sexuelle Lust mit Gewalt gleichgesetzt wurde.

64 Vgl. z. B. Riane Eisler, *Violence and Male Dominance: The Ticking Time Bomb*, in: *Humanities in Society* 7, Winter–Frühjahr 1984, S. 3–18; Eisler

und Loye, *Peace and Feminist Theory: New Directions,* in: *Bulletin of Peace Proposals* 1986, Nr. 1.

65 Obwohl die moderne Frauenbewegung in vieler Hinsicht beispiellos ist, wäre die Annahme, die Männerherrschaft sei von den Frauen nie zuvor mit Nachdruck in Frage gestellt worden, falsch. Uralte Legenden über Medusa und die Amazonen weisen darauf hin, daß die Rebellion sehr tiefe Wurzeln hat. Das androkratische System hat jedoch, wie Dale Spender schreibt, systematisch alle Versuche der Selbstbehauptung und des Aufbegehrens im Keime erstickt, so daß bis heute allen Frauen allein der Gedanke an solche Handlungen – geschweige denn die Ausführung derselben – irgendwie anomal (und beispiellos) vorkommt (*Feminist Theories: Three Centuries of Key Women Thinkers,* New York 1983).

Kapitel 11: Loslösung: Die unvollendete Transformation (S. 266)

1 Henry Aiken, *The Age of Ideology,* New York 1956.

2 Alvin Toffler, *The Third Wave,* New York 1980 (dt. Ausgabe *Die Zukunftschance,* übers. von Christel Rost und Till R. Lohmeyer, München 1980).

3 Riane Eisler und David Loye, *Breaking Free* (im Druck).

4 Mary Beard, *Woman as a Force in History,* New York 1946, S. 330.

5 Thomas Hobbes, *Leviathan,* London 1651, ins Deutsche übertragen von J. P. Mayer, revidierte Übersetzung, Stuttgart 1970, S. 112–113. Auch die *Levellers* – eine Sekte, die auf Seiten Cromwells an der Revolution und dem Sturz der britischen Monarchie im Jahre 1649 teilnahmen – vertraten die Meinung, daß »alle Menschen von Geburt an in ein und derselben Weise dazu bestimmt sind, Besitz und Freiheit zu lieben... und daß jedermann von Natur aus ein König, Priester und Prophet in seinem eigenen natürlichen Umfeld ist.«

6 Jean Jacques Rousseau, *The Social Contract,* New York 1954. (Dt. Ausgabe: *Vom Gesellschaftsvertrag,* Ditzingen o. J.)

7 Mary Wollstonecraft, *A Vindication of the Rights of Woman,* in: Miriam Schneir (Hg.), *Feminism: The Essential Historical Writings,* New York 1972, S. 6–16.

8 Zu Comte vgl. Aiken, *The Age of Ideology,* S. 128. Zu Mill und Marx s. Alburey Castell, *An Introduction to Modern Philosophy,* New York 1946, S. 455, 535.

9 Ronald Fletcher, *The Making of the Modern Family,* in: Katherine Elliott (Hg.), *The Family and Its Future,* London 1970.

10 Randolph Trumbach, *The Rise of the Egalitarian Family: Androcratic Kinship and Domestic Relations,* New York 1978.

11 Vgl. z. B. Max Weber, *Die protestantische Ethik und der Geist des Kapitalis-*

mus, in: *Arch. f. Sozialwiss.* 20/21, 1905; R. H. Tawney, *Religion and the Rise of Capitalism,* New York 1926.

12 Vgl. z. B. Robert Heilbroner, *The Worldly Philosophers,* New York 1961.

13 George Gilder, *Wealth and Poverty,* New York 1981.

14 Vgl. das Kapitel über Saint-Simon in: Timothy Raison (Hg.), *The Founding Fathers of Sociology,* Baltimore 1969; zu Charles Fourier s. Heilbroner, *The Worldly Philosophers,* und Karl Marx, *Das Kapital,* Berlin 1975.

15 Friedrich Engels, *Der Ursprung der Familie, des Privateigentums und des Staats,* Hottingen-Zürich 1884, zit. nach der Taschenbuchausgabe Frankfurt/Main 1971, S. 66, 76.

16 Sheila Rowbotham, *Women, Resistance, and Revolution,* New York 1974; Kate Millett, *Sexual Politics,* New York 1970; Riane Eisler und David Loye, *The ›Failure‹ of Liberalism: A Reassessment of Ideology from a New Feminine-Masculine Perspective,* in: *Political Psychology* 4, 1983, S. 375–391; dies., *Breaking Free.*

17 Leon Trotzky, *The Revolution Betrayed,* zit. nach der englischen Übersetzung von Max Eastman, New York 1965. Trotzky meint: »Man kann die Familie nicht ›abschaffen‹, man muß sie ersetzen.« (S. 145)

18 Vgl. z. B. Dale Spender (Hg.), *Feminist Theories: Three Centuries of Key Women Thinkers,* New York 1983; Schneir (Hg.), *Feminism.*

19 Ellen Carol Du Bois (Hg.), *Elizabeth Cady Stanton, Susan B. Anthony: Correspondence, Writings, Speeches,* New York 1981, S. 29.

20 Siehe Castell, S. 421–452, 123–141, 321–336.

21 Ibid., S. 340.

22 Ibid., Nietzsche-Zitate (in Reihenfolge) auf S. 358–359, 352, 353; Adolf Hitler, *Mein Kampf,* München 1932.

23 Vgl. z. B. Bertram Gross, *Friendly Fascism,* Boston 1980; *Liberty* 79, Juli–August 1984, und 80, November–Dezember 1985; Eugen Weber, *The Nationalist Revival in France: 1905–1914,* Berkeley und Los Angeles 1959; Riane Eisler, *Human Rights: The Unfinished Struggle,* in: *International Journal of Women's Studies* 6, September/Oktober 1983, S. 326–335; dies., *The Human Life Amendment and the Future of Human Life,* in: *The Humanist* 41, September–Oktober 1981, S. 13–19; Alan Crawford, *Thunder on the Right,* New York 1980.

24 Vgl. z. B. Riane Eisler, *Women's Rights and Human Rights,* in: *The Humanist* 40, November/Dezember 1980, S. 4–9; Eisler und Loye, *The ›Failure‹ of Liberalism;* Edward L. Ericson, *American Freedom and the Radical Right,* New York 1982. S. a. *Liberty* 79, Juli/August 1984.

25 Fred Brenner, *Khomeini's Dream of an Islamic Republic,* in: *Liberty* 74, Juli/August 1979, S. 11–13.

26 Ibid., S. 12.

27 *Atlas World Press Review,* September 1979.

28 Brenner, *Khomeini's Dream of an Islamic Republic.*

29 *Women's International Network News* 9, Herbst 1983, S. 42. Diese Frauen waren nicht die ersten Baha'i, die für ihren Glauben starben, der für die Gleichberechtigung von Männern und Frauen eintritt. Tahiri, eine der ersten Schülerinnen des Bab (der den Glauben einst begründete), verkündete kurz vor ihrer Hinrichtung: »Ihr könnt mich töten, wann ihr wollt, aber ihr könnt die Emanzipation der Frauen nicht verhindern.« (zit. bei John Huddleston, *The Earth Is But One Country,* London 1976, S. 154)

30 Eine detaillierte Untersuchung folgt in Eisler und Loye, *Breaking Free.* S. a. o. Anm. 23, 24.

31 Dies schließt Frauen ebenso ein wie Männer, so daß Frauen sich nicht nur in ihre eigene Unterjochung fügen, sondern auch männliche Gewaltakte gegenüber anderen hinnehmen werden. Näheres darüber in Eisler und Loye, *Breaking Free.*

32 Vgl. z. B. Wilma Scott Heide, *Feminism for the Health of It,* Buffalo 1985; Mary Daly, *Gyn/Ecology: The Metaethics of Radical Feminism,* Boston 1978; Adrienne Rich, *Of Woman Born,* New York 1976; Sonia Johnson, *From Housewife to Heretic,* Garden City/New York 1983. In *Breaking Free* von Riane Eisler und David Loye werden die Triebkräfte, die hinter den Beziehungen zwischen männlicher Dominanz und Kriegen stehen, unter besonderer Berücksichtigung der Zeitgeschichte untersucht. An dieser Stelle soll nur auf den Unterschied zwischen kriegerischen Gesellschaftsformen und Kriegszeiten hingewiesen werden: Daß Frauen in kriegerischen Gesellschaften im allgemeinen nur einen geringen Status haben, muß nicht unbedingt heißen, daß sich ihr Status in Kriegszeiten automatisch verschlechtert. Es hat immer wieder Situationen gegeben, in denen sich durch die kriegsbedingte Abwesenheit der Männer die Stellung der Frau vorübergehend sogar verbesserte, bot sich ihnen doch nun die Gelegenheit, angesehenere »Männerarbeiten« zu übernehmen. So geschehen z. B. im feudalistischen Europa, als viele Männer den Kreuzzügen folgten, und in Teilen der Vereinigten Staaten während des Zweiten Weltkriegs. Die Crux daran ist, daß die größere Unabhängigkeit und der gehobene Status der Frauen nur einen zeitlich begrenzten Erfolg darstellt. Da sich die Einschätzung der Frau und die »femininer« Charakterzüge wie Mitleid, Fürsorge und Gewaltlosigkeit an sich nicht ändert, werden die Frauen nach der Rückkehr der Männer wieder in ihre alten untergeordneten Positionen und zurück an die »Frauenarbeit« verwiesen – und das System bleibt männerbestimmt wie eh und je.

33 *New Paradigm Symposium* am Esalen Institute, Big Sur/Kalifornien, 29. November–4. Dezember 1985.

34 Vgl. z. B. John Platt, *Women's Roles and the Great World Transformation,* in: *Futures* 7, Oktober 1975; David Loye, *Men at the U. N. Women's Conference,* in: *The Humanist* 45, November/Dezember 1985. Auch Robert Jungk, einer der »Väter« der europäischen Friedensbewegung, hat sich aktiv für

eine stärkere Beteiligung von Frauen an der Politik eingesetzt; er sieht darin eine Vorbedingung für den Frieden.

35 Baha'i World Center (Hg.), *The Promise of World Peace*, Haifa 1985, S. 11–12.

36 Vgl. z. B. Heide, *Feminism for the Health of It;* Fran Hosken, *The Hosken Report: Genital and Sexual Mutilation of Females*, Lexington/Mass. 1979; Helen Caldicott, *Nuclear Madness*, New York 1980; Pam McAllister (Hg.), *Reweaving the Web of Life: Feminism and Nonviolence*, Philadelphia 1982; Charlene Spretnak (Hg.), *The Politics of Women's Spirituality*, New York 1982; Elizabeth Dodson-Gray, *Green Paradise Lost*, Wellesley/Mass. 1979; Hilkka Pietila, *Tomorrow Begins Today*, ICDA/ISIS Workshop in Forum, Nairobi 1985.

37 Vgl. z. B. Abide Khanum, *The Black-Eyed Houri: Women in the Moslem World* (noch nicht veröffentlicht); Susan Griffin, *Women in Nature*, New York 1978; Paula Gunn Allen, *The Woman Who Owned the Shadows*, San Francisco 1983; Jean O'Barr, *Third World Women: Factors in Their Changing Status*, Durham/North Carolina 1976; Judy Chicago, *The Dinner Party*, Garden City/New York 1979; Alice Walker, *The Color Purple*, New York 1982; Rosemary Radford Ruether (Hg.), *Religion and Sexism: Images of Women in Jewish and Christian Traditions*, New York 1974; Evelyn Fox Keller, *A Feeling for the Organism: The Life and Work of Barbara McClintock*, San Francisco 1983.

38 Eine hervorragende Arbeit über dieses Thema ist: Fritjof Capra und Charlene Spretnak, *Green Politics*, New York 1984.

39 Der Futurologe Stuart Conger weist darauf hin, daß es sich bei Institutionen, wie dem Gerichtswesen, den Schulen und den Kirchen, die für uns längst zur Selbstverständlichkeit geworden sind, um soziale Erfindungen handelt, genauso, wie Papier und Schreibfeder, Kinderwagen und Flugzeuge, Rechenschieber und Computer technische Erfindungen sind. Alle diese Errungenschaften sind Produkte des menschlichen Verstandes (Stuart Conger, *Social Inventions*, Prince Albert/Saskatchewan 1970).

Kapitel 12: Eine dominatorische Zukunft (S. 291)

1 Norbert Wiener, *The Human Use of Human Beings*, New York 1950, 1967. S. v. a. Kap. 2, 3.

2 Aus der Perspektive des Systemanalytikers schreibt Wiener: »Die Kybernetik geht davon aus, daß die Struktur der Maschine oder des Organismus ein Gradmesser für die von ihr oder ihm zu erwartende Leistung ist . . . Daß eine menschliche Gesellschaft auf einem Lernprozeß aufbaut, ist völlig natürlich – ebenso wie die Tatsache, daß ein Ameisenstaat auf ererbten Verhaltensmustern basiert.« (*ibid.*, S. 79, 81). Ashley Montagu hat ausführlich dargelegt, daß die arttypischen Charaktermerkmale des Menschen, denen er seine Einzigartigkeit verdankt, unsere große Flexi-

bilität und, damit verbunden, unsere enorme Erfindungsgabe sind. Vgl. Ashley Montagu, *The Direction of Human Development*, New York 1955; ders., *On Being Human*, 2. Aufl. New York 1966; ders., *Growing Young*, New York 1981; ders., *Touching*, 3. Aufl., New York 1986.

3 So schreibt Wiener, daß »der normale Zustand fest zugewiesener und dauerhafter Funktionen« weder mit der Struktur des menschlichen Organismus noch mit »der nicht umkehrbaren Bewegung in Richtung auf eine ungewisse Zukunft« vereinbar ist, »die das Leben des Menschen bestimmt«. Und schon gar nicht mit einer demokratischen Gesellschaftsordnung (*Human Use of Human Beings*, S. 70f).

4 Ibid., S. 71, Kap. 3.

5 Edward Cornish, *The Study of the Future*, Washington, D.C. 1977.

6 Vgl. z. B. Mihajlo Mesarovic und Eduard Pestel, *Mankind at the Turning Point*, New York 1974; *The Global 2000 Report to the President*, Washington, D.C. 1980; Ervin Laszlo, *The Crucial Epoch*, in: *Future* 17, Feb. 1985, S. 2–23; William Neufeld, *Five Potential Crises*, in: *The Futurist* 18, April 1984.

7 *The Global 2000 Report to the President*, S. 3.

8 Ibid., S. 2–3.

9 Ruth Sivard, *World Military and Social Expenditures 1983*, Washington, D.C. 1983, S. 26.

10 Ibid.

11 *The Global 2000 Report to the President*, S. 1, 26. Es gibt auch Voraussagen, nach denen es zu einer Abflachung des Bevölkerungswachstums kommen wird. Um dies jedoch mit humanen Mitteln zu erreichen, bedarf es, wie Jonas Salk in: *World Population and Human Values: A New Reality*, New York 1981, ausführt, effektiver menschlicher Interventionen.

12 Die Weltbevölkerung wuchs allein im Jahrzehnt zwischen 1974 und 1984 um 770 Millionen auf insgesamt 4,75 Milliarden an. Nach Schätzungen der Weltbank wird sich diese Zahl bis zum Jahr 2025 annähernd verdoppeln und ungefähr bei 8,3 Milliarden Menschen liegen, von denen ca. 7 Milliarden in den unterkapitalisierten und von chronischer Lebensmittelknappheit heimgesuchten Ländern der Dritten Welt leben werden (*Time*, 6. August 1984, S. 24). Die alarmierendsten Voraussagen beziehen sich auf Afrika, dessen Bevölkerung sich bei der gegenwärtigen Wachstumsrate alle dreiundzwanzig Jahre *verdoppelt*, wodurch die Zukunft dieses Kontinents – in den Worten der *Economic Commission for Africa* – »zum Alptraum« wird (ZPG *Reporter*, 16, März/April 1984, S. 3).

13 Mesarovic und Pestel, *Mankind at the Turning Point*, S. 72.

14 Vgl. z. B. Lester Brown, *A Harvest of Neglect: The World's Declining Croplands*, in: *The Futurist* 13, April 1979, S. 141–152; ders., *State of the World Nineteen Eighty Five*, New York 1985; *World Population Growth and Global Security*, in: *Population*, Sept. 1983; Stephen D. Mumford, *American De-*

mocracy and the Vatican: Population Growth and National Security, Amherst/New York 1985.

15 In dem Positionspapier der amerikanischen Delegation bei der Bevölkerungskonferenz in Mexiko heißt es mit Datum vom 30. Mai 1984: »Für sich allein betrachtet, ist Bevölkerungswachstum ein neutrales Phänomen. Es ist nicht von vornherein gut oder schlecht.« Zur Verblüffung der Wirtschaftsexperten heißt es des weiteren: »Das Verhältnis zwischen Bevölkerungswachstum und ökonomischer Entwicklung ist nicht negativ.« (*Draft of U. S. position paper prepared by White House Office of Policy Development and the National Security Council*, in: *ZPG Reporter* 16, Mai/Juni 1984, S. 3.) Der im Juli 1984 veröffentlichte, 286 Seiten starke *World Development Report* der Weltbank zieht die Glaubwürdigkeit dieser Behauptungen erheblich in Zweifel. »In manchen Ländern«, heißt es dort, »ist voraussichtlich überhaupt keine Entwicklung möglich, wenn es nicht bald gelingt, das Bevölkerungswachstum zu verlangsamen.« Der Bericht stellt fest, daß das Bevölkerungswachstum die wirtschaftliche Entwicklung der ärmeren Nationen in drastischer Form behindern wird und zusätzliche Maßnahmen zur Familienplanung sowie weitere finanzielle Hilfe unerläßlich sind (*ZPG Reporter* 16, Juli/August 1984, S. 2). Die meisten Bevölkerungsexperten sind sich darüber einig, daß die amerikanische Politik und insbesondere die kritische Einstellung gegenüber Familienplanung und Geburtenkontrolle von ideologischen Motiven diktiert wurden. Der Aktionsplan, der auf der Konferenz von Mexiko City verabschiedet wurde, betont ebenfalls, daß die Geburtenkontrolle »ein fundamentales Element in der Entwicklungsplanung« ist und daß »Aktionsprogrammen, die alle wesentlichen Bevölkerungs- und Entwicklungsfaktoren integrieren, Priorität eingeräumt werden sollte«. (*ZPG Reporter* 16, Juli/August 1984, S. 4.)

16 Vgl. z. B. Riane Eisler, *Thrusting Women Back to Their 1900 Roles*, in: *The Humanist* 42, März/April 1982, dies., *The Human Rights Amendment and the Future of Human Life*, in: *The Humanist* 41, September/Oktober 1981.

17 *National Now Times*, Januar/Februar 1985, S. 5.

18 Vgl. z. B. Riane Eisler, *Population: Women's Realities, Women's Choices*, in: *Congressional Record, 98th Cong., 2d sess.*, 1984.

19 Rafael M. Salas, *The State of World Population 1985: Population and Women*, erhältlich bei: *Information Division, UNFPA, 220 E. 42nd St. New York, NY 10017.*

20 Dr. Esther Bochene, Koordinatorin der *National Child Spacing and Fertility Association* in Zimbabwe hob hervor, daß »reproduktive Freiheit« für die meisten Afrikanerinnen nicht existiert. Sie dürfen Verhütungsmittel nach wie vor nur anwenden, »wenn ihre Ehemänner es ihnen gestatten«. (*Popline* 7, August 1985, S. 2.) Perdita Houston zeigt an Hand von Interviews mit Frauen aus der Dritten Welt, wie gravierend dieses Problem ist (*Third World Women Speak Out*, New York 1979).

21 Vgl. z. B. *Draper Fund Report No. 9: Improving the Status of Women, Washington, D.C.*, Oktober 1980; Kathleen Newland, *Women and Population Growth*, in: *Worldwatch Paper 16*, Dezember 1977; Robert McNamara, *Accelerating Population. Stabilization Through Social and Economic Progress*, in: *Development Paper 24*, hg. v. *Overseas Development Council*, Washington, D.C. 1977.

22 Vgl. z. B. Julian L. Simon und Hermann Kahn (Hg.), *The Resourceful Earth: A Response to Global 2000*, New York 1984. Simon steht auf dem Standpunkt, daß die Erde ohne weiteres doppelt so viele Menschen ernähren kann, wie gegenwärtig auf ihr existieren, ja er geht sogar noch weiter: Wenn wir uns eine Zukunft nach unseren Vorstellungen schaffen wollen, so meint er, bedarf es eines Höchstmaßes an menschlicher Erfindungsgabe, und dafür taugen mehr Menschen besser als wenige. Simon geht außerdem davon aus, daß sich die Bevölkerungsentwicklung auf natürliche Weise stabilisiert, sobald die Segnungen des materiellen Fortschritts weltweit besser verteilt werden. Dazu bedarf es allerdings laut Simon keiner grundlegenden Veränderungen; es wird sich vielmehr durch kontinuierliches Wirtschaftswachstum alles von ganz allein ergeben. Die reichen Förderer der *Heritage Foundation* werden diese Botschaft mit Freuden vernommen haben.

23 Ibid., Vgl. a. Herman Kahn, *The Unthinkable Optimist*, in: *The Futurist* 9, Dezember 1975, S. 286. Kahn gesteht ein, daß es trotz seines Optimismus auch in Zukunft menschliches Leid geben wird, und zwar aller Voraussicht nach in erster Linie Hungersnöte.

24 Vgl. z. B. Julian Simon, *Life on Earth Is Getting Better, Not Worse*, in: *The Futurist* 17, August 1983, S. 7–15. S. a. die beißende Kritik von Lindsey Grant (*The Cornucopian Fallacies: The Myth of Perpetual Growth*, in: *The Futurist* 17, August 1983, S. 16–23) und Herman Daly (*Ultimate Confusion: The Economics of Julian Simon*, in: *The Futurist* 17, Oktober 1985, S. 446–450).

25 Sivard, *World Military and Social Expenditures 1983*, S. 5.

26 Vgl. Anmerkungen 22, 23 u. 24. Die Ansicht, Wirtschaftswachstum sei das Allheilmittel, wird auch kritisiert von Gita Sen (in Zusammenarbeit mit Caren Grown), *Development, Crisis, and Alternative Visions: Third World Women's Perspectives*, Neu Delhi 1985. Die Autorinnen, die eine Reihe strukturbedingter Ursachen von Hunger und Armut ansprechen, betrachten das Problem der Armut aus der Perspektive der am meisten Betroffenen – der Frauen aus der Dritten Welt.

27 Vgl. z. B. *State of the World's Women 1985*, Oxford 1985; Riane Eisler, *The Global Impact of Sexual Equality*, in: *The Humanist* 41, Mai/Juni 1981; Barbara Rogers, *The Domestication of Women*, New York 1979.

28 Vgl. z. B. U.S. Commission on Civil Rights (Hg.), *Disadvantaged Women and Their Children*, Mai 1983; Karin Stallard, Barbara Ehrenreich und Holly Sklar, *Poverty in the American Dream: Women and Children First*, Bo-

ston 1983; *Women in Poverty* (National Advisory Council on Economic Opportunity, Final Report), September 1981; *A Women's Rights Agenda for the States,* Conference on Alternative State and Local Politics, Washington, D.C. 1984.

29 Die Ergebnisse einer über zehnjährigen, unter der Schirmherrschaft der Vereinten Nationen entstandenen Untersuchung, an der zahlreiche staatliche und nichtstaatliche Organisationen beteiligt waren, sind zusammengefaßt in *The State of the World's Women 1985.* Dort heißt es, daß den Frauen, »obwohl sie meist einen doppelten Arbeitstag« haben und »ungefähr die Hälfte der Nutzpflanzen anbauen... kaum Land gehört..., kaum Kredite eingeräumt werden...«, daß sie »überwiegend den niedrigsten Lohngruppen angehören« und »noch immer weniger als Dreiviertel dessen verdienen, was Männer in vergleichbarer Position erhalten« (S. 1).

30 Daß Frauen nicht nur die Mehrheit unter den Armen, sondern auch unter den Hungernden stellen, zeigen zahlreiche Untersuchungen aus jüngster Zeit. Indirekt wird diese Tatsache schon seit längerem anerkannt – so beispielsweise in Hugh Downs Spendenaufruf für die UNICEF vom Januar 1981, in dem es heißt, daß »die meisten der fünf Millionen Opfer der Dürre und des Bürgerkrieges Frauen und Kinder sind«.

31 Vgl. z. B. June Turner (Hg.), *Latin American Women: The Meek Speak Out,* Silver Springs, MD 1981, und Huston, *Third World Women Speak Out.*

32 Von den Entwicklungshilfegeldern, die die amerikanische Entwicklungsbehörde *(Agency for International Development, AID)* 1982 auszahlte, flossen nur vier Prozent in Hilfsprogramme für Frauen (nach Ruth Sivard, *Women... a world survey, 1985,* Washington, D.C., S. 17).

33 Vgl. z. B. Barbara Bergmann, *The Share of Women and Men in the Economic Support of Children,* in: *Human Rights Quarterly* 3, Frühjahr 1983. Die Autorin befaßt sich mit Fällen von Verarmung durch nicht eingehaltene Zahlungsverpflichtungen amerikanischer Männer.

34 Vgl. z. B. U.N. Centre for Social Development & Humanitarian Affairs (Hg.), *Law and the Status of Women: An International Symposium,* New York 1977, für spezifische Daten über die in der traditionellen und modernen Gesetzgebung vieler afrikanischer Gesellschaften nicht vorhandene juristische oder anderweitige Verpflichtung des Mannes, sich um Frau und Kind zu kümmern. S. a. das Interview mit Fran Hosken, Herausgeberin der *Women's International News,* zu diesem Problemkreis in: Riane Eisler und David Loye, *Fran Hosken: Global Humanitarian (The Humanist,* September/Oktober 1982).

35 S. z. B. *State of the World's Women* 1985; *Review and Appraisal: Health and Nutrition,* World Conference to Review and Appraise the Achievements of the U.N. Decade for Women, A/Conf. 116/5/Add. 3; Rogers, *The Domestication of Women;* Sivard, *Women... a world survey.*

36 Sivard, *Women... a world survey*, S. 25.
37 Jacques Ellul, *The Technological Society*, New York 1964.
38 Vgl. z. B. Herman Kahn und Anthony Wiener, *The Year 2000*, New York 1967, S. 189.
39 S. z. B. Hannah Arendt, *The Origins of Totalitarianism*, New York 1958; Robert A. Brady, *The Spirit and Structure of German Fascism*, New York 1937; Ernst Nolte, *The Faces of Fascism*, London 1965; George Mosse, *Nazi Culture*, New York 1966.
40 Lewis Mumford, *The Myth of the Machine: Technics and Human Development*, New York 1966.
41 Der androkratische Charakter Deutschlands unter Hitler und Rußlands unter Stalin wird in Riane Eisler und David Loye, *Breaking Free*, noch genauer analysiert werden.
42 Eine lebendige Darstellung dieser mittelalterlichen Geschehnisse gibt Marion Meade, *Eleanor of Aquitaine*, New York 1977. Eine faszinierende Gemeinsamkeit zwischen den Veranstaltungen der Nazis und denen der mittelalterlichen Kirche besteht darin, daß sie jeweils stundenlang dauerten und die Menschen durch sich ständig wiederholende Gesänge zu ermüden trachteten, um sie auf diese Weise leichter beeinflußbar zu machen.
43 Alburey Castell, *An Introduction to Modern Philosophy*, New York 1946, S. 357.
44 Claudia Koonz, *Mothers in the Fatherland: Women in Nazi Germany*, in: Renate Bridenthal und Claudia Koonz (Hg.), *Becoming Visible: Women in European History*, Boston 1977, S. 469.
45 Forscher wie Carl Jung, Lewis Mumford, Robert Graves und Mircea Eliade haben auf die Notwendigkeit hingewiesen, unser »intuitives« und unser »rationales« Wahrnehmungsvermögen besser auszutarieren. Später unternahm Robert Ornstein in seinem Werk *The Psychology of Consciousness* den Versuch, diese beiden Formen der Wahrnehmung zu verstehen und miteinander zu versöhnen. Er merkt an, daß das Intuitive im typischen Fall als »weiblicher« und daher auf niedrigerer Rangstufe stehend abqualifiziert wird (*The Psychology of Consciousness*, San Francisco 1972, S. 51). Eines der beredtesten Plädoyers für die Notwendigkeit einer »Wiederentdeckung des anteilhabenden Bewußtseins« ist Morris Bermans *The Reenchantment of the World*, Ithaca, NY 1981. Der Autor schreibt, daß Feminismus, ökologisches Denken und die spirituelle Erneuerung, die nach außen hin politisch nicht viel gemein haben, auf ein gemeinsames Ziel hinauszulaufen scheinen. Ein weiteres wichtiges Werk, das sich der Forderung nach einer holistischeren Einstellung, die die träumerischen, intuitiveren, »weiblicheren« Seiten unseres Wesens nicht abwertet, anschließt, ist George Batesons *Steps to an Ecology of Mind*, New York 1972.

Kapitel 13: Der evolutionäre Durchbruch (S. 312)

1 Frank Herbert, *Dune,* Philadelphia 1965.

2 Charlotte Gilman, *Herland,* New York 1979 (Reprint).

3 So beschreibt z. B. E. O. Wilson »aggressives Verhalten« als »Konkurrenztechnik« in der Evolution. Er beruft sich dabei auf Ameisenkolonien, die untereinander eine »notorische Aggressivität« an den Tag legen. (E. O. Wilson, *Sociobiology; The New Synthesis,* Cambridge/Mass. 1975, S. 244.) Auch zur Untermauerung der Theorie der »intrasexuellen Selektion«, die nach seiner Überzeugung »auf einem aggressiven Ausschlußverfahren unter den Bewerbern« beruht, zieht Wilson Vergleiche aus der Welt der Insekten heran. Er verweist z. B. auf den »zügellosen Machismo« bei diversen Käferarten (S. 320) und beschreibt im folgenden verschiedene Beispiele für gewaltsame männliche Dominanz bei Insekten, darunter die Gelbe Dungfliege. Bei dieser Art wird das Weibchen vom Männchen über längere Zeiträume hinweg gewaltsam bewegungsunfähig gemacht, damit es nicht von rivalisierenden Männchen begattet werden kann (S. 321–324). Gelegentlich findet man in Wilsons Schriften auch Hinweise auf Unterschiede im Verhalten von Menschen und Insekten. So beschreibt er z. B. die Mücke als »Automaten«, bei der sich »von Geburt an eine starre Folge genetisch programmierter Verhaltensweisen schnell und fehlerlos entfalten muß«, während »die menschlichen Gene nicht so sehr darauf angelegt sind, eine bestimmte Eigenschaft festzulegen, als vielmehr die *Fähigkeit* zur Entwicklung einer Gruppe von Eigenschaften vorschreiben«. (*On Human Nature,* Cambridge/Mass. 1978, S. 58; Hervorhebung im Original.) Der Gesamttenor der Wilsonschen Aussagen läßt jedoch keinen Zweifel daran, warum er so gerne als Kronzeuge für die These zitiert wird, daß männliche Aggression und männliche Dominanz »natürlich« und unvermeidlich sind. So schreibt er zum Beispiel zur Erklärung seiner evolutionären Theorie von der »väterlichen Investition« *(paternal investment),* daß Männchen, »da sie bei jedem Begattungsakt relativ wenig investieren..., von der Bindung so vieler weiblicher Investitionen wie möglich profitieren«. Dazu sind freilich nur die aggressivsten Männchen imstande, weshalb auf diese Weise die Gene der »schwächeren« Männchen eliminiert werden (*Sociobiology,* S. 324–325). Wiederum erläutert er die soziobiologische Theorie, daß die Evolution männliche Aggressivität favorisiert, mit einem Insektenexperiment. In diesem Fall handelt es sich um das bei Soziobiologen besonders beliebte »Bateman-Experiment«, das das Paarungsverhalten von zehn Taufliegen *(Drosophila melanogaster)* analysiert (S. 325). Es folgt die Darlegung der These, daß Tiere grundsätzlich polygam sind, weil sich durch die Paarung der »stärksten« Männchen mit jeweils mehreren Weibchen für die Gesamtart ein evolutionärer Vorteil ergibt (S. 327). An

anderer Stelle behauptet Wilson, daß »auf Dominanz zurückzuführende Vorteile bei der Fortpflanzung« sich auch beim Menschen beobachten lassen. Zum Beleg führt er als einziges Beispiel die brasilianischen Yanomamö-Indianer an, einen hochgradig kriegerischen, streng männerbeherrschten Stamm, der u. a. die Tötung weiblicher Babys akzeptiert. »Hier zeugen die politisch dominierenden Männer überproportional viele Kinder«, berichtet Wilson. Anthropologen, die sich mit diesem von ihnen als Form der »natürlichen Auslese« bezeichneten Phänomen beschäftigt haben, hätten den Eindruck gewonnen, daß die »polygynen Indianer, besonders also die Häuptlinge, generell intelligenter sind als die nichtpolygynen«. Wilson sieht hierin eine »überzeugende« Bestätigung seiner Hypothese vom »Dominanz-Vorteil im Fortpflanzungswettbewerb« (S. 288).

4 Vgl. z. B. Vilmos Csanyi, *General Theory of Evolution*, Budapest 1982; Ervin Laszlo, *Evolution: The Grand Synthesis*, Boston 1987; Niles Eldredge, *Time Frames*, New York 1985. Margaret Mead faßte den Sachverhalt folgendermaßen zusammen: »In der kosmischen und biologischen Evolution hat es immer wieder Optionen und Wendepunkte gegeben. Die ernsthafte Beschäftigung mit dem Prozeß der Evolution zeigt, daß der Kurs, den sie eingeschlagen hat, nicht zwangsläufig vorgegeben war. Sie hätte die verschiedensten anderen Wege einschlagen können.« (*Our Open-Ended Future*, in: *The Next Billion Years*, Lecture Series, UCLA, 1973).

5 Sherwood Washburn, *Tools and Human Evolution*, in: *Scientific American* 203, September 1960, S. 62.

6 Ilya Prigogine und Isabelle Stengers, *Order out of Chaos*, New York 1984, insbesondere S. 160–176; Eldredge, *Time Frames*, S. 189.

7 Ervin Laszlo, *The Crucial Epoch*, in: *Futures* 17, Februar 1985, S. 16.

8 Jonas Salk, *Anatomy of Reality*, New York 1983, S. 12–15.

9 Vgl. z. B. Marija Gimbutas, *The Goddesses and Gods of Old Europe, 7000–3500 B. C.*, Berkeley/Los Angeles 1982, S. 91.

10 Während der Kreuzzüge und der Inquisition wurde das Kreuz erneut mit Mord und Folter assoziiert. Seine grauenvolle Rolle im Ritual des amerikanischen Ku-Klux-Klan zeigt, daß es auch in moderner Zeit noch als Todes- und Unterdrückungssymbol verwendet wird.

11 Vgl. z. B. *Liberty* 80, November–Dezember 1985, S. 4. Ronald Reagan hat bei mindestens elf Gelegenheiten den Weltuntergang prophezeit – eine ziemlich ernüchternde Stellungnahme für einen Mann, der selbst am Drücker sitzt.

12 Auch die Wiederbelebung der alten Mythen hat eine Gegenbewegung ausgelöst: die weltweite Renaissance des »Fundamentalismus« (ein Codewort für androkratisch-religiöse Mythologie). Die Stärke dieser regressiven Bewegung ist eine direkte Folge der rund um den Globus zu

beobachtenden Stärkung jener Gruppen, die neue Mythen schaffen und alte Mythen im gylanischen Sinne neu interpretieren wollen.

13 Auch die Göttin findet in der modernen Kunst Berücksichtigung. Vgl. z. B. Gloria Orenstein, *Female Creation: The Quest for the Great Mythic Mother*, Diavortrag; dies., *Artist as Shaman*, Kunstausstellung in der *Women's Building Gallery*, Los Angeles/California, 4.–28. November 1985.

14 Bezeichnend ist auch, daß nach vielfach geäußerter Ansicht das Buch einer Frau die ökologische Bewegung gleichsam aus der Taufe hob: Rachel Carsons *The Silent Spring* (Boston 1962). Der frühere amerikanische Innenminister James Udall schrieb darüber: »Eine große Frau hat mit einer eindrucksvollen Schilderung der uns drohenden Gefahren die Nation aus ihren Träumen gerissen.«

15 Vgl. z. B. Françoise d'Eaubonne, *Le Féminisme ou La Mort*, Paris 1974; Elizabeth Dodson-Gray, *Psycho-Sexual Roots of Our Ecological Crises* (Thesenpapier, *Roundtable Press* 1974); Susan Griffin, *Woman and Nature*, New York 1978. Die genannten Werke analysieren die Zusammenhänge zwischen den ökologischen Krisen unserer Zeit und dem »männlichen« und von »maskulinen« Werten beherrschten System, in dem wir leben.

16 Shirley McConahay und John McConahay, *Sexual Permissiveness, Sex Role Rigidity, and Violence Across Cultures*, in: *Journal of Social Issues* 33, 1977, S. 134–143.

17 Vgl. die ausführliche Darstellung bei Riane Eisler und David Loye, *Breaking Free;* ferner Eisler, *Violence and Male Dominance: The Ticking Time Bomb*, in: *Humanities in Society 7*, Winter/Frühjahr 1984, S. 3–18.

18 Der Begriff *consciousness raising* (etwa: Bewußtseinserweiterung, Anm. d. Übers.) war ein Beitrag der Women's-Lib-Bewegung der späten sechziger Jahre, als die Frauen in Gruppengesprächen dahinterkamen, wie viele ihrer angeblich persönlichen Probleme in Wirklichkeit gemeinsame soziale Probleme der einen Hälfte der Menschheit in einer androkratischen Gesellschaft sind.

19 Eine genauere Analyse folgt in Eisler und Loye, *Breaking Free.*

20 Vgl. a. Eisler und Loye, *Peace and Feminist Theory: New Directions*, in: *Bulletin of Peace Proposals* 1, 1986; Eisler, *Women and Peace*, in: *Women Speaking* 5, Oktober–Dezember 1982, S. 16–18; Eisler, *Our Lost Heritage: New Facts on How God Became a Man*, in: *The Humanist* 45, Mai–Juni 1985, S. 26–28.

21 So verteilten z. B. Vietnamkriegsveteranen im Dezember 1985 vor Spielzeugläden Flugblätter, um auf den destruktiven Charakter von Kriegsspielzeug aufmerksam zu machen. In einem Fernsehinterview sagte ein Veteran, wenn man schon kriegsverherrlichende »Rambo«- und »GI-Joe«-Puppen verkauft, so sollten zumindest auch ein paar Amputierte im Angebot sein, um zu zeigen, wie es im Krieg wirklich zugeht.

22 *The Futurist*, Februar 1981, S. 2.

23 Die Wachstumsrate der internationalen Frauenbewegung beschleunigte

sich rapide während der von den Vereinten Nationen ausgerufenen »Ersten Dekade der Frau« (1975–1985), in deren Verlauf auch immer mehr Männer erkannten, daß ohne erhebliche Veränderungen im Status der Frauen keine echte soziale oder wirtschaftliche Entwicklung möglich ist. So sagte beispielsweise der Präsident Kenias, Daniel Arap Moi im Juli 1985 auf der UN-Frauenkonferenz in Nairobi, daß »ohne die volle Partnerschaft der Frauen ein einundzwanzigstes Jahrhundert des Friedens, des Fortschritts und der universalen Einhaltung der Menschenrechte eine Schimäre bleiben wird«. Kenias Vizepräsident Mwai Kibaki beschrieb kürzlich afrikanische Frauen, die nicht selten alle dreizehn Monate ein Kind gebären, »als hilflos, schwach und elend angesichts der schwierigen Aufgabe, drei oder vier Kinder gleichzeitig umkochen oder sogar stillen zu müssen... Sie müssen befreit werden.« (Moi- und Kibaki-Zitate nach David Loye, *Men at the U.N. Women's Conference,* in: *The Humanist* 45, November–Dezember 1985, S. 28, 32.

24 Vgl. z. B. Mary Daly, *Gyn/Ecology: The Metaethics of Radical Feminism,* Boston 1979; Wilma Scott Heide, *Feminism for the Health of It,* Buffalo 1985.

25 Louise Bruyn, *Feminism: The Hope for a Future,* Cambridge/Mass., Mai 1981, liefert eine bestechende Darstellung der »misogynen Wurzeln der androkratischen Aggression« (Daly, *Gyn/Ecology,* S. 357). Vgl. a. Eisler und Loye, *Peace and Feminist: Theory: New Directions«* und dies., *Peace and Feminist Thought: New Directions,* in: Laszlo und Yoo (Hg.), *World Encyclopedia of Peace,* London 1986.

26 Jean Baker Miller, *Toward a New Psychology of Women,* Boston 1976, S. 86.

27 Ibid., S. 69.

28 Ibid., Zitate (in Reihenfolge) S. 83, 87, 69.

29 Ibid., Zitate (in Reihenfolge) S. 95, 83 (Hervorhebung im Original).

30 Abraham Maslow, *Toward a Psychology of Being,* New York 1968.

31 Alfred Adler, *Understanding Human Nature,* Greenwich 1954.

32 Über unterschiedliche Merkmale androkratischer und gylanischer Persönlichkeitstypen im Lichte neuer Forschungen berichten Eisler und Loye in: *Breaking Free* (im Druck). Vgl. a. Riane Eisler, *Gylany: The Balanced Future,* in: *Futures* 13, Dezember 1981, S. 499–507.

33 Maslow, *Toward a Psychology of Being.*

34 Fritjof Capra, *The Turning Point: Science, Society, and the Rising Culture,* New York 1982.

35 Zu einem Zeitpunkt, da männliche Wissenschaftler entdecken, wie beschränkt der traditionelle, »maskuline«, lineare Ansatz ist, wächst ironischerweise auch die Aufgeschlossenheit für die These, daß beide Geschlechter über ähnliche angeborene intellektuelle Kapazitäten verfügen. Trotz diverser biologischer Unterschiede ist die Fähigkeit der Frauen zu einer holistischeren Verarbeitung von Informationen wahrscheinlich hauptsächlich auf ihre Sozialisation im Sinne herkömmlicher

Sexualklischees sowie eines entsprechenden Rollenverhaltens zurückzuführen. Anders als Männer werden Frauen vorrangig dahingehend sozialisiert, ihr Leben als Teil eines Beziehungsgeflechts zu sehen und sich in die Bedürfnisse anderer einzufühlen.

36 Salk, *Anatomy of Reality*, S. 11–19.

37 Über McClintock s. das Standardwerk von Evelyn Fox Keller, *A Feeling for the Organism: The Life and Work of Barbara McClintock*, San Francisco 1983.

38 Ashley Montagu, zit. in: *Woodstock Times*, 7. August 1986.

39 Hillary Rose, *Hand, Brain, and Heart: A Feminist Epistemology for the Natural Sciences*, in: *Sign* 9, Herbst 1983, S. 81.

40 Vgl. z. B. Evelyn Fox Keller, *Reflections on Gender and Science*, New Haven 1985; Carol Christ, *Toward a Paradigm Shift in the Academy and in Religious Studies*, in: Christie Farnham (Hg.), *Transforming the consciousness of the Academy*, Bloomington/Indiana 1987; Rita Arditti, *Feminism and Science*, in: Rita Arditti, Pat Brennan und Steve Cavrak (Hg.), *Science and Liberation*, Boston 1979.

41 Salk, *Anatomy of Reality*, S. 22.

42 Miller, *Toward a New Psychology of Women*, Kap. 11.

43 Ibid., S. 130.

44 Einen Überblick über den Kampf der Feministinnen im neunzehnten Jahrhundert für das Frauenstimmrecht gibt Eleanor Flexner, *A Century of Struggle*, Cambridge/Mass. 1959. Über den Kampf um die Öffnung der Hochschulen für Frauen berichtete Mabel Newcomer, *A Century of Higher Education for Women*, New York 1959. Und hier einige Quellen zur Geschichte der Frauenbewegung im zwanzigsten Jahrhundert: Vivian Gornick und Barbara Moran, *Woman in Sexist Society*, New York 1971; Robin Morgan (Hg.), *Sisterhood Is Powerful*, New York 1970; Johnson, *From Housewife to Heretic*, Garden City/New York 1983; Riane Eisler, *The Equal Rights Handbook*, New York 1978.

45 Zu Gandhi und seiner Strategie s. Marilyn Ferguson, *The Aquarian Conspiracy: Personal and Social Transformation in the 1980s*, Los Angeles 1980, S. 119–200. Vgl. a. Louis Fisher, *The Life of Mahatma Gandhi*, New York 1950.

46 Miller, *Toward a New Psychology of Women*, S. 116. *Macht für* und *Macht über* bezeichnen den gleichen Unterschied wie die Symbole Kelch und Schwert.

47 Vgl. z. B. Morgan (Hg.), *Sisterhood Is Powerful;* Marilyn French, *Beyond Power: On Women, Men, and Morals*, New York 1985; Adrienne Rich, *Of Woman Born*, New York 1976; Devaki Jain, *Woman's Quest for Power: Five Indian Case Studies*, Ghanziabad 1980; Marielouise Janssen-Jurreit, *Sexism: The Male Monopoly on History and Thought*, übersetzt von Verne Moberg, New York 1982.

48 Erich Neumann, *The Great Mother*, Princeton/New Jersey 1955, S. 333–334.

49 Alvin Toffler, *The Third Wave,* New York 1980 (deutsche Ausgabe *Die Zukunftschance,* übersetzt von Christel Rost und Till R. Lohmeyer, München 1980).

50 Ruth Sivard, *World Military and Social Expenditures 1983,* Washington, D.C. 1983, S. 5, 26.

51 Willis Harman, *The Coming Transformation,* in: *The Futurist,* Februar 1977, S. 5–11.

52 Mihajlo Mesarovic und Eduard Pestel, *Mankind at the Turning Point,* New York 1974, S. 157.

53 Ibid., S. 146–147.

54 John McHale, *The Future of the Future,* New York 1969, S. 11.

55 Vgl. z. B. T. W. Adorno, Else Frenkel-Brunswik, Daniel Levinson, R. Nevitt Sanford, *The Authoritarian Personality,* New York 1950. Interessant ist vor allem die Arbeit von Frenkel-Brunswik.
Die Autorin zeigt, daß Personen, die in streng hierarchischen Familien aufgewachsen sind, in besonderem Maße dazu neigen, ihre Unfähigkeit zum Aufbau emotional befriedigender Beziehungen durch die Anhäufung materieller Güter zu kompensieren. Eine detaillierte Analyse der gesellschaftlichen und persönlichen Triebkräfte folgt in Eisler und Loye, *Breaking Free.*

56 John Stuart Mill, *Principles of Political Economy,* hg. von W. J. Ashley 1909 nach der 7. Aufl. 1871, New York 1929. S. a. Heilbronner, *The Worldly Philosophers,* New York 1961.

57 *State of the World's Women 1985,* Oxford 1985, S. 1.

58 Ibid.

59 Hazel Henderson, *The Politics of the Solar Age,* New York 1981.

60 Ibid., Zitate (in Reihenfolge) S. 337, 364, 373.

61 James Robertson, *The Sane Alternative,* St. Paul/Michigan 1979.

62 Joseph Huber, *Social Ecology and Dual Economy,* englischer Auszug aus ders. *Anders arbeiten – anders wirtschaften,* Frankfurt 1979.

63 Ich bin Hillary Rose und ihrer überzeugenden Darstellung dieser zentralen Problematik zu großem Dank verpflichtet (*Hand, Brain, and Heart: A Feminist Epistemology for the Natural Sciences,* vgl. Anm. 39).

64 Die wirtschaftliche Transformation wird in Eisler und Loye, *Breaking Free,* sowie in Riane Eisler, *Emergence,* noch eingehend diskutiert werden.

65 S. Riane Eisler, *Pragmatopia: Women's Utopias and Scenarios for a Possible Future,* Vortrag auf der Elften Konferenz der *Society for Utopian Studies* in Asilomar/Kalifornien, 2.–5. Oktober 1986. Das Konzept der *pragmatopia* wurde hier erstmals vorgestellt. Der aus dem Griechischen entlehnte Begriff bedeutet soviel wie »wirklicher Platz« und »eine realisierbare Zukunft« – im Gegensatz zu dem herkömmlichen Begriff *utopia,* der wörtlich übersetzt »kein Platz« bedeutet.

66 Da das Ökosystem der Erde die gegenwärtigen Wachstumsraten der Weltbevölkerung auf die Dauer nicht aushält, lautet die Frage nicht, *ob*, sondern *wie* der Bevölkerungszuwachs sich stabilisiert. Vgl. z. B. Jonas Salk, *World Population and Human Values: A New Reality*, New York 1981, und Riane Eisler, *Peace, Population, and Women's Roles*, in: Laszlo and Yoo (Hg.), *World Encyclopedia of Peace*.

67 Eine detaillierte Diskussion folgt in Eisler, *Emergence*. S. a. d'Eaubonne, *Le Féminisme ou la Mort*; Elizabeth Dodson-Gray, *Green Paradise Lost*, Wellesley/Mass. 1979.

68 Vgl. z. B. *The State of the World's Women 1985*; Barbara Rogers, *The Domestication of Women: Discrimination in Developing Societies*, New York 1979; Mayra Buvinic, Nadia Joussef und Barbara von Elm, *Women-Headed Households: The Ignored Factor in Development Planning*, Washington, D.C. 1978; May Rihani, *Development as if Women Mattered*, Washington, D.C. 1978; Riane Eisler, *The Global Impact of Sexual Equality*, in: *The Humanist* 41, Mai–Juni 1981.

69 Vgl. z. B. Sivard, *World Military and Social Expenditures 1983*; Riane Eisler und David Loye, *The »Failure« of Liberalism: A Reassessment of Ideology from a New Feminine-Masculine Perspective*, in: *Political Psychology* 4, 1983, S. 375–391.

70 Vgl. z. B. Luther Gerlach und Virginia Hine, *People, Power, Change: Movements of Social Transformation*, Indianapolis 1970.

71 Vgl. z. B. E. F. Schumacher, *Small Is Beautiful*, New York 1973; Henderson, *The Politics of the Solar Age*.

72 Das androkratische Szenario über neue Methoden der Geburtenkontrolle findet sich u. a. bei Wendy Faulkner und Erik Arnold (Hg.), *Smothered by Invention: Technology in Women's Lives*, London 1985, sowie bei Rita Arditti, Renate Duelli Klein und Shelley Minden (Hg.), *Test Tube Women: What Future for Motherhood?*, London 1984.

73 Einige dieser Möglichkeiten untersuchen z. B. Martin Carnoy und Derek Sherer in ihrem Buch *Economic Democracy*, New York 1980.

74 Henderson, *The Politics of the Solar Age*, beide Zitate von S. 365.

75 Riane Eisler, *Human Rights: The Unfinished Struggle*, in: *International Journal of Women's Studies* 6, September–Oktober 1983, S. 326–335.

76 Riane Eisler, *Dissolution: No-Fault Divorce, Marriage, and the Future of Women*, New York 1977.

77 Mead, *Our Open-Ended Future*; Riane Eisler und David Loye, *Childhood and the Chosen Future*, in: *Journal of Clinical Child Psychology* 9, Sommer 1980.

78 David Loye, *The Sphinx and the Rainbow: Brain, Mind, and Future Vision*, Boston 1983.

Von den im Text zitierten Büchern sind folgende auch in deutscher Übersetzung erschienen:

Adams, Henry: Die Erziehung des Henry Adams. Von ihm selber erzählt, Zürich 1957.

Adorno, T. W.: Studien zum autoritären Charakter, Frankfurt 1973.

Ardrey, Robert: Adam kam aus Afrika, München 1971.

Arendt, Hannah: Elemente und Ursprünge totaler Herrschaft, München 1986.

Bateson, Gregory: Geist und Natur. Eine notwendige Einheit, Frankfurt 1982.

Berman, Morris: Wiederverzauberung der Welt, Reinbek 1985.

Boserup, Ester: Die ökonomische Rolle der Frau in Afrika, Asien, Lateinamerika, Stuttgart 1982.

Brown, Lester: Erosion. Der Tod der Böden oder die schleichende Gefahr für die Weltwirtschaft, Biologische Schutzgemeinschaft Hunte 1985.

Campbell, Joseph: Der Heros in tausend Gestalten, Frankfurt 1978.

Capra, Fritjof: Wendezeit. Bausteine für ein neues Weltbild, München 1983.

Capra, Fritjof: Das Tao der Physik, München 1984.

Carson, Rachel: Der stumme Frühling, München 1987.

Chicago, Judy: The Dinner Party, München 1987.

Childe, V. Gordon: Soziale Evolution, Frankfurt 1975.

Daly, Mary: Gyn/Ökologie. Die Metaethik des radikalen Feminismus, München 1981.

Daly, Mary: Jenseits von Gottvater, München ^{4}1986.

Darwin, Charles: Die Abstammung des Menschen, Stuttgart ^{4}1982.

Davis, Elizabeth Gould: Am Anfang war die Frau, Berlin 1987.

Durant, Will u. Ariel: Kulturgeschichte der Menschheit, 18 Bde., München 1985.

Durkheim, Emile: Über soziale Arbeitsteilung, Frankfurt 1988.

d'Eaubonne, Françoise: Feminismus oder Tod, München 1975.

Eban, Abba: Dies ist mein Volk, Zürich 1970.

Ehrenreich, Barbara, u. Deirdre English: Hexen, Hebammen und Krankenschwestern, München 1975.

El Sadawii, Nawal: Tschador. Frauen im Islam, Bremen 1980.

Ferguson, Marilyn: Die sanfte Verschwörung. Persönliche und gesellschaftliche Transformation im Zeitalter des Wassermanns, München 1984.

Fiorenza, Elisabeth Schussler: Zu ihrem Gedächtnis. Eine feministisch-theologische Rekonstruktion der christlichen Ursprünge, München 1988.
Frazer, Sir James: Der goldene Zweig. Eine Auswahl, o. O. 1928.
French, Marilyn: Jenseits der Macht. Frauen, Männer und Moral, Reinbek 1988.

Gilder, George: Reichtum und Armut, München 1983.
Gilligan, Carol: Die andere Stimme. Lebenskonflikte und Moral der Frau, München 1985.
Gilman, Charlotte: Herland, Reinbek 1980.
Global 2000. Der Bericht an den Präsidenten, Frankfurt [10]1981.
Griffin, Susan: Frau und Natur. Das Brüllen in ihr, Frankfurt 1986.

Hawkes, Jacquetta: Geburt der Götter. An den Quellen griechischer Kultur, Bern o. J.
Herbert, Frank: Der Wüstenplanet, München 1978.
Hinde, R. A.: Das Verhalten der Tiere. Eine Synthese aus Ethologie und vergleichender Psychologie, Frankfurt 1972.
Huddleston, John: Frieden durch Welteinheit, Hofheim-Langenheim 1986.

Jantsch, Erich: Die Selbstorganisation des Universums. Vom Urknall zum menschlichen Geist, München 1982.
Jaynes, Julian: Der Ursprung des Bewußtseins durch den Zusammenbruch der bikameralen Psyche, Reinbek 1988.

Keller, Evely Fox: Liebe, Macht und Erkenntnis. Männliche oder weibliche Wissenschaft?, München 1986.

Laszlo, Ervin: Die neue Synthese. Wege in die Zukunft, Wien 1987.
Laszlo, Ervin: Die inneren Grenzen der Menschheit, Rosenheim 1988.
Leakey, Richard, und Roger Lewin: Wie der Mensch zum Menschen wurde. Neue Erkenntnisse über den Ursprung und die Zukunft des Menschen, Hamburg 1978.
Leonard, George: Der Rhythmus des Kosmos, Reinbek 1986.
Leroi-Gourhan, André: Prähistorische Kunst, Freiburg 1981.
Lewontin, R. C., Steven Rose und Leon Kamin: Die Gene sind es nicht... Biologie, Ideologie und menschliche Natur, Wiesbaden 1987.
Loye, David: Die Sphinx und der Regenbogen. Gehirn, Geist und Vision, Reinbek 1988.
Luce, J. V.: Atlantis, Bergisch Gladbach 1980.

Marcuse, Herbert: Der eindimensionale Mensch, Neuwied und Berlin 1967.
Masters, William, und Virginia Johnson: Liebe und Sexualität, Berlin 1987.

Maturana, Humberto und Francisco Varela: Der Baum der Erkenntnis. Die biologischen Wurzeln des menschlichen Erkennens – wie wir die Welt durch unsere Wahrnehmung erschaffen, München 1987.

McClelland, David C.: Macht als Motiv. Entwicklungswandel und Ausdrucksformen, Stuttgart 1978.

Michelet, Jules: Die Frauen der Revolution, hg. und übs. von Gisela Etzel, Frankfurt 1984.

Mill, John Stuart: Grundsätze der politischen Ökonomie, 2 Bd., o. O. 1913–21.

Miller, Jean Baker: Die Stärke weiblicher Schwäche. Zu einem neuen Verständnis der Frau, Frankfurt [5]1985.

Millett, Kate: Sexus und Herrschaft. Die Tyrannei des Mannes in unserer Gesellschaft, Köln 1978.

Montagu, Ashley: Mensch und Aggression. Der Krieg kommt nicht aus unseren Genen, Weinheim 1974.

Montagu, Ashley: Körperkontakt. Die Bedeutung der Haut für die Entwicklung des Menschen, Stuttgart 1987.

Morgan, Robin: Anatomie der Freiheit. Feminismus, Physik und Weltpolitik, München 1985.

Mosse, George: Ein Volk – Ein Reich – Ein Führer. Die völkischen Ursprünge des Nationalsozialismus, Frankfurt 1979.

Mumford, Lewis: Mythos der Maschine, Frankfurt [6]1986.

Neumann, Erich: Die große Mutter. Eine Phänomenologie der weiblichen Gestaltungen des Unbewußten, Olten [2]1987.

Orwell, George: 1984, Berlin 1976.

Pagels, Elaine: Versuchung durch Erkenntnis. Die gnostischen Evangelien, Frankfurt 1987.

Peccei, Aurelio, E. Pestel und M. Mesarovic: Der Weg ins 21. Jahrhundert. Alternative Strategien für die Industriegesellschaft, München [2]1983.

Prigogine, Ilya, und Isabelle Stengers: Dialog mit der Natur. Neue Wege wissenschaftlichen Denkens, München [5]1986.

Ranke-Graves, Robert von: Die weiße Göttin. Sprache des Mythos, Reinbek 1985.

Ranke-Graves, Robert von und Raphael Patai: Hebräische Mythen. Die Schöpfungsgeschichte. Von der Erschaffung der Erde bis zu Josephs Tod, Reinbek 1986.

Reich, Wilhelm: Massenpsychologie des Faschismus, Köln 1971.

Rich, Adrienne: Von Frauen geboren. Mutterschaft als Erfahrung und Institution, München 1979.

Rousseau, Jean-Jacques: Vom Gesellschaftsvertrag, Ditzingen o. J.

Rowbotham, Sheila: Im Dunkel der Geschichte. Frauenbewegung in England vom 17. bis 20. Jahrhundert, Frankfurt 1980.

Ruether, Rosemary R.: Sexismus und die Rede von Gott. Schritte zu einer anderen Theologie, Gütersloh 1985.

Ruether, Rosemary R.: Frauenbilder – Gottesbilder. Feministische Erfahrungen in religionsgeschichtlichen Texten, Gütersloh 1987.

Schumacher, E. F.: Small is Beautiful. Die Rückkehr zum menschlichen Maß, Reinbek 1985.

Singer, June: Nur Frau – Nur Mann? Wir sind auf beides angelegt, München 1981.

Sivard, Ruth (Hg.): Entwicklung der Militär- und Sozialausgaben in 140 Ländern der Erde, Frankfurt ^{2}1983.

Spretnak, Charlene: Nicht links, nicht rechts, sondern vorne. Mit einem Vorwort »Über die Bedeutung der Grünen für die Welt« von Fritjof Capra, München 1985.

Starhawk: Der Hexenkult als Ur-Religion der Großen Göttin. Magische Übungen, Rituale und Anrufungen, Freiburg ^{3}1987.

Starhawk: Wilde Kräfte. Sex und Magie für eine erfüllte Welt, Freiburg 1987.

Toffler, Alvin: Die Zukunftschance – Die Dritte Welt. Von der Industriegesellschaft zu einer humaneren Zivilisation, München 1980.

Trotzki, Leo: Die verratene Revolution, o. O. 1938.

Walker, Alice: Die Farbe Lila, Reinbek 1984.

Walker, Barbara G.: Die weise Alte. Kulturgeschichte – Symbolik – Archetypus, München 1986.

Wells, H. G.: Die Geschichte unserer Welt, Frankfurt und Wien 1972.

Wilson, Edward O. und Charles J. Lumsden: Das Feuer des Prometheus. Wie das menschliche Denken entstand, München 1984.

Zentner, Christian: Adolf Hitlers Mein Kampf. Eine kommentierte Auswahl, München 1974

Folgende Quellen wurden zur Übersetzung herangezogen:

Aischylos: Agamemnon – Die Choephoren – Die Eumeniden, übs. von Johann G. Droysen, in: Griechische Tragödien, hg. u. erl. von Hans Jürgen Meinerts, Gütersloh o. J.

Hesiod: Werke und Tage, Zweisprachige Ausgabe, übs. von Albert von Schirnding, München 1966.

Hobbes, Thomas: Leviathan, übs. von J. P. Mayer, Stuttgart 1970.

Homers Werke in zwei Bänden, übs. von Johann Heinrich Voß, 2. Band: Odyssee, Stuttgart 1781.

Platon: Der Staat, übs. von Friedrich Schleiermacher, München 1973.

Sappho: Strophen und Verse, übs. und hg. von Joachim Schickel, Frankfurt 1978.

Abbildungen und Tabellen

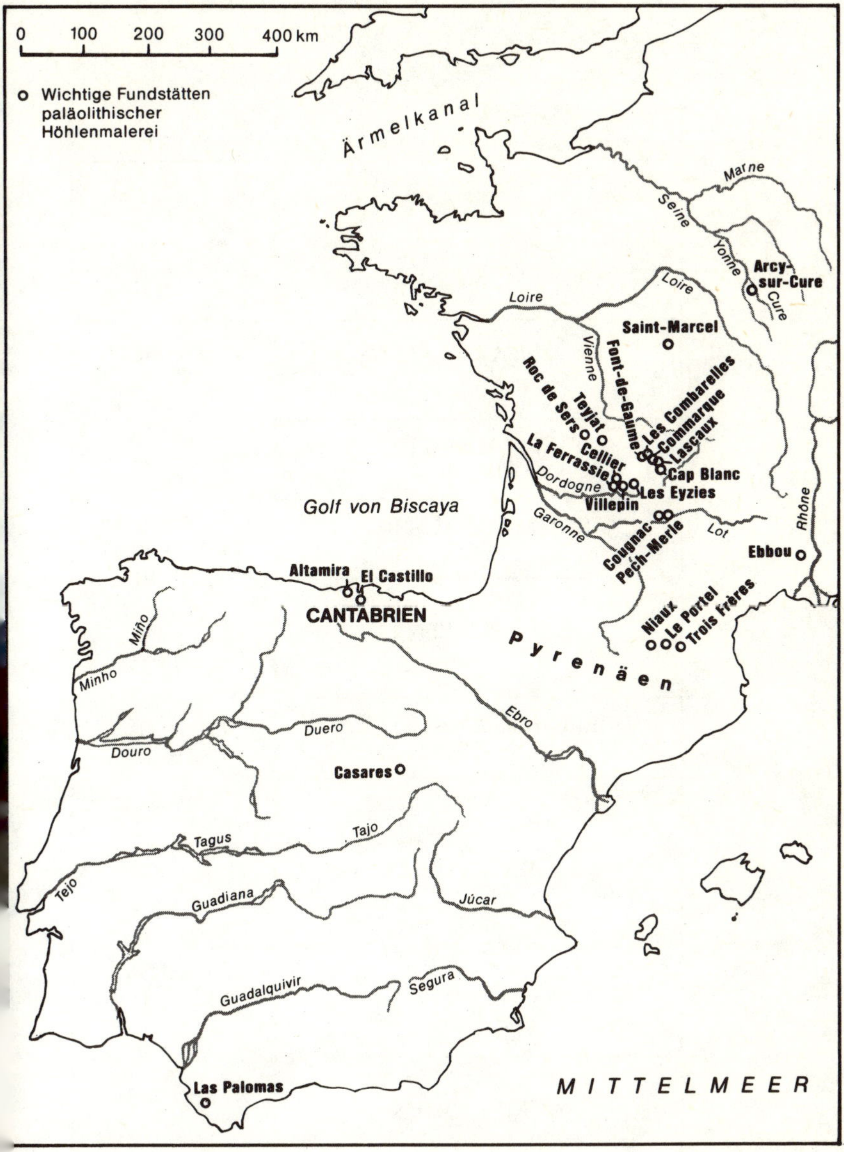

1. Fundstätten paläolithischer Höhlenmalerei in Westeuropa. Auch in Osteuropa wurde paläolithische Kunst entdeckt.

Nach: André Leroi-Gourhan, *The Evolution of Paleolithic Art,* in: *Scientific American* 218, Nr. 2, Febr. 1968, S. 62.

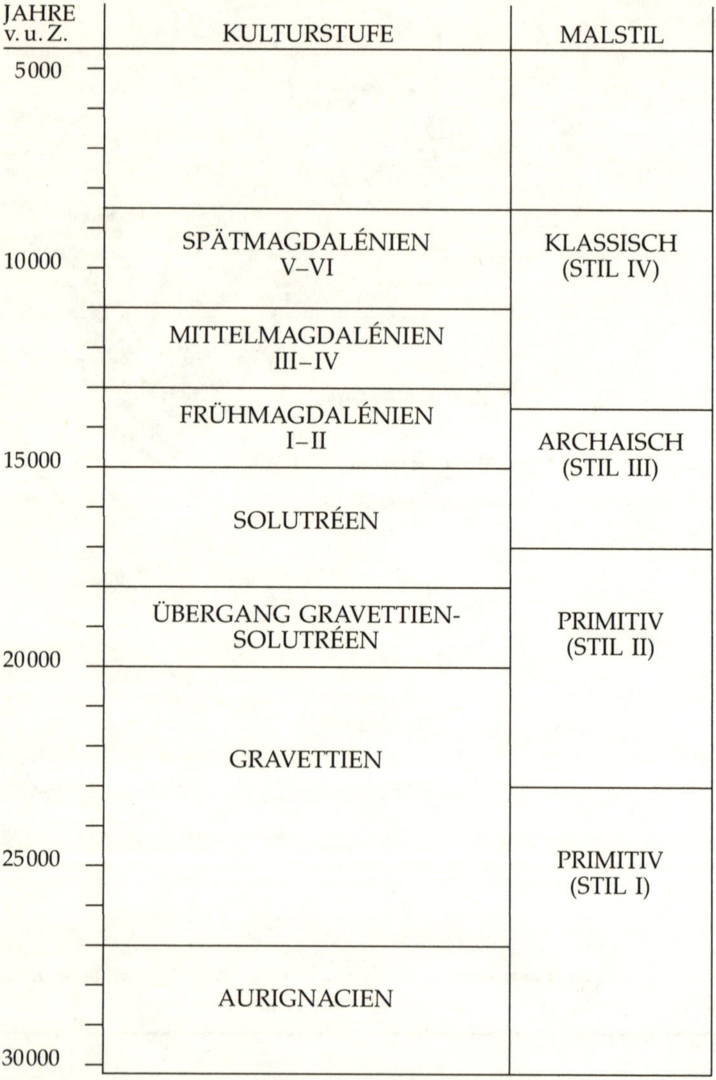

2. André Leroi-Gourhans Chronologie der paläolithischen Höhlenmalerei (ca. 30000 bis 10000 v. u. Z.)

Nach: André Leroi-Gourhan, *The Evolution of Paleolithic Art*, in: *Scientific American* 218, Nr. 2, Febr. 1968, S. 63.

Radiokarbondaten kursiv.
→ äußerste Toleranzspanne

Alle Daten basieren auf der Zerfallszeit von 5730 Jahren

Ungeklärte Daten in Klammern

	HACILAR	
ca. 5000 BCE	I*d*	
	– I*c*	
	I*a*	*5247 ± 119*
ca. 5250	II*b*	
	II*a*	*5434 ± 131*
ca. 5435	III	
	IV	
ca. 5500	V	
ca. 5600	VI	*5620 ± 79*
	VII	
	VIII	
	IX	*5614 ± 92*
ca. 5700		*→ 5706*

	ÇATAL HÜYÜK		
	O		
	I		
ca. 5720	II	*5797 ± 79*	
ca. 5750	III		
		5807 ± 94	
ca. 5790	IV	*(6329 ± 99)*	
ca. 5830	V	*5920 ± 94*	
ca. 5880	VI A	*5781 ± 96*	Zerstörung
		5800 ± 93	
		5815 ± 92	Besiedlung
		5850 ± 94	
ca. 5950	VI B	*5908 ± 93*	
		5986 ± 94	Besiedlung
ca. 6050/6070	VII	*6200 ± 97* (?)	
ca. 6200	VIII		
ca. 6280	IX	*6486 ± 102*	
ca. 6380?	X	*6385 ± 101*	
ca. 6500	Vor-X-Bodenschichten (noch undatiert)		

3. James Mellaarts Chronologie für Halicar und Çatal Hüyük (ca. 6500 bis ca. 5000 v. u. Z.)
Die Tabelle ist von unten nach oben zu lesen; höhere Daten stehen für ältere Schichten. Römische Ziffern bezeichnen Ausgrabungsplana, die mit den Entwicklungsphasen übereinstimmen.
Nach: James Mellaart, Çatal Hüyük, New York 1967, S. 52.

4. Die epipaläolithischen und neolithischen Ausgrabungsstätten im Nahen Osten

Der Begriff »epipaläolithisch« bezeichnet den Übergang zwischen dem Paläolithikum und dem Neolithikum (oder den Be-

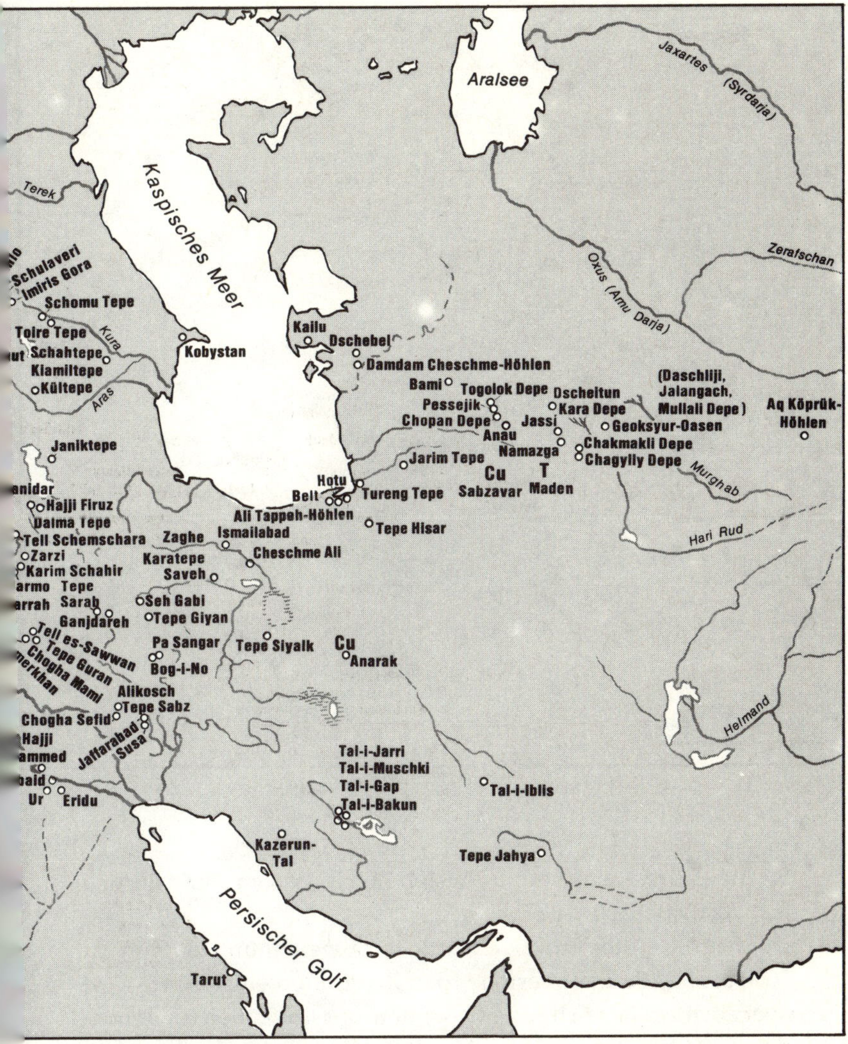

ginn des Ackerbaus). Die Überfülle von Fundstätten zeigt, wie weit die frühe kulturelle Entwicklung verbreitet war.

Nach: James Mellaart, *The Neolithic of the Near East*, New York 1975, S. 20f. (Copyright Thames and Hudson, London).

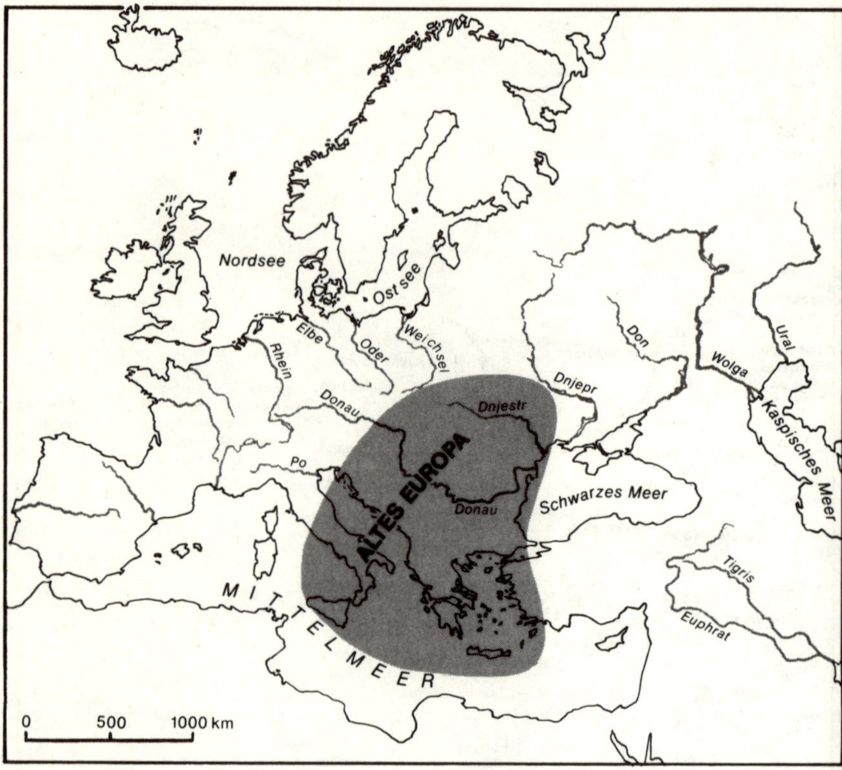

5. Ungefähres Gebiet der frühesten Zivilisation im Alten Europa (ca. 7000 bis 3500 v. u. Z.)

Der Begriff »Altes Europa« wurde zur Bezeichnung der von ca. 7000 bis 3500 v. u. Z. bestehenden Zivilisation eingeführt, wird aber auch zur Bezeichnung Gesamteuropas zu Zeiten *vor* den indoeuropäischen Invasionen benutzt, schließt also die Megalithkulturen Westeuropas (auf Irland, Malta, Sardinien sowie in Teilen Großbritanniens, Skandinaviens, Frankreichs, Spaniens und Italiens) vom 5. bis 3. Jahrtausend v. u. Z. ein.

Nach: Marija Gimbutas, *Goddesses and Gods of Old Europe*, Berkeley und Los Angeles 1982, S. 16.

6. Erste Kurgan-Welle (ca. 4300 bis 4200 v. u. Z.)
Die Pfeile zeigen die Hauptrouten der frühesten Einfälle von Kurganstämmen vor allem in die Gebiete der alten europäischen Kulturen von Karanovo, Vinča, Lengyel und Tiszapolgar.

Nach einer ursprünglich in *The Journal of Indo-European Studies* 5, Nr. 4, Winter 1977, S. 283, erschienenen Karte, die Marija Gimbutas 1986 für dieses Buch revidierte.

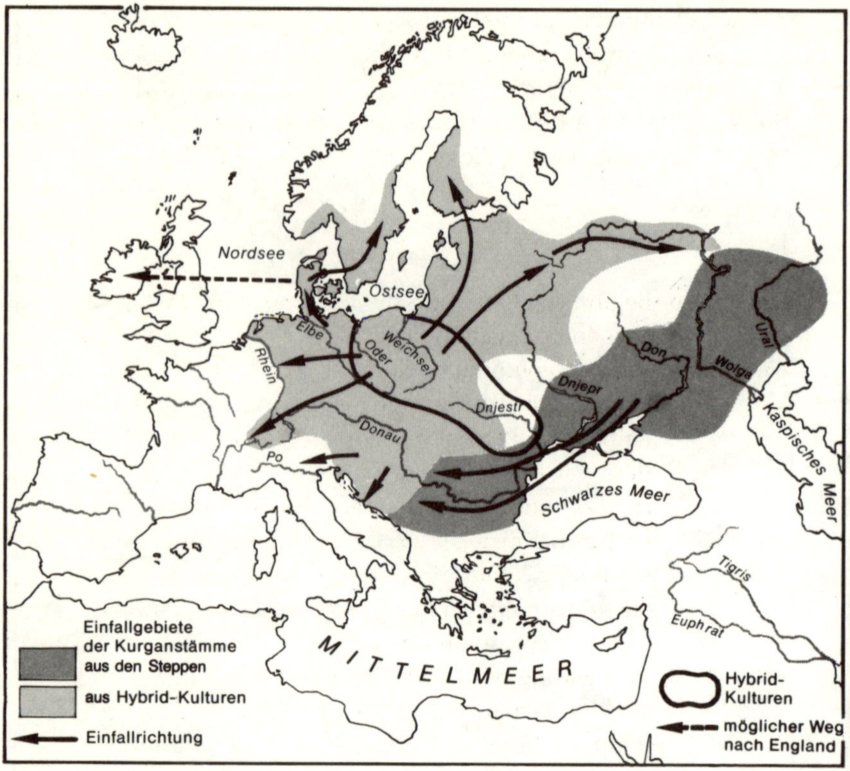

7. Dritte Kurgan-Welle (ca. 3000 bis 2800 v. u. Z.)
Die Pfeile und die helle Schraffierung zeigen spätere Einfälle der Kurganstämme aus den Steppen (östlich der dunklen Schraffierung) sowie aus Hybridkulturen (d. h., aus dem umrandeten Gebiet in der Kartenmitte). Die unterbrochene Linie zeigt den möglichen Weg nach Irland.

Nach einer ursprünglich in *The Indo-Europeans in the Fourth and Third Millennia,* Karoma Publishers 1982, erschienenen Karte, die Marija Gimbutas 1986 für dieses Buch revidierte.

8. Marija Gimbutas' Chronik von der Hochblüte bis zur Zerstörung der Alteuropäischen Kultur (ca. 7000 bis 2500 v. u. Z.)
Nach einem ursprünglich im Kompendium für Indoeuropäische Studien 131, UCLA 1980, S. 5ff., erschienenen Chronik, die 1986 von Marija Gimbutas für dieses Buch revidiert wurde.

Jahre v. u. Z.	Hauptereignisse
7000–6500:	Beginn von Landwirtschaft und Seßhaftigkeit in Tälern an der ägäischen Küste.
6500–6000:	Reifes Neolithikum, Keramik im ägäischen Raum, im Zentralbalkan und in Gegenden um die Adria. Anbau von Weizen, Gerste und Erbsen. Alle Haustiere mit Ausnahme des Pferdes. Erste große Dörfer. Dicht nebeneinander gebaute rechteckige Häuser aus Lehmziegeln und Holz mit Innenhöfen. Erste Tempel. Kenntnisse über Navigation an der Küste und auf offener See. Handel mit Obsidian, Marmor und Klappmuscheln.
6000–5500:	Verbreitung der Landwirtschaft bis ins untere und mittlere Donaubecken (Jugoslawien, Ungarn, Rumänien), bis zum Maritsa-Flußtal in Zentralbulgarien und bis in die Dnjestr-Bug-Tiefebene.
5500–5000:	Ausbreitung der Landwirtschaft von Zentral-Osteuropa bis Mitteleuropa: Mähren, Böhmen, Südpolen, Deutschland und Holland (Bandkeramische Kultur). Erste Kupferverarbeitung in Jugoslawien, Rumänien, Bulgarien. Dörfer werden größer. Erste »heilige Schrift« für religiösen Kult. Aufstieg der Kulturen von Vinča, Tisza, Lengyel, Butmir, Danilo und Karanovo.
5000–4500:	Höhepunkt der Alteuropäischen Kultur. Blüte der Töpfereikunst und Architektur (zweistöckige Tempelbauten). Ausbreitung der Cucuteni-(Tripolje-)Kultur bis zur Moldau und in die westliche Ukraine, der Petreşti-Kultur in Transsylvanien.

4500–4000: Fortgesetzte Blüte des Alten Europa. Zunehmende Nutzbarmachung von Kupfer und Gold. Zunahme des Handels. Erste Fahrzeuge (tönerne Miniaturmodelle von Rädern) und domestizierte Pferde, letztere von der ersten Welle von Hirten aus der Steppe mitgebracht. Beginn des Zerfalls der Kulturen von Karanovo, Vinča, Pereşti und Lengyel.

4000–3500: Erste »Kurganisierung«. Auffällige Veränderungen in Siedlungs- und Sozialstruktur, Wirtschaft und Religion. Verfall der Alteuropäischen Kunst; Ende der Statuetten, polychromen Töpferei, Tempelbauten. Im unteren Donaubecken und in der Dobrudscha Herausbildung der von Kurgan-Völkern geprägten Cernavoda-Kultur.

3500–3000: Zweite Einfallswelle der Kurganvölker aus dem Gebiet nördlich des Schwarzen Meeres. Anfang des Bronzezeitalters. Herausbildung der metallurgischen Zentren um das Schwarze Meer. Zerfall der Cucuteni-Zivilisation, Herausbildung der Usatovo-Gorodsk-Folteşti-Gruppe, eine Verbindung der Cucuteni- mit der Kurgan-Kultur. Aus der »Kreuzung« alteingesessener Kulturgruppen mit östlichen (Kurgan-)Elementen entstehen die Ezero-Gruppe und die Badener Kultur im mittleren Donauraum.

3000–2500: Eine neue Unruhezeit in ganz Europa, bedingt durch die Dritte Kurgan-Welle (oder »Jamna«) aus dem Dnjepr-Wolga-Steppengebiet. Ethnische Verschiebungen: Böhmen, Mitteldeutschland, Bosnien und die Adria-Küste werden von der späten Badener und der Vučedol-Kultur geprägt. Weite Ausbreitung der Glockenbecherkultur (vielleicht von der Kurgan-Kultur beeinflußte Mitteleuropäer?) nach Westeuropa. Herausbildung der Schnurkeramischen Kultur zwischen Rhein und Dnjepr, wohl aus einer Verbindung von Kugelamphorenkultur, Trichterbecherkulturen und den neuen östlichen

(»Jamna«-)Elementen. Die Schnurkeramiker beeinflußten Europa bis nach Südskandinavien, bis ins östliche Baltikum und in das Gebiet um die Oberläufe von Dnjepr und Wolga.

9. Vergleich zwischen Alteuropäischen und Kurgan-Kulturen

Nach einer ursprünglich in *The Journal of Indo-European Studies* 5, Nr. 4, Winter 1977, S. 283, erschienenen Tabelle, die Marija Gimbutas 1986 für dieses Buch revidierte.

	Alteuropäische Kultur	Kurgan-Kultur
Ökonomie	Bäuerlich (ohne Pferd), seßhaft	Weidewirtschaft (mit Pferd)
Wohnraum	Große und sehr große dörfliche Siedlungen keine Bergfestungen	Kleine Dörfer mit Grubenhäusern Häuptling regiert von der Bergfestung aus
Sozialstruktur	egalitär, matrilinear	patriarchalisch, patrilinear
Ideologie	friedlich, kunstliebend Frau als Schöpferin	kriegerisch Mann als Schöpfer

10. Chronologischer Vergleich zwischen Kreta und anderen alten Kulturen

Entwicklung der kretischen Zivilisation, basierend auf Chronologien von Sir Arthur Evans und Nicolas Platon, verglichen mit Höhepunkten anderer alter Zivilisationen (Jahresangaben sind nur Annäherungswerte)

Jahre v. u. Z.	Kreta nach Platons Chronologie	Kreta nach Evans' Chronologie	Andere Zivilisationen Ausgewählte chronologische Höhepunkte
6000	Frühneolithikum I	Frühneolithikum	Blütezeit von Çatal Hüyük in Anatolien. Reisanbau in Thailand. Entwicklung bäuerlicher Kulturen in Europa und im Nahen Osten.
5000	Frühneolithikum II	Mittleres Neolithikum	Besiedlung des mesopotamischen Schwemmlands. Entwicklung bäuerlicher Siedlungen in Ägypten. Maisanbau in Mexiko.
4000	Mittleres Neolithikum		Verbreitung der neolith. Ökonomie bis nach Großbritannien. Erste Megalithen in der Bretagne. Domestizierung der Seidenraupe in China.
3000	Spätes Neolithikum	Spätes Neolithikum	Entwicklung von Kykladenkulturen im Mittelmeerraum. Verbreitung des Bewässerungsfeldanbaus bis Zentralafrika. Erste Keramik in Nord- und Südamerika. Erste Dynastie in Ägypten.
2600	Vorpalastzeit I	Frühminoische Zeit I	Ausbreitung der Indus-Kultur. Erste Dynastie von Ur. Bau der Cheopspyramide in Ägypten.
2400	Vorpalastzeit II	Frühminoische Zeit II	Akkadische Zeit in Sumer. Fünfte Dynastie in Ägypten.

Jahre v. u. Z.	Kreta nach Platons Chronologie	Kreta nach Evans' Chronologie	Andere Zivilisationen Ausgewählte chronologische Höhepunkte
2200	Vorpalastzeit III	Frühminoische Zeit III	Siebte Dynastie in Ägypten. Neu-Sumerische Zeit.
2000	Ältere Palastzeit I	Mittelminoische Zeit I	Domestizierung des Elefanten im Industal. Dritte Dynastie von Ur. Mittleres Reich in Ägypten.
1900	Ältere Palastzeit II	Mittelminoische Zeit II	Erste Dynastie von Babylon.
1800	Ältere Palastzeit III		Hammurabi regiert in Babylon.
1700	Jüngere Palastzeit I	Mittelminoische Zeit III	Herrschaft der Hyksos in Ägypten.
1600	Jüngere Palastzeit II	Spätminoische Zeit I	Entwicklung der Shang-Kultur in China.
1450	Jüngere Palastzeit III	Spätminoische Zeit II	Arische Sprachen sprechende Völker erobern Indien.
1400	Nachpalastzeit I	Spätminoische Zeit III	Aufstieg des Hethiterreiches zur Großmacht.
1320	Nachpalastzeit II		Aufstieg Assyriens zur militärischen Macht. Eroberung Kanaans durch jüdische Stämme.
1260	Nachpalastzeit III		Untergang des Hethiterreiches.
1150	Subminoische Zeit	Subminoische Zeit	Untergang der Shang-Dynastie in China. Zusammenbruch der myken. Zivilisation im Mittelmeerraum. Intensivierung der assyrischen Eroberungen im Nahen Osten unter Tiglatpileser I.

Quellen: Sir Arthur Evans, *The Palace of Minos at Knossos*, Bd. I–IV, London 1921–1935; Nicolas Platon, *Crete*, Genf 1966; James Mellaart, *The Neolithic of the Near East*, New York 1975, sowie verschiedene Enzyklopädien und Atlanten der Weltgeschichte.

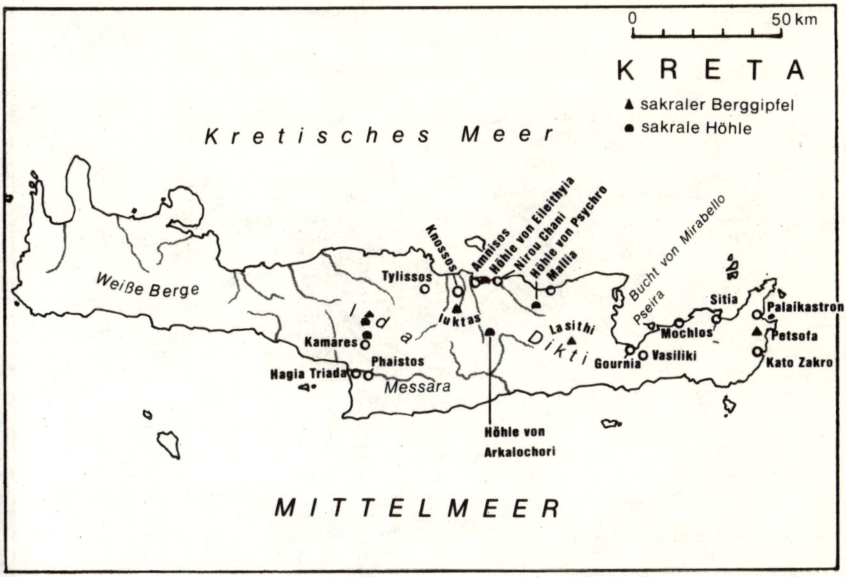

11. Hauptfundstätten des minoischen Kreta

Nach: Jacquetta Hawkes, *Dawn of the Gods: Minoan and Mycenaean Origins of Greece,* New York 1968, S. 59.

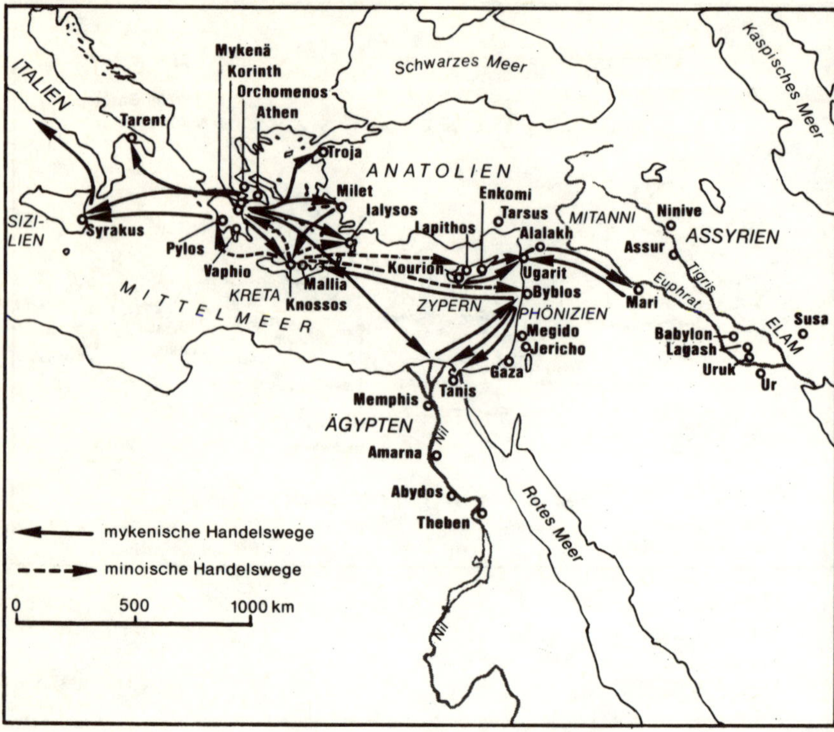

12. Minoische und mykenische Handelswege

Nach: Jacquetta Hawkes, *Dawn of the Gods: Minoan and Mycenaean Origins of Greece*, New York 1968, S. 21.

Register